厚積薄發

以厚積薄發四字篆印一方
贈高等教育出版社

李嵐清
二〇〇七年初秋

生也有涯
学無止境

任繼愈

教育部哲学社会科学研究后期资助项目

政府信息公开机制研究

Zhengfu Xinxi Gongkai Jizhi Yanjiu

○ 段尧清　汪银霞　著

高等教育出版社·北京

图书在版编目（CIP）数据

政府信息公开机制研究 / 段尧清，汪银霞著. -- 北京 ： 高等教育出版社，2014.12
教育部哲学社会科学研究后期资助项目
ISBN 978-7-04-040608-5

Ⅰ. ①政… Ⅱ. ①段… ②汪… Ⅲ. ①国家行政机关-信息管理-研究-中国 Ⅳ. ①D630.1

中国版本图书馆CIP数据核字(2014)第151495号

策划编辑 杨 莉　　责任编辑 杨 莉　　封面设计 张 志　　版式设计 王 莹
插图绘制 杜晓丹　　责任校对 刘春萍　　责任印制 张泽业

出版发行 高等教育出版社
社　　址 北京市西城区德外大街 4 号
邮政编码 100120
印　　刷 北京天时彩色印刷有限公司
开　　本 787 mm× 1092 mm 1/16
印　　张 18.75
字　　数 320 千字
插　　页 2
购书热线 010-58581118
咨询电话 400-810-0598
网　　址 http://www.hep.edu.cn
　　　　 http://www.hep.com.cn
网上订购 http://www.landraco.com
　　　　 http://www.landraco.com.cn
版　　次 2014 年 12 月第 1 版
印　　次 2014 年 12 月第 1 次印刷
定　　价 56.00 元

物 料 号 40608-00

总　　序

哲学社会科学是探索人类社会和精神世界奥秘、揭示其发展规律的科学，是我们认识世界、改造世界的有力武器。哲学社会科学的发展水平，体现着一个国家和民族的思维能力、精神状态和文明素质，其研究能力和科研成果是综合国力的重要组成部分。没有繁荣发展的哲学社会科学，就没有文化的影响力和凝聚力，就没有真正强大的国家。

党中央高度重视哲学社会科学事业。改革开放以来，特别是党的十六大以来，以胡锦涛同志为总书记的党中央就繁荣发展哲学社会科学作出了一系列重大决策，党的十七大报告明确提出："繁荣发展哲学社会科学，推进学科体系、学术观点、科研方法创新，鼓励哲学社会科学界为党和人民事业发挥思想库作用，推动我国哲学社会科学优秀成果和优秀人才走向世界"。党中央在新时期对繁荣发展哲学社会科学提出的新任务、新要求，为哲学社会科学的进一步繁荣发展指明了方向，开辟了广阔前景。在全面建设小康社会的关键时期，进一步繁荣发展哲学社会科学，大力提高哲学社会科学研究质量，努力构建以马克思主义为指导，具有中国特色、中国风格、中国气派的哲学社会科学，推动社会主义文化大发展大繁荣，具有十分重大的意义。

高等学校哲学社会科学人才密集，力量雄厚，学科齐全，是我国哲学社会科学事业的主力军。长期以来，广大高校哲学社会科学工作者献身科学，甘于寂寞，刻苦钻研，无私奉献，开拓创新，为推进马克思主义中国化，为服务党和政府的决策，为弘扬优秀传统文化、培育民族精神，为培养社会主义合格建设者和可靠接班人做出了重要贡献。本世纪头 20 年，是我国经济社会发展的重要战略机遇期，高校哲学社会科学面临着难得的发展机遇。我们要以高度的责任感和使命感、强烈的忧患意识和宽广的世界眼光，深入学习贯彻党的十七大精神，始终坚持马克思主义在哲学社会科学的指导地位，认清形势，明确任务，振奋精神，锐意创新，为全面建设小康社会、构建社会主义和谐社会发挥思想库作用，进一步推进高校哲学社会科学全面协调可持续发展。

哲学社会科学研究是一项光荣而神圣的社会事业，是一种繁重而复杂的创造性劳动。精品源于艰辛，质量在于创新。高质量的学术成果离不开严谨的科学态度，离不开辛勤的劳动，离不开创新。树立严谨而不保守，活跃而不轻浮，锐意创新而不哗众取宠，追求真理而不追名逐利的良好学风，是繁荣发展高校哲学社会科学的重要保障。建设具有中国特色的哲学社会科学，必须营造有利于学者潜心学问、勇于创新的学术氛围，必须树立良好的学风。为此，自 2006 年始，教育部实施了高校哲学社会科学研究后期资助项目计划，旨在鼓励高校教师潜心学术，厚积薄发，勇于理论创新，推出精品力作。原中央政治局常委、国务院副总理李岚清同志欣然为后期资助项目题字“厚积薄发”，并篆刻同名印章一枚，国家图书馆名誉馆长任继愈先生亦为此题字“生也有涯，学无止境”，此举充分体现了他们对繁荣发展高校哲学社会科学事业的高度重视、深切勉励和由衷期望。

展望未来，夺取全面建设小康社会新胜利、谱写人民美好生活新篇章的宏伟目标和崇高使命，呼唤着每一位高校哲学社会科学工作者的热情和智慧。让我们坚持以马克思主义为指导，深入贯彻落实科学发展观，求真务实，与时俱进，以优异成绩开创哲学社会科学繁荣发展的新局面。

教育部社会科学司

序

未来学家阿尔文·托夫勒把人类社会的发展过程划分为三个阶段：一是以农业经济为基础的农业社会；二是以工业经济为基础的工业社会；三是以信息经济为基础的信息社会。人类社会现在就处在信息社会时代[①]。信息社会是信息和知识扮演主角的社会，信息作为重要的社会资源，越来越成为社会的表征性资源。在信息社会，信息和知识不仅成为人们经济活动、生产方式的主导因素，而且成为人们政治活动、行政管理的主导因素，同时也在人们的精神创造活动和文化生活中占据主导地位。

神秘执法和不使民知是古代封建专制统治的传统。政府信息公开是信息时代发展的要求，更是民主政治的发展要求，体现一个国家的政治文明程度。发展社会主义民主政治是中国共产党始终不渝的奋斗目标。该书作者从2004年就开始着手进行政府信息公开方面的研究，反映出其较强的科研洞察力。在中国共产党第十八次全国代表大会报告中，再一次将推进信息公开作为政治体制改革的内容，表明信息公开与民主政治密切相关。必须建立健全政府信息公开机制，让公众及时、全面地知道政府所为，同时广开言路，畅通民意表达的渠道，实现政府与群众的良性互动，减少信息不对称问题。一个社会只有信息越公开，公民参政渠道越畅通，人民群众的意见和建议得到更充分表达，社会才会越稳固，也有利于民主政治发展。这充分说明作者选择政府信息公开的机制开展研究，选题新颖、思路清晰，符合我国民主政治发展的需要。

① [美] 阿尔文·托夫勒著，黄明坚译:《第三次浪潮》，北京：中信出版社2006年版，第4页。

信息公开有利于防止行政腐败、建立廉洁政府、建设廉政文化。执政不透明，就会滋生出大量的腐败现象。腐败分子利用手中的权力，其中也包括拥有和使用政府某些信息的权力，进行权钱交易。这些信息包括国家政治、军事、经济、技术等的机密信息，以及应该公开的非机密信息。因为这些信息代表着权力，有了权就可以生钱。十八大以来，一大批腐败官员纷纷落马，其中大部分就是利用经济信息进行的权钱交易。本书通过力场分析、模型构建，对影响政府信息公开的各种因素进行了全面、具体分析，同时厘清了政府创新管理体制下的行政权力与信息资源等要素之间的相互联系和相互作用，对目前的反腐倡廉工作有极强的实践指导作用。

政府信息公开是政府信息资源共享和政府信息资源配置的重要方式，也是政府职能转变和政府管理体制创新的重要内容。信息技术的运用与发展，不仅使数字资源的网络无障碍流动突破了时空限制，而且提高了信息的价值效用，为信息资源的传播获取提供了广阔的空间和自由度，同时也促使政府信息资源管理的方式、手段、内容等发生了根本性变革。该书对政府信息公开的发展理念与范式及其变迁的内在规律等一系列问题进行了理论探讨，不仅丰富了政府信息资源管理理论，而且有助于推动政府机构信息资源管理的新发展。此外，该书还借用场论中对场的描述来确立政府信息公开的效益，效益机制的论述在理论上是重大创新，且有待进行更加深入、系统的研究。

依托现代信息技术建立的电子政府是实现政府信息公开的有效途径。运用网络技术，可以实现政府组织结构和工作流程的优化重组，将最大限度地满足公众的知情权、参与权与监督权，提高政府工作的透明度。该书以技术管理为基础、经济管理为支撑、人文管理为环境，构建了完整的政府信息公开保障机制，为政府管理创新提供了坚实的基础，创造条件让人民群众更好地监督政府，促使政府、社会和公众之间更加畅通的信息传递和交流。但在技术核心问题方面的论述还有进一步拓展的空间，比如信息的整合、数据共享问题等，都是目前电子政府发展中应该解决的核心问题。

目前无论是我国学术界对政府信息公开的理论研究，还是一般群众对政府信息公开的认识，都还很欠缺，对其他国家特别是西方国家有关行政情报公开的立法情报研究和介绍也不多。所以，无论是从理论上，还是从实践上看，作者的研究都具有重大的学术价值和实践指导作用。该成果抽取政府信息公开理论探索与实践应用中种种细枝末节的具体成果，加以融会贯通，构建的政府信息公开的力场分析模型和信息场效益分析模型等都具有开创性。本书以集整体分析与个体分析、宏观分析与微观分析为一体的制度分析为切入点，结合比较研究、理论分析等方法研究政府信息公开运行机制，不仅填补了这一领域的空白，而且有助于改变政府信息公开理论研究滞后于实践的困境。并且，理论的突破将为实践的发展提供更为广泛与深刻的解释与指引。

该书是作者长期在此方面研究的成果结晶，我们期待像这样有价值的研究成果，会启发出更多同样有价值的同行研究，这也是我乐意为段尧清教授作序的原因。

华中科技大学教授
张金隆

目　　录

第 1 章　政府信息公开概述

在信息社会中，信息是最为宝贵的社会资源和财富。信息的价值在于其流动性和共享性，建立以信息公开为核心的政府信息公开制度已成为全球趋势。本章通过对政府信息公开基本理论的探讨，借鉴国内外学者研究成果，将厘清政府信息的内涵以及政府信息公开的发展历程。

1.1　政府信息公开的定义

信息是促进社会发展的一项重要资源，政府机构由于工作需要，累积、收藏了大量的信息资源。这些信息资源对国民经济发展有着重要的作用，如果能将这些资源开放，使资源被社会充分利用，将会产生巨大的经济效益和社会效益。这里首先探讨政府信息的概念、分类与政府信息公开的含义。

1.1.1　信息和政府信息

1.1.1.1　信息

“信息”是从英文 information 翻译而来。Information 也被译为资讯、情报或资料。我国港台地区多将其译为资讯。由于信息本身的复杂性，对于其概念的界定，国内外学术界从不同角度、不同学科做出了不同的阐释，达上百种之多，本书将其中有代表性的观点列举出来，如表 1.1 所示。

表 1.1 学术界对“信息”概念的界定

学术专家	观点	来源	评价
［美］香农（C.E. Shannon）	凡是在一种情况下能减少不确定性的任何事物都被叫作信息	《通信的数学理论》，载于《贝尔系统技术杂志》，1948 年第 4 期[1]	从通信效率的角度来探讨信息的选择方式、定量计算问题，没有考虑到信息的价值含义
［美］维纳（N. Wiener）	信息量是一个可算作几率的量的对数的负数，实质上就是负熵	郝季仁译:《控制论：或关于在动物和机器中控制与通信的科学》,北京：北京大学出版社，2007 年版	从控制论的角度动态地揭示了信息的功能与范围，但没有将信息与物质、能量区别开
	信息是人们在适应外部世界，并使这种适应反作用于外部世界的过程中，同外部世界进行相互交换的内容的名称	陈步译:《控制论与社会》，北京：北京大学出版社，2010 年版	从信息所包含的内容上进行定义，没有划定出信息的范围，比较抽象
［德］克劳斯（G.Klaus）	信息是由物理载体与语义构成的统一整体	梁志学译:《从哲学看控制论》，北京：中国社会科学出版社，1981 年版	提出了语义信息，但属于狭义的语义信息，具有一定局限性
［美］霍顿（F.W.Horton）	信息是按照最终用户决策的需要经过处理和格式化的数据	安小米等译:《信息资源管理：概念和案例》，南京：南京大学出版社，2013 年版	从管理的角度定义信息，概括了信息的部分特征
严怡民	信息是生物以及具有自动控制系统的机器通过感觉器官或相应设备与外界交换的一切内容	《情报学概论》，武汉：武汉大学出版社，1984 年版	对维纳定义的延伸，沿着信息的内容来定义信息，缺乏对信息本质的描述
孟广均	信息是事物运动的状态与方式	《信息资源管理导论》，北京：科学出版社，1998 年版	从本体论的角度定义信息，划定了信息的范围和内容，表达通俗，但对信息本质描述不清
马费成	信息是主体所感知或表述的事物存在的方式和运动状态	《信息管理学基础》，武汉：武汉大学出版社，2002 年版	从认识论层次上定义信息，缩小了信息包含的范围

① C.E.Shannon. The Mathematical Theory of Communication.Bell System Technical Journal，Vol.27，No.4，1948.

续表

学术专家	观点	来源	评价
钟义信	信息是事物存在方式或运动状态，以及这种方式和状态的直接或间接表述	《信息科学原理》，北京：北京邮电大学出版社，2002年版	从本体论、认识论两个层次定义信息，基本上揭示了信息的本质，比较科学
岳剑波	信息是主体所感知或所表述的事物运动状态及其变化方式，是反映出来的客观事物的属性	《信息管理学基础》，北京：清华大学出版社，1999年版	综合了本体论、认识论的观点，加入了层次分析，也基本上揭示了信息的本质
邬焜	信息是标志物质间接存在性的哲学范畴，是物质存在方式和状态的自身显示	《哲学信息要略》，载于《人文杂志》，1985年第1期	提升到了哲学高度，触及了信息本质的面纱
娄策群	信息是事物发出的信号所包含的内容	《信息管理学基础》，北京：科学出版社，2005年版	明确了信息的物质属性

此外，国内外的权威辞典也对信息做出了定义。《牛津辞典》对信息的定义是："信息就是谈论的事物、新闻和知识。"①《韦氏大辞典》对信息的定义是："信息是用来通信的事实，在观察中得到的数据、新闻和知识。"②我国《辞海》对信息的定义是："（1）音讯；消息。（2）通信系统传输和处理的对象，泛指消息和信号的具体内容和意义。通常须通过处理和分析来提取。信息的量值与其随机性有关，如在接收端无法预估消息或信号中所蕴涵的内容或意义，即预估的可能性越小，信息量就越大。"③《现代汉语词典》对信息的定义是："（1）音信；消息。（2）信息论中指用符号传送的报道，报道的内容是接收符号者预先不知道的。"④

我国图书情报方面的权威工具书对"信息"也给出了定义。《中国图书情报工作实用大全》在解释信息时称"信息是构成知识、情报的原料"⑤。国家标准GB489885《情报与文献工作词汇基本术语》中，关于"信息"的解释是："物质存在的一种方式、形态或

① A.S. Horby.Oxford Advanced Learner's Dictionary of Current English. Hongkong：Oxford University Press，2011，p906.

② Webster's .Webster's Third New International Dictionary. Massachusetts：Merriam Company，2008，p1685.

③ 夏征农、陈至立：《辞海》（第六版缩印本），上海：上海辞书出版社2010年版，第2122页。

④ 中国社会科学院语言研究所词典编辑室：《现代汉语词典》（第6版），北京：商务印书馆2012年版，第1453页。

⑤ 武汉大学图书情报学院：《中国图书情报工作实用大全》，北京：科学技术文献出版社1990年版，第2页。

运动状态，也是事物的一种普遍属性，一般指数据、消息中所包含的意义，可以使消息中所描述事件的不定性减少。”

以上这些学者和研究机构分别从社会角度、专业角度、行业角度以及信息的价值、属性、范围、内容、概念的外延等方面来解释“什么是信息”，都概括出了信息的部分特性，部分定义也注意到了信息本质的方面。虽然现有的信息定义都有一定的局限性、片面性，没有一个能够令所有人都首肯，但都给我们提供了有益的启示，为我们进一步研究信息相关理论指明了正确的方向、提供了正确的途径。

1.1.1.2 政府信息

虽然目前学术界还没有赋予“信息”严格的科学定义，但这并不妨碍我们对信息相关领域进行探索和研究。

信息是复杂多样的，是一切物质的普遍属性，按照不同特性进行划分的结构和成分也不同。根据产生信息的客体的性质来划分，信息可分为自然信息、生物信息和人类社会信息。[①] 本书所研究的“政府信息”属于人类社会信息的范畴。要明确政府信息的概念，首先应理解政府的含义。政府的英文 government 一词源自拉丁文 gubernaculums，意为舵。[②] 关于政府的定义，有广义和狭义之说。广义的政府，是泛指一切国家政权机构（如立法机构、司法机构、外交机构、军事机构、行政机构以及其他公共权力机构）的总和。狭义的政府，仅仅是指一个国家中央和地方的行政机构。其中有代表性的定义见《美国百科全书》：“政府一词适应于管理团体和国家的机构及其活动。通常它指的是诸如英国或日本这些民族国家或其分支如省、市地方政府的组织机构及法定程序。就这一方面而言，政府对已经确认为某一民族国家中成员的事务进行管理。由此可见，政府就是一个国家或社会的代理机构。”[③] 我国《辞海》对政府的定义是：“即‘国家行政机关’。按管辖范围区分，单一制国家有中央政府和地方政府，联邦制国家有联邦政府和邦（州）政府。政府的具体组织形式和名称，各国有所不同。”[④] 我国《宪法》中的“人民政府”就是指各级行政机关，亦即狭义的政府。因而，本书所说的政府亦专指各级行政机关。

本书采用狭义政府的概念，集中探讨行政机关的信息公开问题[⑤]。当然，在具体实践中，对于行政机关通常可以按行政职权、行为性质和时间三种方法来进行资格确认。也

---

① 邹志仁：《信息学概论》，南京：南京大学出版社 2007 年版，第 6 页。

② Henry Campbell Black，M. A.. Black's Law Dictionary. 5th Edition. Washington DC：West Publishing Co，1979，P625.

③ 翟继光：《财政法学原理》，北京：经济管理出版社 2011 年版，第 3 页。

④ 夏征农、陈至立：《辞海》（第六版缩印本），上海：上海辞书出版社 2010 年版，第 2434 页。

⑤ 有不少学者直接用“行政信息公开”的概念来代替“政府信息公开”，本书也赞同该观点，具体阐述见本章 1.2 节的内容。

就是说，行政机关是要依法享有行政职权和行政行为的组织，而我们通常所说的政府就是指各级人民政府及其法律法规授权正式成立的组织，这也是本书后面章节研究我国政府信息公开具体问题时，政府信息公开的义务主体的范畴。

狭义的政府（即行政机关）应该积极、主动地将其掌握的社会上大部分的信息进行公开，一是因为行政机关历来保密文化浓厚，“应当为公众服务的所谓公仆却更愿意保守信息秘密”[①]，然而这类信息往往有助于公共利益的实现，最需要公开；二是因为行政机关长期受行政特权庇护，信息最难公开。当然，本书并不认为，信息公开的义务主体只限于行政机关，相反，从我国的现状来看，无论是立法机关、司法机关、外交机关，还是有权行使公共权力的社会团体、事业单位、基层自治组织等，只要其拥有公共权力，涉及公民、法人和其他组织利益的信息，都需要积极、主动的公开。

政府是社会信息的最大拥有者，对于政府信息的定义，学术界众说纷纭，主要表现在对政府信息范围界定上的差异和具体表述上的差异。如应松年等采用排除法对政府信息进行了界定，应松年认为，“政府信息一般是指政府机构为履行职责而产生、获取、利用、传播、保存和负责处置的信息。除国家秘密、商业秘密、个人隐私外，都应该公开。”[②] 此外，张淑芬等人认为，“政府信息即政府机构为履行职责而产生、获取、利用、传播、保存和负责处置的包括政务、经济、服务、客观决策等所有信息，是人们全面考察、评价社会情况，从事政治、经济、科技、军事、文化等活动所必不可少的国家资源。”[③]

很显然，大部分学者在对“政府信息”进行定义时，将“政府信息”和“政府公开信息”两个概念混为一谈。政府信息是指政府所掌握和拥有的一切信息，但是政府不可能、也没必要将一切信息完全公开。故而，在对政府信息进行概念界定时，宜按照较笼统的总括性的思路，而在具体公开制度的设计上，宜采用列举方式加以界定。我国2008年开始施行的《中华人民共和国政府信息公开条例》中关于“政府信息”的定义是：“指行政机关在履行职责过程中制作或者获取的，以一定形式记录、保存的信息。”该定义就比较模糊、笼统。

按照西方发达国家的新公共管理理论，政府需要不断强化其公共服务职能。因此，

① [美]斯蒂格利茨著，宋华琳译：《自由、知情权和公共话语——透明化在公共生活中的作用》，《环球法律评论》2002年秋季号，第263~273页。

② 应松年：《预防腐败，制度建设是关键》，《行政法学研究》2008年第1期，第1~4页。

③ 张淑芬、周艳、李庆芬：《各国政府信息公开现状比较》，《农业图书情报学刊》2004年第11期，第126页。

政府在履行行政职权和提供公共服务的过程中所产生的、拥有的或搜集到的信息都属于政府信息的范畴。综上所述，本书所指的政府信息是指各级人民政府及其法律法规授权组织在履行行政职责和提供公共服务的过程中所拥有、产生、制作和获得的一切信息。

1.1.1.3 公共信息

公共信息与政府信息是两个极易混淆的概念，要正确地理解政府信息，还必须全面了解公共信息的概念。

1990年，美国的《公共信息准则》提出了八条公共信息准则，明确规定“该准则所适用的公共信息就是由联邦政府生产、编辑或维护的信息”，并指出公共信息是“为公众所信赖的政府所拥有,同时也是属于公众的,并在法律允许的范围内为公众所共享”[①]。该准则中的“公共信息”理论上完全等同于“政府信息”。但在2001年的《公共信息资源改革法案》中，美国却将政府信息资源分为两部分，一部分是政府内部信息资源，另一部分是公共信息资源。[②]此法案的颁布，标志着美国公共信息所包含的范围已完全涵盖了政府信息，而且更广。

联合国教科文组织（UNESCO，United Nations Educational，Scientific and Cultural Organization）在《发展和提升公共领域信息的政策指导草案》中对公共信息进行了定义：“公共领域的信息又称共享信息，不受知识产权的保护，不受法律法规的限制，公众可以自由查阅而无需授权也不会受到制约。譬如，超过法定保护期限已进入公共领域的政府信息、公共图书馆目录、报纸杂志刊登的不受法律保护的思想、概念、原则等。”

我国学者对公共信息的含义、概念也有一定的研究。周毅以广义的政府作为行政主体来定义公共信息：“是指行政主体在行使公共权力过程或者在该组织职责范围内获得的信息，主要包括国家重大的经济战略规划、产业政策等经济信息，企业资信和产品质量信息，法律法规信息，劳动就业信息和其他有关政策与法规规定应公开的政务信息。公共信息服务的实施主体可以是专门的信息服务机构、政府机关及其职能部门、公共图书馆、国家综合档案馆和文件中心等。”[③]也有学者从公共管理学的视角对公共信息进行定义：“所谓公共信息是一种特定的实用信息类型，它是指所有发生并应用于社会的公共领

① U.S. Government Printing Office.44 The United States Code 505，1990.

② Robert Gellman. The Foundations of United States Government Information Dissemination Policy，http://www.oeaw.ac.at/ita/access/gellman_txt.pdf。

③ 周毅:《电子政府的公共信息服务：一个研究框架》,《情报理论与实践》2007年第1期，第21~25页。

域，由公共事务管理机构依法进行管理，具有公共物品特性，并能为全体社会公众共同拥有和利用的信息。”① 蒋永福把公共信息界定为：公共信息是针对私有信息而言的一种信息资源类型，是政府为了保证社会的公共利益而用公共资金生产、收集并原则上公开利用的信息。②

在早期的信息管理中，公共信息与政府信息在内涵和外延上基本没有任何区别，二者长期等同。但公共信息的公共性程度是相对可变的，具有动态阶段性。进入现代社会以后，公共事务的复杂性加剧，人们维护公共利益的意识越来越强，政府生产、获取和拥有的信息无法涵盖社会公共事务的全部领域，而且公共事务与私人事务之间的界限开始模糊。③ 公共信息已逐渐从与政府信息的重合中分化独立出来。也就是说，在现代社会，公共信息的内涵和外延都比政府信息所包含的要广泛得多。

1.1.2 政府信息的分类

分类是指依据一定的标准将具有某种共同属性或特征的事物归并在一起，通过其类别的属性或特征来对事物进行区别的一种逻辑方法。从系统论的观点看，分类是将研究对象区分为具有一定从属关系的不同等级系统的操作。通过下定义可以揭示概念的内涵，运用分类则可确定概念的外延。政府信息资源分类是指把具有某种共同属性或特征的信息归并在一起，通过其类别的属性或特征来对信息进行区别，建立政府信息资源目录分类体系，具体实现政府信息资源管理、共享和服务等，加强政府信息资源的开发利用。④ 一般地，我们可以从以下几个角度对政府信息进行划分：

1.1.2.1 按公开内容划分

在信息公开内容方面，政府部门公开的内容应主要包括：政府法令、规章和规范性文件及其制度程序，政府工作的动态和重要政策、决策与措施，政府的工作计划及安排，政府领导人的重要活动及指示，申请政府许可或审批的相关信息，公众到政府办理注册、登记等事项的程序和规则，重大突发事件的处理情况，与老百姓生活相关的其他各类政府事务等。我们可将其归纳为政策法规信息、行政管理信息、统计信息和日常事务信息等。

① 谢俊贵：《公共信息学》，长沙：湖南师范大学出版社 2004 年版，第 45 页。

② 蒋永福：《国际社会关于公共信息开放获取的认识与行动》，《国外社会科学》2007 年第 2 期，第 68~72 页。

③ 刘剑：《公共领域与规范民主——读〈公共领域的结构转型〉》，《中国图书评论》2010 年第 8 期，第 86~90 页。

④ 李霖、郭仁忠、桂胜：《电子政务信息资源目录体系建设及案例》，北京：科学出版社 2009 年版，第 80 页。

政策法规信息是政府机构依据国内、国际法律文件出台的一系列行政法规和法规性文件、部门规章和规范性文件以及国民经济和社会发展规划、专项规划、区域规划及相关政策解读等方面信息的总称；行政管理信息是指作为行政机关的政府为了有效地管理社会公共事务和维持自身组织活动所从事的一切事务管理方面的信息；统计信息是指国民经济和社会发展统计信息；日常事务信息包括反映行政机关机构设置、职能、办事程序等情况的信息。

1.1.2.2 按流通范围划分

按信息流通的范围划分，政府信息可分为公开的政府信息、内部政府信息和保密的政府信息。[①]

公开的政府信息是政府信息中最开放的一部分，如国家政策和法规、国家标准、国家整体发展规划以及部门或行业统计信息等。

内部政府信息又可细分为跨部门内部政府信息和纯部门内部政府信息。跨部门内部政府信息只在特定的部门或系统之间（含内部）流通，如在某一行政机关的财政部与人事部之间的外联网上流通的政府信息，信息既可以在财政部或人事部内部流通又可以在两个部门之间流通；纯部门内部政府信息只在某一部门或系统内部流通，不得超出本部门或系统的范围，如部门内部的会议纪要。

保密的政府信息又称绝密信息，是从维护国家安全和公共利益的角度出发，将这类信息排除在公开的范围之外。这类信息一般有很高的密级规定，在解密之前不对外流通，只被某一或某些特定的个体知晓，一般不会将其投放到各种类型的网络（包括局域网）上，以防被人截取或篡改。如有关党和国家领导人的秘密谈话或行动计划、国防部署、尖端科学技术发展计划、贸易秘密等，在解密之前都属于绝密信息。

1.1.2.3 按社会功能划分

按政府信息发挥社会功能的标准，可以将政府信息分为政府决策信息、行业服务信息、日常事务信息和反馈信息。

政府决策信息是政府做决策时所依据的政策、规则、准则和相类似的指导性信息，如法律、政策、规划、计划等；行业服务信息是政府为公众提供各类公共服务的信息，如教育、安全、医疗、就业、天气环境、企业、贸易、交通、运输等方面的信息；日常事务信息是指政府内部各部门在办公过程中形成的大量信息以及不同政府部门之间相互

---

① 夏义堃:《公共信息资源的多元化管理体制研究》，武汉大学 2005 届博士学位论文，第 21 页。

交换的信息，如会议信息、工作总结、调查报告、内部通报、政府公函、统计报表等；反馈信息则包括社会调研信息、提案议案、监督意见、工作简报、群众信访等。

1.1.2.4　按信息效能划分

按照政府自身对政府信息的主观效能判断或评价，可以将政府信息分为正面信息和负面信息两类。正面信息多反映政府的成绩和效益，比如兴办教育、培育产业、治理环境等工作“亮点”，政府当然愿意公布于众；相反的，负面信息是关于政府失误或重大危机事件的信息，比如政府决策失误、管理不善、措施不力等，政府害怕这些信息公布之后会影响自身的形象，一般总是试图将这些负面信息控制在系统内部。因为行政官员担心负面信息的披露会造成权力从政府向获得信息的公众发生转移，故而他们依据自身的偏好取舍发布信息的内容。这也正是行政官员故意隐瞒真实、于己不利的信息，竭力将政府信息变成私人信息，造成信息严重不对称，令公众感到十分不满的原因所在。

1.1.2.5　按公开原则划分

对于政府信息公开的范围，世界各国普遍贯彻“公开为原则，不公开为例外”的精神，故按照政府信息公开的原则可将政府信息划分为公开信息和例外信息。

公开信息包括两方面的含义：一是政府拥有和掌握的信息向社会公开，包括政治、经济、文化、军事、教育等的信息；二是政府对社会进行管理或提供服务的过程和结果向社会公开，比如政府在社会保障、扶贫救灾、促进就业等方面的政策、措施、依据及其实施过程和结果。

各国信息公开法律规定的例外信息主要包括三类：国家机密、商业秘密和个人隐私。这些信息数量众多、形式各异，公开后可能会危及国家安全、公共安全、经济安全和社会稳定。

1.1.2.6　按主动性划分

按政府机构提供信息的主动性程度划分，可将政府信息分为主动公开的政府信息和依申请公开的政府信息。①

主动公开的政府信息是指政府机关依据法律规定主动向公众提供的信息，而不论是否有人提出申请。在信息的提供上，政府机关具有主动性。主动公开的政府信息一般包括：政策、法规及相关政策解读文件，国民经济发展规划与进展，财政预算与执行情况，政

① 此类划分标准对本书在第四章研究政府信息公开的程序问题有极大的帮助。

府的组织机构与职权，政府工作的最新动态等。

依申请公开的政府信息是指行政机关根据自然人、法人或者其他组织的申请，遵循“以公开为原则，不公开为例外”的公开原则，依照法律规定的方法、步骤等提供的信息。在信息的提供上，政府机关具有被动性；但在无人提出申请时，政府机关没有公开的义务。而且，如果公众申请的信息涉及国家安全、商业秘密、个人隐私等内容，政府机关有权拒绝公开。

1.1.2.7 按信源划分

按信息获得的来源划分，可将政府信息分为内源性政府信息和外源性政府信息。

内源性政府信息是指产生于政府行政系统内部的各类政策法规、文函简报、计划总结、请示报告、通报等信息；外源性政府信息是指产生于政府行政系统外部的且与政府行政管理有关的社会信息、调研信息、政府公函、统计数据等，或者是必须为政府所掌握的环境信息、媒体信息、私人信息等。外源性政府信息有的是由政府行政系统以外的组织和个人自愿提供的，有的则是由政府强制第三方提供的。

政府信息获得的来源不同，其公开的主动性程度以及公开的方式也不同。对产生于政府行政系统内部的内源性政府信息（不包括例外信息），政府机关赋有主动公开的义务，并且必须采用政府公报、报刊、宣传栏、宣传册、政府网站等多种公众熟悉、便捷的方式主动公开；而产生于政府行政系统外部的外源性政府信息，内容往往涉及具体的行政管理相对方，政府为了保护行政相对人或第三人的隐私权，一般采取依当事人申请的方式公开这类信息，申请人对政府依申请公开的方式有一定的选择权。

此外，按政府信息的表现形式，可将其划分为文字信息、语音信息、图像信息等；按政府信息的产生过程，可将其划分为静态信息和动态信息；按政府信息的运行状况，可将其划分为连续性信息、间隔性信息、常规性信息和突发性信息；按政府信息的传递方向和特点，可将其划分为上情下达类信息（如政府宣传性信息）、下情上传类信息（如公众反馈性信息）和横向沟通类信息（如双向交流性信息）等。

政府信息资源分类是实现信息资源共享、进行信息服务和提高信息利用价值的重要前提。如表 1.2 所示，采取不同的分类标准，就会形成不同的政府信息资源体系。当然，任何划分方法和标准都不是绝对的、孤立的，政府信息资源自身的复杂性、动态性和价值转化性也决定了不同类型的政府信息资源之间必然会存在一定程度的交叉和重叠，甚至在一定时期内还有可能会发生相互转化。

表 1.2 政府信息资源分类

分类标准	名称	分类标准	名称
公开内容	政策法规信息 行政管理信息 统计信息 日常事务信息	效能	正面信息 负面信息
流通范围	公开的政府信息 内部政府信息 保密的政府信息	公开原则	公开信息 例外信息
社会功能	政府决策信息 行业服务信息 日常事务信息 反馈信息	主动性	主动公开的政府信息 依申请公开的政府信息
		信源	内源性政府信息 外源性政府信息

1.1.3 政府信息公开的含义

政府信息公开（Government Information Openness）又称行政信息公开、行政资讯[①]公开或政府资讯公开。对其概念的阐释，学术界众说纷纭，主要观点如下：

国内学者张明杰、尹晓燕等认为："政府信息公开是指政府机关依照法定程序，以法定形式公开与社会公众利益相关的所有信息，并允许公众通过查询、阅览、复制、摘录、收听、观看、下载等形式充分利用政府所掌握的信息的行为和制度。"[②]周汉华等认为："政府信息公开是指国家机构中的行政机关通过公众便于接受的方式和途径，将其掌握的公共资源，尤其是在其行使公共权利的过程中所获得的信息和情报（法律明令应予以保密的除外）公之于众，允许公民、法人及其他组织通过各种形式了解这些信息。"[③]这两种定义均从政府信息公开主体的角度出发来定义政府信息公开，同时强调了社会公众依法获得信息的权利。

卢琳等认为："政府信息公开就是'行政资讯公开'，可以从微观和宏观两个层面来理解其含义。微观意义上的政府信息公开是行政机关依照法定程序向公众或特定的公民提供有关信息的法律行为；宏观意义上的政府信息公开是指行政机关在行政管理中的一项法律制度，即行政机关与法律、法规授权行使行政管理职能或提供公共服务的其他组

① 我国台湾、香港地区习惯用"资讯"一词代表"信息"，两者在含义上没有本质区别。

② 尹晓燕：《加入 WTO 与我国政府信息公开》，《行政与法》2002 年第 11 期，第 3~5 页。

③ 周汉华：《外国政府信息公开制度比较》，北京：中国法制出版社 2003 年版，第 12 页。

织向公众或特定的公民提供行政管理信息的范围、主体、程序、法律后果等要素组成的法律制度。”[①] 这一概念是从行政机关的角度进行阐述，侧重强调政府信息公开是政府的权力。政府依法公开信息，公众利用各种手段获得信息，政府信息公开只是政府的权力，而与公民权利无关。

应松年等认为：“政府信息公开是指行政机关通过适当的方式把其掌握和控制的反映政务活动特征和政务发展变化情况的消息情报、数据资料等公布于众，保障行政相对人合法、合理获取与传播信息的权利。”[②] 政府信息公开的实质不是为了传播信息，而是为了保障公众知情权的实现。理论上讲，政府信息公开确实能够使公众合法、合理地获取所需要的政府信息，但这仅是实现公众知情权的结果。

纪新青从传播学的角度，按照传播者、信息、媒介、受众和效果五大构成要素，把政府信息公开界定为：“国家各级人民政府及其工作部门、派出机构以及其他依法行使行政职权的组织，有义务和责任向公众提供由政府机关掌握的，与经济、社会管理和公共服务相关的，以纸质、胶卷、磁带、磁盘以及其他电子存储材料等载体反映的信息，以有效保障公众的知情权。”[③] 这种界定涵盖了政府信息公开的主体、客体、方式以及目的，界定较为全面。

从政府信息公开在国内外的发展历程来看，政府信息公开主体的范围在不断扩大，不再仅限于国家机构中的行政机关，还包括立法机关、司法机关及其附属或受其委托行使职权的其他机关。另外，政府信息公开客体的内容也更加丰富，不仅包括最初的政务信息，更延伸至政府所掌握的（法律明令应予以保密的除外）政治、经济、文化、社会服务等各个方面的信息。这一发展过程体现了公众权利本位，而非政府权力本位的思想。参照我国新实施的《中华人民共和国政府信息公开条例》[④]，本书把政府信息公开定义为：行政机关通过公众易于获取的方式和途径，依法公开其在履行职责过程中制作或者获取的信息，以实现公众的知情权。

由于学者们研究角度和研究领域的不同，因此对政府信息公开的定义也各不相同，要想全面、正确地理解这一概念，本书认为必须把握以下几点：

第一，要正确理解“公开”的含义。

---

① 卢琳：《走出我国信息公开的困境》，《行政论坛》2003 年第 7 期，第 38~39 页。

② 应松年、陈天本：《政府信息公开法律制度研究》，《国家行政学院学报》2002 年第 4 期，第 59~64 页。

③ 纪新青：《论政府信息公开与大众传媒的角色定位》，《中国行政管理》2004 年第 11 期，第 50 页。

④《中华人民共和国政府信息公开条例》第 1 章第 2 条对政府信息的定义是：“政府信息是指行政机关在履行职责过程中制作或者获取的，以一定形式记录、保存的信息。

《现代汉语词典》对“公开”的定义是：“(1)不加隐蔽的；面对大家的（跟‘秘密’相对）：~活动。(2)使秘密的成为公开的。”[①] 针对政府信息公开而言，若公开取形容词“不加隐蔽的”之定义，则表示政府信息的属性是“公开”的，政府信息具有“不加隐蔽”性，政府信息公开也就是要求对政府信息不加隐蔽；若公开取动词“使秘密的成为公开的”之定义，则表示政府信息公开是一种行为方式，政府必须主动或依申请公开其拥有的信息。两种含义分别对应政府信息公开的两种方式：主动公开和依申请公开。

第二，要正确地理解政府信息公开主体[②]的含义。

主体是实践活动和认识活动的承担者。政府信息公开的主体又分为权利主体和义务主体，政府信息公开的权利主体是指有权请求政府公开其拥有的政府信息的任何组织与个人，政府是政府信息公开的义务主体。[③] 由于对政府的定义有广义和狭义之分，政府信息公开中的“政府”并不是仅包含行政机关，在政府信息公开义务主体的界定上也存在广义和狭义之分，所以我们既可以根据狭义政府的含义来理解政府信息公开的义务主体，也可以根据广义政府的含义加深对义务主体的认识。

从世界各国和地区的信息公开立法来看，基本上都是将行政机关（或行政机构）作为政府信息公开的义务主体。世界各国信息公开法的主体范围从小到大依次大致可分为四个层次：一是只适用于政府行政机关，如美国、日本。[④] 美国的《情报自由法》所界定的义务主体是行政机构，指出“所界定有关行政机构一词，应包括任何行政部门、军事部门、政府公司、政府控股公司，或其他隶属行政部门之机构（包括美国总统所直接主管之机构在内），以及独立性质之管制机构在内”[⑤]。可见其行政机构所包含的范围是非常广泛的。二是适用于立法、行政与司法等所有的国家机关，如欧盟。三是除所有国家机关之外，还适用于行使公共权利的其他组织，如新西兰《信息公开法》(1982）明确将教育、医疗、交通等机构列入信息公开的义务主体范围之内。四是除了国家机关和行使公共权力的其他组织以外，还适用于一般的企业或者司法团体，如南非。

我国《政府信息公开条例》中规定，各级行政机关必须依法履行政府信息公开义务，法律、法规授权的具有管理公共事务职能的非国家机关或组织，教育、医疗卫生、计划生育、环保、公共交通等与人民群众利益密切相关的公共企事业单位，也都属于政府信

① 中国社会科学院语言研究所词典编辑室：《现代汉语词典》（第6版），北京：商务印书馆2012年版，第450页。

② 基于研究的方便，政府信息公开的主体亦指政府信息公开的义务主体，这是很多学者的普遍看法。

③ 该观点参见段尧清、汪银霞：《政府信息公开的障碍机制》，《情报资料工作》2006年第1期，第13~16页。

④ 周汉华：《起草〈政府信息公开条例〉（专家建议稿）的基本考虑》，《法学研究》2002年第6期，第75~97页。

⑤ The Freedom of Information Act.5 The United States Code 552，1986. http：//www.archives.gov/foia。

息公开的义务主体。可见，我国政府信息公开义务主体的范围也是非常广泛的，类似于美国、日本的情况。

第三，要正确理解政府信息公开的实质。

政府信息公开是民主社会的重要特征，是现代行政的基本发展趋势，也是现代法治政府的价值取向，积极推行政府信息公开制度是各国政府的共同义务。[①] 政府信息公开的过程，既是政府将信息传播或传递给公众的过程，也是公众对于言论自由权、知情权、参政权等正当权利诉求不断得到认可、享有和实际行使的过程，更是保障公民、法人和其他组织的知情权，维护其合法利益的过程。

在现有的信息公开理论研究中，一些学者将政府信息公开的实质归结为民主政治的要求、依法行政的需要、反腐倡廉的良药、提高政府工作透明度的阳光等中的一个或几个方面。诚然，政府信息公开有利于民主的完善，有利于促进依法行政，有利于将公共权力的运转过程置于社会监督之下，有利于反腐倡廉，有利于提高行政效率，有利于经济、社会的发展和国际地位的提升，等等。但这些方面只是政府信息公开导致的客观后果，是政府信息公开价值的体现，而不能将其归结为政府信息公开的实质。政府信息公开是公民权利的体现和要求，其实质应该是为了保障公众的知情权。

从广义上说，民主政治是一个非常宽泛的概念，政府信息公开只是民主政治下的一项具体政治制度。在秘密政治条件下，不存在民主政治。政治过程作为一个相互联系的整体，实施政府信息公开是民主政治的一个具体环节，除直接保障公众知情权外，还有其他作用，但这些并不是构成政府信息公开的必然法律条件。

第四，要正确处理好政府信息公开与保密的关系。

政府信息公开是从保障公众知情权、发扬社会主义民主、加强政府责任感、提高政府声誉、稳定宏观经济的需要出发。而政府信息保密，是指保守国家、私人的秘密。对国家来说，就是涉及国家安全、国防、外交等国家行为，涉及国家经济、商务情报，以及法律规定需要保密的其他事项。对公民来说，就是指个人隐私。对法人来说，就是指商业秘密。个人隐私、商业秘密虽然只是个人的私事、单位的秘密，但关乎个人的隐私、企业的生存，必须加强保密意识，防止损害个人、法人或组织的合法权益。

不解决好政府信息公开与保密的关系，一方面，政府信息公开会流于形式，各级行政部门就会以保密为借口，将本应该公开的信息保密，使必须公开的信息与保密的信息

---

① 参见汪银霞:《政府信息公开的力场分析》,《情报理论与实践》2008 年第 6 期，第 817~821 页。

之间的界限模糊，必然会损害公众利益；另一方面，保密信息的泄露，将会不利于保卫国家安全，也会给私人利益带来难以弥补的损失。所以，我们一方面要尽可能扩大信息公开的范围，另一方面也要注意保护其他的利益。

有的学者提出，与政府的行政管理职能无关的信息，比如政府作为民事主体签订的合同，“合同内容是否公开是双方意思决定，不受信息公开法的调整”①。这种观点本书并不赞同。因为，从国情看，政府以民事主体身份签订的合同多涉及公款消费，如公务用车、公款旅游、公款接待等，其中有可能滋生腐败。如果这些信息不能得到公开，实与政府信息公开制度之反腐败宗旨相违背。且从国外的实践看，此类信息也应当公开。比如日本曾经发生过交际费、误餐补贴使用信息公开诉讼，原因是日本一些地方行政机关常常以公务员加班误餐费名义，支付“官官接待”费用，数额惊人。这些诉讼最后迫使日本地方政府公开了“官官接待”费用，而且宣布取消“官官接待”或限制接待费用，交际费或误餐补贴方面的反腐败取得相当大的成果。②可见，政府信息公开与否，不应以是否涉及行政管理职能为标准，而应以是否涉及公共利益为准绳。

1.1.4 政府信息公开的例外

政府信息公开的范围和内容是政府信息公开研究的核心。在这一核心中，公开的例外（即保密）又是研究的难点。因为唯有明确并缩小例外信息的范围和内容，才可能明确并扩大公开信息的范围和内容。由于世界各国一般都确定了“以公开为原则，不公开为例外”的立法模式，信息公开的范围有日益扩大的趋势，对不公开的信息也有极为严格的限制。因而，政府信息公开的例外必须具有合法性、合理性及合目的性。③

1.1.4.1 国家秘密

国家秘密是关系国家的安全和利益，依照法定程序确定，在一定时间内只限定一定范围的人员知悉的事项。④它是以国家名义实施的，主要指国家重大决策、外交和外事活动、国民经济和社会发展、国防建设和武装活动、科学技术及维护国家安全活动等事务中的秘密事项，以及政党秘密事项符合国家秘密性质的秘密。⑤它属政治性很强的国家行

① 张明杰：《开放的政府：政府信息公开法律制度研究》，北京：中国政法大学出版社 2003 年版，第 10 页。

② 周汉华：《外国政府信息公开制度比较》，北京：中国法制出版社 2003 年版，第 82~83 页。

③ 赵培云、郑春辉：《电子政府信息公开隐私权保护制度》，《情报科学》2012 年第 2 期，第 221~225 页。

④《中华人民共和国保守国家秘密法》（1988 年 9 月 5 日第七届全国人民代表大会常务委员会第三次会议通过 2010 年 4 月 29 日中华人民共和国主席令第二十八号公布 2010 年 10 月 1 日起施行）第 1 章第 2 条。

⑤ 杨涛：《国家秘密别成官员违纪保护伞》，《法制日报》2013 年 5 月 18 日（第 7 版）。

为，只能限于一定范围内的人员知道，一旦公开就会给国家的安全和利益带来不同程度的损害。故而世界各国，无论是否制定了信息公开制度，一般都会从维护国家安全和利益的角度出发，将国家秘密排除在信息公开的范围之外。

一般来说，保守国家秘密的制度远早于信息公开制度。当今世界，国际经济一体化迅猛发展，国际政治局势呈多极化的和平发展格局，促进了世界范围内信息公开浪潮的高涨。但世界各国依然把保守国家秘密、维护国家安全作为其政府工作的优先目标。[①] 我国在法制建设上，一向强调保守国家秘密。新中国成立伊始，1950 年 10 月，党中央就出台了《关于加强保守党和国家机密的决定》。1951 年 6 月，中央人民政府政务院又颁布实施了《保守国家机密暂行条例》。改革开放以来，党和国家更是将保密工作放在保安全、保发展的战略高度，不断加强新形势下的保密工作。1988 年 9 月，第七届全国人大第三次会议通过了我国第一部保守国家秘密的专门法律《中华人民共和国保守国家秘密法》(简称《保密法》)，使我国保密工作有法可依。1997 年 8 月，党中央又出台了《关于加强新形势下保密工作的决定》，对我国的保密工作做出了跨世纪的战略部署，它是指导我国保密工作的纲领性文件。在贯彻实施《保密法》和中央一系列决定的过程中，我国的保密工作不断加强，对改革开放和现代化建设起到了有力的促进作用和积极的保障作用。

但是，保守国家秘密必须建立在广泛的信息公开基础上。因为，如果没有信息公开制度，普通公民无法判断究竟哪些事项属于国家秘密，政府行政机关就可以以国家秘密为借口保守不愿意公开事项的秘密，这就为政府滥用权力、滋生腐败提供了活动的土壤，同时也与现代社会民主化进程的方向背道而驰。

在我国，制定政府信息公开制度是适应国际形势的要求，是促进政府信息资源开发与利用、推进经济发展和民主政治建设的需要；同时，保守好国家秘密，不公开国家秘密信息，是维护国家安全与利益、保障改革开放和现代化建设顺利进行的需要。二者缺一不可。按照我国 2010 年修订的《保密法》的具体规定，涉及国家安全和利益的事项包括："(一)国家事务重大决策中的秘密事项；(二)国防建设和武装力量活动中的秘密事项；(三)外交和外事活动中的秘密事项以及对外承担保密义务的秘密事项；(四)国民经济和社会发展中的秘密事项；(五)科学技术中的秘密事项；(六)维护国家安全活动和追查刑事犯罪中的秘密事项；(七)经国家保密行政管理部门确定的其他秘密事项。政党的秘

① 周汉华:《政府信息公开条例专家建议稿》，北京：中国法制出版社 2003 年版，第 118~119 页。

密事项中符合前款规定的，属于国家秘密。”[①] 政府信息公开制度所调整的最主要的一对矛盾就是公开一般信息与保守国家秘密信息之间的关系，对国家秘密的保守要作为信息公开原则的边界存在，确立政府一般信息公开的原则和特殊信息保密的原则，在保证公众知情权和保守国家秘密之间寻求动态的平衡。

公开政府信息的前提就是要准确界定国家秘密信息的范围，防止出现由于信息公开而违反保密制度的规定、损害国家安全与利益的现象。国家秘密是一个法律概念，只有国家才能享有其占有权、使用权和处分权，其受到侵犯的法律后果是行政责任和刑事责任。同时，国家秘密又是一个历史性的动态概念，根据国家内政和外交的需要，在不同的历史时期，其内涵和外延各不相同。甚至有些国家秘密经过一段时间，可能不再具有保密的价值和意义，可以将其公之于众，成为社会共享的信息资源。

1.1.4.2 商业秘密

商业秘密，是指不为公众所知悉，能为权利人带来经济利益，具有实用性并经权利人采取保密措施的技术信息和经营信息。[②] 从该定义中不难看出，并非所有的技术信息和经营信息都是商业秘密，权利人所拥有的技术信息和经营信息必须具有以下三个显著特征，才能称之为商业秘密：一是不为公众所知悉；二是具有经济利益性，能为权利人带来切身经济利益；三是权利人对这些信息采取了保密措施。

经济利益性是商业秘密最主要的一大特征，权利人对商业秘密采取保密措施也是为了切实维护组织的经济利益。商业秘密虽然属于私权信息保护的范围，但并不是对权利人以外的所有人保密，保密的范围主要是同业竞争者。当行政机关依法行使市场监管职权，或是权利人请求行政机关提供相关服务时，都有可能会将权利人的商业秘密泄露给有关行政机关，从而使商业秘密在一定条件下转化为政府信息的一部分。

市场经济是一种竞争性的经济，通过公平竞争实现社会资源的合理配置。[③] 权利人固守商业秘密以获得市场竞争的有利地位，如果政府或个人将原本作为政府信息的商业秘密公开，打破市场经济的公平竞争状态，权利人的经济利益将受到严重侵犯，市场经济的正常发展秩序也会遭到严重破坏。因此，对任何侵犯合法取得商业秘密或独立开发商业秘密的权利人利益的行为，必须承担相应的民事责任和行政责任，严重时追究其刑

① 《中华人民共和国保守国家秘密法》(1988 年 9 月 5 日第七届全国人民代表大会常务委员会第三次会议通过，2010 年 4 月 29 日中华人民共和国主席令第二十八号公布，2010 年 10 月 1 日起施行）第 2 章第 9 条。

② 徐铭勋：《侵犯国家秘密犯罪与侵犯商业秘密犯罪的区分：以国家经济安全为视角》，《比较法研究》2012 年第 1 期，第 69~74 页。

③ 郭连成、周轶赢：《经济全球化与转轨国家政府职能转换研究》，北京：商务印书馆 2011 年版，第 283 页。

事责任。

从国外立法实践来看，商业秘密的范围在理论上和立法上都有日益扩大的趋势。政府信息公开法律制度对商业秘密的保护可以使权利人放心地向行政机关提供真实、准确的技术信息和经营信息，不必担心竞争对手利用非法手段窃取权利人的商业秘密，损害企业经济利益和竞争力。当公民、法人或组织请求行政机关公开涉及商业秘密的有关信息时，“如果公开私人提供的某项商业或金融信息，会导致提供信息的人在商业竞争中处于重大的不利地位，竞争的对手由于从行政机关提供的文件中知道他本来不知道的情况，会得到很大的利益，则行政机关在有人要求得到这项信息时，可以拒绝公开”①。

政府信息公开的范围也是一个动态的范围，需要实时与商业秘密的保护协调得当。既不能盲目扩大商业秘密的范围，把一些公众知悉的技术或经营信息、权利人未采取保密措施的技术或经营信息、不实用且不会产生经济利益的构思等作为商业秘密予以保护；更不能缩小商业秘密的范围，将能为权利人带来经济利益的技术或经营信息公之于众。这两种情况都会削弱社会创新的动力，降低社会生产效益。因此，要合理确定商业秘密的保护范围，可以根据下列原则判断商业秘密：（1）政府机关对信息提供者是否有保密的承诺；（2）信息提供者是否向公众公开该类信息；（3）公开相关信息会影响政府机关以后获得类似的必要信息；（4）公开相关的信息对信息提供者的竞争地位造成实质性的危害。② 同时，还应建立商业秘密保护的责任机制，健全商业秘密的保护措施和追究机制。

1.1.4.3 个人隐私

个人隐私（individual privacy），又称私生活秘密或私人生活秘密。隐私权（the right to privacy）的概念和理论产生于美国。1890 年，美国法学家莫尔·沃伦（Warren）和路易斯·布兰蒂斯（Brandeis）在哈佛大学的《法学评论》上发表了著名的文章《隐私权》，首次提出了保护隐私权的理念，指责新闻传播有时会侵犯“个人私生活的神圣界限”，担忧“阁楼中的密语将传播于大庭广众”。③

隐私是一种与公共利益、群体利益无关的，当事人不愿公开的个人信息。隐私权是公民享有的保持其私人生活中的秘密不为他人知晓的权利。公民隐私权和公众知情权一

---

① 王名扬：《美国行政法》（下），北京：中国法制出版社 2005 年版，第 988 页。

② 周汉华：《美国政府信息公开制度》，《环球法律评论》2002 年秋季号，第 274~287 页。

③ Warren and Brandeis. The Right to privacy. in Harvard Law Review，vol.4，1890，http：//www.Lawrence.edu/fac/boardmaw/privacy_ brand_warr2.html。

样，是公民其他基本权利得以实现的基础。我国对隐私权的理论研究主要是 20 世纪 80 年代以后的事情，它主要是民商法领域的一个概念。按照民商法学家王利明教授的解释，隐私有三种形态：一是个人信息，为无形的隐私；二是个人私事，为动态的隐私；三是个人领域，为有形的隐私。① 隐私权主要包括：个人生活安宁权、个人生活信息保密权、个人通讯秘密权、个人隐私利用权。②

行政机关在行使行政权力的过程中，往往会掌握一些有关个人隐私的信息。而且这些隐私信息还可能被政府进行加工、分类、整理或编撰，附有“政府信息”的色彩，但该信息又不是由政府部门所创造，政府不能想当然地享有处分或从该信息的使用中获取收益的权利。故而，处理隐私权问题必须把握其公开和保密的双重属性：一方面，政府部门根据管理的需要把所掌握的个人隐私信息仅对当事人本人公开，属于政府信息公开法的范畴；另一方面，政府需要承担保守其所掌握的个人信息秘密的责任，对第三方限制公开，具有保守秘密的特点，属于保密法和政府信息公开例外的范畴。

为了彰显政府信息公开和隐私权保护的一致性，有学者提出了假设性的意见，即“政府部门应公开个人信息管理的政策和过程，在采集、使用、修正、处分和持有个人信息时，严格把握以下原则：a. 不得建立不为人所知的个人信息秘密存储系统；b. 个人信息的采集和持有者必须依法进行登记；c. 采集和存储个人信息者必须事先向法定的主管部门申请授权并报告采集的目的和方式，同时向被采集者说明信息采集的目的和法律依据；d. 当信息采集行为可能对信息主体不利时，应尽可能向其本人采集，并向其说明不提供信息的法律后果；e. 必须明确规定个人信息的使用和保存期限，并保证所采集和拥有的个人信息的准确性、完整性和适时性；f. 除常规使用或法律特许的情况外，未经信息主体许可，个人信息不得任意公开；g. 公民有权了解本人信息的存放地点、存储内容和使用情况，对其认为有错误、有遗漏或已过时的信息应准许提出修改意见；h. 对于个人信息的转让，必须事先取得信息主体的授权并明确受让部门或个人的保密义务；i. 滥用或使用不实的个人信息导致信息主体权利损害者，应依法承担法律责任。”③

将公民隐私权的保护纳入政府信息公开的整体范畴，完善公民对于个人隐私权的保护，保证公民的个人隐私信息不受干扰和利用。对于普通公民而言，隐私权具有绝对性，在任何时间、任何场合都不容侵犯，公民自身有权决定在何种程度上公开自己的个人隐

① 杨立新:《人格权法》，北京：中国法制出版社 2006 年版，第 150 页。
② 游劝荣:《劳动与社会保障法律制度比较研究》，北京：人民法院出版社 2011 年版，第 140 页。
③ 赖茂生:《信息公开制度建设与电子政务深化应用》，《电子政务》2009 年第 9 期，第 22~23 页。

私信息。但对于政府官员和公众人物而言，他们掌握着公共权力，拥有更多的社会资源，他们的个人信息中有相当大一部分与国家利益、公共利益密切相关，不属于纯个人隐私的范畴，其隐私权可能会因为需要满足普通公民的知情权而加以限制。比如现行的政府官员任前公示制度、财产申报制度等，就是为了满足普通公民的知情权，而对政府官员隐私权的一种限制。

隐私权是一项民事权利，知情权体现为政治权利和社会权利。对于政府所掌握的公民个人信息，由于隐私权问题，侵权事件时有发生。那么，如何避免知情权和隐私权之间的冲突呢？本书认为，就政府而言，其掌握的个人信息的公开既要符合保密法的相关规定，又要确保公共信息充分公开、保障公民知情权。恩格斯曾提出一个处理个人隐私与新闻报道相互关系的原则："个人隐私应受法律保护，但当个人私事甚至隐私与重要的公共利益——政治生活发生联系的时候，个人的私事就已经不是一般意义的私事，而属于政治的一部分，它不受隐私权的保护，应成为新闻报道不可回避的内容。"①

1.1.4.4 法律、法规明确规定免予公开的信息

对于国家秘密、商业秘密、个人隐私，各国的政府信息公开法均无例外地将它们规定为豁免公开的事项。此外，各国还根据本国的国情和法律传统的不同，规定有其他的豁免公开事项。如美国《阳光下的政府法》规定 10 项信息免于公开，澳大利亚《信息获取法》规定了 18 种例外信息，韩国《国家公共机构情报公开法》规定了 8 种例外信息，日本《行政机关所拥有的信息公开法》规定了 6 种例外信息，等等。

我国《商业银行法》第 53 条规定："商业银行的工作人员不得泄露其在任职期间知悉的国家秘密、商业秘密"；粮食局规定"机关内部研究讨论、审议的工作信息，与行政执法有关、公开后可能会影响检查、调查、取证等执法活动的信息"免予向社会公开；商务部规定"上报公文、涉密公文以及回复地方、部门意见的公文"一律不得对外公布；《军事设施保护法》规定了"军事设施秘密"；《统计法》规定了"统计数据秘密"；《测绘法》规定了"测绘成果秘密"；《气象法》规定了"气象情报秘密"；等等。

例外信息总是有限的，对例外信息规定得越是具体、越是明确，能够公开的政府信息就越广泛，公民的知情权就越能够得到实现。值得注意的是，对豁免公开的信息的规定是许可性规定，而不是禁止性规定，即行政机关可以不公开，但除非法律有明确规定不得公开，行政机关也可以自由裁量予以公开。随着经济全球化、信息全球化的发展，

① 迟方旭：《〈马克思恩格斯文集〉私法思想考论》，北京：中国社会科学出版社 2011 年版，第 166 页。

信息在社会中的地位日益凸显，信息公开免除事项的规定将呈现出趋同化。

1.2 政府信息公开与相关概念辨析

由于我国政府信息公开的研究还不够深入，学术界对一些基本概念的理解尚存分歧，而且很容易将政府信息公开与行政公开、政务公开等概念混为一谈。因此，在研究政府信息公开的概念时，有必要对这些相关概念加以区分。

1.2.1 行政公开与行政信息公开

美国在行政公开方面的立法比其他西方国家早，而且更为完备，在一定程度上对其他西方国家起了示范作用。[①] 可以说，行政公开是从 1966 年美国《情报自由法》颁布以后，受其影响在西方各国普遍形成的政府信息公开制度。美国的行政公开制度主要由 1966 年制定的《情报自由法》、1972 年制定的《联邦咨询委员会法》、1974 年制定的《联邦隐私权法》、1976 年制定的《阳光下的联邦政府法》、1988 年制定的《电脑匹配和隐私权保护法》及相关的行政法规与司法判例构成。美国这一制度在立法中明确规定政府对公民有公开行政信息和行政活动的义务，公民对政府行政信息享有知情权和获取权，并有独立的新闻和司法机构予以监督和救济。

不同学者对行政公开含义的界定不同，如“行政公开是指国家行政机关、法律规章授权行使行政职权的企事业组织和公务员依法主动或依申请将除国家秘密、个人隐私和商业秘密以外的行政信息和行政活动过程公开于众，否则关系人可依法申请行政复议或提起法律诉讼的制度”[②]，将其视为一种制度；“个人或团体有权知悉并取得行政机关的档案资料和其他的相关信息”[③]，将其视为一种权利；“行政公开是指行政主体在实施行政行为的过程中除非涉及国家秘密、商业秘密或个人隐私，应当向行政相对人和社会公开”[④]，将其视为一种行政行为；行政公开的基本含义是指“政府及其部门的行政职权、行政范围、行政方式、行政程序、行政救济和监督等内容，除了涉及国家机密、个人隐私和商业秘

① 王名扬:《美国行政法》(下)，北京：中国法制出版社 2005 年版，第 953 页。

② 王亚范:《论行政公开的原则及其实施》,《长春师范学院学报(人文社会科学版)》2006 年第 9 期，第 27~30 页。

③ 成志刚、唐俊辉:《保持行政监督制度与权力格局的动态平衡——控制行政权的一条规律》,《中国行政管理》2008 年第 5 期，第 28~31 页。

④ 杨海坤:《中国行政法基本理论研究》，北京：北京大学出版社 2004 年版，第 329 页。

密并由法律明文规定不能公开的以外，应当以相应的形式向相对人和社会公布”①，则将其视为一项原则。也有学者从微观和宏观的角度来解释行政公开，“微观意义上的行政公开是指行政机关依照法定程序向公众或特定的公民提供有关信息的法律行为，行政机关拒不实施或违法实施该行为，关系人可以起诉。宏观意义上的行政公开是行政管理中的一项法律制度，即行政机关向公众或特定公民提供行政管理信息的范围主体、程序、法律后果等要素组成的法律制度。”②

由于不同学者定义行政公开的角度不同，对行政公开的主体范围、公开内容和方式的理解也不同。就行政公开的主体范围而言，学术界普遍界定为国家行政机关和法律、法规以及规章授权和委托的组织，也有的仅指政府机关，还有的扩大至党、政、军、法院、检察院等各级系统；就行政公开的内容而言，有的仅指行政主体进行行政管理活动与其他管理活动时产生的行政信息，或仅指行政管理的过程，也有既包含行政信息又包含行政过程；就行政公开的方式而言，有主动公开和依申请公开。

通过以上的分析，本书认为，行政公开不但是行政信息的公开，还包括行政过程的公开。行政信息具有客观性、广泛性、时效性、共享性、传递性的特点。③行政信息公开是民主政治的基础，既方便了公众了解政府活动，也改变了行政监督方式，更是政府对公众负责的表现。在世界范围的理论研究和立法实践中，与行政信息公开含义相同的概念还有行政资讯公开和行政情报公开，二者都是指行政信息公开，只不过行政资讯公开是我国台湾地区对行政信息公开的称谓，而行政情报公开则是日本对行政信息公开的称谓。

如前所述，我国政府信息公开的主体是各级行政机关，可直接用“行政信息公开”的概念来代替“政府信息公开”。但行政公开不仅仅是行政信息的公开，它还包括行政过程的公开。行政信息公开强调的是行政结果的公开，当公开信息的内容与国家安全、商业秘密、个人隐私等以外的行政信息发生冲突时，可以申请行政复议或提起法律诉讼。从这种意义上说，行政公开的内涵和外延都比行政信息公开要宽泛得多。

1.2.2 政务公开与政务信息公开

目前学术界对政务公开的含义和范围的理解可以归纳为三派：第一派从广义上定义

---

① 周文生：《政府职能创新》，徐州：中国矿业大学出版社 2007 年版，第 182 页。

② 丁先存：《论美国的行政公开制度》，《政治与法律》2001 年第 1 期，第 77~80 页。

③ 漆国生：《行政管理学》，北京：北京理工大学出版社 2009 年版，第 141~142 页。

政务公开，对政务公开的“政”字做广义的解释。“政”被理解成政治活动，即政治性的国家管理活动。按照这种解释，政务公开的主体除包括政府行政部门之外，还包括立法机构、司法机构、政党机构、军事机构、社会团体以及其他掌握公共权力的社会组织。第二派是从狭义上定义政务公开，“政”被理解为国家的行政管理活动，即政府活动，仅指国家行政管理机关的管理活动，而不包括立法、司法、政党机关等的活动。也就是说，政务公开的主体是行政机关，政务公开等同于行政信息公开。第三派观点认为，凡是政治权力行使的事务统称政务，包括国家事务、政党事务和其他社会公共事务等。[①] 此种意义上的政务公开强调对公共事务的公开，强调对公共权力的监督，所有涉及公共事务、公共服务的事项都应依法公开。

我国政务公开的实践可以追溯至 1957 年的财务公开制度，最初的目的仅仅是为了加强党风廉政建设、防止腐败。20 世纪 80 年代，全国普遍推行“两公开一监督”制度[②]，进一步强化对公共权力的监督，防止政府官员滥用职权。采取自下而上、由点到面、逐步推进的策略，政务公开工作稳健发展，取得了丰硕的成果。在实践中，政务公开的主体就是行政机关。从这种意义上说，实践中的、狭义上的政务公开等同于行政信息公开。

行政机关是政务公开的主体，也是政务公开的决定者，而公众只是政务公开制度的被动受益者，在什么范围内、在什么时候、以什么方式、公开什么、对谁公开，都是由行政机关自己决定的。目前，很多地方主要是通过公报、布告、新闻媒体、发布会等方式实行“六公开制度”[③]，而对于政府掌握的办事过程中产生的所有文件资料和会议内容（保密信息除外）却少有公开。由此可见，“公众在政务公开中是缺位的，以公众为本位的服务理念尚未得到政府机构的完全认同，这必然使制度从形成到落实都带有天然的缺陷”[④]。从这一角度而言，当前的政务公开仅是政府信息公开的一部分，是其初级阶段。

政务信息并非政府信息（government information）的中文译名，而是由我国行政工作者 1986 年提出，并在政府信息工作实践中逐步确立起来的概念。1988 年的第三次政务信息网络年会给政务信息下的定义为：“政务信息是一种专门、特殊的信息，政务信息是对政府工作运转情况和政府系统活动相联系的其他情况的反映，它为政府领导决策和指挥工作服务。”该定义表明，政务信息既反映政府内在运转情况方面的信息，又反映政府

① 胡仙芝:《全国政务公开理论与实践研讨会综述》,《中国行政管理》2000 年第 12 期，第 9~11 页。

② “两公开一监督”是指公开办事制度、公开办事结果、接受群众监督。

③ “六公开”是指办事依据公开、办事职责公开、办事条件公开、办事程序公开、办事纪律公开和办事结果公开。

④ 蔡伟民:《政务公开理论与实践》，北京：中国农业出版社 2009 年版，第 177 页。

与外界联系的信息。政务信息是政府信息的一部分，而政府信息还包括其他方面的信息，范围更广。

政务信息公开是我国在推行信息公开实践中采用的概念用语，其内涵的界定也由于对“政务”二字的理解不同而不同。若将“政务”做广义理解，指与政治有关的活动、国家事务，这时的政务信息公开不仅包含行政信息公开，还包括立法信息公开、司法信息公开，涵盖了警务公开、村务公开和检务公开等多项内容。目前我国广泛开展的政务信息公开正是此意。若将“政务”做狭义理解，意为行政事务，则政务信息公开的含义与行政信息公开基本等同。

1.2.3 政府信息公开与行政公开、政务公开三者之间的关系

人们常常不区分“政务公开”和“政府信息公开”这两个词，将两者等同使用。理论上讲，政府信息公开包含的范围更广，包括政务公开在内。实践中，政府信息公开制度主要有：政务公开、党务公开、厂务公开、村务公开、街务公开、审务公开、立法信息公开、行政信息公开、档案公开等。而广义的政务公开除了包括行政信息公开以外，还包括其他诸如院务公开、检务公开等公开制度。我国20世纪80年代初期开始推行的全国农村基层组织的村务公开制度，不等同于行政公开，因为村务公开制度属于村民自治权范围内的事情。而狭义上理解的政务公开包含于行政公开的概念之中，等同于行政信息公开。简言之，广义上的政府信息公开和行政信息公开是同一概念，政务公开包含于行政公开和政府信息公开的概念之中，行政公开既包括行政信息的公开也包括行政活动过程的公开；狭义上的政务公开、政务信息公开、政府信息公开、行政信息公开都是同一概念的不同表述。政府信息公开与行政公开、政务公开三者之间的具体区别和联系如表1.3所示。

表1.3 政府信息公开与行政公开、政务公开三者之间的比较

概念	内容	联系
行政公开	除国家秘密、商业秘密、个人隐私以外的行政信息和行政活动过程	包含政务公开和政府信息公开
政务公开	办事制度、办事程序、办事结果	等同于行政信息公开，包含于行政公开、政府信息公开的概念之中
政府信息公开	政务公开、党务公开、厂务公开、村务公开、街务公开、审务公开、立法信息公开、行政信息公开、档案公开等	等同于行政信息公开

从本质上来讲，行政公开、政务公开与政府信息公开的目的都是一致的，都是为了将权力运作透明化，提高政府公信力，保证公众知情权、参政权和监督权的顺利实现。三者公开的主体也都是行政机关。三者的主要区别就体现在其公开内容的广度和深度上，政务公开属于办事制度层面的公开；政府信息公开是通过公开除国家法律规定保密的国家秘密、商业秘密和个人隐私外的信息，来体现政府行为过程的公开，并不等于政府行为过程的公开；而行政公开除了行政信息的公开，还包含对政府具体行为过程的公开，其公开的范围最大、内容最广、信息最准确及时。

1.3 政府信息公开的产生与发展

政府，作为一切国家机构的总和，又称“首脑机关”，是各类信息的神经中枢。政府信息自政府产生之日起就客观存在了，它是经政府主体筛选、加工或制造的信息。纵观人类几千年的发展历史，政府信息是随国家的产生而产生的，但政府信息公开却是近期才形成的一种不可逆转的潮流，成为一种社会发展趋势。

1.3.1 政府信息公开的产生与演进

1.3.1.1 国外政府信息公开概况

瑞典是世界上最早确立政府信息公开制度的国家。18 世纪中后期，瑞典在北方战争中失败，国王威信下降，议会权力上升。在议会内部的党派斗争中，代表上层贵族等保守势力的“礼帽党”在竞选中失败，代表下层贵族和农民的“便帽党”获胜。“便帽党”得启蒙思想之精髓，进行了一系列的政治改革，其中就包括出版自由、表达自由、废止对出版物的事前审查、允许自由印刷并传播政府文件等权利制度的确立。①1766 年，瑞典制定了《关于著述与出版自由的 1766 年 12 月 2 日之宪法法律》（又称《出版自由法》），该法是瑞典宪法的一部分，规定了公众出版自由的权利，这是人类历史上最早的一部信息公开法律。②

此后将近两个世纪里，这项法规并未引起其他国家的重视。直到 20 世纪下半期，由

① 石国亮：《国外政府信息公开探索与借鉴》，北京：中国言实出版社 2011 年版，第 19 页。

② Charles N. Davis，Signac L. Splichal，Access denied：freedom of information in the information age. Ames：Iowa State University Press，2000.

于计算机、网络技术的发展，新的信息保护与公开问题引起了各国广泛的关注，信息公开制度立法才被各国提上了议事日程，相继出台了自己国家的政府信息公开法律制度，具体立法情况详见表 1.4。其中，美国的政府信息公开制度体系最为完备，也最具特色，对其他国家和地区制定政府信息公开法律制度产生了深远的影响，为许多国家所效仿。

表 1.4　各国政府信息公开立法情况

国家	立法时间	法律
瑞典	1766 年	出版自由法
芬兰	1951 年	公文书公开法
美国	1966 年	情报自由法
丹麦	1970 年	行政文书公开法
挪威	1976 年	行政公开法
法国	1978 年	行政文书公开法
澳大利亚	1982 年	信息自由法
新西兰	1982 年	1982 年公共信息法
加拿大	1982 年	信息取得法[①]
俄罗斯	1995 年	信息、信息化和信息保护法
韩国	1996 年	公共机关信息公开法
日本	1999 年	关于行政机关保有的信息公开的法律案
英国	2000 年	信息公开法[②]
南非	2000 年	信息公开促进法

美国的信息公开制度是由一系列的法律法规构成的。1946 年，美国制定了《行政程序法》(The Administrative Procedure Act)，目的在于“尽可能地公开官僚的事务，促进多数市民参加政策制定过程”[③]。但由于行政长官拥有自由裁量权,且没有规定救济手段,没能实现保障信息公开的目的。因此，1966 年美国制定的《情报自由法》(Freedom of Information Act) 将行政机关信息的公开规范化、法制化，对《行政程序法》中公民必须有“正当理由”或“为公共利益”申请公开的原则进行了修改，由传统的以保密为原则转变为以公开为原则，并明确规定:“除有特别规定之外，本条并非认可对情报的非公开

① 又称作《信息获取法》(Access to Information Act)。《隐私权法》作为该法的补充，由加拿大财政委员会同时通过并颁布。

② 英国议会 1998 年才提出《信息公开法》草案，1999 年 12 月在议会二读，2000 年 11 月获得通过并颁布，到 2005 年 1 月才正式实施。

③ 周汉华:《美国政府信息公开制度》,《环球法律评论》2002 年秋季号，第 274~287 页。

措施或者限制公众得到记录。本条并非联邦议会采取情报非公开措施的依据。”[①]《情报自由法》修正了《行政程序法》中存在的一些重大缺陷,扩大了行政过程中信息公开的范围。

此外，美国还制定了《联邦咨询委员会法》(Federal Advisory Committee Act)(1972年)、《隐私权法》(The Privacy Act)(1974年)、《阳光下的政府法》(Government Under Sunshine Act)(1976年)等一系列的法律，对《情报自由法》(1966年)加以补充，而且在1974年、1976年、1986年分别对该法进行了较大的修改。1996年《电子化信息自由法案》(Electronic Freedom of Information Act)的诞生，使美国政府信息公开产生了质的飞跃，对电子信息的概念、电子信息的检索、公开期限等都做了新的规定和补充，要求各级行政机关利用最新的科技手段以最快的速度在网络上公开政府信息。我们可以看出，美国联邦政府在信息公开立法的过程中，比较注重发展和完善，历经多次的适用和修订，从主动公开走向推定公开，形成了以《情报自由法》为核心的较为成熟、可行、完备的法律体系。

日本政府信息公开立法从倡导到条例，到中央立法，历经了30多年而最终得以确立，经历了一段艰难而曲折的历程。日本的信息公开制度是在“市民运动”的推动下建立的，由消费者协会、妇女联合会、自由人权协会、自然保护团体、工会、新闻界等基层组织组成的联合团体，从最初的要求政府审议会和议事记录公开，到引发国民“知情权”的议论，到发表《信息公开权利宣言》和《信息公开八项原则》，促使日本自民党内阁做出推动信息公开立法的姿态以维持政权，设置了临时行政调查会讨论信息公开立法的问题，并相继颁布了《个人信息保护法》(1988年)和《行政程序法》(1993年)。1993年八党派联合政权建立，对信息公开立法的问题被立即提到具体的政治议程，设立行政改革顾问委员会、行政信息公开部，对行政信息公开法开展调查研讨，于1996年11月提交《信息公开法纲要案》的最终报告，继而向国会提交了《关于行政机关保有的信息公开的法律案》以及《关于行政机关保有的信息公开的法律实施相关的法律整备法律案》。1999年5月14日,《关于行政机关保有的信息公开的法律案》最终公布，并于2001年4月正式实施，在国家的层面上正式建立起了行政信息的公开制度。[②]

日本政府《关于行政机关保有的信息公开的法律案》的颁布，标志着其在国家层面上打破旧的官僚制度、建设新的开放型政府取得质的突破。该法具体规定了信息公开的适用范围、裁量公开、有限公开、豁免公开、免予披露的信息等。日本的政府信息公开

① 美国《情报自由法》d条，http://www.archives.gov/foia/.

② 刘杰:《日本信息公开法研究》，北京：中国检察出版社2008年版，第4页。

制度具有三重无限性[①]，与之对应，一旦政府信息公开的请求权人的申请被拒绝，公众可以通过行政复议和行政诉讼两种途径要求政府公开请求的对象文件。[②]

在具有保密传统文化的英国，其信息公开法发展的历史，从20世纪70年代到其出台，主要经历了三个阶段：一是20世纪70年代的“福兰克思报告”和弗罗德的《官方信息公开法案》出台阶段；二是20世纪80年代《数据保护法》、《（利用）地方政府（信息）法》以及《官方保密法》等系列法律出台阶段；[③]三是20世纪末，在英国工党和自由民主党的大力推导下，《信息公开法》出台并获得正式通过。也就是说，英国从20世纪70年代初就开始着手制定政府信息公开制度，用了30多年的时间才完成了政府信息公开的立法，比瑞典整整晚了234年。

俄罗斯在1995年出台了《信息、信息化和信息保护法》，目的在于规范和调整在信息的生产、信息的查找、信息的获取、信息的传递、信息技术、信息系统、信息保护等领域所产生的社会法律关系。2006年7月，俄罗斯颁布了新的信息领域法——《信息、信息技术和信息保护法》，原《信息、信息化和信息保护法》同时被废止。随后，俄罗斯政府还制定了电子政府建设、个人数据保护、政府信息公开等领域的国家政策和法律。2009年2月13日，俄罗斯颁布了《政府信息公开法》[④]，该法于2010年1月正式生效，充分保障了公民和组织的基本信息权利（包括信息获取权、隐私权等）。

随着政府信息公开制度在各国的迅猛发展，信息公开呈现出区域化、全球化的趋势。1946年1月10日—2月14日，联合国第一届第一次会议在伦敦举行，会议通过的第59（1）号决议宣称：“信息自由是一项基本人权，也是联合国所追求的所有自由的基石”。1948年联合国大会通过并颁布《世界人权宣言》，其中第19条也明确规定，“每个人均有观点和表达的自由权利，本项权利包括不予干预地拥有观点以及通过任何方式寻找、接收和传播信息与观念的自由。”在接下来的若干年所产生的一系列联合国人权文件中，信息自由被作为表达自由权的一部分。1993年，联合国人权委员会专门设立了联合国观点和表达自由特别报告人办公室，以阐明作为一项人权的信息权的精确内容。

里约宣言之后，一些政府间国际组织也在条约和宗旨里面对“公众有权获得公共机构所拥有的信息”进行了明确规定。世界银行、国际结算银行、亚洲开发银行、上海合

---

① “三重无限性”即：公开请求权主体的无限性、公开对象文件的无限性以及公开方式的无限性。

② 在《日本信息公开法》中，“公开的对象文件”即“请求权的对象”，指“行政文件”。“公开请求”是请求权人做出的要求公开行政文件的行为。

③ A Brief History of Freedom of Information in the UK，http://www.cfoi.org.uk/foihistory.html。

④ 俄罗斯《政府信息公开法》.［2010-04-15］，http://www.rg.ru/2009/02/13/dostup-dok.html。

作组织、八国集团、东盟等，都规定了信息公开政策，促进了政府信息公开制度在全世界范围的推广。由欧洲 15 个国家所组成的欧盟，其 1993 年生效的《欧盟条约》（即《马斯特里赫条约》）里面就明确规定了公众有权获得欧盟的信息。

据本书不完全统计，目前世界上已有 80 多个国家和地区制定了专门的政府信息公开法。纵观世界各国政府信息公开法律制度的发展历程，建设透明政府和保障公众知情权已成为民主国家发展的方向，是民主政治发展的必然。我国的信息公开制度经历了十年多的自下而上的摸索阶段，虽已于 2008 年 5 月正式实施，还将继续经历一段艰难、曲折的完善过程，任重而道远。

1.3.1.2　我国政府信息公开发展历程①

从国外政府信息公开的推行来看，其公开制度发展较早、比较完善。我国政府信息公开经历了一个循序渐进的发展过程，信息公开的实践已经取得了长足的进步。从历史发展的时间序列来看，从政府信息的服务性功能作用来分析，到目前为止，我国的政府信息公开大致经历了以下四个历史时期：封闭—愚民时期、保密—稳定时期、半公开—廉政时期、公开—服务时期。

（1）封闭—愚民时期（古代封建社会至 1949 年）

这一阶段是指从古代封建社会到中华人民共和国成立之前的旧中国时期。历朝各代都有诸如"诰敕房"、"文馆"、"内三院"等专门的机构，记注皇帝起居、诏令，收藏"御制"文字、敕谕、祭文等。从春秋战国时期的子产刑书鼎铸、商鞅南门立柱、"悬书"，南北朝的"朝报"、"宫门抄"、"露布"，唐朝的册命、制书、敕、牒、谱、状，并出现了世界上最早的报纸《进奏院状》②，宋朝以"邸报"形式公开朝廷政事设施、号令、赏罚、书诏、章表、辞见、朝谢、差除、注拟等事项，到清朝的资政院与谘议局——类似议会性质机构的成立③，到民国时期《大公报》、《民报》，虽然这些机构实际上并没有发挥其"采取舆论之所，俾其指陈通省利病，筹计地方治安"④的作用，但在当时对提高民主主义觉悟，促进政府信息公开，还是起到了一定作用。

统治者深刻理解信息在国家治理中的重要性，知道准确地掌握行政信息，可以兴国安邦、长治久安；相反，堵塞言路、压制舆论，就会陷入困境、国破家亡。因此也采取

① 段尧清：《我国政府信息公开纵向透视》，《情报科学》，2006 年第 6 期，第 955~960 页。
② 方汉奇：《中国新闻事业通史》第一卷，北京：中国人民大学出版社 1992 年版，第 60 页。
③（清）朱寿朋：《光绪朝东华录》，中华书局 1958 年版，第 5736 页。
④（清）朱寿朋：《光绪朝东华录》，中华书局 1958 年版，第 5749 页。

了一定的方式向民众公开信息，如齐威王的“开门纳谏”、唐太宗的“从谏如流”。但是，在封建王朝中皇权是至高无上的，皇帝金口玉言，“朕即国家”，统治者一面说“设采取舆论之所”、“庶政公诸舆论”之类的言辞，一面又压制人民，不许自由建言，如有不合统治阶级利益的意见，则说“肆意簧鼓”，随意加“紊乱政体”、“妨害治安”等罪名，而查拿治罪，并在上谕中直言“民性固有不可不达，而民气断不可使嚣”①。

在这一段漫长的历史时期，当局者对“政府信息”只重收藏、不重开放。虽然他们也有“政府信息公开”的实践，但所公开的信息仅限于朝廷的政令和政事信息，以官报、公告、安民告示等形式单方面公开，其公开的范围和程度有限、手段单一，其公开的对象主要是封建官僚和士大夫阶层，而且也没有形成统一的规章制度，更没有专门的组织机构负责“政府信息公开”工作。此外，政府公开信息目的非常明确，只是为了树立自己的权威性，为了维护治体和稳定民心，为了更好地实行统治，把民众视为治理的对象，而非治理的参与者和治理的主体，并不是真正从民众的利益出发，具有很大的局限性。总之，这一时期政府信息公开的主要特点是：信息公开是单向度的，而且手段单一，为统治阶级利益服务，以统治、愚民为主要目的；民众只是信息的载体而不是主体，他们只能被动地等待被“访”，不能主动地获取信息，更无法参与和影响决策。

（2）保密—稳定时期（1949 年—1978 年）

中华人民共和国成立初期，为巩固新生政权和保证社会安定，对政府信息主要采取保密的态度。1950 年制定的《关于加强保守党与国家机关机密的决定》和《关于各级政府工作保守国家机密的指示》以及 1951 年制定的《保守国家机密暂行条例》，都是为了将保密工作及时纳入党和国家的重要工作之中。在积极推行保密制度的同时，国家也相继出台了一些法规文件，便于及时把国家的政策方针传达给人民。

1950 年 1 月出台的《政务院关于中央人民政府所属各机关发表公报及公告性文件的办法》，是新中国成立后最早的关于政府信息公开制度的规定。1954 年 9 月，我国第一届全国人民代表大会第一次会议审议通过了《中华人民共和国宪法》草案，对国家机关的信息公开制度做出了原则性规定，其第 17 条明确规定：“一切国家机关必须依靠人民群众，经常保持同人民群众的密切联系，倾听群众的意见，接受群众的监督。”

在这一时期，将宣传作为一种政府信息公开制度的最初存在形式，通过宣传来公开政府信息在历史上起到了一定的积极效果，一定程度上体现了人民民主的理念，保障了

①（清）朱寿朋：《光绪朝东华录》，中华书局 1958 年版，第 5806 页。

人民群众知悉、获取有关政策、法令、报告、行政理念等公共性信息的权利。但是，这种公开内容随意、方式单一、范围有限、手段落后，人民群众处于被动的接受和参与状态，缺乏制度保障和法律救济。

（3）半公开—廉政时期（1978 年—2003 年）

十一届三中全会以后，党和国家把工作重心转移到社会主义现代化、民主化和法制化的进程上来，政府信息公开化成为这一进程中的一个重要组成部分，公民的知情权得以逐步实现并取得法制保障。1991 年，国务院提出了建立村务公开制度，1998 年村务公开在全国范围内开展起来，1998 年最高人民检察院公布了“检务十公开”，1999 年公安部也实行了警务公开。①

由于信息科学技术与信息产业的发展和信息资源的深入开发，政府信息必然与人们的工作和生活的某一方面直接或间接相联系。政府上网工程无疑是一种推行政务公开、联系政府部门与社会公众的便捷渠道。从 1999 年开始，国家部委牵头倡议发起“政府上网工程”，得到各级政府的大力支持，各级政府纷纷建立政府网站，公开政府信息，拥有 3 000 多个数据库的各级政府部门在半年内就推出 1 560 多个网站。政府上网服务中心从政府上网的信息组织、网站技术、网站内容、域名规范、政府信息资源的宣传推广等方面都提出了一系列的规范化建议，并通过政府上网工程主站点与各级政府网站进行广泛的沟通与交流，公众也可以从网上完成如交税、项目审批等与政府有关的各项工作。在政府内部，各部门之间也可以通过互联网互相联系，各级领导也可以在网上向各部门做出各项指示，指导各部门机构的工作。

2000 年初，中国社会科学院法学所成立了“信息时代与政府公开制度研究课题组”，就政府信息公开的立法问题进行研究。2002 年 5 月，该机构受国务院委托起草政府信息公开法。同年 7 月，《政府信息公开条例》已起草成文。② 同年 11 月，广州市政府公布了《广州市政府信息公开规定》，并从 2003 年起开始实施。之后，上海、北京、深圳以及各省会城市也都着手制定了政府信息公开地方法，并于 2008 年 4 月修正后重新发布。

总之，随着对外开放和国内建设与改革的发展，政府信息公开逐渐被各级领导所接受和重视，从中央到地方都已经意识到信息公开的重要性，全国已经形成了比较详细的地方规章制度，信息公开的广度和深度也有了一定程度的提高，尤其是政府上网工程的实施标志着我国的政府信息公开工作向网络时代迈进了一大步。这一时期政府信息公开

① 周汉华:《我国政务公开的实践与探索》，北京：中国法制出版社 2003 年版，第 3 页。
② 参见政府信息公开条例的背后推手，http：//www.china.org.cn/chinese/2002/sep/208837.htm。

的主要特点是：政府信息公开自下而上、由点到面逐步推广，公开手段逐步丰富多样，已形成地方性的规章制度，并开展了相关的理论研究。

（4）公开—服务时期（2003 年至今）

政府信息公开是信息时代公民的共同需求，是依法行政的重要前提。当今的政府已不再是戒备森严的封建衙门，公众有权知道政府在干什么、在筹划什么，尤其是那些与公众利益息息相关的信息，如市民办事程序、企业办理审批、危旧房改造、社会保障、医疗养老保险、就业就学、投资等，公众对相关的政策及政府的具体行动甚为关注。在世界范围政治民主化进程加速的国际大背景下，在我国政务方式日益走向公开透明和对权力的民主监督不断加强的形势下，以政府信息公开保障公民知情权的实践正在加速发展，推进了政府信息公开的规范化和制度化进程。

2003 年 4 月中旬，即“非典”在国内肆虐之时，《政府信息公开条例（草案）》已起草完毕，被提交至国务院法制办，正式进入立法程序。以“非典”为契机，政府逐渐认识到完善信息公开方面的法律法规是推进政府信息公开不可缺少的手段，各省市的人事局、环保局、气象局、测绘局、税务局、司法厅等相继制定了政务公开暂行办法，通过制度来保障政府信息公开。到 2005 年底，中央政府部门共制定 30 部政务、政府信息公开的法规文件，75 家地方党政部门颁发了政务、政府信息公开的法规文件。①

新闻发言人制度也是政府信息公开的一个层面。在“非典”期间，新闻发言人开始频频出现。随着政务公开、依法行政步伐加快，新闻发言人制度开始在大江南北生根开花。2004 年年底，国务院新闻办首次公开了 62 个部委 75 名新闻发言人的联系方式，此举被学者解读为政府信息公开的一个鲜明信号。北京、上海、四川、西安和长沙等地已经或正在制定和实施新闻发言人制度，全国已建立三个层次的新闻发布体制。2004 年，除外交部例行的新闻发布会外，44 个国务院部门组织新闻发布会 270 多次，28 个省市区举行的新闻发布会 460 多次。②

随着信息技术在世界范围内的迅猛发展，特别是互联网技术的普及与应用，推进政府部门办公自动化、网络化、数字化以及全面信息共享已是大势所趋。电子政务是国家各级政府部门综合运用现代信息网络与现代数字技术，将其内部和外部的管理和服务职能通过精简、优化、整合、重组，然后呈现在网上，彻底转变传统工作模式，打破时间、空间以及部门分隔的制约，为社会公众以及自身提供一体化的高效、优质、廉洁的管理

① 国务院信息化工作办公室：《中国信息化发展报告 2006》。

② 施娟：《新闻发言人面面观》，《人民日报》2005 年 4 月 13 日，第 14 版。

和服务。[1] 互联网给了政府和民众更宽广的对话平台，拉近了“两者”之间的距离，老百姓可以享受更多、更便利的政府公共服务，这对中国构建“和谐社会”具有重要意义。

2006 年 1 月 1 日，备受瞩目的中华人民共和国中央人民政府门户网站（简称“中国政府网”）正式开通。中国政府网是国务院和国务院各部门，以及各省、自治区、直辖市人民政府在国际互联网上发布政务信息和提供在线服务的综合平台。中央政府门户网站的“网上服务”栏目提供 50 家国务院所属部门和直属机构的相关信息，各种行政审批手续应该如何办理等事项在这里也一目了然。这是我国推进政府管理方式创新，建设服务型政府的一项重大举措。中国政府网的开通，标志着我国政府信息公开发展到了一个新阶段，国家民主程度又往前跨进了一大步。

2007 年 1 月，广受关注的《中华人民共和国政府信息公开条例（草案）》由国务院第 165 次常务会议审议通过，经过进一步修改之后，于 4 月 24 日授权新华社发布《中华人民共和国政府信息公开条例》[2]，自 2008 年 5 月 1 日起正式施行。就法律地位而言，该条例体现了国家意志和法律的权威性，是目前行政公开领域效力层级最高的法律依据。《政府信息公开条例》的出台是对行政公开制度的完善，有助于推动行政公开在法制的轨道上开展，彰显了中国建立透明政府和服务型政府的决心和毅力。

在这几年，政府信息公开走向规范化、法制化的进步是实实在在的。政府的信息从封闭到透明，从神秘到公开，政府信息公开程度有了很大提高，信息公开的广度和深度都有所增加，公众的信息意识得到了增强，公开的方式趋于多样化，公开的范围趋于国际化。信息公开已经成为各级政府提高行政管理水平、改善服务的重要内容。总之，这一时期政府信息公开的主要特点是：信息公开以法为本，全面推进，理论研究与实践相结合，强调公开、透明，全面体现“服务”理念。

1.3.2 政府信息公开的主要矛盾与发展趋势

政府信息公开是主权在民思想的体现，在世界范围内得到了较快的发展，取得了斐然的成绩，但依然存在不可调和的矛盾与问题，亟待解决。

1.3.2.1 政府信息公开的主要矛盾

（1）公开与保密的权衡

信息公开是一个社会走向民主、开放的表现，其中政府信息的公开，作用更为明显

① 覃征、陈俊英、王昱：《电子政务导论》，北京：高等教育出版社 2008 年版，第 3 页。

② 新华社受权发布政府信息公开条例，http：//news.xinhuanet.com/politics/2007-04/24/content_6017633.htm。

和强大，有助于民主政治的建设，有利于国家的整体发展。保守国家秘密与公开政府信息并非“水火不容”、完全对立的关系，而是相辅相成的，两者在追求行政透明、服务公众、政治民主等方面有着相同的目的。在现代社会，政府信息公开的范围趋向最大化，政府信息保密的范围趋向最小化。如果公开的范围过窄，即对保密的范围规定过宽，就会严重损害公众的知情权；反之，公开的范围过宽，即对保密的范围规定过窄，亦会严重损害到国家利益和公共利益。正如托马斯·苏士曼所说：“即使政府信息是属于我们公众的，公民获取政府信息的权利也可以有些限制——正如我们开‘自己的’车时车速要有些限制，或者我们在‘自己的’土地上建造何种建筑要有些限制一样。”①

我国现行《保密法》制定于 1988 年，贯彻的是传统的“以保密为主，以公开为例外”的原则，目的是为了保护国家秘密，维护国家的安全和利益，打击泄露国家秘密和为境外的机构、组织、人员窃取、刺探、收买、非法提供国家秘密的犯罪活动。②但由于该法缺乏“公开”、“透明”的法治精神，存在定密机构庞杂、定密标准模糊、保密范围过宽、定密程序随意、解密程序不畅、解密期限过长、保密措施不严、泄密处罚不力等弊端，造成本应公开的信息被长期封锁，既增加了政府行政管理的成本，阻碍了信息资源的自由流动，又造成社会信息资源的巨大浪费。正如斯蒂格利茨于 1999 年在牛津大学所做的题为《自由、知情权和公共话语》的著名演讲中所阐释的：“宽而无当的保密制度，只能人为地制造信息稀缺，导致‘寻租’怪圈，削弱公众对民主国家的信任感，而无助于实现国家安全和利益这个保密制度的本来目的。”③

对于任何一个国家而言，如果缺乏高效严密的保密制度，连国家安全都得不到保证，“皮之不存，毛将焉附”，又何谈对公民私权的保护？但是，绝不能让“涉及国家秘密”成为权力滥用、侵害公民权利和阻挠政府信息公开的“借口”。如果没有规范的定密机构、合理的保密范围、详细的定密程序和解密程序、科学的解密期限、严格的保密措施和严厉的处罚措施，政府信息公开只会是镜中花、水中月。推行政府信息公开制度，其中最大的难点就在于合理地确定政府信息公开与保密的界限，在政府信息公开与保守国家秘密、商业秘密、工作秘密、个人隐私和司法例外不受侵犯之间寻求平衡。

国家保密局于 1995 年启动修改《保密法》工作，1996 年起草了修改《保密法》草案，

① Thomas M. Susman. The good，the bad，and the ugly：E-government and the people's right to know，Vital Speeches of the Day，New York，Nov 1，2001.

②《中华人民共和国保密法》第 31 条、第 32 条。

③ 杨建成：《美国信息公开制度及其对中国的启示》，《国际关系学院学报》2011 年第 4 期，第 71~74 页。

但直到2007年草案才上报国务院法制办。此次法律修订重心在于强化保密管理、严格保密责任。而如何确定国家秘密与政府信息公开之间的边界，如何解决《保密法》落后导致的妨碍透明政府建设和公民知情权保障等问题，并不是此次修法的重点。[①] 此外，《保密法》是全国人大常委会审议通过的法律，而《政府信息公开条例》只是国务院通过的行政法规，前者的法律效力明显高于后者。这意味着，政府信息公开的范围必须让步于"保密"的范围。因此，在今后的实践中，必须努力协调《政府信息公开条例》与《保密法》之间可能出现的冲突，满足信息公开与信息保密的双向要求，平衡国家利益、公共利益和公民权利，使政府信息公开范围朝着越来越科学、民主、规范的方向前进。

（2）权利与义务的均衡

政府信息公开，对公众而言是权利，对政府而言是义务。公众有权利获取政府信息，政府有义务公开政府信息。权利与义务是相伴而生的，政府要承担"及时便民公开义务、免费公开义务、举证义务和法律责任"，公众应享有"信息获取权和利用权、监督权、获得救济权和赋予外国民众的权利"。[②] 政府义务的履行是公众权利实现的前提。政府信息公开需要通过立法明确及时公开信息是政府的法定义务，公开是原则，不公开是例外，对于违反公开义务的，则需要承担相应的法律后果。

布坎南的公共选择理论认为，政府并不是一个摆脱了利己心的公共机构，也不是作为一个专门为社会谋福利而没有自身利益的组织，其参与主体更不是无私奉献的圣人。[③] 利益的激励和诱惑会使他们在面临"权衡取舍"时以自身利益为重。一些行政官员打着所谓的"稳定""发展""大局"等幌子，封锁信息，欺上瞒下，在其外化的地方、部门利益背后，实际上或是利用手中信息官商勾结牟取私利、或是"近水楼台"渔个人利益、或是打造政绩以利升迁，而非实实在在地服务于民众。诸如三鹿奶粉、襄汾溃坝、山西楼房垮塌一类的瞒报、虚假呈报事件，无一不是当地政府为了地方、部门利益而进行的封锁信息、隐瞒真相、瞒报遇难人数。

我们处在一个信息不对称的时代，行政机构及其官员对信息资源具有垄断性优势，对信息的处理也有充裕的"自由裁量权"，他们往往只公开有利于自己的正面信息，封锁不利于自己的负面声音，"遇事先捂着，实在兜不住了再公开"。他们处理危机事件的套路是：事件发生之初，理所当然地认为"没必要公开"；事件进一步发展、人心不安时，

---

① 参见《保密法》修订进一步强化保密责任，http://www.caijing.com.cn/2009-06-23/110188202.html。

② 于兆波、李店标：《我国政府信息公开的三项立法原则》，《政法论丛》2007年第1期，第30~33页。

③［美］戈登·塔洛克著，柏克、郑景胜译：《公共选择：戈登·塔洛克论文集》，北京：商务印书馆2011年版，第462页。

依然保持沉默;等到谣言满天飞、社会发生混乱才恍然大悟，赶紧公开信息，辟谣、引导、处理造谣者。正如危机事件中的民众所言:“出事后政府也不表个态，直到一个多月后才开了场新闻发布会。你说老百姓能不起疑心吗? 是政府隐瞒真实情况，才导致老百姓宁可信其有，不可信其无。”①

“利益诱惑”加上对信息资源的垄断和自由裁量，造成政府信息公开对政府而言是权力而非义务，他们“趋利避害”的迟报、误报、漏报和瞒报被其垄断的信息，直接导致公民权利的丧失。公民是政府信息公开的权利主体，有权利要求政府公开其掌握的信息(除依法律规定不能公开的信息外)，有权利要求政府承担满足和保障公民权利实现的义务，有权利对不履行法定公开义务者提起行政诉讼。政府信息公开制度要以公民权利制衡行政权力，强化民主管理、弱化行政权力，拓宽民主管理领域，缩减强制行政范畴，保障公民及时、准确、全面、迅速地获得政府信息的法定权利，切实维护公民其他权利和利益的实现。

同时，政府在履行义务的同时也应该享有一定的权利，权利的拥有是履行义务的前提和保障。政府信息权利从信息生产和使用过程来说,包括信息获取权利、信息发布权利、信息处理权利、信息保密权利和信息管理权利等。② 其中，信息获取权利 ③ 是政府信息权利的根本，是政府信息公开的前提。在实践中，一些企事业单位、非政府组织代表行政机关享有一定的行政职权，拥有大量的信息资源，却在政府要求他们搜集和传递信息时设置重重阻力,使政府处境尴尬。因此,必须从法律法规上完善有关的政府信息公开制度，进一步明确政府的信息权利和义务，便于政府通过法定途径和方式获取所需要的数据和信息，满足社会各界的信息需求。

我国现行的《政府信息公开条例》既没有规定政府有信息获取权利，也没有规定公众的信息获取权利 ④，这严重影响到政府信息资源的开发利用，降低了政府决策能力和行政效率，也妨碍了公众充分利用政府信息。因此，兼顾政府的信息权利和义务，在个人利益和公共利益之间均衡，既是提高政府决策水平和行政效率的需要，更是保障公民信息权利的需要。

① 贾随平，赵桂梅:《消解网络谣言负面影响的路径》,《网络传播》2012 年第 5 期，第 34~35 页。

② 于兆波、李店标:《我国政府信息公开的三项立法原则》,《政法论丛》2007 年第 1 期，第 30~33 页。

③ 克罗地亚《信息获取权利法》中将信息获取权利赋予了两种意义:信息生产者或拥有者的信息获取权利和信息使用者的信息获取权利，并对其进行了明确的区分。这里所谈的“信息获取权利”仅指信息生产者或拥有者的信息获取权利。

④《中华人民共和国政府信息公开条例》第 1 章第 1 条“为了保障公民、法人和其他组织依法获取政府信息”，后面有意或无意地省略掉了“权利”一词。

（3）信息鸿沟问题

信息鸿沟（Information Divide）是近几年才被提出来的新概念，已成为我国继城乡差别、工农差别、脑体差别之后的“第四大差别”①。信息鸿沟又称作数字鸿沟（Digital Divide），是一个全球性的问题，在互联网发展起来后这个问题显得更为突出。信息鸿沟已不只是国家间或国家内部在信息基础设施、数字技术的使用、电子化服务方面存在差别的问题，它牵扯到整个社会的信息资源多寡和资金、文化、就业、生活质量等问题，牵扯到国家或地区科技参与能力的强弱、经济的增长方式等更深层次方面的社会问题。②

中国互联网络信息中心（CNNIC）发布的《第 32 次中国互联网络发展状况统计报告》显示，截至 2013 年 6 月底，中国网民总人数达到 5.91 亿，远超美国的网民规模，位居世界第一。其中，使用手机上网的网民也已达到 4.64 亿，约占我国网民总数的 3/4（78.5%）。与 2012 年底相比，新增网民 2 656 万，涨幅仅为 4.7%。从 2010 年开始，我国网民数量增长速度明显减缓，但普及率已超过世界平均水平，占 44.1%（世界平均水平为 30.5%）。尽管我国互联网规模巨大，普及率也一直在逐年提高，但总体水平依然偏低，与互联网较发达国家（美国、日本、韩国等国家）相比差距甚大。在全世界各国中，冰岛的互联网普及率最高，达到 97.6%。美国以及我们的邻国日本、韩国互联网普及率也都在 75% 以上（详见图 1.1）。

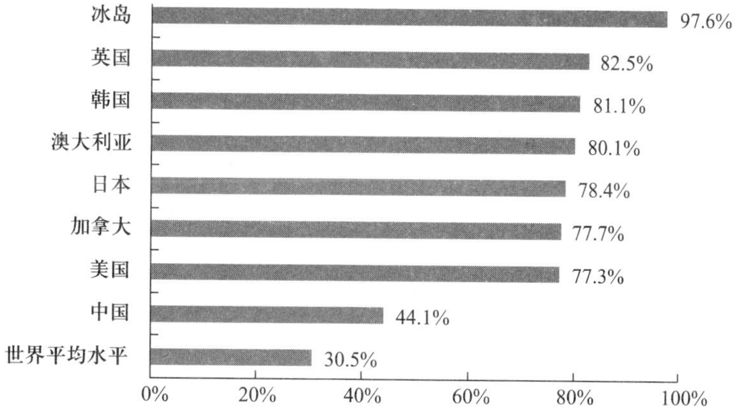

图 1.1　2010 年中国与世界互联网普及率对比

数据来源：www.internetworldstats.com，2013 年 6 月

由于社会经济发展水平的不平衡，同一国家的不同地区之间、同一地区的不同行业之间信息极度分化，甚至是不同性别、不同年龄人群的公众在获得信息服务的机会和方

① 张立彬、杨军花：《信息分化问题的社会学思考》，《情报科学》2006 年第 11 期，第 1611~1614、1619 页。

② 刘芸：《缩小中国数字鸿沟的战略思路与对策》，《厦门理工学院学报》2006 年第 4 期，第 70~73 页。

式上都存在较大的差距。这无疑对我国构建社会主义和谐社会造成了现实威胁和严重隐患。政府信息公开可以在一定程度上弥合信息鸿沟，让信息贫者也能得到平等、自由获取信息的机会，改善信息富者和信息贫者之间信息资源配置不对称的状况。尤其是电子政府的发展，拓宽了公众获取政府信息的渠道，使得政府能够更好地为公众提供信息服务，提高了政府的行政效率，也树立了一个更加勤政、廉政、精简和有竞争力的政府形象。

同时，在电子政府时代，信息和通信技术特别是互联网及其相关技术的占有和应用程度的差别造成了“信息落差”“知识分隔”等问题的出现。因为信息富者相对于信息贫者存在信息技术占有和应用上的巨大优势，可以更方便、更快捷地利用信息技术和网络平台获取到自己需要的信息，从而进一步加大了两者之间的信息差距。在我们不断谈论信息机遇的同时，信息鸿沟不断扩大的现实问题备受关注。缩小中国和世界其他国家之间、中国各地区之间和不同人群之间存在的“信息鸿沟”，是当前乃至今后更长一段时间内，政府信息公开工作的重中之重。

1.3.2.2 政府信息公开的发展趋势

（1）建构电子政府

电子政府（Electronic Government）又称电子化政府，是指政府有效利用现代信息和通信技术，透过不同的信息服务设施（如电话、网络、公用电脑站等），在其更方便的时间、地点及方式下，对政府机关、企业、社会组织和公民提供自动化的信息及其他服务，从而建构一个有回应力、有效率、负责任、具有更高服务品质的政府。[①]电子政府不是信息技术的简单应用，其实质是一次深刻的政府管理创新和变革，它将使传统行政的管制行政、全能行政、强制行政、多层行政、低效行政、受控行政、暗箱行政、人情行政、随意行政转变为服务行政、有限行政、引导行政、民主行政、开放行政、法制行政、规范行政、效率行政。[②]

电子政府通过政府电子化创新政府的服务，加强政府在公共服务方面的改革，扩大政府提供公共服务的范围和力度，重视建立政府与社会公众的互动。信息技术以其广泛的适应性和强大的渗透性为服务型政府结构建设提供了强有力的技术支持，电子政务是服务性政府结构实现公共行政价值公平与效率平衡的最现实、最可靠的平台，是服务型政府结构建设不可或缺的重要手段。[③]

联合国经济和社会事务部发布的2008年度全球电子政府调查报告显示，在全球电子

① 尹红：《我国电子政府研究综述》，《中国科技信息》2008年第14期，第359~361页。

② 赵建宏：《服务型电子政府的实践与思考》，《中国行政管理》2009年第4期，第82~83页。

③ 李和中：《中国地方政府规模与结构研究》，北京：科学出版社2012年版，第96页。

政府发展水平排名中，欧洲力拔头筹，尤其是北欧三国（瑞典、丹麦、挪威）包揽了前三甲，从而打破了过去几年美国、澳大利亚、新加坡等国名列前茅的格局，渐趋成为世界范围内电子政府潮流的新领跑者。[①] 欧盟通过制定战略规划，提供包容性政策、多渠道服务政策、个性化服务等手段来弥合“数字鸿沟”。例如为公众提供更加便捷的公共服务，尤其是为老年人和残障人士提供了有效的服务渠道。

面对信息技术和信息社会的挑战，我国政府在 1999 年提出“政府上网工程”，提倡政府网上办公，政府服务向“跨机关”“单一窗口”“自助式”“全天候”的方向发展。以此为契机，全国拉开了电子政务发展的序幕。实施电子政务是要推进政府部门办公的自动化、网络化和电子化，使政府服务更为方便、快捷，更为直接、通畅，具有更高的透明度，其最终目标是建立电子政府。电子政府并不是简单地将政府公共服务直接搬到网上，它要求在改进政府公共服务的同时，对政府原有组织结构和业务流程进行优化和重组，实现“政府再造”（Reinventing Government）。

政府信息公开、政府业务电子化、政府服务创新以及信息技术与政府再造整合等是电子政府实现的前提和基础。电子政府的核心内容是构建一个虚拟状态的政府及其部门结构体系，即：一个突破时间和空间限制的、365 天 /24 小时在线的、依赖信息技术手段的、存在于电子环境中的、虚拟的、高效率的、无缝隙化的政府服务体。建构电子政府已经成为世界范围内的新趋势，对电子政府的研究也应该向理论的深度和实践的广度方向发展。

（2）引入市场机制

无论是政府上网工程，还是电子政务、电子政府的建设都需要良好的网络基础设施和信息技术做支撑。在电子政务建设中，世界各国政府，特别是各国的地方政府普遍面临着基础设施稀缺、财政压力过大、IT 人才缺乏和运营能力有限等制约。市场和政府是两个最主要的资源配置主体，依据现代经济学理论，在资源配置过程中，市场资源配置具有经济效率高的优势。所以，政府应该本着“有所为，有所不为”的原则，注重发挥市场机制的优势，充分发挥政府、企业和个人三者的作用，鼓励企业和民间资本以多种方式参与到电子政务建设中，逐步形成以政府为主、社会参与的多元化运营机制，解决网络基础设施稀缺问题，减轻政府的财政压力，引进 IT 人才，提高系统运营能力。

电子政务的建设有两种基本模式：自建和外包。自建模式是指政府通过投资建设属

① 李章程:《欧洲电子政府的最新进展》,《信息化建设》2008 年第 10 期，第 40~42 页。

于自己的主伺服器和电子政务系统来实现内部业务或公众服务电子化的一种建设模式。[①]信息技术外包（或称 IT 外包）是指一个部门或企业的信息系统的日常运行维护等工作部分或全部委托给专业公司，由他们组织专业技术队伍完成。[②]电子政务外包是信息技术外包的一种方式。“取人之长、补己之短”，政府有选择性地将自己力所不能及的业务外包出去，可以将更多的精力放在“政务”上，最大限度地避免资源的闲置和浪费。电子政务外包有助于减少政府部门在信息开放与开发中的成本支出，提高行政效率；有助于满足民间各类组织和个人进行政府信息开发和增值服务的愿望；有助于广大公众得到多样化的、个性化的和更高水平的政府信息服务。[③]

电子政务在许多发达国家都已进入相对成熟的发展期，我国在这方面的起步较晚，目前还处于分阶段的战略实施阶段。[④]电子政务建设是一项长期而艰巨的系统工程，需要耗费大量的资金，单纯依靠政府的投入是不现实的，也无法保证其可持续发展。电子政务外包的出现是一种必然的趋势，电子政务外包其实是构建了“政府搭台，企业唱戏”的局面，是政府有效利用外部力量的一种表现。我国电子政务外包还处于探索阶段，《2011中国软件与信息服务外包产业发展报告》显示我国服务外包业务的行业分布正在发生变化，政府和公共事业开始成为新的增长点。随着电子政务的深入发展，电子政务外包的需求也会越来越强烈。

---

① 王长胜：《中国电子政务发展报告 2010 融合与创新：电子政务发展新阶段》，北京：社会科学文献出版社 2010 年版，第 294~296 页。

② 周毅：《政府信息开放与开发的社会化和商业化：趋势、领域与问题》，《中国图书馆学报》2005 年第 6 期，第 29~33 页。

③ 张勇进、汪玉凯：《电子政务外包服务模式研究》，《电子政务》2008 年第 7 期，第 50~56 页。

④ 李冠军、才金正：《电子政务外包的现状及相关问题研究》，《东北大学学报（社会科学版）》2006 年第 1 期，第 35~37 页。

第 2 章 政府信息公开的动力机制[①]

动力是产生行为和效果的决定力量。促进政府信息公开的力量或因素是多方面的，这些力量或因素的构成及其相互联系、相互作用的方式和原理就构成了政府信息公开的动力机制。政府信息公开是受外部牵引力、内部驱动力和技术推动力共同作用的结果，三者相辅相成、不可偏废，共同促进了政府信息公开的加速发展。本章建立了引力模型、压力模型、推力模型和耦合模型四种模型，通过这四种模型来探讨政府信息公开的动力机制。

2.1 政府信息公开的外部牵引力

政府由一个个具有经济人特征的行政官员所组成，政府与市场主体一样有追求自身利益最大化的动机，而不具有提高公共物品有效供给的动力激励。虽说政府信息公开是政府的职责和义务，如果没有外在压力，政府为维护其权力利益，不会主动履行自己的职责和义务，政府信息公开不可能是政府自发的行为。公众、市场、国际组织对政府信息的需求是政府信息公开必要的外部条件，对政府信息公开有巨大的牵引作用。

① 本章内容曾发表于段尧清、汪银霞:《政府信息公开的动力机制》,《情报科学》2005 年第 10 期，第 1457~1460 页。

2.1.1 公众知情权

知情权理论最早从西方国家发展起来，知情权在英文中用 The Right to Know 表达。我国台湾地区则将其译为知的权利或资讯权，大陆通常将其表述为了解权、知悉权。知情权的概念是由美联社一位叫肯特·库柏（Kent Copper）的新闻编辑率先提出的。“二战”以后，美国政府严格控制新闻媒体的信息传播，造成民众不明真相，激起社会各界人士（尤其是新闻出版界）的强烈反对。1945 年 1 月，肯特·库柏在一次演讲中提出应该用新型的民众权利——“知情权”作为对抗国家权力的工具，并大声疾呼：“不尊重公众的知情权，在一个国家乃至世界上便无政治自由可言。”[①] 若干年后，美国报纸主编人协会信息自由委员会主席詹姆斯·拉塞尔撰写了一系列颇具影响的评论，并且在《自由还是保密》一书中对知情权的正当性做了进一步论证。以此为导火索，在美国国内掀起了轰轰烈烈的“知情权”运动。[②] 这场运动在世界范围内引起了广泛影响，并且推动了美国《情报自由法》《阳光下的政府法》《隐私权法》《文书削减公文法》《电子信息自由法》等法案的诞生。

不同学者对知情权概念的理解和定义不同。库柏所提出的知情权的含义是：“公民有权知道他应该知道的事情，国家应最大限度地保障公民获取所需信息的权利，尤其是获得政府信息的权利。”[③] 斯蒂格利茨认为，所谓知情权，就是公民对于国家的重要决策、政府的重要事务以及社会上当前发生的与公民权利和利益密切相关的重大事件，有及时、准确地了解和知悉的权利。[④] 还有的学者分别从广义和狭义的角度去定义知情权。不管从何种角度、何种方面去定义和理解，学者们都一致认同“知情权是公民的一项基本权利”，所不同的是对权利的具体内容的细节描述上的差异。

世界上很多民主国家都把公众知情权写进了宪法。[⑤] 我国《宪法》虽然没有明确赋予公民享有知情权，但知情权的精神与理念在《宪法》的具体条款中是有所体现的[⑥]。正如美国前司法部长拉姆齐·克拉克所说：“如果政府是属于人民、来自人民、为了人民的

① Kent Cooper. Kent Cooper and the Associated Press：an autobiography. New York：Random House，2003，p107.

② 宋小卫：《美国〈情报自由法〉的立法历程》，《新闻与传播研究》1994 年第 2 期，第 80~87 页。

③ 夏青青：《公民知情权的基本理论探研》，《通化师范学院学报》2010 年第 7 期，第 62~66 页。

④ [美]斯蒂格利茨著，宋华琳译：《自由、知情权和公共话语——透明化在公共生活中的作用》，《环球法律评论》2002 年秋季号，第 263~273 页。

⑤ 外国知情权在宪法中的规定大多都见于表达自由这一条款。

⑥ 如现行《宪法》第二条明确规定：“中华人民共和国一切权力属于人民。人民行使国家权力的机关是全国人民代表大会和地方各级人民代表大会。人民依照法律规定，通过各种途径和形式，管理国家事务，管理经济和文化事业，管理社会事务。”

话，人民就应该详细了解政府的活动。没有什么能比秘密更毒害民主政治。只有让公众拥有信息，市民自治，广泛参加国家事务才有可能。"[1] 人民拥有在合理的范围内自由获取、知晓和了解政府信息的权利，是人民行使当家做主的权力、监督和控制政府行使国家权力的基础。政府对人民隐瞒与其切身权利和利益相关的任何信息，都是对人民主权这一宪政原则的侵犯，也是对公民知情权的侵犯。

"任何一个政府都想无拘无束，都想拥有广泛的裁量权。为防备这一点，有若干理由表明需要对政府加以限制。"[2] 政府信息公开与知情权是一个硬币的两面：知情权是公民的固有权利之一，包括公民信息接受权和信息获取权，后者包括了不受公共权力干涉以妨碍其请求权的权利。[3] 公民有依法了解政府信息的权利，只有及时知道和了解国家的政策法规及决策、行政机关的所作所为，公民才能对政府行为做出评判，从而有针对性地发表自己的意见，对有关行政机关及其工作人员提出批评或建议；政府信息公开是政府的一项基本义务，政府只有通过各种形式充分地公开信息，公民才能真正地实现知情权。公民拥有了知情权，才能有效地监督和制约政府，防止腐败，才能真正地参政议政，行使宪法所赋予的管理国家的权力。没有政府信息公开就谈不上知情权。

知情权是政府信息公开的理论依据，政府信息公开是知情权实现的必然途径，二者相辅相成。政府信息公开不仅限于政治层面，它也影响着公众的日常生活。政府信息公开是公民个人生活的需要，只有对政府信息的充分知情，公民才能更好地安排生活和工作。比如，知道国家金融政策，可以决定理财方式；知道市政规划方案，可以决定投资地点等。因此，公众期望自己的政府是一个公开、廉洁、透明的政府；期望政府能够及时、准确、透彻地公开信息，并尽可能按需提供；期望政府秉公办事，秉公执法不徇私情，不谋私利；期望政府提高工作的透明度，扩大公民的参与程度；期望政府树立"立党为公、执政为民"的思想，以人民群众的利益为根本出发点，减轻人民群众的负担，为人民群众谋取更多利益；等等。公众这些期望的最终实现无不依靠政府通过公开信息来践行。也就是说，公众要求获得政府信息的权利，是推动政府信息公开制度发展的真正动力。

2.1.2 公众支持率

支持率反映的就是民众心声。按照公共选择理论，选民为了达到希望使他们得到最

① 刘迪：《现代西方新闻法制概述》，北京：中国法制出版社 1998 年版，第 12 页。
② 萧公权：《宪政与民主》，北京：清华大学出版社 2006 年版，第 34 页。
③ 范并思：《信息获取权利：政府信息公开的法理基础》，《图书情报工作》2008 年第 6 期，第 36~38 页。

高利益的结果而去投票，无论投票是诚挚的还是策略性的。[①] 公民对政府的信任和信心是建立在政府正在为响应公共利益和社区的共同价值观而行动的信念之上的。信任和为了公共利益而行动，这两者是相互强化的——当政府为了公共利益而行动时，公民的信任度也会随之增加。反之，当公民的信任度增强的时候，公民也可以体验到政府认识共同利益和根据共同利益行事的能力在增强。民心是杆秤。得道多助，失道寡助。要赢得人民群众的理解和支持，政府必须首先强化服务意识，保持人民公仆的本色，从人民的利益出发，满足人民的真正需求，而不是只顾自己的利益，更不能为了个人私利而损害人民的利益。

19 世纪英国著名政治思想大师约翰·穆勒指出："一个绝对不能参与政治事务的人，不能称为公民。"[②] 纵览已经实施政府信息公开制度的国家，绝大多数都是"市民运动"的结果。在英国，推动政府信息公开立法的著名社团"信息自由运动"（The Campaign for Freedom of Information，简称 CFI），不但组织起草了《个人资料获得法案》《医疗报告获得法案》《环境和安全信息法案》等法律，而且对政府公开立法做了大量的宣传鼓动活动，挑战信息屏蔽成功者将受到政治市场的奖励（即选民的投票支持），而屏蔽信息者将受到政治市场的惩罚（下台或承担其他政治与法律责任）。[③]

信息公开，施政透明，"秘密"大白于天下，就可以消除民众的许多疑虑和抱怨，对调动民众参政议政的积极性有着显著的效果。我国的选举制度是代议民主制，绝大多数公民并不直接对候选人、政府议案或公共政策进行投票表决。如果公民的政治参与期望得不到满足，就会形成强烈的社会挫折感，对政治制度产生失望，进而引发过激参与或抵触情绪，转而寻求非制度性参与，出现所谓的"参与危机"，损害政治制度的合法性。"行政主体对相对人的合作是通过为相对人提供服务来实现的，相对人对行政主体的合作则主要表现为配合与参与。"[④] 因此，有必要通过积极主动地公开政府信息，畅通公众的政治参与渠道，拓展公众政治参与的范围和深度，增强公众政治参与的效能感，提高公民对政治制度的认同感，促进政治稳定。

政府信息公开是公民制度化参与的重要体现，体现了政治制度文明的新发展，在构筑公民政治参与水平上发挥着不可小觑的作用，有助于逐步形成当代民主政治发展中公民制度化参与的新的渠道和机制。美国约瑟夫·斯蒂格利兹（Joseph Stiglitze）也指出："民

① [美] 丹尼斯·C. 缪勒著，杨春学等译：《公共选择理论》，北京：中国社会科学出版社 2010 年版，第 443 页。

② [英] 约翰·穆勒著，孟凡礼译：《论自由》，桂林：广西师范大学出版社 2011 年版，第 97 页。

③ 夏镇平、高抒宇：《英国中央政府政务公开的主要做法和经验》，《中国行政管理》2006 年第 1 期，第 91~94 页。

④ 叶必丰：《行政法的人文精神》，北京：北京大学出版社 2005 年版，第 177 页。

主进程中有意义的参与需要知晓信息的参与者。”[①] 换句话说，公民在毫不知情的情况下去参与政治，这种参与没有实际效果，也没有任何意义。

2.1.3 市场需求

现代社会处于“信息爆炸”的时代，人们对各种信息的需求量越来越大。这就从客观上要求政府向公民公开其所拥有的大量的、有用的政府信息，以满足人们日益增长的信息需要。政府信息的充分流动和自由利用，不仅极大地方便了人们的生活和工作，而且可以减少贸易费用，降低市场交易成本，便于社会资源优化配置，促进经济主体在市场经济的海洋中焕发前所未有的活力。

无数经济学家和社会实践已经证实，信息是继人、物之后成为支撑经济发展的关键性因素。在美国，信息开发利用就较为彻底，据统计，从业人员中有 50% 以上被雇佣在信息产业中，根据波拉特的计算，1967 年美国信息产业的从业人员就创造了美国国民总产值的 45%。[②] 客观上讲，政府信息公开是社会政治、经济内在的逻辑发展结果，美国信息产业的发达与其政府信息公开制度的健全不无关系。20 世纪以后，为适应政治、经济的发展，美国政府新设立了诸如证券监督管理委员会、食品（药品）管理委员会等庞大的行政管理机构，信息产业中的诸多信息也都是政府所公开的信息。

从宏观方面来说，政府信息公开是改善市场经济秩序的内在要求。市场经济是开放经济，是“天生的民主派”，它不讲政治特权，不要政治保护伞，兴的是平等竞争，行的是等价交换，主张信息公开和决策透明化；市场经济是法治经济，它主张法律面前人人平等，有法必依、执法必严，这必然要求政府公布各项法律、法规、政策、制度、规则、命令等，必须依赖政府提供公平、公正、完备的规则，并利用这些规则有效地进行市场监管和经济调控；市场经济是信息经济，信息在市场上是开放的和可以自由流动的。通过政府公布相关信息和提供优质信息服务，可以大大地减少社会经济运行成本，降低市场交易风险，提高经济运行的效率和质量，改善投资环境，建立起一个透明、健康、高效的经济环境，从而有效地促进社会经济长期、稳定、健康的发展。

在市场经济环境下，政府的主要职责应该是市场规则的制定和市场环境的监管，为市场、企业、公民提供清晰的投资环境、公开的行政行为和平等的竞争机会。政府通过制定的市场规则对市场环境进行监管，就有必要让每一个市场主体都清楚地知道与经济

① [美] 约瑟夫·斯蒂格利茨著，郭庆旺等译：《公共部门经济学》，北京：中国人民大学出版社 2005 年第 3 版，第 8 页。
② 于新东、牛少凤、于洋：《美国与日本信息产业发展的比较及其启示》，《经济社会体制比较》2011 年第 2 期，第 84~93 页。

活动相关的法律、法规、政策、制度、规则等。世界著名经济学家约瑟夫·斯蒂格利茨曾指出:“只要承认信息不完全,那也就应该承认市场不能通过自己的机制实现经济的高效性,一定需要政府干预,这就预示着政府要扮演重要的作用。”① 政府对市场进行管理的目的在于纠正“市场失灵”,弥补“市场缺陷”,保障市场经济正常运行。

从微观方面来说,政府信息公开是提高企业决策水平的制度保障。随着市场竞争机制的运行,信息作为国民经济发展的重要资源,使决策机构对宏观综合信息的依赖性越来越大。公共信息资源在社会发展中的独特地位及特点决定了政府必然要在其资源配置中发挥重要作用。思拉恩·埃格特森指出:“在自愿交换受到高交易成本阻碍的情况下,国家直接分配资产产权以达到物尽其用的控制程度。当资源使用时出现相互争执的矛盾,国家直接以新古典福利最大化准则为标准来分配资源,则可大大提高生产率。”② 及时有效的信息是做出正确、明智的判断的前提。企业要搞好经营决策,就必须重视对信息的研究,尤其是对政府信息的研究。政府信息是企业经营决策的依据,企业在广泛获取决策所需要信息的前提下进行决策,就可以避免靠经验决策或决策不完备而导致的决策的盲目性,从而能够提高企业决策的科学性和合理性。

2.1.4 非政府组织要求

非政府组织(Non-Governmental Organization,即 NGO),通常也被称作非营利组织、民间组织、第三部门、公民社会组织等,是当今国际社会中重要的社会组织形式。20 世纪 80 年代以来,无论是在国际社会还是在国内,非政府组织都致力于提供社会服务与代表一定阶层利益,以其自身优势和影响力,在各个层次和范围的治理领域中发挥出了日益重要的作用,被当作是许多国家的政府和一些重要的政府间国际组织的合作伙伴,在现代经济社会中发挥着越来越重要的作用。

研究公民社会和 NGO 的国际权威专家莱斯特·M. 萨拉蒙(Lester M. Salamon)教授对 NGO 存在和发展的意义给予了充分的肯定和高度的评价。他说:“如果代议制政府是 18 世纪的伟大发明,而官僚政治是 19 世纪的伟大发明,那么,可以说,那个有组织的私人自愿性的也即大量的公民社会组织代表了 20 世纪最伟大的社会创新。”③ 非政府组织

---

①[美]约瑟夫·斯蒂格利茨:《我的经济学人生》,《新华文摘》2004 年第 4 期,第 124 页。

②[冰]思拉恩·埃格特森著,吴经邦等译:《新制度经济学》,北京:商务印书馆 2004 年版,第 291 页。

③[美]莱斯特·M. 萨拉蒙著,田凯译:《公共服务中的伙伴——现代福利国家中政府与非营利组织的关系》,北京:商务印书馆 2008 年版,第 57 页。

的产生本来就是与民主发展相互促进的。非政府组织的一项重要功能是及时反映公众的利益需求，为政府有关部门的公共决策提供参考与咨询，推动民主政治建设，维护和促进社会公正。而且由于非政府组织掌握的资源非常有限，有的资源甚至完全依靠志愿者提供，因此它不可能像政府、企业一样以提供物资服务为主，而更多以提供信息、教育和宣传服务为主，这也要求政府通过信息公开保障非政府组织更好地行使政府赋予他们的权力，促进社会利益的合理、有效分配。

综观世界各国的政府信息公开立法史，非政府组织在推动政府信息公开立法中发挥了相当大的作用。在日本，最早也是由日本消费者协会于1976年提出制定信息公开立法的；日本市民自由联盟（JCLU）于1979年通过了“信息公开法基本原则”、“知情权声明”，之后和其他基层组织组成联盟为信息公开立法奔走呼号；另外，日本的市民监察专员联络会、自由人权协会、新闻界等团体对推动立法发挥了积极作用。[①] 卡特中心（The Carter Center）是由美国前总统吉米·卡特和前第一夫人罗莎琳·卡特于1982年建立的非营利性组织。该中心以尼加拉瓜、牙买加、玻利维亚三国为重点协助对象推进区域政府信息自由公开，还向秘鲁、阿根廷、墨西哥、哥斯达黎加、洪都拉斯、厄瓜多尔和危地马拉等国提供咨询和技术支持，并协助美洲国家组织完成政府信息公开方面的任务。其于1999年设立的“拉丁美洲信息自由项目”，将信息自由作为反对腐败、建立透明政府的基石。卡特中心的“拉丁美洲信息自由项目”与地方政府和市民社会合作，以国际标准为基础向立法者和市民提供咨询，并鼓励市民学会利用相关法律来维护自己的权利。域外经验表明，无论是在法理型政治传统的萌发地英国，还是在与中国同属儒家政治文化圈的韩国，非政府组织和传媒在政府信息公开立法和实践中都发挥着特殊的作用。[②]

在我国，随着社会的多元化发展，非政府组织的作用也日益显著。比如中国环保产业学会、中国计划生育协会、救助儿童会、职业律师协会、注册会计审计师协会、中国扶贫基金会、各类学术研究机构等，它们都是政府信息公开立法的鼓动者与呼吁者。基于提高社会责任意识、降低企业成本、监督政府行政能力、推动社会进步的需要，它们都强烈要求通过政府信息公开立法获得公共信息的部分产权。但是，它们的立法要求只表现为零星的、个人的口头呼吁，缺乏组织化的利益表达和实际参与行动，分散凌乱，无法产生足够强大有效的“压力集团”，难以对立法进程与内容产生实质性影响。因此，

---

① 刘杰：《日本宪法上的知情权与信息公开法》，《法学家》2007年第3期，第147~152页。

② Heungsik Park："韩国的行政公开改革研究"，http：//www.fnfkorea.org/fnst_eng/news/heungsik1.htm。

随着各类社团活动功能的壮大，摆脱“集体行动的困境”，提升公众对信息公开的认知程度，提高市民社会要求司法救济和司法机关及时反应的能力，非政府组织必将对政府信息公开立法进程起到一定的推动作用。

2.1.5 国际政府组织规则

20 世纪 90 年代以来，经济全球化的趋势十分迅猛。经济全球化是将全球的经济和资源通过全球的配置，通过开放在全球之间的互相支持、互相流动、互相弥补，使得经济发展更快、质量更高。[①] 经济全球化彻底打破了国家和地区的界限，对世界各国的政治、经济、军事、文化、技术、管理等领域都造成了巨大的冲击，是世界经济发展的重要趋势。

而透明度原则是经济全球化的重要规则之一，政府透明度的表现形式主要有两种：一是政府主动公开相关的规章制度，二是向其他成员国或贸易商提供信息查询。世界贸易组织（World Trade Organization，简称 WTO）作为世界上唯一处理国与国之间贸易规则的国际组织，其目标是建立一个完整的、更有活力的、持久的多边贸易体制，其中体现公开价值取向的透明度原则是 WTO 的三个主要目标[②]之一，是世界贸易组织价值模式的具体化和法律化。在《世界贸易组织协定》的 29 个独立法律文件中，信息公开贯穿于多边贸易体制的基本要求之中。此项要求体现在世贸体制的非歧视贸易、市场准入、公平竞争、贸易自由化等多项原则中。如世界贸易组织协定要求“各成员国政府必须通过提供准确的信息资料、充分的法律规章和透明的规则程序，来保证竞争的公开、公平和公正”。

《里约环境与发展宣言》（简称《里约宣言》，Rio Declaration），又称《地球宪章》（Earth Charter），其中第十条规定：环境问题最好在所有有关公民在有关一级的参加下加以处理。各国应广泛地提供信息，从而促进和鼓励公众的了解和参与。[③]1992 年 6 月，联合国在里约热内卢召开的“地球首脑会议”上通过了以可持续发展为主题的《21 世纪议程》等 5 个纲领性文件，标志着可持续发展观得到了世界上大多数国家的认可。

信息是属于全人类的共同财富。联合国 1946 年第 59 号决议把信息自由定义为一项基本人权，使得重视政府信息化成为各国不可回避的重要问题。1993 年，联合国人权委员会设立了联合国观点与表达自由特别报告人办公室，指出：“言论与表达自由的最重要

---

① 李京文:《经济全球化与信息化对中国经济与管理学科发展的影响》,《河北科技大学学报》2012 年第 5 期，第 379~380 页。

② 世界贸易组织的三个主要目标是：贸易自由化、透明度和稳定性，透明度原则在世界贸易组织中是一项最能汇集和体现有形正义的原则，几乎所有的世界贸易组织法律文件都规定和贯彻了政府透明度原则。

③ 里约环境与发展宣言，http://news.xinhuanet.com/ziliao/2002-08/21/content_533123.htm。

的要素之一是寻找或者获得信息的权利”[①]。

欧洲理事会作为欧洲联盟（European Union，简称欧盟）的最高权力机构，他在《世界人权宣言》诞生后率先建立起地球上第一个专司人权保护的区域性制度，作为该制度赖以存在的《欧洲人权公约》是对宣言的具体化。《欧洲人权公约》又称《保护人权与基本自由公约》，1950 年 11 月 4 日在欧洲理事会主持下于罗马被签署，该公约为国际人权保护制度的建设提供了借鉴。在过去的 60 多年里，欧洲理事会人权保护制度的建立、改革与发展，使区域人权保护的“星星之火”在美洲、非洲大陆和亚非的阿拉伯等地区得以“燎原”。

《美洲人权公约》是继《欧洲人权公约》之后的第二个区域性人权保障公约。美洲国家组织在《美洲人权公约》中也将信息自由确立为一项基本人权。世界上共有 60 多个国家或组织向美洲国家组织派驻观察员，中国就是其中之一。2004 年 3 月，李肇星外长致函加维里亚秘书长，正式提出成为该组织常驻观察员的申请；5 月，该组织审议通过申请，中国成为其第 60 个常驻观察员；6 月，中国政府首次以观察员身份出席美洲国家组织第 34 届大会；9 月，李肇星外长在华盛顿会见美洲国家组织秘书长罗德里格斯；2005 年 2 月，“中国 – 美洲国家组织合作基金”正式启动。[②]

迄今为止，中国已加入《人权宣言》和世界贸易组织等 270 多项多边国际公约，表明中国政府愿意接受和实践其组织原则与规范，也意味着中国政府对其条款及精神的认同。中国的政府信息公开必须立足于本国国情，虽有其历史渊源与现实局限，但也必须对国际显在规则与潜在规则的要求做出回应。正是这些国际准则对中国政府的行政透明度产生了冲击，如响应世贸组织的要求，定期公开相关的政府信息，以及由此带来政策审议、成员监督、阳光行政、依法行政等一系列行政改革，从而在客观上形成了推动我国政府信息公开的外在动力之一。

2.2 政府信息公开的内部驱动力

利益追求是行为的基本动因。“人们为之奋斗的一切，都与他们的利益有关。”[③] 从政府及其工作人员的双重角色来看，政府利益是由社会公共利益、政府组织利益及其工作

① 周汉华:《外国政府信息公开法律制度比较》，北京：中国法制出版社 2003 年版，第 325~328 页。

② 参见美洲国家组织，http：//www.fmprc.gov.cn/chn/wjb/zzjg/gjs/gjzzyh/1140/t4571.htm。

③ 中共中央马克思恩格斯列宁斯大林著作编译局:《马克思恩格斯全集》第 1 卷，北京：人民出版社 2012 年版，第 82 页。

人员的个人利益共同构成的复杂综合体。政府组织利益是指政府在管理国家、履行政府职能、行使公共权力的过程中，为满足自身生存发展所需要的利益。追求政府组织利益是政府产生信息公开行为的内在动力。

2.2.1 政治民主化

社会主义政治是人民当家作主的民主政治，这是社会主义的本质。我国改革开放的总设计师邓小平指出："没有民主就没有社会主义，就没有社会主义的现代化。"① 人民当家做主的权利是在有效享有知情权、参与权、选举权、监督权等政治权利的基础上实现的。没有政府信息公开，就没有老百姓的知情权、参与权、选举权、监督权等政治权利，也就没有真正的民主。"没有公开性而来谈民主制是很可笑的。"② 随着民主政治的发展，政府信息理应成为一种公共信息，它就像清洁的空气一样，是一种公共物品。推行政府信息公开是实现社会主义民主的重要途径，是体现党的全心全意为人民服务宗旨的必然要求，是我国社会主义民主政治建设的基本要求。

20 世纪 70 年代以来，伴随着第三次民主化浪潮，越来越多的威权主义国家走上了民主化道路，民主政治在世界范围内取得了广泛的认同和空前的胜利，成为世界上大多数国家在价值取向上的共同追求。列宁在论述社会主义民主政治时曾经指出："官僚政治的神秘性正是官僚政治腐败和无能的根源，只有实现了真正的公民参政，实现了公民权利对政府权力的监督之后，才能有效地防止权力的腐败和专职人员的专断。"③ 民主是指参与，而要使公众"议政"，参与"决政"和"督政"，就要允许公众"知政"。从这个意义上讲，政府信息公开不仅仅是满足公众知情权的需要，更是政治活动的需要，使公民更好地参与国家管理，这是政治参与的基础和前提。"只有当群众知道一切，能判断一切，并能自觉地从事一切的时候，国家才有力量。"④

民主政治的发展不仅表现在公民对政治活动的参与上，还表现在政府对廉洁形象的建设上。一个社会如果缺乏信息自由，信息匮乏，将导致行政腐败的盛行，造成政府的神秘运作，众多的暗箱操作以维护统治集团的利益，为滋生腐败制造温床。通过实行政府信息公开、政府运作透明化，将政府官员的行为置于阳光之下，人民对政府的行为进行全程监督，

---

① 邓小平:《邓小平文选》第 2 卷，北京：人民出版社 2006 年版，第 168 页。

② 中共中央马克思恩格斯列宁斯大林著作编译局:《列宁选集》第 1 卷，北京：人民出版社 2012 年版，第 347 页。

③ 中共中央马克思恩格斯列宁斯大林著作编译局:《列宁全集》第 26 卷，北京：人民出版社 1990 年版，第 326~327 页。

④ 中共中央马克思恩格斯列宁斯大林著作编译局:《列宁全集》第 26 卷，北京：人民出版社 1990 年版，第 234 页。

腐败行为和违法行政事件就会得以有效遏制，依法行政、廉洁行政的环境就会被逐渐营造。

正如氧气对于人的生命是不可或缺的一样，信息对于民主也是不可或缺的。信息是民主政治的氧气和血液。封锁和控制政府信息，也就等于是窒息和扼杀了民主政治的生机和活力。[①] 现代民主政治意味着对国家权力的合理控制、对政府行为的有效监督和民众对政治的广泛参与，而政府信息的获取和知悉正是民主监督和政治参与的前提和基础。公民获得政府信息的权利是我国民主法制建设的支柱之一，是我国公民实现参政议政权利和监督权利的最重要保证。当然，公众自由获取政府信息还必须以充分保护国家利益和个人隐私权为前提。

2.2.2 政治体制改革

在经济全球化的时代背景下，政府的改革与创新逐渐成为世界各国应对全球化挑战和争取全球竞争优势的关键内容。世界各国各地都在努力探索建立起与全球化、信息化社会相适应的高效、廉洁的新型政府，公众希望得到更公正、廉洁、优质、高效的公共服务。在信息渠道越来越宽的全球化时代，公众对服务有更多的选择，也提出了更高的要求，出现了一种新的理念，即公共管理只为民众而存在，服务是政府的本质存在，公众要求政府废除人为的繁文缛节，简化行政程序，更好地为公众服务。

无论是奴隶社会、封建社会、资本主义社会，还是社会主义社会，其政府均将改革、发展、稳定视为自己的职能（职责），积极主动地调节政治经济活动和社会控制活动，以保障政府和社会适应新情况、新变化从而得以存在和延续。一方面，政府通过不断革旧布新，促进国家和社会的发展，才能实现社会持久的稳定；另一方面，政府必须保持社会秩序和价值秩序的相对稳定，为改革和发展创造良好的社会条件。不思改革、不思发展，就必然会被历史所抛弃。历史的发展是不以人的意志为转移的。每当社会生产力发展到一定的关键时期，政府的行为方式就会发生相应的变革。随着国际关系的复杂化，政府的职能也不断扩大并且日益复杂化，政府改革成为必然。不论是西方发达资本主义国家的行政改革，还是始于 20 世纪 70 年代末 80 年代初，至今仍方兴未艾的我国现代政治、经济体制改革，其目的都是希望通过体制变革，使政府和社会适应历史的发展趋势，从而推动本国经济和社会的发展，实现国家和社会持久的稳定。

我国政治体制改革的过程，实质上是突破全能主义、官僚主义集权管理体制的束缚，

① 朱立言、陈宏彩:《行政公开与行政权力的运行——兼论信息社会行政公开的深化》,《湖南社会科学》2004 年第 2 期，第 25~29 页。

探索新的政治运行机制的过程，也是社会转轨、政权组织形式和政治组织结构调整的过程。今天的政府正逐步从“管理型政府”向“服务型政府”转变，组织结构也正由工业社会的金字塔垂直结构向信息时代下扁平化的网状结构转变。十六届五中全会通过的“十一五”规划纲要，通篇突出了“发展与改革”两大主题。改善我国政府的公共治理，提高公共治理的水平，成为“十一五”期间我国改革的重中之重。“十一五”规划提出的行政改革任务是多方面的，其中包括：“减少和规范行政审批、加强社会管理和公共服务职能、深化政府机构改革、降低行政成本、加快建设法治政府、健全科学民主决策机制和行政监督机制”[①]等等，都要求政府推行信息公开。

政府信息公开的实质是民主的要求、政治的公开，是对公民信息获取权利的尊重与维护，它与国家的政治体制有着密不可分的关系，说到底是政府的一种自觉行为。随着公众对政府的要求越来越高，政府职能逐步由全能型向管理型、服务性转变，大量具体的事务性服务工作以及微观管理方面的工作都将逐步移交给社会组织和企业。政府是全社会最大的信息拥有者、制作者和使用者。政府提供的信息服务将会催生一大批的信息内容、技术等服务行业企业，其中电子政府工程将会推动新型信息技术企业的发展，进而带动整个国民经济的发展。这就要求政府更有效率、更加一体化、更以公众需求为中心，应全面协调、整合各职能部门之间的政府信息资源，顺应社会对政府信息公开的要求，并逐步完善相关的法律法规体系。

2.2.3 政府职责所在

国外著名学者罗茨（R.Rhodes）在研究治理时认为：“作为善治的治理，它指的是强调效率、法治、责任的公共服务体系”。[②]而一个有效率的、法治的、负责任的政府必定是公民能够广泛参与公共管理和政府决策、政府能够公开一切信息（除了其法律规定例外的信息）的政府。国内学者俞可平在研究治理时，将“善治”的标准归为6个要素：合法性、透明性、责任性、法治、回应性和有效性。[③]透明性指的就是政治信息的公开性，每一位公民都拥有获取与自身利益相关的政府信息的权利，政府信息包括立法目的、政策制定过程、法律条款及解释、政策实施情况、行政预算、投资项目、统计资料、公共开支以及其他有关的政治信息。

---

① 参见《中华人民共和国国民经济和社会发展第十一个五年规划纲要》。

②［英］罗伯特•罗茨著，木易编译：《新的治理》；转引自俞可平：《治理与善治》，北京：社会科学文献出版社2000年版，第91页。

③ 俞可平，治理与善治引论，http://www.chinareform.net/2010/0116/9805.html。

政治治理与信息公开是密不可分的。信息公开及传播利用本身是一种不带价值色彩的客观活动，但这种活动一旦与政治治理联系起来，就被赋予了在不同的政治制度下表达不同的政治价值的功能。在民主社会里，国家权力机关向社会成员中的多数负责，并履行其对社会成员公开来自国家与社会的信息的责任，让公众理解社会事件的真相，目的则是为了说明原委、“洗刷”自己，以表明自己在社会治理中是恪尽职守的，而非不尽责；在非民主社会里，国家权力机关仅向社会成员中的少数负责，也就没有向社会成员公布社会和国家机器运转信息的义务，更不存在、不应当也不必履行这样的政治责任。此时，国家权力机关也在一定范围内公开、传播信息，但只是为了政治治理的需要，而不将其视为自己应承担的政治责任（accountability）。

根据人民主权原则，国家权力的本源在于人民，但是人民不可能直接管理国家和社会公共事务，必须通过一定的规则和程序，按照人民的意志，产生出能够代表人民利益的国家权力主体——政府，来管理国家和社会公共事务。根据委托代理理论，政府的权力来自于人民，人民通过议会将管理国家和社会公共事务的权力委托给政府，政府在获得国家权力的同时，也就承担起了相应的责任。因而，政府只有在真正履行和承担选民直接或间接赋予的责任时，其行为才是合法的。现代的代议民主政府在本质上就是责任政府，是“主权在民”思想的政治体现。

保持公共政策的稳定性与连续性，促进社会进步，维护社会安定，是政府职责所在。政府信息公开的实质就是为了维护国家及公民的权益不受侵害，防止一些个人或组织为谋取超额经济利益，借保护知识产权的名义，行垄断信息资源之实。当信息只有有能力支付费用的人才能获取时，信息就成为一种特权、一种垄断，这种情况不仅会阻碍社会进步和知识创新，也将扩大贫富差距，破坏社会公平和稳定。人心的安定和社会的稳定与政府的公信力是密切相关的。所谓政府公信力体现的是政府的信用能力，它反映了公民在何种程度上对政府行为持信任态度。[1]

公开政府活动及有关信息，还给社会公众一个知情权、判断权和选择权，自觉接受人民群众监督，是政府的一种责任。尤其是在遇到突发事件时，来自政府的权威信息成为“取信于民，还民于安”的关键，可以防止社会公众恐慌与盲动。在社会学中有一个名词叫“群体极化现象”，是指一个人的某种情绪或思维倾向在集体环境的传递中会被放大。如果政府能通过大众媒介及时地、准确地、有针对性地公开信息并说明情况，这对

① 叶育登:《信息的透明度 政府的公信力 社会的凝聚力——从政府对禽流感信息发布工作说起》,《中国行政管理》2004 年第 4 期，第 56~58 页。

于制止流言、以正视听、降低社会恐慌与盲动心理等都是极为有效的办法。

相反，封锁消息将会导致谣言四起，引起更大的混乱。如 2003 年“非典”（SARS）疫情爆发之初，社会上出现了一定程度的恐慌情绪。有的人躲在家里不敢出门，出门了也不敢与他人交谈，听到咳嗽声就唯恐避之不及；有的人因害怕被隔离，在被运送途中跳车；还有人因过度恐慌，服用过量预防“非典”药物而引起中毒；社会上出现抢购各种抗病毒药、大米和食盐的现象等。好在政府借助先进的信息传输手段，及时疏通主流信息传播渠道，通过电视直播等方式，占领信息传播的主阵地，公布 SARS 的来龙去脉以及预防、治疗的方法，人们的恐慌情绪才得以平复，抢购风潮才得以平息，人们逐渐回归理性，配合政府共同采取措施，以平和的心态面对疫情，社会也很快恢复平静。

政府作为公众的政治代理人，信息公开不是政府对公众的施舍与恩赐，而是政府应承担的法定责任与义务。像 2005 年，全国发生了多起高致病性禽流感疫情，人们从政府应对禽流感工作中所表现出的诚实、透明、同舟共济、患难与共的精神状态中看到了负责任的政府形象和克服病疫的希望，由此产生了更多的信赖、认同、支持与配合行为，既有效防止了社会陷入无序状态，又提高了政府在公众心目中的权威形象，社会越发安定。

2.2.4 政府价值实现

政府信息公开不仅仅是一个信息公开的问题，它涉及政府职责的履行和政府价值的体现。政府代表着社会公共利益，同时也是“经济人”——政府要谋求其自身利益和自身价值的实现。政府事务依法公开，是对政府依法行政能力的公开考验，也从廉洁、高效、创新等方面对政府的行政行为提出了更高的要求。公开政府信息是构建责任政府、打造信用政府、形成效率政府、创设品牌政府的必由之路。

第一，只有清正廉洁的政府才能获得人民的信任、支持和尊重。政府信息公开是防止腐败的治本之策，政府机关的活动从立法、执法、决策、执行、提供资讯和社会服务等诸多方面的信息和程序向全体人民开放，公众了解、参与和监督政府政策的制定和执行，从而防止行政机关工作人员垄断信息、搞暗箱操作、滋生腐败。政府清正廉洁，则人民自然不去行贿；政府以民为本，则人民自然会尊重政府。政府清正廉洁是政府是否诚信的最根本标准之一。正如孔子所言：“上好礼，则民莫敢不敬；上好义，则民莫敢不服；上好信，则民莫敢不用情。”（《论语·子路》）

第二，政府价值体现在树立政府权威。“诚故信，无私故威。”政府的权威是建立在人民群众自愿服从的基础上，而不是建立在暴力基础之上。以暴力为基础建立的只是淫威，以诚信、效率为基础建立的才是权威，也只有诚实守信、高效、廉洁的政府所颁布的法令，人民才会自愿服从，才能做到政令畅通无阻。诚如西方一位学者所言："保密观念不仅与民主价值背道而驰，也损害了民主过程。这样的保密观念的前提预设是管理者与被管理者之间彼此的不信任，同时又进一步加剧了彼此的不信任。"① 阳光是最好的防腐剂。政府信息公开能规范行政行为，树立政府权威，最大限度地防止腐败。

第三，如同企业价值体现在人民对其产品的认知度，即品牌效应，政府也可以通过品牌意识来塑造自己的形象，获得公众的认可和支持。政府形象的好与坏，直接取决于政府及其成员的实际行为和公众的主观感受与评价。政府要想获得良好的社会评价，在公众心目中树立良好的政府形象，就必须首先保证自身行为优良，以公众为导向，使其行为符合公众的需要和时代的发展，同时还要充分重视政府信息公开的作用。政府各种行政行为都应该真正以实现公众利益为目标。政府的行政行为及相关信息与社会发展和公众生活是密切相关的。政府通过适当的信息传播渠道，通过正常途径将公众渴望了解的政府信息（涉及个人隐私、商业秘密和事关国家安全的信息除外）传递给公众，让公众最大程度地了解政府的各种行政行为，并对有关情况做出合理的解释和说明，增强公众对政府行为的理解和认同感，这是政府树立良好形象的前提。

危机来临时，公众对政府信心指数的增减，与政府对危机的反应能力和处理能力密切相关，政府对相关信息公开报道的及时性和真实性也是其决定性因素之一。由于突如其来的危机事件对社会运作体系、公众的生命财产构成严重威胁，如果政府封锁信息、隐瞒真相，各种谣言和小道消息就会乘虚而入、扰乱人心，只能造成更大的社会不稳定。公开实情并采取有效行动，是政府的基本义务，公众有权利要求获得及时的、真实的信息。敢于公开危机信息，是一个负责任的政府的能力和信心的具体体现。政府及时向社会公开危机信息，积极引导舆论，让民众远离谣言、克服恐惧心理，减少不安定因素，形成政府与民众的良性互动，激发民众战胜危机的信心。政府信息的及时公开，在政府与民众之间建立起了良好的沟通与合作，可以增加公众对政府的信任感，同时公众的知情权也得到了满足，故而会增强政府在群众中的凝聚力和美誉度，有利于塑造诚信形象。

第四，增强政府竞争力，改善和优化市场环境。在当前激烈的地区竞争和迅速变化的经济环境中，竞争主体和竞争方式趋于多元化、多样化，不仅存在有企业与企业之间的市场竞争，还会存在政府与政府之间围绕市场环境的竞争，后一种竞争事关一个国家

① [美]斯蒂格利茨著，宋华琳译:《自由、知情权和公共话语——透明化在公共生活中的作用》,《环球法律评论》2002年秋季号，第263~273页。

和地区经济的综合素质和整体竞争力，成为吸引外资的重要手段。在世界经济一体化的大趋势下，如何提高政府核心竞争力的问题已变得日益突出，构建优良的电子政府无疑是应对这一问题的必然选择。大力发展电子政府项目将促进国家和地区内新型产业的发展，并利用信息技术改造传统产业，就会拥有更好的市场环境、更高的与国际接轨水平以及更大的投资吸引力，进而推动国家和地区的经济发展水平与层次，提高政府核心竞争力，吸引更多、更好的外国投资。

2.3 政府信息公开的技术推动力

进入 21 世纪，科学技术已在世界范围内出现了信息化、数字化、电脑化、生态化、社会化、综合化与专业化的新趋势。无论是在国际上还是在国内，现代科学技术的发展都成为推进政府信息公开的外在动力，并为政府信息公开提供了技术支持和物质可能性。

2.3.1 信息技术发展

信息技术的发展不仅带来了信息量的膨胀，还带来了人类社会的深刻变革，并且在广度上和深度上还将继续迅猛地发展。社会的发展离不开信息的引导，信息技术的运用为信息的快速处理和传递提供了物质基础，为政府信息的广泛传播奠定了技术基础，也为实现透明政府、服务政府的目标提供了有利的技术支持。各国政府充分利用先进信息技术，不断改进政府信息公开和利用的方式，使政府与社会公众之间、政府部门之间通过网络进行沟通，公民拥有了更多了解政府行政管理工作的途径，政府也可以更多、更全面地直接了解公民需求，从而增强双方的交流与理解[①]，提高政府的工作效率、服务水平及行政透明度。

科学是最高意义的革命力量。恩格斯说过：社会一旦有技术上的需要，则这种需要就会比十所大学更能把科学推向前进。[②]信息技术的运用与发展，不仅使数字资源的网络无障碍流动突破了时空限制，而且提高了信息的价值效用，为信息资源的传播获取提供

---

① 2013 年 9 月 18 日李克强总理主持召开国务院常务会议，研究部署进一步加强政府信息公开工作，要求加强相关制度和平台建设，使政府经济社会政策透明、权力运行透明，让群众看得到、听得懂、能监督，改变一些地方、部门在信息公开上不主动、不及时，以及面对公众关切不回应、不发声的现象。

② 中共中央马克思恩格斯列宁斯大林著作编译局:《马克思恩格斯选集》第 4 卷，北京：人民出版社 2007 年版，第 505 页。

了广阔的空间和自由度，同时也促使政府信息资源管理的方式、手段、内容等发生了根本性变革，对行政管理体制提出了更高的要求。信息技术给政府行政管理带来的最大冲击就是政府的组织结构将发生根本性变化。传统政府属于官僚体制：等级制度森严、组织结构呈金字塔型、组织层次多、部门之间存在结构性壁垒。在传统官僚体制中，政府始终处于信息优势地位，公众与政府之间存在着严重的信息不对称和信息鸿沟，信息传递通常情况下只是“单行道”，而且在政府和社会公众之间存在多层过滤网，在信息向政府中心决策层传递时往往会出现熵的递减，使到达政府决策中心的信息被“腐蚀”得寥寥无几或者全部变了质，信息被人为扭曲而失真，导致政府在做出应向社会公众提供什么样的服务以及提供的数量的决策时，不能利用有效的途径获取及时、准确、充足的反馈信息。

而在信息时代下，信息技术的大力推广，将催化早已“腐朽”的传统的政府组织结构从金字塔形向扁平式结构转变，组织层次大大减少、管理幅度大大增加，按服务事项划分部门，层级之间的结构壁垒减少。通过网络技术使信息传播渠道形成虚拟“多行道”，从“信息端口→信息库→信息端口”的传播方式，可以避开人为的过滤网，有利于信息无摩擦的流动。按照我国台湾地区叶俊荣教授的说法：“在人民、政府、信息所成的三角关系中，靠电子卷宗将政府、民众的互动关系改变。”[①] 政府可以通过互联网络平台向公众和管理层级机构内部发布电子政府信息，建设沟通反馈渠道；同时，社会公众也可以通过政府提供的电子平台、网络服务端口进行信息传递。不但降低了政府信息公开的交易成本，还能够充分调动公众“自己动手、丰衣足食”的积极性，为公众主动参与政府的服务提供了技术上的可能，极大地缓解信息交流迟缓的困难局面。

相对于公众，政府的政治运作过程，是个不可知或不可甚知的领域。政府拥有最大量的公共信息，又是法律、规章、政策方针的制定者，处于信息强势地位。由于黑箱操作，制度运用往往为某些人操纵，使制度依附于个人、集团私欲。然而，政治制度化意味着并非代表某些特定社会团体利益的政治组织和政治程序的发展。[②] 依托现代信息技术建立的电子政府正是实现政府信息公开的有效途径。运用网络技术，人大代表的背景资料、政府官员的施政方案、某项重大工程审批的过程、某个备受瞩目的大案从立案侦破到判决执行，诸如此类以往讳莫如深的“内情”，都可以详尽无遗地、直接地从政府网站上获知；通过 BBS、E-mail、市长信箱、网络听证会等途径，方便公众发表政见，进行意见反

① 宗肖好：《“三公”经费公开小译》，《人民法院报》2012 年 9 月 21 日，第 7 版。

② [美] 塞缪尔·P. 亨廷顿著，王冠华等译：《变化社会中的政治秩序》，上海：上海人民出版社 2008 年版，第 19 页。

馈与监督，加强与决策者的政治沟通，监督政府施政，将最大限度地满足公众的知情权、参与权与监督权，提高政府工作的透明度。

可以说，信息技术为政府实现信息公开提供了一个方便、快捷、有效的载体，为政府提高为公众服务的能力提供了有力的手段，信息和通信技术的发展是政府信息公开的外部推动力。利用先进信息技术，政府可以不断改进信息发布和提供的方式，提高其工作效率、服务水平及透明度。政府与社会公众之间、政府部门之间通过网络“即时”对话，及时传递和反馈信息，迅速地、畅通地、准确地做到了下情上达、上情下达、彼此沟通、互相理解。政府拥有了更多直接了解公民需求的途径，也能使公民更多、更全面地了解政府工作，从而增强双方的理解与交流，大大加强了公众与政府之间的互动与沟通，从而使政府可以不断提高信息服务的质量。

2.3.2 电子政务建设

电子政务一词是由 Electronic Government 翻译而来，其名称最早起源于美国，然后逐渐被世界各国所研究。电子政务是国际互联网和电子数据交换技术发展到一定阶段的产物，现代信息技术的发展和广泛应用，奠定了电子政务发展的物质和技术基础。①

电子政务实质上是利用网络技术和其他相关技术对现有的、工业时代的政府形态的一种改造，以构造更适合信息时代发展要求的政府结构和运行方式。随着网络时代和网络经济的来临，政府管理与服务方式由传统的金字塔模式走向现代网络化模式，政府的组织形态也由金字塔式的垂直结构向错综复杂的、水平的网状结构转变，管理层次大大减少，管理幅度灵活多样，通过网络以各种形式与企业和居民建立直接的联系。电子政务发展就是一个以信息技术为基本手段，以优化和扩展政府机构的业务模式、管理模式和服务方式为主体活动，以实现政府部门内部以及与外部之间关系的转型为主要任务的良性循环的过程。②

电子政务是政府管理与服务方式的革命。通过计算机和网络，电子政务系统将政府信息送上网络，把传统的政府管理和服务职能直接推送到公众和企业身边，公众可以以更低廉的成本、更便捷的方式获取新颖、及时、完整的信息。电子政务的发展，要求行政权力透明化、管理规范化和高效化，使政府行为产生“鱼缸效应”，政府部门和公务员

---

① 刘春年:《电子政务发展机制研究》，武汉大学 2005 届博士学位论文，第 53 页。

② M Jac Moon. The evolution of E-government among municipalities: Rhetoric or reality, Public Administration Review. 2002 (62): 424.

的一举一动，无时无刻不受到人民群众的监督和评判。电子政务的发展，为政府信息公开搭建了一个有效的电子平台，为建立一个更有效率的政府提供了技术平台，使得政府信息的辐射面更广，并要求政府信息公开在深度、广度和速度上都要有所突破。

在世界各国积极倡导的“信息高速公路”的五个应用领域中，“电子政务”被列为第一位。电子政务是政府管理创新和现代信息技术的产物，是国家信息化建设的重要内容。电子政务建设的实质就是政府按照市场经济和信息化的要求，加快政府管理的变革和流程的重组，并借助技术手段，达到为公众提供社会化综合服务的目的。电子政务具有政府信息公开、服务创新、沟通互动、管理模式转变、运作高效等特征，它为政府集思广益，听取来自于社会各阶层的建议和意见提供了便利条件，有利于政府实现科学决策。政府信息在网上公开以后，政府机关在公众面前就不再显得神秘，政府管理便于向公众全面开放，增加了行政透明度，减少了行政腐败，政府职能部门的负责人、部门职责、办事程序等内容在网上一览无余，这将有利于公众参政、议政、监督政府的工作。

推进电子政务建设，有效运用现代网络科技手段，加快政府行政管理现代化，将极大地削减政府运作成本，更方便、更迅速地向外界提供信息和服务，增加政府工作的透明度，树立以人为本的行政管理理念，是适应改革开放和现代化建设新形势，促进国民经济持续、稳定、快速、健康发展的迫切要求，也是推动社会经济和谐发展的重要措施。电子政务的推行，使建立政府信息公开制度变得相当迫切。在经济全球化、政治民主化、社会网络化的背景下，对信息的封锁与垄断都会阻挡社会前进的步伐。

2.4 政府信息公开的动力模型

20世纪中叶以来，世界各国（特别是发达国家）掀起了以政府信息公开促进政府行政透明化的改革热潮。政府信息公开是在传统保密文化的背景下发展起来的，它的产生和发展是世界政治、经济与文化相互作用的结果，是人类文明发展到一定阶段的必然产物。

2.4.1 构建政府信息公开的引力模型

在现代社会中，公众基于政治参与、经济活动和个人发展的需要，强化了对政府信息的需求。一个国家的政府乃是该国最大的信息源，其拥有的信息也是与公众的政治、经济和社会生活息息相关，政府只有及时、准确地公开其拥有的信息资源，才能满足公众、市场和各类组织的需要。

在政治领域，公民的民主意识越来越强，要求参政、议政的呼声越来越高。为了加速社会民主法制建设的进程，充分发挥信息的最大效益，加强公众对政府行政行为的监督，增强公众对政治的信赖感，政府要尽可能公开、共享各种政府机构信息。民主参与是政府与社会之间的一个中介，它能够让公众变得关心政治，进而宽容和理解政府的行为。政府自觉接受公众监督，通过公民的参与和监督，源源不断地吸纳公民的智慧、责任感和创造热情，推动社会政治环境的持续和谐和优化。

在经济领域，企业是整个经济社会有机整体中的一个组成部分，企业只有和社会进行各种形式充分的交流（包括人、财、物和信息），才可能生存和发展，而信息方面的交流又是其他形式交流的前提和保障。通过政府公开相关信息和提供优质信息服务，就能够借助社会力量快速建立起一个透明、健康、高效的经济环境，大大地减少社会经济运行成本，提高经济运行的效率和质量，从而有效地促进社会经济长期、健康、稳定的发展。

国际政府组织之间、非政府组织之间的规则要求组织内成员建立透明的信息公开机制，以保证竞争的公开、公平和公正。确保行政透明度、提高社会公信度、建立公开透明和有广泛公众参与的评估与社会监督体制，是政府、非政府民间组织存在和发展的关键。政府通过信息公开接受非政府民间组织和社会公众的监督，并为他们提供有效的监督途径，从而在公众、政府与非政府组织之间形成多元循环监督机制，保证政府、非政府民间组织运作规范、廉洁和高效。

政府信息公开的引力模型如图 2.1 所示，一方面政府信息资源能够满足公众对物质和精神方面的期望。物质方面是指信息本身价值的物化，政府信息升值能够给公众带来经济利益，促进利益分配；精神方面是指政府信息公开能够满足公众心理与情感的需要，

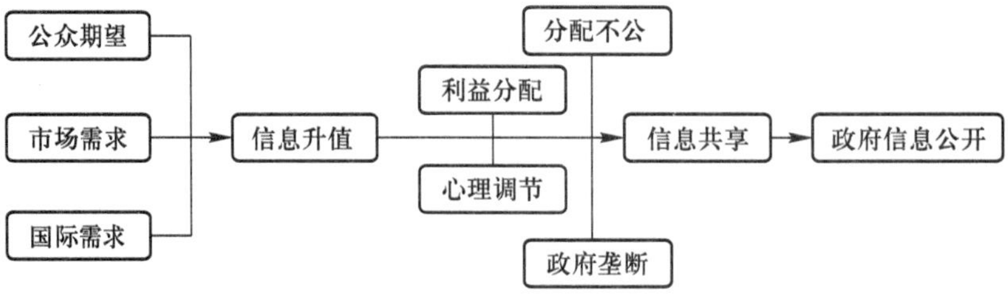

图 2.1　政府信息公开的引力模型[①]

① 段尧清、汪银霞:《政府信息公开的动力机制》,《情报科学》2005 年第 10 期，第 1457~1460 页。

有助于公众进行心理调节。公众期望一个公开、廉洁、高效、透明的政府，期望政府以人民群众的利益为根本出发点，避免分配不公。公众对未知（哪怕是与己无关的信息）的天生好奇、不解会给自身带来心理压力，造成心理的紧张情绪。这种压力会调动公众求解的欲望，如果这种欲望得到满足会带来心理满足，否则会带来不满，形成社会隐患，不利于社会和谐发展。这些会吸引政府为满足公众的期望而共享、公开政府信息资源。另一方面，由于市场、国际政府组织对信息的需求来源于信息能够给市场主体带来经济效益，因此，随着市场、国际政府组织对信息需求量的增加，信息的价值会得到充分的体现，从而要求社会对信息资源进行重新分配，促进信息共享。社会分配资源的方式有市场方式和非市场（政府）方式，目前，绝大部分信息资源被政府垄断，市场能够配置的信息资源是有限的，那么这些被垄断的政府信息资源就只有靠政府进行配置。政府为达到资源配置效益的最优化，对政府信息资源配置能够使用的最好方法就是公开。

政府信息公开是民主社会的根本要求，是现代行政的基本发展趋势，也是现代法治政府的价值取向，积极推行政府信息公开制度是世界各国政府的共同义务。发达国家普遍制定了政府信息公开方面的法律规范，将信息公开以法律的形式确定下来，以确保公民的民主参与权、知情权和监督权。这些法律法规的施行将政府信息公开上升为制度层面，既能满足公民参与政治的热情，也使行政机关的工作从封闭走向开放，便于社会和公众监督。

2.4.2 构建政府信息公开的压力模型

政府信息公开是现代政府的理性选择，完备的政府信息公开机制能够塑造一个阳光、高效、廉洁的政府。政府信息公开活动作为一项系统工程，受到来自政府系统内部政治民主化、政体改革、政府职责和价值实现而产生的压力。如果采取有效措施，发挥这四种压力的积极作用，就可以将其转化为政府信息公开的内部驱动力量，即促进政府信息公开的内部动力。故在这里将其作为动力因素进行分析，并构建由这四种力量产生的政府信息公开的压力模型。

“民主”是人类社会的共同财富，也是社会主义社会的一面旗帜。民主政治是政治生活方式的高级形态，是人类经过几千年历史发展逐渐孕育出来的一种制度结晶。社会主义民主政治是最大多数人享有的最广泛的民主，其本质和核心是人民当家做主。中国的改革是在以邓小平同志建设有中国特色的社会主义思想指导下进行的。改革开放以来，中国社会从本质上发生了翻天覆地的变化。政府大力推动经济体制改革，国民经济得到较快的发展和进步，人民的生活、国家的教育水平也得到很大的提高，国际交往处于扩大的趋势，举国上下对于发展和完善社会主义民主政治的期望日益迫切、呼声日益高涨，伴随我国国际地位的提高和国际形象的重塑，也迫切要求加快政治民主化的步伐。社会主义国家的一切权力属于人民，民主政治已经成为当代中国政治发展的关键和核心内容。

民主政治不只是一个空口号。只有发展社会主义民主政治，各级国家权力机关代表人民行使民主管理国家事务和社会各项事务的权力，人民有权监督国家机关及其工作人员，才能消除权力集中、官僚主义、党政不分、机构重叠、个人崇拜、轻视人权等不民主现象，为社会主义建设创造更好的政治环境。随着政治体制改革的不断深入，“以行政吸纳政治”，通过行政民主化、行政公开化，广泛吸纳各方面的政治要求，表达各方面的政治意愿，进而推动政治民主化的发展。行政民主化、公开化不仅可以减轻社会各界对政治民主化的压力和要求，而且能够满足公众参与决策的民主要求。中共十六届二中全会通过的行政管理体制改革就是政治体制改革的一部分内容。

政府信息公开是政府的职责和义务。在现代市场经济条件下，政府通过适当的方式将其掌握和控制的信息公之于众，构建透明、服务型政府。美国的立国之父托马斯·杰斐逊曾说过这样一句话：“正如我们长大成人以后，再不能穿儿时的衣服一样，那么我们国家的制度、政府的制度，也要不断创新，才能符合时代发展的一个需要。”[①] 目前，我国政府制度创新的主要任务是：建立高效、廉洁的政府，确保经济安定、市场安全和社会安全；管理方式实现从权力本位转向权利本位，从管理本位转向治理本位，从全能本位转向有限本位，从规定本位转向规则本位，从指令本位转向指导本位，从审批本位转向监督本位。[②]

政府组织是一种公共服务组织，政府组织行为的价值取向是公共利益。从理念上讲，它应该把全体公民当成自己的服务对象，它不应该有自己的特殊利益。按照小平同志的观点：“人民满意不满意，人民高兴不高兴，人民答应不答应，这就是判断我们政府管理是不是成功的一个重要的标准。”[③] 这就要求政府适应行政环境和任务的变化，增强公民对政府的认同、支持和拥护，真正做到行政的民主化、公开化、科学化和法治化，致力于建立一个负责任的、公平的、高绩效的、有回应力的和具有社会包容性的政府。

---

① 宋鲁郑：《政治体制改革：中国没有榜样》，《中国党政干部论坛》2012 年第 4 期，第 24~26 页。

② 秦国民：《政府职能转变的动因与服务型政府构建》，《郑州大学学报（哲学社会科学版）》2005 年第 1 期，第 44~46 页。

③ 邓小平：《邓小平文选》第二卷，人民出版社 2004 年版，第 197 页。

综上所述，我国政府信息公开活动的内部压力主要来源于政治民主化、政治体制改革、政府职责与政府价值实现，政府信息公开的压力模型如图 2.2 所示。政府组织价值实现是政府产生信息公开行为的内在原动力。受内部环境的压力和外部环境的冲击，政府重塑价值理念，转换政府管理模式，改变政府在公众、非政府组织和国际政府组织中的形象。而从公众、非政府组织和国际政府组织中获得政绩利益、形象利益等，既履行了政府职责，也是政府自身价值的体现。政治体制改革来源于政治民主化的压力和要求，又是政府履行职责、实现价值的需要。因此，政府部门为了政府价值的实现而促进政府信息公开，同时达到履行政府职责的目的，进而加快了政治体制改革和政治民主化的步伐。

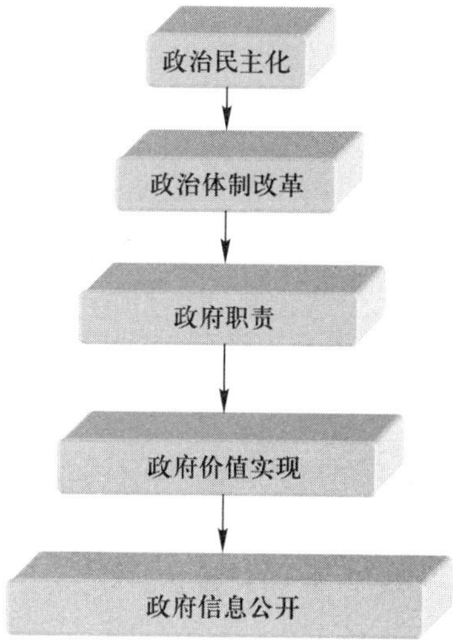

图 2.2　政府信息公开的压力模型

2.4.3　构建政府信息公开的推力模型

信息技术的迅猛发展加快了社会生产力的发展，提高了人们生活的质量。信息技术的广泛应用，引起了人们工作方式和生活方式的深刻变革，“足不出户可知天下事”。电子政务不是传统政务和电子信息技术的简单相加，发展电子政务，不是用现代电子信息技术去适应落后的传统政务模式，而是借助电子信息技术对传统政务进行业务重组和政府再造，以更好地实现政府为公众服务的宗旨。[①]

借助现代信息网络技术，电子政务对政府管理产生了革命性的影响，更加强调政府的服务职能，企业、公众不仅可以通过网络及时获取政府的各种信息，而且可以享受到政府提供的一站式服务、在线服务等，大大加强了与政府之间的互动，从根本上改变了政府与企业、社会、公众之间的信息不对称状态，从而使政府可以不断提高公共服务的质量。电子政务的“服务”包括两个方面：一是对党政机构内部的组织、公务人员的服务；二是对社会公众、企事业单位以及其他各类组织提供的服务。信息技术削弱了传统政府的优势地位，对于传统的政府官僚体制提出了挑战，使政府、企业、社会组织、公民个人共同管理、民主管理、参与管理成为一种需求和可能。[②]

① 周学荣、沈鹏：《当代西方“政府再造”运动的兴起及其带来的启示》，《当代世界与社会主义》2009 年第 1 期，第 137~140 页。

② 汪玉凯：《2006 电子政务发展的六大推动力》，《中国计算机用户》2006 年第 9 期，第 23 页。

政府信息公开是民主政治的基本要求，是建设服务型政府的政治需要，是公众政治参与的条件，是建立电子政务的前提。电子政务是历史赋予政府管理的现代化工具，是政府职能转变的根本保障。电子政务提高了行政工作效率和公共服务水平，减少了政府在公共服务方面的“神秘感”，达到了政府行政公开、公平、公正的目的，有利于政府与公众关系的转变，有利于建立高效、透明、公开与法制化的服务型政府。信息技术的发展和政府职能的转变推动电子政务在世界范围内蓬勃发展。

政府信息公开的推力模型如图 2.3 所示，信息技术和网络技术的广泛应用对社会的发展、科技的进步及个人生活和学习都产生了深刻的影响，它改变了公众的工作方式、生活方式。政府的职能之一是为企业和公众提供高质量的公共服务。电子政务的出现，为政务部门间信息共享提供了有效的技术实现途径；电子政务的实施，为政府提高为公众服务的能力提供了有力的手段。而电子政务效能的发挥要求政务部门间必须实现充分的信息共享，这就要求政府改变存在多年的“条块分割”行政管理现象，及时发布公共信息，为群众生活和参与经济社会活动创造便利条件。

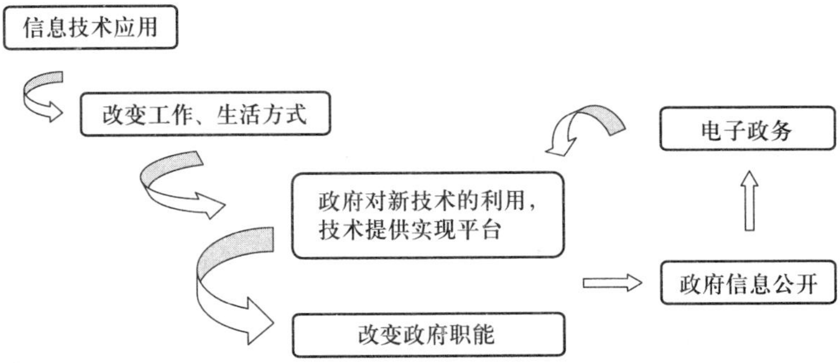

图 2.3　政府信息公开的推力模型

总之，计算机网络技术是建设电子政务的物质基础，社会实践的需要是推动电子政务兴起与发展的重要源动力。信息技术和电子政务的发展，为公众提供了更多获取信息和服务的渠道，对促进政府信息公开起了巨大的推动作用，而反过来也促进了电子政务政府信息公开的加速发展。

2.4.4　构建政府信息公开的耦合模型

政府信息公开化是现代政府的理性选择,完备的政府信息公开机制能够塑造一个“阳光政府”、高效政府。政府信息公开的动力机制可以分为引力、压力、推力三个层面，政府信息公开就表现为这三种动力要素的内部矛盾及其相互作用。充分发挥市场机制的牵引作用，变国内、国际环境压力为动力，合理利用信息技术的推动力，引力、压力和推力三种机制的合力将更快地推进政府信息公开的进程。

政府信息公开的耦合模型如图 2.4 所示，公众知情权、公众支持率、市场、非政府组织以及国际政府组织对政府信息的需求决定政府信息公开的方向，是政府信息公开的外部牵引力。对于公众而言，一方面政府信息公开为公众实现民主权利提供了广阔的空间，为公众实现公共事务参与权和知情权提供了平台；另一方面，政府信息公开无形中扩大了政治的透明度，是政治民主化的体现，增强了公众行使民主参与和监督的权力。对于市场而言，政府信息公开是市场经济的内在要求，市场经济要求公平竞争，利用政府信息和市场信息的自由流动，降低市场交易的风险，弥补市场中存在的信息不对称，实现信息资源共享，维持市场的正常秩序。对于政府而言，政府之间、非政府民间组织之间、国际政府组织之间都要求组织内成员建立透明的信息公开机制，必须彼此间提供准确的信息资料、充分的法律规章和程序规则，维系和促进国际间投资和商务往来活动正常有序进行，以确保国际经济竞争的公开、公平和公正。

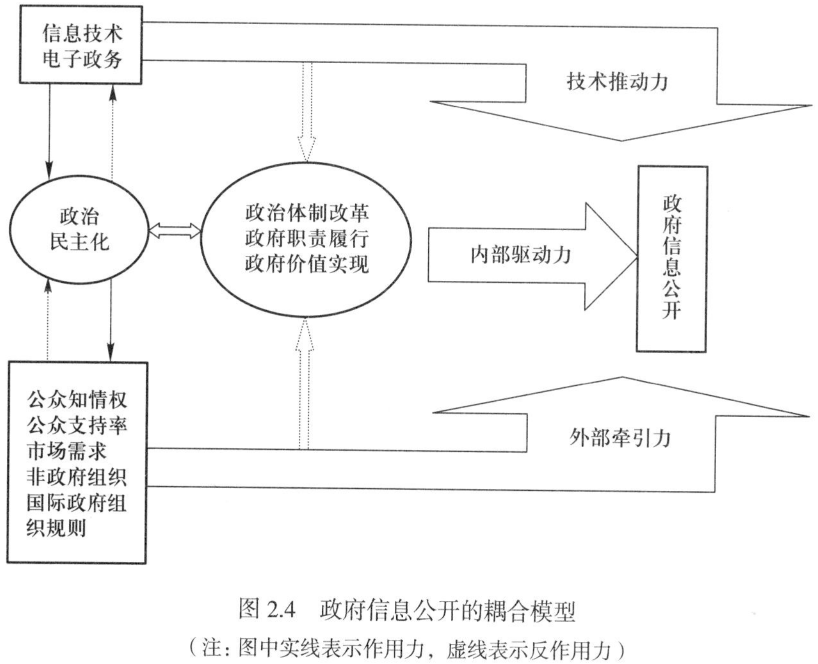

图 2.4　政府信息公开的耦合模型

（注：图中实线表示作用力，虚线表示反作用力）

社会主义市场经济为公民知的权利创造了有利的条件。比如，物质、技术和必要的设备保障。社会主义市场经济的发展也为公民知情权提供了强大的动力背景。而公民知情权的保障又是公民民主参与社会管理的前提，社会民主政治文化更为保障公民知情权提供了丰富的发展土壤。“与市场一样，法律（尤其是普通法）也用等同于机会成本的代价来引导人们促成效率最大化。”①

信息技术是政府信息公开的重要技术推动力，为政府信息公开奠定了坚实的技术基础，从而使网络环境下的政府信息公开成为可能，为政府信息获取、传递开辟了一条捷径，缩短了信息流程。政府职能的转变使电子政府的发展成为必要，而信息和通信技术（特别是互联网及其相关技术）的发展使电子政府的形成成为可能和必然。电子政务的发展，一方面可以极大地提高政府业务的有效性、效率和劳动生产率，建立一个更加勤政、廉政、精简和有竞争力的政府，另一方面又可以为公众提供便捷、通畅的政府信息公开服务，不仅将政府行为置于公众的监督之下，同时也为社会公众提供了诸多方面的信息引导，使政府信息及时转化为社会物质财富，使公民不断自我实现、自我发展。电子政务以信息技术为依托，通过政府网络体系为社会提供信息和其他服务，使人们可以从不同渠道获得政府的信息及服务，加快了政府在管理体制、管理理念、管理方式和管理手段方面的转变，切实实现政府职能向宏观调控、社会服务、公共管理和市场监督等方面转化，形成政府信息公开的内部驱动力进而也加快了政治民主化的进程。

总之，政府信息公开的推动有赖于以上各种动力因素的整合，内外部力量的推动将形成政府信息公开的综合动力，有助于加快政府信息公开的进程。

---

①［美］查理德·A. 波斯纳著，蒋兆康译:《法律的经济分析》，北京：法律出版社 2012 年版，第 519 页。

第 3 章　政府信息公开的障碍机制①

近年来，政府信息公开工作受到了各级政府部门的高度重视，使政府行为越来越民主化，政府权力越来越分散化，政府决策也越来越法治化。不过，在看到各方面进步的同时，我们也应该承认，政府在信息公开方面，还有做得不够完善的地方，还存在不少问题。为什么政府不能向公众完全进行信息公开？或者说，政府信息公开的障碍机制是什么？本书认为主要应从以下三方面进行分析。

3.1　政府信息公开的主体障碍

政府信息公开的主体通常被细分为权利主体和义务主体，自然人和法人享有获得政府信息的权利，政府有提供信息的义务。政府信息公开的权利主体和义务主体是政府信息公开的重要内容。因为没有明确地享有公开信息获取权与申请权的权利主体，政府信息公开就失去了根本的动力；缺失明确地赋有公开信息义务的主体，政府信息公开就不可能真正有效地运作。

① 本章内容（除 3.4 节“政府信息公开的力场分析”外）曾发表于段尧清、汪银霞:《政府信息公开的障碍机制》,《情报资料工作》2006 年第 1 期，第 13~16 页。

3.1.1 权利主体——公众信息意识淡漠

政府信息公开的权利主体是指有权请求政府公开其拥有的政府信息的任何组织与个人。当然，这里的组织不包括立法机构、司法机构、党政机关等行政部门，因为这些行政部门是政府信息资源的最大生产者、使用者和拥有者，属于公众请求的对象，赋有公开政府信息的义务。新闻媒体、企业、社会团体、社区、本国公民、外国政府及其机构公民、国际组织等组织与个人，均可以作为政府信息公开的权利主体，接受政府信息服务，为其工作、生活和经济活动提供便利。

政府信息公开是以公民、法人和其他组织获得政府信息的权利为基础，而不是以行政权力为基础。从原则上讲，任何公民、法人和其他组织，不问理由，都有权要求政府机关向其提供相关的政府信息（法律规定不予公开的信息除外）。这就决定了政府是否应向公众提供信息，以及向公众提供什么信息，不是由政府的权力决定的，而是由法律赋予公众获得政府信息权的范围所决定的。但在政府信息公开实践中，政府信息公开的主动权完全掌握在政府手中，是否公开、公开什么、公开多少、什么时候公开、对什么人公开、以什么方式公开等，一切都是由政府说了算，公众没有发言权，更不用说是决定权，导致政府信息公开权利主体的主人翁意识、独立意识、权利意识、参政意识从整体上看还比较薄弱。究其原因包括以下三个方面。

首先，几千年的封建专制制度和“民可使由之，不可使知之”的愚民政策，造成了“臣属型”政治文化，造成公众对自身权利的认识薄弱。这种政治文化观点使公众认为政府不公开信息是天然合理的，从而对政府信息表现出漠然和无知，习惯了对政府信息的不知晓，习惯了被动地接受政府信息，缺乏主动获取和利用政府信息的意识。政府信息公开与公民信息意识和民主意识之间密切相连，公众信息意识的欠缺使政府信息公开缺少强有力的外在推动和监督力量，进而影响政府信息公开的进程。

其次，受几十年甚至是几千年延续下来的文化素质及传统观念的影响，公众对政府机关及其工作人员存在严重的畏惧心理，没有摆脱“民不与官争”的思想禁锢，与政府及其官员感情疏远，政治参与的意识淡薄，意识不到自己具有知情权、参政权和监督权，更谈不上行使这些权利。普通民众对于“什么是知情权”,“怎样对政府行使这个权利”等，都几乎没有什么概念，更不会意识到自己拥有作为信息接受者的自由。这些意识和心理从思想上影响和阻碍了政府信息的公开，使得政府信息公开失去了根本的动力。

最后，公众的法律认知度制约了政府信息公开的实施。当公民的知情权受到侵害时，按照中国民众的惯性思维，绝大多数公民都会选择沉默，或是向新闻媒介披露，或到信访办寻求帮助，很少有人直接诉诸司法救济途径来维护自身的权益。此外，文化水平整体素质不高也制约了公民法律认知度，如一些老百姓对政府的不作为不但没有异议甚至表示理解、支持，对行政机关开出的已详细说明理由的罚单或其他处理决定虽不理解或看不懂仍旧“照单全收”，这在一定程度上也妨碍了他们对公开信息内容的真正了解，致使政府信息公开徒有其表。

3.1.2 义务主体——政府认知偏差

政府是政府信息公开的义务主体，这一点是毫无争议的。但由于对政府的界定存在广义和狭义之说，在政府信息公开义务主体的界定上也就相应有广义主体论和狭义主体论之分。持广义主体论的学者认为政府信息公开的义务主体是掌握政府信息的国家机关，即包括立法机关、司法机关、党政机关、行政机关及其附属和受其委托行使职权的机关。也有部分学者认为一些企事业单位、社会团体等也掌握着一定的政府信息，这些信息与公众的切身利益相关，故而应将这些组织也纳入政府信息公开义务主体的范畴。本书认为，行政机关是政府信息最主要的生产者、使用者、拥有者和传播者，行政机关公开政府信息的程度，直接关系到每个公民、社会组织的切身利益，也是当前最为急迫的改革重点，我国政府信息公开的义务主体应仅限于国家机构中的行政机关及其下属机构，以及经行政机关授权的社会组织，即狭义的政府。

我国已经实施的《中华人民共和国政府信息公开条例》虽然并未明确规定政府信息公开的义务主体，但从具体条文里也透露出把“行政机关”作为我国政府信息公开的义务主体。一些地方政府制订实施的《政府信息公开规定》都明确规定各级人民政府及其职能部门和依法行使行政职权的组织是政府信息公开的义务主体。如 2002 年制定的《广州市政府信息公开规定》第四条规定：“各级人民政府及其职能部门以及依法行使行政职权的组织是公开义务人，应当依法履行公开政府信息的义务。个人和组织是公开权利人，依法享有获取政府信息的权利。”[①]2004 年制定的《上海市政府信息公开规定》第二条规定：“本规定所称的政府机关，是指本市各级人民政府及其工作部门、派出机构以及其他依法行使行政职权的组织。”[②]《北京市政府信息公开管理办法》第二条更是明确规定：“本办法

① 广州市政府信息公开规定，http://www.gz.gov.cn/egov/sqgk/200309170002.asp。

② 上海市政府信息公开规定，http://www.shanghai.gov.cn/shanghai/node2314/node12959/node12967/userobject21ai28762.html。

适用于本市各级人民政府及其工作部门，以及其他依法行使行政职能的组织。”①

政府信息公开义务主体的范围直接关系到哪些机关有公开政府信息的义务，间接地影响到政府信息公开的范围，以及能否在最大程度上满足公众获得政府信息的权利要求。政府信息公开义务主体范围的扩大是政府信息公开法制的必然发展趋势。政府信息不是政府的私有财产，没有合理的理由，政府机关不得拒绝公开政府信息。政府公开信息是履行法律义务，而不是对公众施以恩惠。公众获取政府信息不是使用政府的财产，而是使用自己交由政府管理的财产，所以公众需要什么信息，政府就必须提供什么信息。美国经济学家斯蒂格利茨指出："应当为公众服务的所谓公仆却更愿意保守信息秘密。这样的保密观念不仅与民主的价值背道而驰，也损害了民主过程；这样的保密观念的预设前提是管理者与被管理者之间彼此不信任，同时又进一步加剧了彼此的不信任。"② 政府信息公开的最大障碍就是各级政府部门由于惯性思维和惯性行为，不愿公开自己掌握的信息，不愿意从信息的所有者变成提供者。政府机构抵制变革，阻碍政府信息公开的主要方式和原因有以下三方面。

3.1.2.1 信息封锁

综观世界各国的政府信息公开立法史，政府主动要求推动信息公开立法的实属罕见。在日本、英国、韩国等许多国家，信息公开法案从提出到实施，都受到了政府消极的抵抗，常常经历多次否决或延迟审议，在具体实施中也会遇到诸多困难。日本的政府信息公开立法要求最早来自于民间，日本消费者协会、日本市民自由联盟（JCLU）与其他基层组织（如市民监察专员联络会、自由人权协会、新闻界等团体）一起发起呼吁政府信息公开立法的运动。又如，在 1978 年、1981 年、1984 年、1992 年、1996 年和 1998 年，英国下院都有议员向英国议会提交信息公开法草案，但都惨遭否决，没能进入议会二读程序。最著名的推动政府信息公开立法的社团是"信息自由运动"③，该组织对政府公开立法做了大量的宣传鼓动活动。④ 最后英国于 1999 年公布了《信息公开法草案》，2000 年 11 月底该草案正式通过，2005 年 1 月才正式生效。可见，各国的政府信息公开法草案屡遭政府部门乃至党派的"温柔抵抗"与否决，政府信息公开立法受到的最大阻力恰恰来自政府

---

① 北京市政府信息公开规定，http://www.myyz.gov.cn/news/Article/ShowArticle.asp?ArticleID=135。

② [美]斯蒂格利茨著，宋华琳译:《自由、知情权和公共话语——透明化在公共生活中的作用》,《环球法律评论》2002 年秋季号，第 263~273 页。

③ "信息自由运动"组织，The Campaign for Freedom of Information，简称 CFI。该组织负责人毛利斯·弗兰克于 1984 年首次提出的《信息自由法案》未获通过。

④ 皮纯协、刘杰:《知情权与情报公开制度》,《山西大学学报（哲学社会科学版）》2000 年第 3 期，第 16~22 页。

本身。

我国是一个有着悠久传统文化的国家，几千年延续下来的“法藏官府，威严莫测”的思维定势仍在左右着人们的思维。在一些行政干部的思想中，政府信息公开意味着权力失去神秘性，故而他们不愿意放弃对政府信息的垄断权，不愿意与公众共享政府信息。对于每一个早已习惯优越于人民的当官者来说，政府信息公开意味着原本严重失衡的不平等官民关系会趋于平衡，以往的优越感将不复存在，这在精神满足上是极大的损失，会产生一个很大的心理落差。有些人习惯用“老子”“儿子”“孙子”来比喻这种极度不平等的社会地位和心理。当官的原来绝对属于“老子辈”，而政府信息公开之后，他们在广大群众的监督面前，就只能老老实实地履行自己的本职工作，勤勤恳恳地为人民服务了，用他们自己抱怨的话说，“得老老实实地给人当孙子了”。在这种消极思想下产生的政府信息，常常以“内部资料”“内参”等为理由被拒绝公开，使公开流于形式化、表面化，唯上不唯实，“不怕群众不满意，就怕领导不注意”，导致实践中出现了有人戏称的“公开的都不重要，重要的都不公开”的奇怪现象。

我国 1988 年颁布的《保守国家秘密法》第四章规定了泄密需承担的法律责任。因为泄密和责任承担是紧密相联的，从而形成了行政机关的保密传统，保密得越多，责任就越少。马克思也曾经深刻地指出：“官僚机构的普遍精神是秘密，是奥秘，保守这些奥秘在官僚界内部是靠等级制组织，对于外界则靠那种闭关自守的公会性质，因此，公开国家的精神及国家的意图，对于官僚机构系统就等于出卖它的秘密。”[①]

长期以来，政府部门没能从思想上真正认识到政府信息公开的重要性，对人民群众的知情权、参与权、监督权也存有误解，在政府内部不会实施信息公开，对公众更不可能公开信息，拥“信息而自重”，热衷于“暗箱操作”。对此，韦伯有一段经典的评论：“官僚组织，或利用官僚组织的支配者，有可能以处理政治事务所累积的经验和知识，来增强其权力。他们透过其职位的运作可了解许多事件的真相，并且得以接近许多只对他们开放的资料。政府机密的概念虽非官僚组织所特有，却是他运作的典型作风。”[②] 政府官员为谋求自身权力，通过封锁、阻滞政府信息的手段，增加公众对政府的神秘感和依赖感，认为政府信息保密会有助于权力稳固。这些旧观念、旧意识不仅严重阻碍着政府信息公开工作的开展，而且阻碍着政府的行政改革，并将进一步阻碍我国经济与社会的健康发展。

① 中共中央马克思恩格斯列宁斯大林著作编译局:《马克思恩格斯全集》第 1 卷，北京：人民出版社 2012 年版，第 302 页。

②［德］马克斯·韦伯著，阎克文译:《马克斯·韦伯社会学文集》，北京：人民出版社 2010 年版，第 263 页。

3.1.2.2 信息寻租

政府信息公开除了会给当权者带来心理落差外，还会给某些人带来经济落差。根据亚当·斯密的“经济人”假设，“政府是由一个个具有‘经济人’特征的官员组成的，其自身与市场主体一样有追求自身利益最大化的动机，而不具有提高公共物品有效供给的动力激励”[①]，而且这种“经济人”的理性，往往表现为短视，只追求眼前效益，而忽视长远利益。个人经济利益和自利性动机使得处于信息优势的“经济人”有机会利用信息不对称，表现出追求诸如社会地位、职务晋升、更高的薪金、强化在职消费或更多的闲暇等某种形式的自利行为。

作为信息垄断者的政府，为维护权力利益，总力图将公开度、透明度降到最低，从而使各国腐败丛生，如日本最大贿赂案利库路特案件、印尼西苏门答腊省议会腐败案等。腐败问题是当今世界的严重社会问题，一切腐败现象和腐败行为的最大特点在于其行为的不确定性和隐秘性。一方面，行政管理制度和行政管理行为的非公开性在一定程度上为部分行政官员的秘密交易提供了以权设租的机会；另一方面，垄断政府信息的行政官员可以把这些信息作为“交易”的筹码，假公济私，从中渔利。

保密是腐败的旅途中的同伴（fellow-traveller）。[②]行政官员利用职权，千方百计地垄断信息，用信息垄断寻租的现象不胜枚举。例如在拍卖国有企业的过程中，有人故意隐瞒和歪曲国有企业的实际资产评估信息；在国有土地招标时，有人隐瞒土地相关的资料或出卖标底；在审批上市公司时，有人出卖评估委员的姓名等。而就在国务院公布新闻发言人制度的第二天，在河北秦皇岛召开的由中国煤炭运销协会承办的 2005 年度全国重点煤炭产运需衔接会上，有关部委领导在会议上的讲话材料必须 50 元一本掏钱买。足见有关会议组织者没有把信息公开当一回事，借公共信息敛财的意识强烈。[③]

政府信息被封锁、截留、垄断的程度越高，行政官员们享有的自由裁量权就越大，能够从中获得的利益也就越大。政府信息公开也就是对政府部门或政府官员垄断的特殊、无形公共资源的产权进行再次分配，把原本属于公众的信息利益归还给公众。这样就会剥夺行政机构和官员为了本部门或为自己谋取私利的机会，他们就会以各种借口和特权来阻碍政府信息公开的正常推进。

---

① [英] 温奇著，褚平译：《亚当·斯密的政治学》，南京：译林出版社 2010 年版，第 17 页。

② Thomas M Susman：The good，the bad，and the ugly：E-government and the people's right to know，Vital Speeches of the Day，Vol.68，No.2，2001，p39.

③ 领导讲话可卖钱，http：//news.sina.com.cn/o/2005-01-02/02164692097s.shtml。

执行权力的人往往根据老百姓所给“报酬”的多少来决定办事的大小、缓急，“给多少钱，办多少事；不给钱，不办事；晚给钱，晚办事”。如果推行政府信息公开，每一项具体工作的办事程序、办事期限、收费标准、处罚措施等都必须对外公布，政府官员的行政行为完全置身于公众的监督之下，这样就基本上杜绝了某些官员“看钱办事”的可能性,等于是直接触及一些地方和部门权力者的实际和潜在收益。作为一个经济理性人，要求他们“自己革自己命”，在执行上是存在很大难度的，对政府信息公开的本能抵制也就不难理解了。

3.1.2.3 财政约束

实施政府信息公开并不是一项没有成本的制度，信息的保存需要成本，公共阅览地点的设立、市政府公报的发行、相关电子设备的配置等，都需要政府投入大量的人力、物力和财力。国家要为政府信息公开工作投入大量的资金，其中包括各种形式的信息收集、分类、公布等环节的经济成本，政府网站的建设、软硬件设施的购置等经济成本，制定相关政策、法规、政令、条例以及培训相关人员等的机会成本，机构设置、网站建设等的边际成本，以及行政机关与相对人之间谈判、执行、救济等产生的交易成本。否则，政府信息公开只能是虚无缥缈的海市蜃楼，永远无法真正实现。所以，政府信息公开所需的大量的费用能否落实，就成为制约政府机关信息公开的限制性因素之一。

政府信息公开需要保持畅通的渠道，公众获得必要的信息需要大量相关资料和媒体的帮助，如通过政务公开栏、电子触摸屏、便民手册、广播、电视、报纸、期刊或互联网等新闻媒体，均能有效地传递政府信息。然而，多元的信息传播渠道需要大量的资金投入，特别是必须依靠政府巨额的资金投入。据统计，上海市 2004 年用于政府信息公开受理点、公共信息查阅室、网站改版和数据更新等几项信息公开的费用就达 2 578 万元，其中，市级机关支出 1 523 万元，平均每个市级机关支出 31.7 万元；区县政府机关支出 1 055 万元，平均每个区县支出 55.5 万元，这不是一般城市的公共财政能够支撑的。[①]

政府信息公开需要做大量的工作，不仅硬件设备购置需要巨额资金，软件建设与更新、耗材消费也需要巨额资金。以一些地方政府的各类数据库建设为例，数据库建设不是一次性工程，政府初次经费支持开发之后，还需要不断的数据更新和维护。可地方政

① 周毅:《政府信息开放与开发的社会化和商业化: 趋势、领域与问题》,《中国图书馆学报》2005 年第 6 期，第 29~33 页。

府由于财政紧张，等国家划拨的经费使用完，数据库也就基本上成了无人问津的死库。此外，新中国成立至今，在传统保密文化的影响下，一大批档案、“秘密”雪藏在政府的文件柜里。这些资料如果要公开来让公众查阅，还需要经过一系列的整理、加工、说明与注解等工序，是一项耗时、耗力的巨型工程，需要政府投入无法估算的人力、物力和财力来处理历史遗留问题。否则，政府信息公开也只能是纸上谈兵。

就政府信息公开的形式而言，主要有两种：一种是政府机关主动公开，一种是依公民的请求而公开。从我国目前的情况来看，所进行的政府信息公开几乎完全属于政府机关主动公开的形式，而且主动公开的政府信息资源都是以免费的形式提供给公众的，其所耗费的资金完全由政府承担。再加上各级政府还需要建立政府信息公开的工作机构、办公场所和专门的人员处理政府信息，机构的建设与运转也需要一定的经费。巨额的经费支出必将会给行政机关（尤其是地方机构）带来过重的财政压力，这部分支出费用对于经济发达地区尚显吃力，更何况对于那些连公务员工资都难以保障的欠发达的边远地区、落后地区和贫困地区，这笔开销就好比是泰山压顶，必定成为政府信息公开的一大障碍。因此，政府信息公开还需要有足够的财政支持。

3.2 政府信息公开的知识障碍

区别于日常生活中被泛化了的“公开”，政府信息公开应该不只是简单地将政府信息传递或传播给公众，而是要达到这样一种状态：令公开的信息对公众具有可得性、可理解性和可接受性。所谓可得性，是指社会公众能够方便地获得所想要知悉或了解的某项政府行政活动或信息资讯；所谓可理解性，是指公众获得的信息需经过专门的整理和简化处理，不能超出公众的一般知识水平、理解水平和接受能力；所谓可接受性，或者说有用性，是指公开信息的内容具有一定价值，可以帮助公众解决工作、生活中出现的实际问题。实践中，由于政府信息公开的渠道不畅以及“信息能力差距”、“数字鸿沟”等问题的存在，政府公开的信息往往不能被公众完全可得、可理解和可接受。

3.2.1 获取渠道不畅

政府信息公开需要保持畅通的渠道，如美国宪法第一修正案的设计师詹姆斯·麦迪逊所论述的那样：“公众要想成为自己的主人，就必须用习得的知识中隐含的权力来武装自己；政府如果不能为公众提供充分的信息，或者公众缺乏畅通的信息渠道，那么所谓的面向公众的政府，也就沦为一场滑稽剧或悲喜剧的序幕。”① 虽然按照《政府信息公开条例》的规定，各地政府机关通过政府网站、政府公报、报纸、杂志、广播、电视、公共查阅室、政府信息公告栏、电子屏幕、电子触摸屏、政府信息公开服务热线、政府新闻发布会等便于公众知晓的一种或多种载体和形式主动公开政府信息。但是，受传统教育方式和阅读习惯的影响，绝大部分的公众仍将传统的广播、电视、公告栏、口头传递、人际交流等方式作为获取信息的主要渠道，图书、报刊为辅助渠道。公众只是在单向地、被动地、落后地接受政府机构的信息传播，对政府信息的利用缺少积极性和主动性。

当前，我国政府信息公开的方式和手段趋于现代化，政府网站、新闻发布会、电子触摸屏等现代化手段已经耳熟能详，但“重形式，轻内容”。一方面，政府和新闻媒体发布的信息需要经过层层筛选、过滤，这就在一定程度上限制了公众通过正常渠道便捷地获取有用的政府信息，“大道不通小道通，小道消息满天飞，新闻出口转内销”，造成公众对政府信息的关注度不高；另一方面，行政人员对政府信息资源缺乏专业化的管理和对信息深层次的加工，提高政府信息利用率、满足公众迫切的信息需求的意识更是有待加强。

前面章节已论述过，政府信息公开是需要巨额成本的，政府缺乏相当数量的发展资金和支持资金来推进政府信息公开的建设。从整体上看，政府信息公开平台等基础设施建设滞后，一些地区的区域性信息网络还未建成，大部分地市县的互联网信息平台没有建立起来，绝大多数的乡镇、村庄、涉农中小企业缺乏现代化沟通手段，还与互联网络无缘，公众通过政府服务热线、政府网站等现代化技术获取政府信息几乎是无从谈起。政府信息资源互联网、信息化的发展还有漫长而崎岖的路要走。这种信息传播渠道不畅通、信息供应不足的状况严重抑制了政府信息的公开，无可避免地为政府信息公开蒙上了阴霾。

由于收入差距，公众在信息获取渠道上也拉开了差距。低收入群体主要通过报纸、广播、电视、书刊等渠道获取政府信息，而高收入群体主要通过计算机网络、移动电话、卫星电视等渠道接受政府信息服务。由中国互联网络信息中心（China Internet Network Information Center，简称 CNNIC）发布的《第 32 次中国互联网络发展状况统计报告》调查结果显示：我国网民中学生所占比例最多，达到了 26.8%；其次是个体户和自由职业者，

① [美] 斯蒂格利茨著，宋华琳译：《自由、知情权和公共话语——透明化在公共生活中的作用》，《环球法律评论》2002 年秋季号，第 263~273 页。

占总数的 17.8%；党政机关事业单位工作者占 4.4%；企业（公司）管理者占 2.8%，一般职员占 10.6%。[①] 加之受传统意识的影响，公众不得不依靠社会关系等非常规手段获取和利用政府信息，导致政府信息公开的社会影响和覆盖程度低，民间诉求更是找不到表达的出口。近几年流行的“山寨文化”现象其实就是民间诉求的一种表达形式。

3.2.2 信息能力差距

信息能力是针对信息而言的，是信息社会公众所必须具备的能力。信息能力是指人们有效利用信息设备和信息资源，获取信息、加工处理信息以及创造新信息的能力，这就是终身学习的能力，即信息时代重要的生存能力。信息能力是个多元化的概念，它包括信息技术的操作能力和运用信息技术解决问题的能力，获取、识别信息的能力，加工、处理信息的能力，创造、传递新信息的能力。信息能力已成为衡量国家综合国力和国际竞争力的重要标志。根据国家统计局国际统计信息中心对世界 28 个主要国家和地区（包括发达国家和发展中国家）信息能力指标的有关原始数据进行相关分析和标准化后的测算表明，中国的信息能力得分较低。[②]

为适应信息社会的发展，公众应具有信息获取能力、信息理解能力、信息交流能力、信息分析综合能力及信息的存储加工能力等。其中，信息获取能力是公众利用政府信息的最基本能力，信息理解能力直接影响着公众接受和利益政府信息的效果。在政府信息公开与传播利用的过程中，不同公众对同一信息会进行不同的理解和解释，以期明了这一信息的本质性意义。信息交流是由信息的可传递性特性决定的，准确的判断能力是信息交流的关键。信息意识是信息交流的基础，信息意识的水平影响着信息交流水平的高低。

政府信息的获取利用不仅与信息本身的质量有关，而且在很大程度上与信息接受者即公众的信息意识、信息能力和文化水平有关。一般来说，公众的文化水平高、信息意识强，其信息获取、理解、利用能力也强；反之，则不强。目前，我国公众信息意识薄弱、信息能力参差不齐，并形成了被动接受政府提供信息的惯性思维，主动获取信息能力差，而且把政府信息当作免费服务，对信息缺少深层次的开发和利用。尤其是在我国中西部的部分地区，由于经济发展缓慢，经济基础相对薄弱，科技文化教育水平不高，加上交通闭塞，与外界缺乏正常的沟通和交流，公众文化素质偏低，信息意识淡薄，信息获取

---

① 中国互联网络信息中心:《第 32 次中国互联网络发展状况统计报告》(2013 年 6 月)，www. cnnic. cn。

② 中国的信息能力弱在哪儿，http: //www.123good.com/jzqb/ShowArticle.asp?ArticleID=1190。

渠道不畅，信息理解能力差，对信息的需求比较原始、落后，这无疑为政府信息公开增添了一道屏障。

截至 2013 年 6 月底，我国网民中大专及以上学历人口呈下降趋势，高中、初中学历所占比重继续提升，互联网日益向低学历人口普及。[①] 个人的知识结构和知识积累程度是影响公众信息意识和信息能力的一个重要因素。具有一定知识水平和阅读能力的网民更易于了解和掌握政府网站提供的信息内容。在浏览一般性社会信息方面，公众受教育程度的高低对信息的理解性影响不大；而在获取知识含量较高的信息（如科技信息）方面，对于公众的知识水平会有较高的要求，通常受教育程度较高者对信息的理解程度与较低者相比明显较高。

在信息网络社会，知识和信息是重要的权力源。知识和信息一直是权力的来源之一，中国“学而优则仕”的古训深刻地说明了知识和信息与权力之间的密切关系。列宁曾经说过：“文盲是站在政治之外的。”[②] 公众因为接触信息的频度和理解能力的差异而发生新的阶层分化，从而导致政治上的不平等。“虽然有财产、有教养的人不见得自己就有政治的智慧与道德，但是不识字、在独立的思想和推理上毫无训练和经验的人，却是一定不能参与政治的。”[③] 在一个大多数成员为文盲的社会里，由于公众普遍不具备获取信息、阅读信息、理解信息的能力，不管法律对公众权利及相关的保护措施规定得多么尽善尽美，公众的政治参与权、知情权等仍不能得到充分实现。

政府信息基础设施建设也是制约公众信息意识和信息能力提高的瓶颈因素。在现代社会，公众需要借助国际互联网、广播电视传媒网、移动电话网等渠道收集、处理、利用政府信息。而在一些偏远山区、农村，公众难以利用现代信息网络技术，特别是简单易用的大众化信息工具来获取和利用政府信息。信息基础设施的供给与共享不对称制约着公众文化知识素质的提高，造成偏远地区公众的信息能力更趋弱势，他们与发达地区人群的信息能力差距变得更大。政府信息基础设施建设状况直接关系到公众获取政府信息的机会和利用政府信息的水平。信息基础设施建设得好，公众利用政府信息的条件好、机会多，利用信息获得利益的机会也多，自然信息意识就会增强；信息基础设施建设得不好，情况就会截然相反。这样就人为地为政府信息公开的效果、质量和效益设置了技术性的障碍。

① 第 32 次中国互联网络发展状况统计报告，www. cnnic. cn。

② 中共中央马克思恩格斯列宁斯大林著作编译局：《列宁全集》第 33 卷，北京：人民出版社 1992 年版，第 59 页。

③［美］保罗·S. 芮恩施著，罗家伦译：《平民政治的基本原理》，长春：吉林出版集团有限责任公司 2010 年版，第 89 页。

3.2.3 数字鸿沟

数字鸿沟（Digital Divide）是一种普遍性的世界现象。按照经济合作与发展组织报告的说法："'数字鸿沟'这个概念指的是在不同的社会、经济层面上，就接触并获取信息与通信技术的机会、就在广泛的活动中使用互联网的频率而言，个体、家庭、商业组织、地区和国家之间存在的差距。"[①] 它一方面是不同的国家、地区、民众间原有经济、文化、收入和财富的差距造成的结果，另一方面又是捕捉发展机遇和由于挖掘可用资源的不平等而导致经济、文化、收入和财富的差距进一步扩大的原因。可以说，数字鸿沟问题是在全球数字化进程中，不同国家、地区、行业、企业、人群之间，由于对信息、网络技术的占有和应用程度的不同所造成的"信息落差""知识分隔"和"贫富分化"问题。[②]

数字鸿沟的定义复杂多样，但简要地讲，就是"信息富有者和信息贫困者之间"难以抹平的差距，是现代信息网络技术占有和应用的不平衡所导致的社会经济不平衡。数字鸿沟问题不仅仅是信息时代的南北问题，不仅仅体现了当代信息技术领域中存在的差距现象，其背后也有着非常复杂的社会原因，比数字鸿沟更可怕的是"观念鸿沟"和"制度鸿沟"。据联合国统计，占全球 1/5 人口的发达国家拥有全球生产总值的 86%，互联网用户总数占全世界的 93%；而收入最低的一些国家只拥有全球生产总值的 1%，上网用户数只占全世界总用户数的 0.2%。[③] 在一些发展中国家的偏远地区，人们连基本的温饱、喝水等生存问题都没有解决，更谈不上从网络信息技术中受益。在撒哈拉以南的非洲地区，除了极少数富人拥有私人发电机外，很多国家根本就没有电力来源，更没有起码的通信设施。缺少技术、缺少购买技术的资金、缺少使用技术的技能和培训，利用现代信息技术获取和利用政府信息比画册上的食物还虚无缥缈。

"信息能力差距"与"数字鸿沟"不仅体现在国与国之间，还反映在同一国家的不同民族、不同地区、不同行业、不同企业之间，以及不同年龄段、不同性别、不同学历、不同收入的社会群体之间。一般来说，高科技产业比传统产业更容易获取政府信息，中老年人从政府信息中受益的可能性远远低于年轻的一代，这一鸿沟同样出现在男性与女性、白人与黑人、高学历人群与低学历人群甚至是未受教育者之间。此外，数字鸿沟还存在于语言文化之中。现在互联网上 80% 以上的信息内容使用的是英语，这是经济、军

---

① OECD，Understanding the Digital Divide. Paris：OECD，2001，P3.

② 胡延平：《跨越数字鸿沟——面对第二次现代化的危机与挑战》，北京：社会科学文献出版社 2002 年版，第 8 页。

③ United Nations Statistics Division，http：//www.un.org/Depts/unsd/mbsreg.htm。

事占绝对主导地位的国家在压倒其他弱势文化中取得阶段性胜利的表现，使人类语言与文化的无限多样性受到了前所未有的威胁。如果这一“数字鸿沟”越来越大，将会导致很多历史悠久的文化模式边缘化乃至消亡。

由于经济水平的差距和区域特色的不同，我国城乡差距明显，沿海和内地的地区差距显著，某些落后地区刚刚解决温饱问题，数字鸿沟出现不可避免。大部分县市和县级民族自治区的政府网络化建设，仍处于较低的技术应用和管理水平。同时多数网站都集中在大中城市，并没有真正深入到农村第一线。城乡网络普及率差异显著，到2013年底，城镇居民互联网普及率达到72.4%，农村互联网普及率却只有27.5%。地区之间、产业之间、企业之间、个人之间因为对政府信息占有程度的不同以及信息化、网络化程度不同而出现的“信息能力差距”“数字鸿沟”等问题呈逐步扩大的趋势，“强者恒强，弱者积弱”的现象较为普遍，区域、城乡间的“数字鸿沟”成为制约政府信息公开的一道“门槛”。

3.3 政府信息公开的体制障碍

长期以来，我国政府执政的信息一直处于封闭、半封闭状态，哪些信息能公开，哪些信息不能公开，行政官员拥有自由裁量权。政府信息一旦完全对公众公开，公众对权力监督力度就大了，行政官员的自由裁量权就小了，这自然会触动一部分人和一些小团体的既得利益，破坏了权力滥用、官商勾结、权钱交易等贪渎腐败现象滋生的环境，必然会遇到原有行政体制内部权力和利益的阻碍。

3.3.1 信息孤岛

所谓信息孤岛，是指在一个系统内部的各个部门之间，由于某种或某些原因造成部门与部门之间完全孤立，各种信息（如计划信息、财务信息、采购信息等）无法或者无法顺畅地在部门与部门之间流动。以一个生产型企业为例，该企业内部有采购部、生产车间、销售部、财务部等。销售部门应该制订销售计划，生产车间应该依据这个销售计划并结合仓库的存量制订相应的生产计划，采购部门则应根据生产车间的生产计划和仓库原材料的库存制订相应的采购计划。实践中，在很多企业内部，这个流程是不顺畅甚至是根本不通的，销售部门制订销售计划不考虑生产车间的生产能力，生产车间生产成品时不考虑市场的消化能力，采购部门也不依据生产车间的生产计划而自作主张盲目采购，最后导致仓库库存大量积压或者发生严重断货事故。在此情况下，这种企业内各个部门的信息是完全孤立的，就形成了一个个信息孤岛。

我国政府信息资源数量庞杂，每年采集的原始统计信息、大型普查工作积累的原始信息、国家现行政策文件、政府档案资料等信息量惊人，中央各部委的信息中心都建立了各自的专业性信息网络、信息资源库，量大面广。但与发达国家相比，我国政府信息资源的时效性、信息标准化程度差，资源配置过程中的配置效率极低，行政系统内部各自为政、自成体系，缺少对已经形成的政府信息资源数据库的有效整合，造成信息资源浪费严重。加之政府信息资源的开发建设存在区域发展不平衡的问题，中西部和农村在信息资源共享程度和相应的资金技术方面，与中心城市和沿海地区之间相差悬殊，形成强烈反差，信息孤岛现象突出。

“信息孤岛”的产生带有一定的必然性。从历史原因分析，电子政务的发展有一个从初级阶段到中级阶段、再到高级阶段的发展过程。在电子政务发展的初级阶段，行政机关盲目开发或引进一个个信息系统，通常没有考虑统一数据标准或信息共享问题，没有为未来的集成系统预留空间，因此导致大大小小的“信息孤岛”不断产生。从行政角度分析，信息孤岛是行政部门利益条块分割的产物，行政机关在建设信息系统时，各自为政，重复建设，基层单位为其各自的部门应用重复采集数据，在人、财、物方面造成严重浪费。有多少个委、办、局就有多少个信息系统，每个信息系统都是完全独立的体系，有自己的数据库、自己开发的应用软件、自己选择的操作系统和用户界面等，各应用系统之间关联程度低，信息资源难以实现有效的交换和共享，并被个别行政机关所垄断，从而在政府各部门之间形成了大量的“信息孤岛”。更可怕的是，部分行政机关只考虑眼前的利益，单纯追求“实用快上”的目标，不但不解决“信息孤岛”问题，还让新的“信息孤岛”继续出现。

信息时代最核心的要求是网络的互联互通和信息资源的共享。而目前政府信息化建设的一个重要的瓶颈就是网络自成体系，资源分散，无法实现共享。政府信息资源各个部门所有、各个部门垄断、缺乏统一规划，各自为政的现象比较严重，部门之间的信息缺乏共享，跨部门的信息流动极其困难。有的部门把自己掌握的相关数据当成“独家秘笈”，不愿意共享，更不会考虑同其他部门的互联互通、协同办公，造成部门间各自为政、互不相通、相互封闭、自成体系、彼此隔离。许多部门都有自己的网络系统和平台，这些系统就像一根根大柱子，各自独立支撑着，没有或很难互联互通。各个部门“跑马圈地”“画地为牢”的最终结果是造成政府内部的各种信息系统被分割成一个个“信息孤岛”，导致政府信息资源的严重浪费，严重削弱了政府内部行政人员的工作积极性和创造力，阻隔了政府与社会公众之间的联系通道，与信息时代所需要的实现数据资源开放、最大限度的信息资源共享、将信息“孤岛”连接成“大陆”的要求形成尖锐的矛盾，从根本上背离了政府信息公开的宗旨。

3.3.2 管理体制滞后

新中国成立初期，在复杂的国际环境和社会背景下，为了迅速医治战争创伤和尽快改善人民生活，我国借鉴了当时苏联的经验，建立了计划经济体制，从而有利于集中国家和社会的人、财、物资源，对农业、手工业、资本主义工商业进行社会主义改造，以期实现从落后的农业国向社会主义工业化国家的转变。与之相适应的，也建立了高度集中的、与计划经济体制相适应的行政管理体制。历史证明，在新中国成立后的一段较长时期内，这种行政管理体制在提高社会生产力、改善人民物质生活、恢复国民经济等方面，都起到了不容否认的历史作用。

高度集中的、与计划经济体制相适应的行政管理体制，主要靠行政手段直接管理经济、社会活动，存在严重弊端，不符合经济社会多样性的需求，束缚经济社会发展活力。针对这些问题，党和政府已经多次进行了政府机构改革，也取得了一定的进展，但改革没能真正触动政府机构的要害部位，一些深层次的问题并没有得到有效的解决，还不能完全适应新形势和新任务的要求。

从政府机构改革的效果来看，“精简—膨胀—再精简—再膨胀”的“怪圈”、“顽症”，始终伴随我国的机构改革，困惑着一批又一批的改革者和决策者。之所以会成为“怪圈”和“顽症”，是因为政府机构改革是在旧体制内的“不良循环”，没有真正打破原有的条块分割、各自为政的政府行政管理模式，没有从根本上触动高度集权、等级授权、政企不分、官僚主义、部门分割的行政管理体制的要害部门和基本格局。如机构设置不合理，中间层机构及人员臃肿，政府各部门职能交叉、机构重叠、权责脱节、互相推诿，审批过多、过滥、人浮于事、效率不高，办事没有严格的程序，行政流程不合理，考核体系不健全，多头管理、政出多门，透明度低、暗箱操作、行贿受贿等问题依然普遍存在。

在这种科层式行政管理体制下，受地域、层级、部门的限制，政府与公众、政府与企业、政府与政府之间只能采用间接方式进行联系与沟通，政府信息公开也只能采用间接控制方式实施管理。这种“迂回式”沟通与管理，形成了大量的中间过程、中间环节，不仅颠倒了政府与公众、政府与企业、政府与政府之间的本来关系，也使管理者与被管理者之间形成隔膜，从而造成信息的失真甚至湮灭，而且增加了行政管理成本，使沟通困难、效率低下，难以实现充分的信息资源整合和共享。政府信息公开实际上是开放性的信息资源整合，需要跨越部门、时空的限制，打破系统界限，实现政府信息资源的重组。传统行政管理体制使政府信息资源的配置只能是单一系统内的科层式配置，这种配置方式造成了腐败分子对政府信息的垄断性控制，从中用公共权力谋取私利，形成了政府信息公开的巨大环境障碍，使政府信息公开严重偏离了全心全意为公众服务的宗旨。

3.3.3 监督机制失衡

在公共权力运行过程中，权力的主体具有双重身份：一方面，权力主体所拥有的权力具有一种国家或群体权力的代表性，该权力只有相对的使用权和履行权，而无处置权和占有权，一旦失去了岗位，将会自动地失去；另一方面，权力的最终载体是人，因具体的职责而产生的权力，带有个人色彩，由于监控不力，往往会产生借国家的力量给个人谋收益的现象。[①] 可以说，公共权力与腐败没有必然的联系，但是公共权力主体是产生腐败行为的主导性因素，必须强化对公共权力主体的制约，将公共权力主体的产生与更替纳入公开化、程序化、法制化的轨道，这是有效遏制腐败的“第一道屏障”。

“导致信息寻租的主要原因是传统政务体制里的弊端，即政府权力部门化、部门权利利益化、获利途径审批化。”[②] 传统官僚体制造成大量未公开的政府信息成为公共权力主体寻租的资本，政府官员对拥有的政府信息资源具有独占特权，容易人为形成高度的信息不对称，政府官员为了共同利益共同操纵控制政府信息。当然，在强调行政管理的差异性与特色化的同时，行政部门之间也存在政府信息资源的分散化。为了促进各部门政府信息资源的共享，各级政府不得不花费大量的时间和精力进行协同管理，但由于政府信息资源质量管理的薄弱与评价标准的简单化，出现“官出数字，数字出官”的不正常现象，政府官员政绩难以评估，缺乏相应的激励和利益补偿机制，政府信息资源的效益难以发挥，政府信息流程难以真正优化。

有权力就要有监督，没有监督的权力容易产生腐败。孟德斯鸠说过：“一切有权力的人都容易滥用权力，这是万古不易的一条经验。有权力的人们使用权力一直到遇有界限的地方才休止。”政府机关公开了信息，却没有配套的监督评估措施，主要表现在组织监督、群众监督、舆论监督、检查监督等的设置上不配套；在评估体系、考核机制、责任机制和追究制度建设上不健全。这样一来，政府机关公开的信息内容是否属实，信息公开的措施是否到位，就缺乏相应的监督机制和制度约束；政府信息公开的结果怎样，成效如何，

① 徐志强：《论公共权力在腐败主体中的作用》，《商业文化》2011 年第 5 期，第 283 页。

② 张维迎，互联互通难在何处，http：//itb.hainan.gov.cn/xxaq/read.php?ID=32。

就没有科学的评价机制做保障。长此以往，就很容易造成假公开、“犹抱琵琶半遮面”的境况，政府信息公开也就成了空话，“阳光”也蒙上了阴霾。

综上所述，政府信息公开是一项复杂的系统工程，是一个涉及多个层面的社会问题，包括意识形态、政治、文化、技术等层面。从整体上看，政府信息公开的主体环境、知识平台和资源分布是阻碍政府信息公开的主要因素。其中主体环境包括权利主体和义务主体两大因素，知识平台包括公开渠道、信息能力差距和数字鸿沟三个方面的问题，资源分布包括信息资源分布和权力资源分布，而权力资源分布又涉及管理体制、法律制度、监督机制等因素。政府机关是政府信息公开的义务主体，其拥有的信息资源和权力资源是阻碍政府信息公开的最大障碍。公众是政府信息公开的权利主体，其由于客观环境而造成的信息意识、信息能力、知识水平等方面的差距，也会对政府信息公开产生一定程度的影响。这些障碍因素共同作用形成了政府信息公开的障碍模型，如图 3.1 所示。在政府和公众之间，只有在其共同的知识平台上才能真正实现所谓的公开，因为只有这个范围内的信息才能为政府和公众所完全共享。

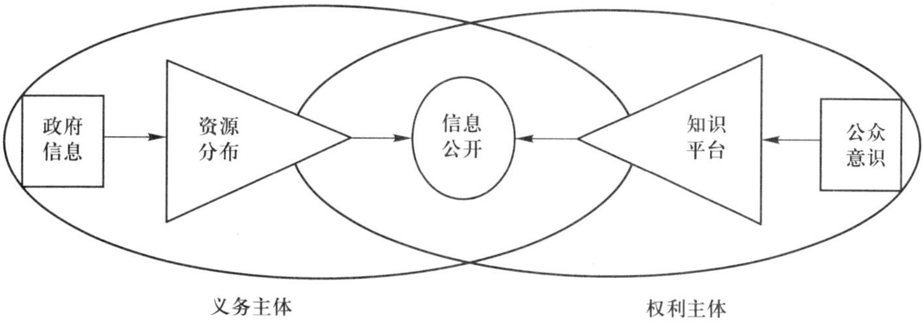

图 3.1　政府信息公开的障碍模型[①]

3.4　政府信息公开的力场分析[②]

“力场”是一个物理学的概念。力场分析法就是引用了物理学中的“力场”概念，运用了物体的力学平衡原理。任何处于稳定状态的物体，都处于作用力和反作用力平衡的力场中，若要改变物体的稳定状态，必须改变力场的平衡状态。在力场分析法中，称作

① 段尧清、汪银霞:《政府信息公开的障碍机制》,《情报资料工作》2006 年第 1 期，第 13~16 页。

② 本节内容曾发表于汪银霞:《政府信息公开的力场分析》(《情报理论与实践》2008 年第 6 期，第 818~821、817 页)，部分文字稍有改动。

用力为动力，反作用力为阻力。

3.4.1 力场分析法的含义及其原理

力场分析法是20世纪90年代引进美国管理科学的“软件”技术，是美国社会心理学家库尔特·勒温（Kurt Lewin）创造的一种企业管理分析方法，是他所提出的组织变革理念中的一部分。勒温认为变革不是一种静止的状态，而是不同方面的力相互作用的结果，是一种动态平衡。事实上，任何改革中都存在驱动力和遏制力两种对立的力量。前者是向某个特定方向推动变革的力量，它能引发一种变化，并使变化继续下去；后者是阻止或降低驱动力的力量，它阻止变革的发生和进行。任何变革的方向与速度都是阻力与动力相互作用的结果。只有当两种力量相等时，才能达到平衡。当驱动力占主导地位，超过遏制力时，才能产生变革的行为和效果。因此，要对一个组织进行变革，就必须改变组织现状的力场平衡状态，或增加动力，或减少阻力，使现实状态向目标状态推进。

力场分析法是通过收集问题，确定目标，分析目标实现中的动力因素和阻力因素，以减弱或消除阻力为主，促进向目标发展的一种企业管理的工具。力场分析法实质上是用正、负两个因素分析并解决问题的思维方法，为分析和解决改革中出现的问题和矛盾提供了一种很好的工具。勒温主张：把支持改革与反对改革的所有因素包括技术的、结构的、政治的、社会心理的等都采用如图3.2示的方法排列出来，并以箭头的长短表示其强弱的程度，然后进行综合分析，采取措施，以减弱阻力的方法，推动变革的顺利进行。如果采用高压手段强行增加动力，也许一时奏效，但却可能促使反对因素积聚力量，形成更严重的对抗，甚至可能使力量的对比逆转，使组织回复原状。因此，消除或减弱阻力，是力场分析法的主要着眼点。①

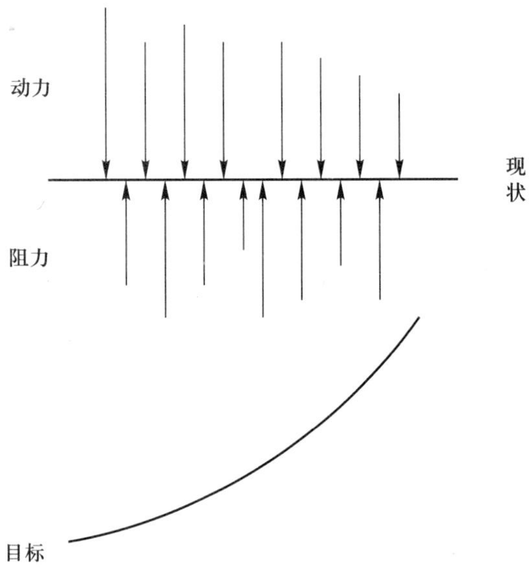

图3.2 勒温的力场分析法

我们可以看出：（1）多数问题或情势都具有多方面原因，每一原因作用强

① 张文仲:《企业管理中的力场分析法》,《外国经济与管理》1989年第6期，第19~22页。

弱不等；（2）在多数问题和情况下，动力与阻力都保持着平衡；（3）如果找到问题所在，便有可能找出完成变革的方法；（4）一般采取的措施是通过增强支持因素以提高动力，或降低反对因素以减弱阻力，通过减弱阻力而进行变革常常会更容易些。具体运用时，可把支持因素和反对因素逐一列出，找出它们的对应关系，然后，找出化解反对因素的具体方法，再一一付诸实施。对一时还未化解的消极因素，应创造条件，在变革过程中努力化解，起码要使它不至于阻碍变革的实施。

第二次世界大战期间，某工厂要求人们戴防护眼镜，却受到女工们的抵制，勒温经调查研究后，绘制成勒温的力场分析法实例，如图 3.3 所示。勒温提出改革途径有三：（1）提高驱动力；（2）降低遏制力；（3）同时提高驱动力和降低遏制力。勒温的措施是：（1）经调查，女工们嫌眼镜太重，仅花五美分就可调换一种既轻又舒适的眼镜；（2）让女工自行设计美观合适的眼镜式样，并开展竞赛，引起大家的兴趣，有了新式样，问题就解决了；（3）由女工们自己决定眼镜式样，由于太重及不美观问题的解决（消除了遏制因素），女工们对公司的规定从消极反对变为积极的支持。①

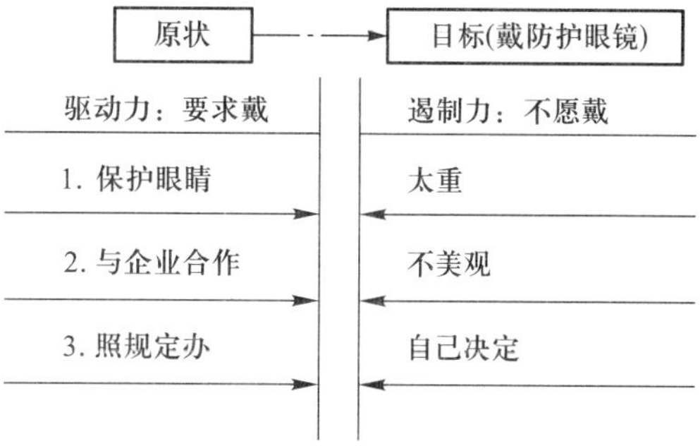

图 3.3　勒温的力场分析法实例

3.4.2　构建政府信息公开的力场分析图

任何改革中都存在驱动力和遏制力两种对立的力量，这两种力量的强弱及其结合方式决定了改革的程度和效率，其合力则决定改革的趋势方向和发展加速度。政府信息公开作为政府体制改革的一部分，受到来自国内、国际环境的驱动力和遏制力是必然的，政府信息公开的驱动力和遏制力的强弱及其结合方式决定了政府信息公开的程度和效率，其合力则决定政府信息公开的趋势方向和发展加速度。

在前面一章，本书已经详细分析了我国政府信息公开的引力、压力和推力，并且分别构建了相应的模型，现将这些力量与阻力进行整合，就形成了政府信息公开的力场分析图，如图 3.4 所示。由于力场分析法的主要着眼点是消除或减弱阻力，因此首先将政府信息公开的阻力因素分成：很难改变、可以改变、容易改变 3 个类别，然后按先后次

① 张文仲：《企业管理中的力场分析法》，《外国经济与管理》1989 年第 6 期，第 19~22 页。

序排列，制定具体措施，着手去削弱这些阻力因素，这样，就比较方便地找到了改进的方向和途径。虽然勒温不主张以增加动力的方法来推动变革，防止反对因素积聚力量，形成更严重的对抗。但是，借鉴国外发达国家信息公开的实际经验，并结合我国的国情，本书认为有选择地增加驱动力还是切实可行的。所以，通过进行力场分析，对我国政府信息公开采取的措施是在减小遏制力的同时增加驱动力，从而使政府信息公开受到的合力为正，产生加速发展的趋势，更快地推进政府信息公开化的进程，促进政府信息真正意义上的共享。

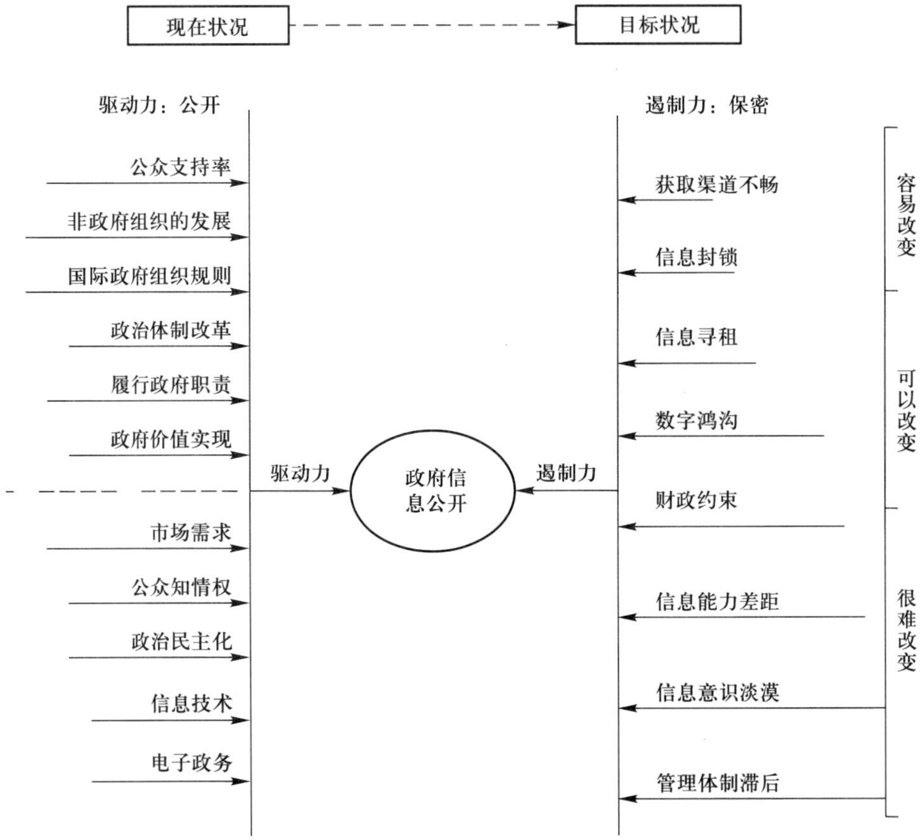

图 3.4　政府信息公开的力场分析图

（注：实线指直接作用，虚线指间接作用）

3.4.3　政府信息公开力场的转化

信息面前人人平等。在信息社会里，能否保障人人及时、准确地获取工作、生活中所必需的信息，享有平等的信息起点，是衡量一个国家发展程度与文明程度的重要标志。从前面章节的分析中可以看出，政府信息公开受到各种正反方面因素的影响，牵涉面极广。正如社会进步是正反力量共同博弈的结果，政府信息公开的实践进程也将体现为这几种力量之间的较量。要加快政府信息公开的推行，必须克服阻力因素、增强动力因素、转变压力因素，从而使政府信息公开逐步走向健康的发展轨道。

3.4.3.1 减弱政府信息公开的阻力

力场分析法的主要着眼点是消除或减弱阻力，我们把政府信息公开的阻力因素分为很难改变、可以改变、容易改变 3 个类别，首先对容易改变和可以改变的因素采取改革措施，达到减弱阻力的目的。在减弱政府信息公开的阻力方面，除了要大力发展市场经济、重视配套设施的建设外，最重要的还需要遏制信息寻租现象、缩小数字鸿沟和重视法律制度体系的建设。

（1）加强配套设施建设

政府信息与网络设施的关系就好比是汽车与公路，汽车要想畅通无阻，必须先把路修好，公路是汽车畅行的基础。同理，网络设施是电子政府信息传输的基础。我国在网络基础设施建设方面已经取得了一定的成绩，但在网络的覆盖范围、传输速度等方面还需要大力改进。应继续建置网络工程设施，为政府联线上网提供基础环境；应建立统一的电子公文交换系统，便于政府各部门之间的信息交流，便于提高行政公文的处理效率；应建立便民网点服务站，为公众提供更便捷服务。尤其应加强农村以及偏远地区的网络设施建设，尽量减少信息服务的不平等，充分利用网络无边无际的特点，削弱纸质媒介时期的地域性差异，保障公众随时随地都可以获取政府信息。

（2）遏制信息寻租现象

培根说，“知识就是权力（力量）”，政府可以通过对特定领域知识的排他性占有来加强和扩张自己的权力（力量），这种对知识的排他性占有就是保密。事实证明，秘密主义与政府的整体角色、与政府官员的理性选择有着难以割裂的联系，是影响信息公开程度的决定性因素。信息的缺乏，和其他人为制造的稀缺性一样，都将导致寻租，政府官员有着制造信息秘密的激励，因为借此可以获取租金。[①] 政府信息公开的意义在于通过公开打破信息垄断，以政府信息共享消除人为制造的资源稀缺，增加政府信息供给量，对寻租釜底抽薪。

（3）完善法律制度体系

邓小平同志早就指出：“制度问题更带根本性、全局性、稳定性和长期性”，“制度好

① ［美］斯蒂格利茨著，宋华琳译：《自由、知情权和公共话语——透明化在公共生活中的作用》，《环球法律评论》2002 年秋月号，第 263~273 页。

可以使坏人无法任意横行，制度不好可以使好人无法充分做事，甚至会走向反面”[①]。由于政府信息公开涉及政府文件、会议、电子记录等诸多信息载体的公开以及公民隐私权、国家秘密、商业秘密的保护等一系列问题，因而制定一部包罗万象的政府信息公开法是相当困难的，尤其是在我国政府信息公开刚刚起步时，制定单一的政府信息公开法典可能性不大。在整体建设思路上，我们要认识到政府信息公开法律制度的建设是一个系统性工程，不是一部《政府信息公开法》就能涵盖的，政府信息公开法只是其制度的核心。

既然政府信息公开法律制度是一个有机的整体，首先就要确立这一整体的有机组成部分，然后分析各部分的建设情况，有的放矢地逐步制定相应法律或完善已经制定的法律制度。以美国的立法经验为证，其有关信息公开的制度是由《情报自由法》、《阳光下的政府法》、《隐私权法》三部法律构成的。此外，还有《联邦咨询委员会法》、《电脑匹配和隐私权保护法》、《电子情报自由法》等有关信息公开的补充制度。[②]在我国，政府信息公开法律制度应该包括政府信息公开法、保密法律制度、档案法律制度、隐私权法律制度。另外，行政程序法所涉及的很多关于办事程序方面信息公开的规定也属于政府信息公开法律制度所调整的范畴，也应予以建立和完善。此外，抓紧修改和完善现有的与建立政府信息公开相关的法律制度，清除建立政府信息公开法律制度在现有法律制度上的障碍也是十分必要的。

（4）缩小数字鸿沟

数字鸿沟实际上是利用现代信息技术和信息资源并从中获益的能力差距，简单地说，也是一种信息差距、知识差距。数字鸿沟的存在和扩大，必然会使强者越强、弱者越弱，富者越富、穷者越穷，使落后者进一步边缘化，处于被孤立状态。所以，缩小数字鸿沟以及与其相关联的收入差距和财富差距，是人类共同发展的必然要求。目前我国大部分农村由于地域和经济的原因，这种信息差距、知识差距表现得尤为明显：信息化建设规模小、信息资源缺乏多样性、信息开放性和共享程度低、时效性差等。对此，政府部门要积极推动整体信息化建设，加大资金支持，尽力满足弱势群体对信息技术的需要，解决因为年龄、地域、经济条件等客观因素导致的数字鸿沟问题。

作为发展中国家，我们还面临着同时缩小外部数字鸿沟和内部数字鸿沟的双重任务。内部数字鸿沟的扩大，或者说，数字化、网络化非均衡发展程度越大，外部数字鸿沟的缩小就越困难。我们要通过缩小内部数字鸿沟，发挥网络效应和激发整体潜力，进而缩

① 邓小平：《邓小平文选》第 2 卷，北京：人民出版社 1994 年版，第 333 页。

② 周汉华：《外国政府信息公开制度比较》，北京：中国法制出版社 2003 年版，第 43~47 页。

小外部数字鸿沟，变数字鸿沟为数字化机遇。同时，充分利用政府间的信息交换实现政府部门之间的业务协同，实现信息互联互通、资源共享从而解决“信息孤岛”的问题。

3.4.3.2 增强政府信息公开的动力

市场需求、公众知情权、政治民主化、信息技术和电子政务这五个方面是我国政府信息公开的动力因素。按照力场分析法的原理，可以采取措施增加动力，使现实状态向目标状态推进。但是，强行增加动力却可能促使反对因素积聚力量，形成更严重的对抗。所以，在增强动力的过程中，需要我们“量力而行”，避免形成对抗。本书认为可以从以下三个方面来增加我国政府信息公开的动力。

（1）保证公众知情权

知情权是现代民主法治社会中公民享有的一项基本权利，是公民实现和维护自身其他权利和利益的前提条件。随着社会的进步和人类文明程度的提高，公众要求了解并参与政治决策和行政活动的呼声越来越高，“民主行政”、“服务行政”的趋势愈加明显。公民对政府事务享有知情权，相应地就要求政府信息公开，政府信息公开是公民知情权实现的主要方式，政府信息公开的程度决定了公民知情权实现的程度。①

保障公众知情权有助于提高行政管理的透明度，将政府工作置于公众广泛的监督之下，大大提高政府管理的水平，进而有效地保障公民的合法权益。“所有权力都易腐化，绝对的权力则绝对地会腐化”，② 而阳光恰好是最好的防腐剂，政府信息公开可以大大降低权力腐败变质的可能性。一般来说，政府信息公开从两个方面来保证公民知情权的实现：一是公开行政机关和各职能部门的职权、责任、办事流程、规章制度、执法程序等，使行政行为处于公民的有效监督之下，促进了政府行为的合法性，保障了公众的合法权益；二是公开与公民切身利益相关的政府信息资源，为公民实现自身合法的基本权益提供必要的支持。

（2）加速政治民主化

我们所要和正在追求的和谐社会是以人为本的社会，是以人的全面发展为目标的社会，是更具理性和人性的开放社会。以人为本在政治哲学和社会组织方式上无疑要落实在“民主”上，“民有”、“民治”和“民享”是“民主”的具体表现。“民有”的国家是最具政治正当性的国家，“民治”的国家应该是冲突最少、矛盾的对抗性较少、更具妥协精神、更多和谐成分的国家，“民享”则是国家这种制度文明存在发展的最终目的。

---

① 李继红：《政府信息公开，实现公民知情权》，《河南法制报》2011 年 9 月 1 日第 9 版。

②［英］哈耶克著，王明毅等译：《通往奴役之路》，北京：中国社会科学出版社 2013 年修订版，第 203 页。

要加强民主政治的建设，首要一条就是必须增强政府工作的透明度和开放程度，做到重大事情让人民群众知道，重大决策让人民群众参与。其次，政府在管理和决策中必须重视群众的意愿和要求，反映群众的切身利益，体现政府为公众服务的宗旨。要做到这些，基本前提是政府与公众之间必须进行全面、及时、准确、有效的信息沟通，而这正是政府信息公开的目的之一。

（3）拓宽政府电子化的业务

政府工作人员应该消除一个认识误区——电子政务只为便民。其实，电子政务的发展对政府、对社会都是“双赢”。对政府自身来说，不同层级、不同部门之间实现信息共享与交流，避免信息重复采集，降低了行政成本，为自己省力、省人、省时，提高了行政效率，改善了政府形象；对公众来说，改变了获取政府信息的方式，可以在任何时间、任何地点、以任何方式接受方便快捷的政府信息服务。

由于信息网络技术的快速发展和信息基础设施的不断完善，电子政务的发展进入了快车道，突破了部门和地域的限制，向交互和互联网方向发展，专业化的政府网站日益增多，服务内容更加丰富，功能不断强大，互动性得到很大提高。电子化政府的发展对政府信息公开提供了一个很好的实施平台，政府应该在政府内部管理电子化和自动化的基础上，利用网络等信息与通讯技术，连接政府各单位以及各数据库，从防止信息孤岛、促进资源共享的角度出发,关注“条条”和“块块”的整合,提供以协同政务为核心的“网上串联、并联审批”服务模式，提升电子政务公共服务理念。

3.4.3.3 变政府信息公开压力为动力

压力可分为积极和消极两类，积极的压力可以转化为动力，促进事物的发展；消极的压力则会转化为阻力，限制和制约事物的发展。政府在公开信息过程中受到的内外部压力，有积极的一面，也有消极的一面。我们可以通过政府内部的一系列变革将这种积极力量转化为我国政府信息公开的动力，进而增加政府信息公开的驱动力。

（1）深化政治体制改革

要增加来自政府系统内部的动力，就必须深化政治体制改革。在行政管理体制方面要进一步转变政府职能,按照市场经济的要求定位政府角色,减少政府不必要的行政干预,继续推进政府机构改革，科学规范部门职能，合理设置机构，优化人员结构。在人事制度改革方面，要努力形成广纳群员、人尽其才、能上能下、充满活力的用人机制，把优秀人才聚集到党和国家的各项事业中。同时，还要加强对权力的制约和监督，建立结构合理、配置科学、程序严密、制约有效的权力运行机制。通过这一系列的政治体制改革，可以为政府信息公开提供政治上的保障。

（2）塑造服务型政府

我国是新型的社会主义民主国家，理应按照民主的理念治理国家，把建立“服务型政府”作为政府改革的目标，视公民为顾客，用企业家的精神改造政府办事机制。其实，“服务型政府”的理念在我国早已有之，政府官员的另一个称呼就是“人民公仆”，作为执政党的中国共产党的宗旨是“全心全意为人民服务”，“三个代表”重要思想中的“代表最广大人民的根本利益”，其主旨都是为了建立以民为本的“服务型政府”。但是，只有将这些宗旨、思想、理念转化为实际行动，才能真正树立起“服务型政府”的形象，建立起有效、充分的政府信息公开制度。

（3）响应国际社会的要求

信息，特别是政府信息，就其实质而言，是属于全人类的共同财富。经济全球化和世界政治多元化对政府的公共行政能力和管理水平提出了更高的要求。全球化的开放性特征和国际市场的变化莫测给各国管理经济社会事务增加了许多难以预测和控制的因素，这就要求各国政府提高政府能力，以适应复杂多变的内外关系；要求政府行政是高效的，能迅速有效地应付各种国内外的重大事件和问题；要求进一步健全和完善政府的决策机制、施政机制、管理机制和监督机制；要求进一步推动政府信息公开，加强政府和公众的信息沟通和交流，对公众多元化的诉求和表达给予及时的反馈，不断提高行政效益。

3.4.3.4　结语

第 2 章和本章通过建立动力模型、障碍模型和力场分析全面探讨了政府信息公开的影响机制，并构建了科学、合理的机制模型。本章运用物理学中的力场分析法，通过收集问题，确定目标，分析目标实现中的动力因素和阻力因素，以减弱或消除阻力为主、增加动力为辅，促进我国政府信息公开向目标状态发展，使政府信息公开逐步达到设定的目标。但是，政府信息公开是一项政策性强、涉及部门多、公开内容广，既复杂又具体的系统工程。随着形势的发展、客观条件的变化，政府信息公开的内容、重点也会不断变化。为此，必须持续采用力场分析法去削弱或消除阻力。如若停滞不前，不持续采用力场分析法，新的阻力及原阻力就会出现反复，退回原状。

力场分析法的运用在我国政府信息公开过程中应该是连续不断的，达到短期目标状况后，还要继续分析、继续推进以提高政府自我更新的能力，不断努力向新的目标推进，让公开透明的权力运作成为各级政府的常态，促使公众最大限度地利用政府信息，充分发挥政府信息资源的作用，从而推动社会经济的发展，加快“和谐社会”的建设进程。

目前，我国的政府信息公开制度建设还处于发展和探索阶段，与世界先进管理水平存在很大的差距，还有相当多的理论和实践问题没有得到妥善解决。它山之石，可以攻玉。我们还应当认真地研究和借鉴发达国家在政府信息公开法制化建设方面的宝贵经验，积极建立适合我国国情、具有中国特色的政府信息公开法律制度体系，从观念上、制度上和实践上解除政府信息公开的障碍，对我国政府信息资源进行规范化和有效的管理与利用，使之能够最大限度地发挥政府信息资源的服务功能和社会价值。

第 4 章　政府信息公开的实现机制

政府信息公开是实现整个社会信息化的基础。要真正有效地推动政府信息公开，强化政府信息化建设，实现政府工作规范化、透明化，提高政府行政效率和服务水平，就必须健全政府信息公开的实现机制，即遵循政府信息公开原则、拓宽政府信息公开方式、规范政府信息公开程序、完善政府信息公开救济机制。

4.1　政府信息公开原则①

政府信息公开的基本原则就是指导政府信息公开法的制定、执行、遵守以及解决政府信息公开争议所必须遵循的基本准则，它贯穿于政府信息公开的立法、执法和监督救济的各个环节中。②公开原则是制止自由裁量权专横行使最有效的武器。③纵览世界各国的政府信息公开制度，毫无例外都有一个共同的原则——以公开为原则，不公开为例外。在这一总原则的指导下，各国的法律、法规中都提出了更为详细、具体的政府信息公开原则。

1990 年，美国图书馆与信息科学委员会（NCLIS）提交并获准通过的《美国的公共

① 本节部分观点参见汪银霞的硕士学位论文《政府信息公开的力场分析》2006 年 5 月，第 6~8 页。
② 牛丽贤:《政府信息公开制度研究》，太原：山西大学 2006 届硕士学位论文，第 18 页。
③ 王名扬:《美国行政法》，北京：中国法制出版社 2005 年版，第 552 页。

信息准则》提出了8条公开原则[①]。较为详细的官方说明则是由联合国特别报告员在2000年度报告中所提出的原则，它可以作为一项国际标准来遵循[②]。这些原则可以归纳为：

（1）最大限度地公开原则：信息公开立法应当以最大限度的公开作为指导；

（2）公布的义务原则：公共机构应当有义务将重要信息予以公布；

（3）促进政府开放原则：公共机构必须积极促进政府的开放；

（4）例外的范围受到限制原则：例外规定必须清晰和严格按照“损害”和“公共利益”的标准加以界定；

（5）便于获得信息的程序原则：获得信息的请求应当得到迅速和公正的处理，同时任何对获得信息的请求的拒绝决定都应得到独立的复审；

（6）成本控制原则：个人不能因过高的成本而在请求获得信息时受到阻碍；

（7）开放会议原则：公共机构的会议应向公众开放；

（8）信息公开优先原则：凡是与最大限度公开信息原则的要求不符的法律都应得到修订或废除；

（9）对内部信息披露者的保护原则：内部信息披露者——对不端行为披露信息的个人——必须得到保护。[③]

在我国，有的学者认为，政府信息公开应遵循的原则包括权利原则、利益平衡原则、市场化原则和救济原则[④]；有的学者提出了政府信息公开应遵循四项原则：无赖假定原则、利益平衡原则、免费原则和程序性原则[⑤]；还有学者从政府信息公开的本体、受体和载体出发，提出政府信息公开立法的三项原则，即“以政府义务为主，政府权利为辅；以民众权利为主，民众义务为辅；以信息公开为主，信息保密为辅”[⑥]。我国《政府信息公开条例》

---

①《美国的公共信息准则》提出了8条原则：（1）公众有权获取公共信息；（2）联邦政府应确保公共信息在任何形式下的完整性和良好的保存环境；（3）联邦政府应确保公共信息的传播、再生产和再分配；（4）联邦政府应保护使用或要求提供信息的人员的隐私权，也应保护那些在政府记录中有个人信息的人的隐私权；（5）联邦政府应确保获取公共信息来源的多样性，无论民间部门还是政府机构都应如此；（6）联邦政府不应允许随意乱收费，以免妨碍公众获取公共信息；（7）联邦政府应保证提供有关政府信息容易使用的信息，对于各种形式的信息，都能以单一的索引查询；（8）无论信息利用者居住在何地及在何地工作，联邦政府都应保证他们通过全国信息网络和像出借政府出版物的图书馆那样的程序获取公共信息。

② 特别报告员报告：《促进和保护主张与表达自由的权利》，联合国文件E/CN.4/2000163，2000年1月18日第43段。

③ 中国社会科学院法学研究所：《中国人权年刊》（2003年第1卷），北京：社会科学文献出版社，2004年版，第33~34页。

④ 张红胜：《对我国政府信息公开的几点探讨》，《成都行政学院学报》2006年第2期，第18~19页。

⑤ 谭和平：《利益视角中的政府信息公开》，《云南行政学院学报》2006年第1期，第118~121页。其中，无赖假定原则是将政府工作人员视为理性的经济人，假定他们在决策政府信息公不公开、哪些公开、何时公开、怎样公开等具体问题时，往往追求的是个人利益、部门利益的最大化。

⑥ 于兆波、李店标：《我国政府信息公开的三项立法原则》，《政法论丛》2007年第1期，第30~33页。

第一章第五条提出："行政机关公开政府信息，应当遵循公正、公平、便民的原则。"①

综合国内外的研究和实践，结合我国国情，本书认为，我国政府信息公开应遵循以下原则。

4.1.1 权利原则

"法律面前人人平等"，政府信息面前也应人人平等。确立权利原则就是政府信息面前人人平等的体现。政府信息作为社会宝贵的信息资源，是人类法治文明的共同成果，具有公共财产的特性，任何人（包括与信息有关的直接当事人）——不论其民族、性别、年龄、出生地、职业、财产状况、宗教信仰的情况如何，都可以申请获取，不受资格限制。也就是说，公民、法人和其他合法的社会组织，甚至是在本国境内的外国人或外国组织，都具有平等的获取、使用和保护政府信息的权利。

英国启蒙学者约翰·洛克（John Locke）在其专著《政府论》第十一章《论立法权的范围》中指出："政府所拥有的一切权力，应该完全服务于社会福祉，决不允许任意妄为；权力实施必须通过明确、公开的法律，只有法律公开，人民才能了解自己的义务，遵守法律，社会才能保持稳定；同时，才能保证统治者不逾越限度。"② 政府信息公开归根到底是为了维护公民合法获取和使用政府信息的权利，将权利原则运用于政府信息公开法律领域是世界各国的普遍做法。如美国、日本的《信息公开法》都规定了"任何人"都有权申请获得政府信息；我国已经施行的《政府信息公开条例》也把"公民、法人和其他组织"③列为政府信息公开权利的主体。

将权利原则确定为我国政府信息公开法律制度的基本原则，在理论上是基于人民主权原则的宪法学基础。我国是人民民主专政的社会主义国家，"中华人民共和国的一切权力属于人民"④，人民主权原则是政府负有公开其信息义务的宪法基础。此外，我国宪法还规定，"人民行使国家权力的机关是全国人民代表大会和地方各级人民代表大会。人民依照法律的规定，通过各种途径和形式管理国家事务、管理经济和文化事业、管理社会事务。"⑤ "一切国家机关和国家机关工作人员必须依靠人民的支持，经常保持同人民的密切

①《中华人民共和国政府信息公开条例》第 1 章第 5 条。

②［英］约翰·洛克著，杨思派译:《政府论》，北京：九州出版社 2007 年版，第 476 页。

③《中华人民共和国政府信息公开条例》第 1 章第 1 条明确规定："为了保障公民、法人和其他组织依法获取政府信息，提高政府工作的透明度，促进依法行政，充分发挥政府信息对人民群众生产、生活和经济社会活动的服务作用，制定本条例。"

④《中华人民共和国宪法》第 2 条第 1 款。

⑤《中华人民共和国宪法》第 2 条第 2、3 款。

联系，倾听他们的意见和建议，接受人民的监督，努力为人民服务。”①而且，“中华人民共和国公民对任何国家机关和国家工作人员，有提出批评和建议的权利；对于任何国家机关和国家工作人员的违法失职行为，有向有关国家机关提出申诉、控告或者检举的权利，但是不得捏造或者歪曲事实进行诬告陷害。对公民的申诉、控告或者检举，有关国家机关必须查清事实，负责处理。任何人不得压制和打击报复。”②等等。宪法的这些条款不仅赋予了国家权力机关决定国家一切重大事务的权力，同时赋予了全体公民监督国家机关及其工作人员的权利。政府信息公开的权利原则是人民主权的直接体现，也是公民知情权的重要保障。

将权利原则确定为我国政府信息公开法律制度的基本原则，在实践上是基于我国公众普遍缺乏民主观念和权利意识，认识不到政府公开信息不是由政府的权利所决定的，而是由民众的权利所决定的。政府机构在行使行政职能时产生的信息，制定的法律、法规、规章以及其他规范性文件，其收集、整理、传播、利用、保存和开发信息所需的一切经费均来源于纳税人的税款，这些信息理所当然应当为全体公众所知晓和利用，而不应只归政府独享，或成为少数人的特权，任何公民都有自由获取和使用政府信息的权利。明确政府信息公开的权利原则有助于更好地保护公众权利，增强公众民主观念，提高公众自身权利意识。

4.1.2 及时性原则

各种资源的开发利用是人类社会发展的关键。物质资源和能量资源的开发利用虽然具有消耗性，但一般与其被开发利用的时间关系不大，开发晚不会降低其利用价值，开发早也不会提高其利用价值，更不会因为开发利用的时滞而被浪费掉。但信息资源强调时间价值，信息资源如果不能及时地为人们所获得，其价值将会削减、效用将会降低。更严重的，超越了一定的时间界限，原有的信息价值可能就消失了。而且，不同的信息资源，其时效性是不同的。一般来说，消息性信息资源的时效性较知识性信息资源强。

作为信息公开对象的政府信息绝大部分属于消息性信息，为人们日常生活所依赖，时效性也强。随着通讯技术的发展，信息产生和传播的速度日益提高，政府信息必须及时被公开，才能够快速反映出最新的社会变化情况，才能更好地指导公众的行为，并使公众在更短的时间内做出某种决策。正所谓“迟来的正义即非正义”。如果公开的信

---

①《中华人民共和国宪法》第 27 条。

②《中华人民共和国宪法》第 41 条。

息严重滞后，丧失对公众的参考利用价值，也就有悖政府信息公开的目的。

目前，世界上已有 60 多个国家和地区制定了相关信息公开法律制度，所有的信息公开法中都确立了“公开是原则，不公开是例外”的原则来保证政府信息公开在数量上的充分，但少有国家对政府信息何时进入公共领域实施有效公开的时间做出具体规定，大多是笼统地要求行政机关及时有效地公布信息。如加拿大联邦政府的《关于政府信息公开立法政策的绿皮书（1977）》中就明确指出：“政府信息不仅要向公众公开，而且应及时公开”。在新西兰的《政府文件获取法》中也明确指出：“行政机关应尽可能快速地做出公开决定”。[①] 其中，对政府信息公开的时间规定最具体的当属芬兰。《芬兰政府活动公开法》对文件何时进入公共领域做了详细规定：“国家机关准备的文件一般应在被签署或被确认后进入公共领域；送交国家机关的文件一般自国家机关收到文件之时进入公共领域；其他文件应‘尽快一般散发’。”[②]

我国各级地方政府在保证公众及时地获取政府信息方面也做了积极的探索，如《北京市政府信息网上公开试行办法》第八条明确规定：“政府机关主动公开的政府信息，应当在信息产生后及时上网公开，一般最迟不得晚于十个工作日。主动公开的政府信息应当在政府网站保存适当时间。”[③] 从 2003 年 7 月中旬开始，以北京市公安局为首，各地警方都开始大力推行“每周治安播报”制度，以保证公众“在最短的时间内及时”获取政府信息，促使公众加强自身防范意识，配合警方共同创造首都良好的治安形势。

为了保证公众能够及时获取政府信息，还必须规定政府信息公开的程序。政府信息公开及时性原则就是为了保障公众在申请获取政府信息时，规定行政机关在一个合理的期限内尽可能迅速地做出批准与否的决定，而不能拖延。世界各国信息公开法都规定了信息公开的程序，对信息公开的一般时限规定的长短不一，但最长的不超过 30 日。如美国规定为 10 个工作日，英国规定为 20 日，我国规定为 15 日[④]。

由于政府信息具有极强的时效性，在信息公开制度中明确规定具体的公开时间，不仅可以保证政府信息在其有效时间内发挥最大价值，而且也能推动政府机关行政行为的合法化运作，保障公众知情权，防止信息寻租。将及时性原则确定为政府信息公开的一

① 周汉华：《外国政府信息公开制度比较》，北京：中国法制出版社 2003 年版，第 563~565 页。

② The Finnish government activities public act，chapter 2（6）、（7）、（8），http：//government.fi/etusivu/en.jsp。

③《北京市政府信息网上公布试行办法》第 8 条。

④《中华人民共和国政府信息公开条例》第 3 章第 24 条规定：行政机关收到政府信息公开申请，能够当场答复的，应当当场予以答复。行政机关不能当场答复的，应当自收到申请之日起 15 个工作日内予以答复；如需延长答复期限的，应当经政府信息公开工作机构负责人同意，并告知申请人，延长答复的期限最长不得超过 15 个工作日。

项基本原则，是衡量一个国家政府信息公开制度有效性的重要标准。

4.1.3 真实性原则

公开信息的真实性是知情权实现的前提和基础，温家宝同志曾指出："只有政府了解基层和群众的情况，它才能够进步；也只有人民了解政府行为的真实情况，人民才能给政府以有力的支持和合理的批评"。[①] 在我国各级政府先前制定的信息公开规章和规范性文件中，信息准确、真实多被确定为政府信息公开的原则之一。参考从网络上搜集的20部政府信息公开规定中，有18部将信息真实作为政府信息公开的原则之一。新出台的《政府信息公开条例》第一章第六条规定："行政机关应当及时、准确地公开政府信息"。

信息是人类活动的基础、决策的依据。决策成功与否直接依赖于政府所公开信息的真实性、准确度。政府是各种信息的最大拥有者、最主要提供者，政府所提供的信息也就成为人类进行各项活动的基础和进行决策的依据。信息准确、真实是政府公开信息时的基本原则，真实、准确的信息才有价值，虚假的信息不但毫无价值，而且会给个人生活、企业的决策带来直接损失，有时甚至还会损害到政府的形象。以2002年11月初现于广东省的SARS疫情为例，正是由于地方政府欺上瞒下，公开信息不及时、不真实，导致疫情在全国扩散，酿成一场前所未有的公共卫生危机，给公众和国家带来难以弥补的损失。

政府信息公开的最终目的是为了保障公民的知情权。"知情权"是公民对政府的重大决策、重要事务以及当前社会上发生的与其自身利益密切相关的重大事件的了解和知悉权，它是公民行使其他公民权利的基础。我国宪法和法律并没有明确规定"知情权"，在学理层面上，"知情权"是从宪法规定的其他权利引申出来的。人民群众只有对国家机关及其工作人员履行职责的过程有较深入的了解，才能对他们的行为进行有效监督，也才能更好地行使对国家事务、社会事务、经济和文化事务的监督权。因此，在政府信息公开法律制度中确立真实性原则，确保政府所公开信息的真实性，既是政府信息价值的必然要求，更是保障公众知情权的需要。

信息的真实性、准确性不仅包括信息来源的可靠性，还包括研究分析的客观性。以陕西"华南虎事件"为例，政府主动公布华南虎野生状态的信息，是尊重公民知情权，履行国家信息公开义务的表现。政府在信息公开时必须保证信息的真实性，只有真实的

---

① 摘自温家宝同志2008年两会答中外记者问，http：//cpc.people.com.cn/GB/64093/64094/7014504.html。

政府信息才能实现公民的知情权，而虚假信息将使公民的知情权徒有虚名，还会引发关于信息真实性的争议和质疑。对于周正龙拍摄的虎照，陕西省林业厅的专家对其进行了相片技术鉴定，鉴定结果为“照片为真”，其对应的合理解释应当是照片并非拼凑合成，而据此推导出照片上的华南虎为真实存在。[①] 陕西省林业厅据此就公开宣称，“镇坪县发现野生华南虎”，既违背了证据学的逻辑规则，亦是违反信息真实原则的行为。[②]

政府拥有的大量信息部分是自己制作的，还有的是从社会上搜集来的。无论是政府自己制作的信息还是搜集来的信息，为确保信息的真实性，必须建立信息真实性审查机制和程序，对信息真实性进行严格审查。这种真实性可以通过客观性、关联性、规范性三个方面加以判断。客观性，是指信息公开的信息必须是客观存在的，不能是凭主观臆断推测或编造出来的；关联性，是指信息公开的信息必须与其所要反映的对象之间相关联；规范性，是指信息公开的信息在方式上、内容上必须符合法律法规的具体规定。[③] 只要政府公开的信息同时具备这三方面的特性，就可以认定其是真实、准确的信息；反之，就属于虚假、不真实的信息，政府信息公开义务主体就应该承担相应的法律后果。

4.1.4 便民原则

“立党为公、执政为民”是“三个代表”重要思想的本质。执政为民要求各级政府要以“实现人民的愿望、满足人民的需要、维护人民的利益”为根本出发点和落脚点，“权为民所用、情为民所系、利为民所谋”，想人民之所想，思人民之所思，时时处处为老百姓提供方便，树立全心全意为人民服务的执政理念。政府信息公开也必须坚持全心全意为人民服务的宗旨，贯彻执政为民的理念，把维护广大人民的根本利益作为出发点和落脚点。在这样一个政治环境下，便民原则理应作为政府信息公开制度的一项重要原则。

政府信息是无形的，它必须以载体为依托，通过一定的载体形式表现出来。信息载体的形式是多种多样的，既可以是无形的声波、光波、电波，也可以是有形的纸张、胶卷、胶片、磁带、磁盘等。因此，政府信息可以通过广播、电视、报纸、政府出版物、公共场所公告栏、新闻发布会、政府网站等媒介形式展现出来。不同类型的公众获取政府信息的途径不同，在政府信息公开法律制度中考虑便民原则，就是要求政府采取多种途径

① 张有义:《四位权威专家揭秘“华南虎事件”背后隐情》,《法制日报》2007 年 12 月 9 日。

② 邓剑光:《论政府信息公开的真实性原则——两起“华南虎事件”的宪法法理思考》,《广东社会科学》2009 年第 3 期，第 184~189 页。

③ 段鹏翔:《信息公开制度研究》，武汉：武汉大学 2004 届硕士毕业生学位论文，第 32 页。

和方式公开信息，方便公民及时、准确地获取所需信息，满足生产、生活的需要。随着信息技术的发展，通过互联网（Internet）等计算机网络形式获得政府信息的公众越来越多，政府部门应发挥网络优势，充分利用政府网站来公开政府信息，减少信息封锁给人民生产、生活带来的负面影响。

我国《政府信息公开条例》第一章第五条也专门规定：政府信息公开应该遵循便民原则。政府机关应该利用多种信息载体向公众提供政府信息，甚至可以由公众来选择政府信息的载体。比如，老百姓向地方政府申请获取该城市某一年度人口的统计数据，如果要求申请人必须亲自前往政府机关提交信息申请和获取信息，将会给其带来极大的不便，行政机关应允许申请人通过口头、电话、传真、电子邮件以及代理人等多种申请方式向政府提交信息申请和提供信息。

政府信息公开的目的主要是为了满足公众的知情权，可以让公众更方便、更快捷地获取政府所掌握的信息。政府信息公开过程中贯彻便民原则也是满足公众知情权的需要。政府信息具有内容庞杂、形式多变、来源广泛等特点，而且拥有信息的机构众多、公开信息的程序烦琐，这些因素都增加了公众获取政府信息的难度，阻碍着公众知情权的实现。政府应尽量减少公众获取信息的限制、简化公众获取信息的程序、增加公众获取信息的方式，还应当建立信息检索系统、提供咨询服务机构等，方便公众在较短的时间内获取信息。所以，应当将便民原则确立为政府信息公开法律制度的一项基本原则，保证公众知情权的实现。

4.1.5 免费原则

免费原则是指政府机关不得借提供政府信息谋取利益，不得按信息的市场价值收费，但可以收取事先公布的合理成本费用。免费原则从成本控制的角度规范政府信息公开中的收费行为，起到一定的防止乱收费和贪污腐败的作用。它包括三层含义：第一，不得谋取利益；第二，仅收取成本费用；第三，减免经济困难的人应当支付的费用。[①]

第一，政府不得利用公开的信息谋取利益。

政府信息属于公共信息的范畴，大量公共信息掌握在政府手上，这就为政府部门借其垄断的信息获取利益创造了机会。政府机关借信息牟利，不仅增加了公众获取信息的成本，而且严重影响了政府信息公开制度的实施。

确立政府信息公开免费原则，可以有效避免政府部门利用公共信息寻租的行为。以

① 张明杰：《开放的政府——政府信息公开法律制度研究》，北京：中国政法大学出版社 2003 年版，第 112~113 页。

高考成绩查询为例，各地招生考试信息网提供了免费查分服务，作为官方网站，招生考试信息网不能以此牟利。《政府信息公开条例》出台前，各地招生考试信息网公然借用自己所掌握的考生信息牟利，他们或将高考成绩高价出让、有偿发布，或与电信部门合谋垄断信息传播渠道间接牟利，或采取隐形手段限制信息传播渠道“曲线救国”，目的是使信息不能免费地被人们所知晓。据《华商报》报道，2006年6月24日，陕西招生考试信息网推出免费查取高考考分后，西安电信ADSL用户居然无法登录该网站。但通过调查却发现，有人在使用该网站内部IP，大量查询考生高考成绩。这家网站推测，这些免费信息被查询后，通过信息台以每分钟3元的价格进行有偿服务。从信息的占有者或者发布者角度看，该省招办作为国家机关，只有履行职责、做好招生工作的义务，没有将全体考生共同形成的公共信息作为商品出卖、谋取利益的权利。①

第二，仅收取合理的成本费用。

确定政府信息公开免费原则，并不是所有信息的提供都不收费。我国《政府信息公开条例》第27条规定：“行政机关依申请提供政府信息，除可以收取检索、复制、邮寄等成本费用外，不得收取其他费用。行政机关不得通过其他组织、个人以有偿服务方式提供政府信息。行政机关收取检索、复制、邮寄等成本费用的标准由国务院价格主管部门会同国务院财政部门制定。”②也就是说，属于行政机关主动公开的信息，免费公开；属于申请才能公开的信息，需依据申请的目的、用途、申请者身份等收取检索、复制与寄送信息的必要成本费用。可见，对政府信息公开免费原则的正确理解应该是“免费为原则，收费为例外”。

政府信息公开并不是一项没有成本的制度，政府信息的保管和提供都需要花费一定的人力、物力进行检索、复制、寄送等，其产生的费用是一笔非常大的开支。许多国家在其政府信息公开法中对收费项目都做了具体规定。如，芬兰《官方文件公开法》第34条规定：“以文件副本或者打印方式提供文件，或者以技术界面或者其他电子形式提供文件，以及国家机关提供的恢复和寄送服务，可以按照具体的规定收费。以其他公开方式提供信息不得收费。”《挪威行政公开法》第8条规定：“公众应免费获得文件的副本，免费打印、复制。国王可以就取得文件的副本、打印或复制文件的费用作一些规定，也可以就通过电子数据方式取得文件的费用作一些规定。”③

正确贯彻政府信息公开“例外收费”，需要由国家或省级价格、财政主管部门对政

① 刘俊峰:《陕西招生考试信息网疑遭人锁定套取信息出售》,《华商报》2006年6月27日，第5版。

②《中华人民共和国政府信息公开条例》第3章第27条。

③ 周汉华:《外国政府信息公开制度比较》，北京：中国法制出版社，2003年版，第552页。

府信息成本费用的收取标准做出统一规定，便于政府机关向申请人提供政府信息时，按照预先确定的统一标准收取成本费用，不得根据信息本身的价值收费，减少行政工作人员收费的随意性，防止借机谋取私利。

第三，对经济困难或其他特殊情况减免收费。

减免经济特别困难申请人的费用属于一项救助制度，是基于对弱势群体的特别保护。如我国《政府信息公开条例》第 28 条规定："申请公开政府信息的公民确有经济困难的，经本人申请、政府信息公开工作机构负责人审核同意，可以减免相关费用。"[①] 也有国家规定可以减免为了公共利益使用信息的申请人的费用，如韩国《公共机关信息公开法》第 15 条规定："如果使用的目的是为了维护和促进公共利益，依法应当收取的申请信息所需的费用，可以减收或者免除。"[②] 虽然不同国家对申请人减免收费的条件不同，但其目的都是为了防止收费成为政府信息公开的障碍，防止损害公众的知情权。

4.1.6 利益平衡原则

世界各国在确定政府信息公开的范围时都强调"政府信息公开时不得危害国家安全、国家秘密、个人隐私与商业秘密等其他社会公共利益"。利益平衡原则，即对获得政府信息的权利进行限制以便平衡与第三人权利的冲突或者与公共利益的冲突。[③] 我国《宪法》规定："中华人民共和国公民在行使自由和权利的时候，不得损害国家的、社会的、集体的利益和其他公民的合法的自由和权利。"[④] 政府信息公开旨在满足公众知情权，而利益平衡原则却指出公众在行使知情权等权利的时候，不得损害国家、社会、集体的利益和其他公民的合法权利。这是因为，政府信息公开在满足公众知情权的同时，有可能会损害国家、社会、集体和公民的合法权益，规定利益平衡原则可以避免公众正当利益受到损害，同时也保证公众更有效地行使知情权。

公众在行使知情权的过程中，随时都可能与其他权力和利益发生一定的冲突。政府信息公开坚持利益平衡原则，既保证公众享有政府信息公开带来的相关利益，又保护了国家整体利益和其他行政人员的正当利益不受损害，在政府信息公开的权利主体（公众）与保护其他社会公共利益之间寻求平衡，实现公众个人利益与国家整体利益的双赢。我

---

①《中华人民共和国政府信息公开条例》第 3 章第 28 条。

② 周汉华:《外国政府信息公开制度比较》，北京：中国法制出版社，2003 年版，第 362 页。

③ 牛丽贤:《政府信息公开制度研究》，太原：山西大学 2006 届硕士毕业生学位论文，第 19 页。

④《中华人民共和国宪法》第 1 章第 15 条。

国《政府信息公开条例》第 14 条规定:"行政机关不得公开涉及国家秘密、商业秘密、个人隐私的政府信息。但是，经权利人同意公开或者行政机关认为不公开可能对公共利益造成重大影响的涉及商业秘密、个人隐私的政府信息，可以予以公开。"①保加利亚《获得政府信息法》第 5 条规定:"行使获取公共信息的权利，不得侵犯其他人的权利和声誉，不得违反国家安全、公共秩序、国民健康和道德标准。"

信息公开例外是政府信息公开的利益平衡原则的体现。已建立政府信息公开法律制度的国家，都是在调整因公开信息而获得的利益和因豁免公开而被保护的利益的基础之上，设定免予公开的范围。各国对例外信息均采用列举式的方式规定，如日本《信息公开法》列举了 39 项例外信息②，英国 2000 年《信息公开法》规定了 24 项例外信息③。但例外信息条目的多少与政府信息公开范围的大小并无必然关联，对政府信息公开范围的界定取决于其对各项内容的具体规定。政府信息公开法律制度必须平衡由于公开政府信息而可能引起的信息申请人的权利与第三人的隐私权、第三人的商业秘密受保护的权利及政府行政特权（国家保密权）等权利或者利益的冲突。

所以，我国在制定政府信息公开法律制度时，需要结合我国国情，修改现有的《保密法》《档案法》《隐私法》等相关法规，对保密范围进行科学的界定，对非保密文件进行合理的分类，既要尽量缩小保密信息的范围和内容，也不能盲目扩大信息公开的范围和内容，要正确处理信息公开与保护公民隐私权、国家安全、国家根本利益等权益的关系。政府信息公开制度所调整的最主要的一对矛盾就是公开一般信息与保守国家秘密信息之间的关系，对国家秘密的保守要作为信息公开原则的边界存在，确立政府一般信息公开的原则和特殊信息保密的原则，在保证公众知情权和保守国家秘密之间寻求动态的平衡。

4.1.7 可分割性原则

可分割性原则（Severability）是美国《情报自由法》明确规定的一项原则，该原则是针对《情报自由法》中规定的豁免条款而设置的。④政府信息公开实质上是指信息的公开，而不是指文件本身的公开。假如一份行政文件记载着的是混合信息⑤，如果无法将可以公开的信息与豁免公开的信息进行分离，则可以将混合信息当作豁免公开的信息进行

① 《中华人民共和国政府信息公开条例》第 2 章第 14 条。

② 周汉华:《外国政府信息公开制度比较》，北京:中国法制出版社，2003 年版，第 124 页。

③ 英国 2000 年《信息公开法》第 21~43 条，该法的全文见:http://www.legislation.hmso.gov.uk/acts/acts2000/20000036.htm。

④ 汪全胜:《政府信息公开的范围探讨》,《情报理论与实践》2004 年第 6 期，第 580~582、594 页。

⑤ 这里的"混合信息"是指某种文件同时包含了可以公开的信息和豁免公开的信息。

处理；但如果可以将豁免公开的信息从文件中与其他信息分离出来，则行政机构必须承担部分公开的义务，在涂抹掉不能公开的信息或者做其他适当处理之后将可以公开部分的信息予以公开。

我国《政府信息公开条例》第22条规定："申请公开的政府信息中含有不应当公开的内容，但是能够作区分处理的，行政机关应当向申请人提供可以公开的信息内容。"[①] 这就要求行政人员既不能因为申请公开信息中的部分信息属于豁免公开的信息拒绝其全部信息的公开，也不能公开依法不能公开的信息，损害到第三方的利益。也就是说，在政府信息公开制度中贯彻可分割性原则不仅可以最大限度实现公众的知情权，同时又兼顾国家秘密、商业秘密、个人隐私等社会公共利益。

世界各国政府信息公开法都明确规定了可以公开和豁免公开的信息内容，其中大多数国家一般都要求执行信息公开可分割性原则，某个文件含有豁免公开信息内容并不构成政府机关拒绝公开整个文件的理由，凡是可以从含有豁免公开信息中分离出来的非保密信息，或是删除根据豁免条款应予保密的部分内容之后的信息，都应毫无保留地提供给请求获取政府信息的任何人。政府信息公开可分割性原则在一定程度上限制了政府部门在信息公开方面的自由裁量权，提高了政府信息公开范围的可操作性，保障了公众的信息获取权，便于公众依法行使权利。信息分割的方式多种多样，既可以对原始的政府文件进行重新处理或遮盖，也可以选择提供其中部分内容。值得注意，政府部门在对信息内容进行分割时，不能因对豁免信息进行分割而产生信息内容的不完整并进而导致理解歧义，损害信息利用者利益。

4.1.8 救济原则

政府信息公开制度中的救济原则，是指当申请人认为其知情权或第三人认为其隐私权或商业秘密受到侵犯时，可以申请行政复议、提出申诉或者提起行政诉讼。[②] 政府信息公开在保障公众知情权的同时赋予了公众信息请求权，如果公众的信息请求可以遭到政府机关的任意拒绝和驳回，那么政府信息公开与否依旧是由政府机关单方面决定，公众信息请求权变成一纸空权。

"无救济无权利，有权利必有救济。"政府信息公开救济原则的确立是为了更好保障公众知情权、信息请求权的实现，监督行政人员是否在依法公开政府信息。目前世界上

---

①《中华人民共和国政府信息公开条例》第3章第22条。

② 周汉华:《政府信息公开的基本原则》,《信息化建设》2004年增刊，第10~12页。

大多数国家在知情权制度或信息公开法中确认这一原则，一般的救济途径是行政复议、申诉或者行政诉讼。我国《政府信息公开条例》第 33 条第 2 款规定：“公民、法人或者其他组织认为行政机关在政府信息公开工作中的具体行政行为侵犯其合法权益的，可以依法申请行政复议或者提起行政诉讼。”[①]

我国《行政复议法》第 6 条第 9 款、第 11 款规定：当事人可以对“包括人身权利、财产权利、受教育权利在内的所有权利受到侵犯的”具体行政行为申请行政复议；我国《行政诉讼法》第 11 条第 8 款规定：当事人可以对“认为行政机关侵犯其人身权和财产权的”具体行政行为提起行政诉讼。我国现行法律都没有明确规定公众享有知情权，《行政复议法》和《行政诉讼法》中也没有明确规定当事人可以就知情权受到侵犯申请行政复议或者提起行政诉讼。政府信息公开条例明确规定救济原则，可以赋予申请人申请行政复议和提起行政诉讼的权利，也进一步明确了行政复议法与行政诉讼法的适用范围，可以弥补现行法律法规存在的漏洞，为公众知情权的行使提供有力的行政和司法保障。

政府信息公开制度中的救济原则，是为了体现没有救济就没有权利的思想，使权利人可以依法维护自己的权利。[②]政府信息公开制度中的救济原则在保护公众知情权的同时，还应注意维护第三人的合法权益。我国《政府信息公开条例》第 35 条第 5 款规定：“行政机关公开不应当公开的政府信息的，由监察机关、上一级行政机关责令改正；情节严重的，对行政机关直接负责的主管人员和其他直接责任人员依法给予处分；构成犯罪的，依法追究刑事责任。”[③]该条款并不涉及第三人的合法权益受到侵害时，可以通过行政或者司法的途径来维护自己的合法权益。政府信息公开的目的是“为公共提供政府信息，而不是为私人提供关于其他人的私人信息”[④]。因此，政府信息公开制度在保障公众知情权实现的同时，也应保护第三人的隐私权或商业秘密，防止其合法权益受到威胁或侵害。

4.2 政府信息公开方式

政府信息公开与其公开方式是密不可分的，是目的与手段、内容与载体的关系。

---

①《中华人民共和国政府信息公开条例》第 4 章第 33 条第 2 款。

② 王勇:《政府信息公开制度的基本原则》,《科技与法律》2007 年第 5 期，第 16~20 页。

③《中华人民共和国政府信息公开条例》第 4 章第 35 条。

④ Charles H. Koch, Jr.: Administrative Law and Practice. 2nd ed. St Paul MN: West Publishing Co., 2007. P246.

政府信息公开是目的，而公开信息必须借助一定的方式或形式，各种各样的政府信息公开方式就扮演了手段和载体的角色。简言之，政府信息公开方式是政府信息赖以传播的途径和手段。政府信息公开的方式依据不同的划分标准，可以有不同的形式。以是否需要申请为标准，可分为主动公开和依申请公开两种方式；以是否收费为标准，可分为无偿公开和有偿公开；以是否涉及第三方为标准，可分为法定公开和自由裁量公开。

4.2.1 主动公开与依申请公开

政府信息公开是指行政机关主动或依申请将其掌握的政府信息予以公开。政府信息需要采用何种具体形式公开，主要受政府信息的价值、权威程度、承载的信息量、信息整合程度、公开成本、受众范围、公众获取成本、公众获取便捷度、公开效率等因素的影响。政府信息公开的形式以主动公开为主，依申请公开为辅。

主动公开，指政府主动地在有关的公开出版物上公布政府信息，或者以通告、告示、布告、公告等方式公开政府信息。[①]主动公开具有如下特点：第一，主动公开的对象是所有人，包括自然人、法人和组织；第二，主动公开的内容可以通过立法加以列举，具有相对确定性；第三，主动公开的形式灵活多样，包括政府公报、政府网站、新闻发布会以及报刊、广播、电视等一切便于公众知晓的方式；第四，主动公开的实施是基于法律规定，而不是基于当事人的申请。

综合各国的信息公开法，政府机关主动公开的形式主要有：政府公报、政府网站、新闻发布会、记者招待会、报刊、广播、电视、电子信息屏、信息公告栏、公共查阅室、资料索取点等场所和设施。政府机关可以根据公众的不同需要采取不同的公开方式。如通过报刊、广播、电视、网络等大众传媒向全社会公开政府信息；通过在公共场所设立查阅场所，印发办事指南，设置咨询服务台、信息公开栏、资料索取点等设施向利益相关群体公开政府信息；采用通报、信函、回访等形式向特定对象公开政府信息；等等。

我国《政府信息公开条例》第15条规定："行政机关应当将主动公开的政府信息，通过政府公报、政府网站、新闻发布会以及报刊、广播、电视等便于公众知晓的方式公开。"[②]同时，各级行政机关应当编制、公布政府信息公开指南和政府信息公开目录，在公

① 吴光芸、李建华：《地方政府公信力：影响区域经济发展的重要因素》，《当代经济管理》2009年第5期，第56页。

②《中华人民共和国政府信息公开条例》第3章第15条。

共场所设置信息查阅设施、设备，方便公民、法人或者其他组织获取政府信息，并及时更新政府机关主动公开的信息内容。此外，新闻机构对涉及国家利益、公共利益的事件依法享有知情权和采访权，相关人员依法从事新闻采访活动受法律保护。法律应赋予新闻媒体比一般公民、法人和其他组织更广泛的政府信息获取权。

依申请公开信息，又称为被动公开信息，是指应公众（包括自然人、法人和其他组织）的申请，允许申请人通过查询、阅读、复制、下载、摘录、收听、观看等形式，依法利用政府部门所掌握的政府信息；或者应申请人的要求将政府信息以通告、布告、公示、公告等方式予以公开。[①] 依申请公开把政府信息公开从单方面的恩赐变成了申请人的权利，任何公民都可以依法行使信息请求权，大大地拓宽了政府信息公开的范围。对于例外信息，政府机关应负有举证责任，证明不能公开的信息属于例外，以防止政府机关将本应公开的政府信息隐藏在豁免公开的信息之中。美国《情报自由法》规定："每个机构在收到要求提供记录的申请时……且申请者已合理描述了这一文档记录，它必须迅即向提出申请者提供其所需要的文档。"[②] 但是，公民在行使信息请求权时不得损害第三人利益。如果行政机关认为当事人申请公开的政府信息涉及国家安全、商业秘密、个人隐私等，公开后可能损害到第三方合法权益的，应当书面征求第三方的意见，经第三方同意之后方能公开；未经第三方同意公开的，不得公开。[③]

4.2.2 无偿公开和有偿公开

无偿公开，亦称免费公开，是指政府信息公开义务主体不得要求信息获取者支付任何费用就必须依法公开其所拥有的政府信息的行为。政府信息公开义务主体主动公开的信息都属于无偿公开的信息，部分依申请公开的政府信息也属于无偿公开信息的范畴。世界各国信息公开法均将免费公开确立为一项基本原则，防止政府机关借信息公开牟利，增加公众获取信息的成本，影响政府信息公开制度的实施。

有偿公开，亦称收费公开，是指政府信息公开义务主体可以依据一定的收费标准向信息申请者收取必要的成本费用而公开其所拥有的政府信息的行为。只有必须依申请才能公开的信息才属于有偿公开的信息范围，但并非依申请公开的信息都是有偿公开的信

① 王磊：《政府信息公开的反腐败功能研究》，济南：山东大学 2009 届硕士毕业生学位论文，第 4~5 页。

② The Freedom of Information Act.5 The United States Code 552，a（3），http：//www.archives.gov/foia。

③ 我国《政府信息公开条例》第 3 章第 23 条有相同规定，但同时进一步规定："行政机关认为不公开可能对公共利益造成重大影响的，应当予以公开，并将决定公开的政府信息内容和理由书面通知第三方。"

息。也就是说，有偿公开的信息一定是依申请才能公开的信息；而依申请公开的信息不一定就是有偿公开的信息。

收取政府信息公开的成本费，必须有严格的收费标准，如美国《情报自由法》1986修正案规定了三类收费标准:第一类为复制文件的成本费，如复印费、磁盘费、照相费等；第二类为寻找文件的成本费，包括时间成本;第三类为审查[①]成本费。此外，美国《情报自由法》还将申请人也分为三类，适用不同类型的收费标准：第一类包括传媒、教育与科研等非商业单位。只要他们不是为商业目的申请信息，就只能收取标准的文件复制费；第二类是商业用途的申请人，对他们的收费包括复制费、寻找费与审查费；在这两类之外的都属于第三类，如个人、公共利益团体、非盈利性组织等，对他们只收取合理的复制费与寻找费，不收取审查费。并且，第一类与第三类申请者的小规模申请只要不是为商业用途便是免费的，即前两个小时的寻找时间与前100页的复制是免费的。此外，如果公开信息不是为了申请者的商业利益而是为了公共利益，并有助于公众了解政府的工作，根据1986年的修正案，收费必须减免。[②]

政府信息作为一种公共产品，凡与国民经济、社会管理和公共服务相关的政府信息都应当无偿向公众开放，而不能根据信息本身的价值收费。我国《政府信息公开条例》第27条明确规定："行政机关依申请提供政府信息，除可以收取检索、复制、邮寄等成本费用外，不得收取其他费用。行政机关不得通过其他组织、个人以有偿服务方式提供政府信息。"[③]各类考试成绩是属于教育行政主管部门掌握的个人信息，他们将考生个人信息委托移动或电信企业公开，则委托单位只能按市场价格收取市话费或长途话费，而考生信息本身应当免费，不得另收信息费。但现实是，几乎所有考试查询都存在"有偿查分服务"，委托单位在收取市话费或长途话费的基础上，还收取高昂的信息费。这就是一种"利益主体通过各种非生产性的方法手段获取教育领域中的租金的行为"，是一种违规收费，应采取一定措施阻止这类"权力寻租"行为的蔓延。对政府信息公开方式进行无偿公开和有偿公开的划分，可以规范政府信息公开义务主体的信息公开行为，防止政府信息公开沦为"单位创收"的手段。

---

① 所谓审查是指对文件进行甄别，以确定其中是否有任何部分不应公开。美国1986年修正案之前，一般不对信息申请者收取审查费用。

② 周汉华:《美国政府信息公开制度》,《环球法律评论》2002年秋季号，第274~287页。

③《中华人民共和国政府信息公开条例》第3章第27条。

4.2.3 法定公开与自由裁量公开

法定公开，顾名思义，就是政府信息公开义务主体依法公开政府信息的行为。这里的公开行为包括主动公开和依申请公开。政府机关主动公开的信息一定属于法定公开的信息，法定公开的信息还包括部分依申请公开的信息；自由裁量公开的信息一定属于依申请公开的信息，即依申请公开的信息包括一部分法定公开的信息和全部自由裁量公开的信息。我国《政府信息公开条例》明确规定了行政机关必须主动和依申请公开的信息范围[①]，公众（包括自然人、法人和其他组织）享有依法获取政府信息和向政府机关提出政府信息公开申请的权利。依照条例规定，政府机关如果不履行主动或依申请公开义务，“由监察机关、上级行政机关责令改正；情节严重的，对行政机关直接负责的主管人员和其他直接责任人员依法给予处分；构成犯罪的，依法追究刑事责任。”[②]

行政自由裁量权是指行政主体在法律规定的幅度和范围内，依据法定条件和法定职权，享有在各种可能采取的措施中进行自由选择的权力。[③] 自由裁量权是行政权力的重要组成部分，是行政主体管理国家和社会事务的重要工具，也是其提高行政效率所必需的权限。法律是神圣而庄重、不容侵犯的，法律所规定的内容一般较宏观、抽象，执行和应用法律者需要根据具体情况或特殊对象加以解释和适用。如《行政诉讼法》第54条规定：具体行政行为“主要证据不足的”或“滥用职权的”，法院应判决撤销。对于什么是“主要证据不足”、什么是“滥用职权”，法规并没有详细列举限定，这就赋予了法官依据合理、合法、公平、公正的原则，根据具体个案的不同情况自由做出司法裁定的权力，以维护法律的神圣性。

在公开内容涉及国家秘密、商业秘密、个人隐私的政府信息时，行政机关具有自由裁量权，如果行政机关认为“不公开可能对公共利益造成重大影响”，可以予以公开。我国《政府信息公开条例》第23条规定：“行政机关认为申请公开的政府信息涉及商业秘密、个人隐私，公开后可能损害第三方合法权益的，应当书面征求第三方的意见；第三方不同意公开的，不得公开。但是，行政机关认为不公开可能对公共利益造成重大影响的，应当予以公开，并将决定公开的政府信息内容和理由书面通知第三方。”[④]

---

① 《中华人民共和国政府信息公开条例》第2章第9~13条。

② 《中华人民共和国政府信息公开条例》第4章第35条。

③ 吕维霞、王永贵:《基于公众感知的政府公信力影响因素分析》,《华中师范大学学报》2010年第4期，第33~39页。

④ 《中华人民共和国政府信息公开条例》第3章第23条。

以持续争议的个人犯罪信息查询为例，老百姓想了解准备聘请的保姆有没有虐待儿童的不良记录，满足公众对一些犯罪信息的知情权，但是警方认为犯罪记录关系到个人隐私，不适合公开。这时候行政机关就需要依据“尊重公众知情权”的需要，予以公开相关犯罪信息，同时基于“保护罪犯个人隐私”的要求，将决定公开的个人犯罪信息内容和理由书面通知相关人，如果相关人认为行政机关公开的信息内容侵犯了自己的合法权益，可以依法申请行政复议或者提起行政诉讼。

在政府信息公开制度中赋予行政机关自由裁量权是不可或缺的。因为行政机关对“不公开可能对公共利益造成重大影响”的裁量，不仅会决定着政府信息公开的范围，而且关联到行政机关的执法水平、影响到公众的知情权。在不同领域、不同情形下，公共利益是不同的。我国现行的法律法规（包括《政府信息公开条例》）没有对“公共利益”做出明确界定，造成一些地方行政机关自行设定“公共利益”规范，“假借公共利益之名而行损害民众利益之实”，缩小甚至剥夺公众的知情权。

4.3 政府信息公开程序

所谓程序，即事务运动的时间顺序、方法和步骤所构成的一个连续过程。政府信息公开程序是指作为信息公开的义务主体的行政机关依法公开政府信息应当遵循的方式、步骤、时限和顺序。[①] 但程序绝不仅限于行政行为的过程和形式，程序是权利的保障，政府信息公开程序是对公民获得政府信息权的保障。正如约翰·罗尔斯所言：“一个不言而喻的命题是，任何法律实体权利如果没有相应的法律程序权益予以保障，则立法赋予再多的法律实体权利也是没有任何意义的。”[②]

要使信息公开程序能够承担保障获得政府信息权的功能，它必须符合程序中立、程序公正、程序理性和程序经济的要求。程序中立的内容包含两个方面：一是对程序的主持者的要求，它要求行政机关须排除不当的利益干扰，站在客观的立场上，决定是否公开相关的信息；二是对程序设计的要求，它要求程序应当公正，使信息申请人获得同样的程序权利的机会，相同的情况必须给予相同的对待。程序公正，则要求政府机关在做出是否公开有关信息的决定前，应当给予有可能受到公开或者不公开信息的行政决定影

① 张兴祥：《外国行政程序法研究》，北京：中国法制出版社 2010 年版，第 12 页。

② [美] 约翰·罗尔斯著，谢廷光译：《正义论》，北京：中国社会科学出版社 2009 年修订版，第 106 页。

响的人，反驳对自己不利的决定、表达自己意见的机会。程序理性，是指政府信息公开的程序应当是一个通过事实、证据以及程序的参与者之间的平等对话与理性说服的过程，而不是恣意、专断地做决定的过程。程序经济，是对程序的效率的要求，即要求政府信息公开所投入的经济和时间不能超过合理的限度。政府信息公开法有一条比较常见的规定，即如果为提供某项信息政府将要支付的开支会超过政府负担的限度，政府可以拒绝提供该信息。①

依据各国信息公开制度，政府信息公开的表现方式有主动公开和依申请公开，则政府信息公开的程序同样分为两种：政府机关主动公开政府信息的程序和政府机关应公众的申请公开政府信息的程序。

4.3.1 政府机关主动公开政府信息的程序

政府机关主动公开政府信息的程序是指信息公开义务主体必须及时、准确地通过法定方式主动向公众公开政府信息，供其了解、查阅，而且当公开信息内容发生变化时，信息公开义务主体应及时进行更新。各国信息公开法很少规定政府机关主动公开政府信息的程序。本书认为，主动公开是信息公开义务主体的一项重要义务，也应当对其主动公开行为进行规范。

4.3.1.1 主动公开的范围

政府信息公开是信息共享的基础，更是保障公众知情权的前提。凡是与国民经济、社会管理、公共服务等与公民切身利益相关的政府信息，包括对疫情、灾情等重大突发性事件预报、发生及其处理情况等，均应主动公开。② 但是，涉及国家秘密、商业秘密、个人隐私以及依据法律、法规禁止公开的其他政府信息，可以依法不向社会公开。从各国的信息公开制度看，主动公开的内容和范围主要集中在以下四个方面③。

（1）机构设置

包括政府机构的名称、地址、联系方式；政府机构负责人的姓名及联系方式；政

① 张兴祥：《外国行政程序法研究》，北京：中国法制出版社 2010 年版，第 39~40 页。

② 我国《政府信息公开条例》重点公开十一类政府信息：（一）行政法规、规章和规范性文件；（二）国民经济和社会发展规划、专项规划、区域规划及相关政策；（三）国民经济和社会发展统计信息；（四）财政预算、决算报告；（五）行政事业性收费的项目、依据、标准；（六）政府集中采购项目的目录、标准及实施情况；（七）行政许可的事项、依据、条件、数量、程序、期限以及申请行政许可需要提交的全部材料目录及办理情况；（八）重大建设项目的批准和实施情况；（九）扶贫、教育、医疗、社会保障、促进就业等方面的政策、措施及其实施情况；（十）突发公共事件的应急预案、预警信息及应对情况；（十一）环境保护、公共卫生、安全生产、食品药品、产品质量的监督检查情况。

③ 汪全胜：《政府信息公开的范围探讨》，《情报理论与实践》2004 年第 6 期，第 580~582、594 页。

府机构的职权范围及权力来源，即权力是由法律赋予的还是由其他政府机关授予的；政府机构的地位，即是独立的政府机关还是受委托的机构；政府机关的具体职责以及保证其职责行使的具体措施；政府机构组织的设置及职能分工；政府机构的内部组织程序规则等。

（2）工作程序

程序是保证社会公众获取政府信息的重要保障，公众必须清楚地知晓办理各种事务的具体程序、规则。包括公众办理具体事务相关的法律、法规、规章和政策的介绍；公众需要准备的证件材料、必须填写的书面文件或表格的具体内容；具体事务审批的程序、审批的领导人或负责经办人员的联系方式、审批过程中各审议部门的意见、审批的权限与依据；交纳手续费的标准、对审批给予答复的期限等。

（3）政策与措施

包括法规、规章、规范性文件及其他政策措施；政府法令或规章的制定程序，包括政府法令或规章的制定机关、制定理由、决策依据和规章的内容及其情况说明；事关全局的重大决策和出台的政策；重大突发事件的处理情况和处理结果；涉及公共利益的重大行政事项；政府机构审批的项目；各级政府机构所辖区域的社会经济发展战略、发展计划、工作目标及完成情况；各级政府机构承诺办理的事项及其完成情况等。

（4）监督方式

公众在办理具体事务的过程中，有权就政府机构行政人员的工作态度、工作质量、办事效率等进行监督。政府应将公众监督行政行为的方式、程序和规则方面的信息完全公开。同时，还应明确政府工作人员无正当理由拒不提供信息所承担的法律责任，以及公众在政府部门拒不提供信息时可以采取的救济措施与途径。

4.3.1.2 主动公开形式

主动公开的形式是指信息公开义务主体通过何种手段、方法或途径将法定公开的政府信息公之于众，使公众知悉并方便查阅和利用。纵观世界各国的信息公开法和我国的信息公开实践，政府信息主动公开形式的种类虽多，但真正由法律明确规定的公开形式不外乎主要是政府出版物、热线电话、新闻发布会和政府网站等，政府机关可因地制宜选择其他适用的、成本低廉的、方便公众获取的主动公开形式。[①] 下面具体介绍常见的几种主要的主动公开形式。

---

① 我国《政府信息公开条例》第3章第15条明确规定："行政机关应当将主动公开的政府信息，通过政府公报、政府网站、新闻发布会以及报刊、广播、电视等便于公众知晓的方式公开。"

（1）全国性的报刊

全国性的报刊，即在全国范围内发行的报纸和期刊。政府主动公开信息的报刊通常为：党中央国务院主管报刊、国务院所属各部委（局）主管的机关报和行业报、全国性的团体机构主办的报刊。这类报刊所发布的信息关乎国家民族的命运，影响范围广、影响力大。毛泽东曾明确提出："报纸的作用和力量，就在它能使党的纲领路线，方针政策，工作任务和工作方法，最迅速最广泛地同群众见面。"① 报刊的广泛传播可以帮助人们了解真相，宣传新思想、建设新文化，实行广泛社会教育。同时，报刊在监督政府，"制造舆论"方面也发挥着重要的政治功能，推动了国家政治民主化的进程。

我国国务院制定的行政法规签署之后要及时在"国务院公报和在全国范围内发行的报纸"② 上刊登；国务院部门制定的部门规章应当及时在"部门公报或者国务院公报和全国范围内发行的有关报纸"上刊登，地方政府规章应当及时在"本级人民政府公报和本行政区域范围内发行的报纸"③ 上刊登。报纸的评论特别是社论决定着报纸的政治面貌。社论对社会形势、国际动向进行分析与评论，对现实生活中的重要问题直接发表意见、阐述观点、表明态度，充当媒体的"旗帜和声音"。

（2）政府出版物

政府出版物是指各国政府部门及其设立的专门机构发表、出版的文件，但并非政府机关印制的任何纸质资料都是政府信息公开所指的政府出版物。政府出版物必须以法律明文规定的具体形式和程序出版，具有法定性、严肃性、权威性和连贯性，是政府活动原始记录的产物。政府出版物的内容真实可靠且十分广泛，通常分为两类：一类是行政性文献，主要有政府制度（如法律、法令、规章、政策）、统计资料、行政部门运作后的相关记录（如司法资料、听证记录）等；另一类是科技文献，主要指政府所属各部门发布的带有强制性的技术标准、科研报告、科技成果、专利文献、气象资料、科普资料、地图及技术政策文件等。政府出版物是实现政府信息公开传播的重要媒介，对于了解某一国家的科技政策、科技活动、科技成果、经济政策等，均有一定的参考作用。

政府公报是最重要的政府出版物。我国的国务院公报、全国人大常委会公报、最高人民法院公报、最高检察院公报、政府部门公报以及各级人民政府公报等以自上而下的

① 毛泽东：《毛泽东选集》（第4卷），北京：人民出版社2009年版，第317页。
②《行政法规制定程序条例》第5章第28条。
③《规章制定程序条例》第5章第31条。

形式权威发布对公民参与国家和社会事务管理具有重大影响的法律、行政法规、司法解释、部门规章以及各种政策等信息均属于政府公报。“公布这些文件的目的是让公众知道怎样对政府机关提出意见和请求，行政决定由谁作出，在什么地方作出，根据什么程序作出，以及政府机关一般性的政策和法规等最基本的问题。”① 我国古代宋朝的“邸报”就是封建政府的法令、公报。

在国际上，政府公报的典型代表是美国的《联邦登记簿》（Federal Register）②。美国《情报自由法》第1条第1款规定：通过《联邦登记簿》予以及时公布是主动公开的重要途径，诸如机关组织、办公地点、机关职能、工作方法、程序规则、实体规则以及影响公众权利的政策说明和法律解释等情报，必须在《联邦登记簿》上公布。作为联邦政府公报，《联邦登记簿》除星期六、星期日、例假日外，每天出版。此外，还有德国的《联邦公报》（Bundesgesetzblatt）、澳大利亚的《政府公报》（Government Gazette）、菲律宾的《马尼拉公报》（Manila Bulletin）、新西兰的《信息自由法》、加拿大的《信息获取法》都规定法律法规必须公布于政府公报（除法律另有规定外）。

除政府公报外，政府出版物还包括法规汇编、政府档案和文件的索引、白皮书、国情报告、统计公报、政府信息公开手册等。不同国家出版和发行政府出版物的机构不同，如美国利用政府所属的事业单位——政府印刷局（Government Printing Office）负责出版各种政府出版物，加拿大则是专门的职能机构——政府出版局（Government Publication Bureau）公开政府信息。而我国2001年正式加入WTO时，外经贸部就分别授权人民出版社出版《中国加入世界贸易组织法律文件导读》、法律出版社出版《中国加入世界贸易组织法律文件》，以商业化运作的形式公开政府信息资源。同时，各国政府还定期公布政府出版物目录，向社会提供最新的政府出版物信息，建立政府出版物信息共享机制。如美国政府出版索引性刊物《美国政府出版物目录月报》，加拿大政府出版《加拿大政府出版物目录周刊》。

（3）政府热线

通讯技术的发展，使电话进入寻常百姓家。行政机关可以设立政府信息电话、网络咨询室，开通专线电话和传真，实行人工受理咨询，每天24小时、全年无休地提供人工接听、文件传真服务，更广泛、更便捷地向公众提供信息服务。公众对政府行政机关事

① 王名扬：《美国行政法》（下），北京：中国法制出版社2005年版，第963页。

② 美国1935年通过的《联邦登记法》（即《美国法典》第44编第15章），授权美国国家档案馆设立联邦登记处，专门负责出版《联邦登记簿》日报，集中公布所有联邦机构的法规条例和政务信息。

务进行咨询、投诉或者发表意见，均可拨打政府公开的热线电话。热线的相关服务主要包括两类，市民来电中咨询类的问题，直接由前台接听人员利用各部门预先录入资料库中的规范答案来回答；而反映、建议、投诉类来电，则由前台人员记录后转给信访办的后台工作人员进行处理。

各行政部门大多都设立了自己的对外咨询和服务电话，但由于部门号码太多，复杂难记，很多市民打电话咨询或投诉都要先查询号码，有时市民还经常因为不清楚自己咨询的事项属于哪个部门管而反复多次查询。为了方便市民，部分省（市）政府部门可以尝试将相关单位的咨询服务电话号码统一整合到一个公开电话服务平台，打造成统一标准、规范运作的政府公共服务平台。一个号码对外，市民只要拨打一个号码就能进行各部门的咨询服务或投诉。政府通过电话以自动语音以及人工应答等方式，向社会整合提供有关的政府信息。

（4）政府网站

随着互联网的发展，90% 以上的政府机构都建立了自己的门户网站，公开所有涉及群众切身利益的公共信息，开辟了“电子便民”通道，提供网上免费下载，方便公众参与和在线办事，有的政府网站还建立了专题数据库，公众可以迅速快捷地检索到各种文献资料。政府网站区别于普通网站的最大特点在于其公布政府信息的及时性、准确性、全面性和权威性。政府网站主要公布：法律规章、发展规划、办事指南、投资项目、最新工作动态、政府领导人的重要活动及演讲、投招标情况、就业求职、咨询建议、投诉求助等与民众相关的政府事务信息。

政府网站及时、权威地向社会公开大量的政府信息，可以促进政府与公众之间的理解、联系与交流，公众通过上网点击就能够了解自己关心和需要的、详尽的政府信息，这些充分体现了政府信息公开“透明、及时、便民”的原则，成为提高政府工作效率的“助推器”。但各级政府在建设门户网站时，尤其在数据库、应用系统的建设上，缺乏统一规划，各自为政、自成体系，难以实现信息资源共享。已建成的政府网站之间难以互联互通，就会给公众网上办理注册、登记等事项增加难度，不利于政府和公众之间互动关系的建立。政府网站服务公众的互动平台的建设，对于保障公众的知情权，维护公众的合法权益发挥着非常重要的作用。

（5）新闻发布会

新闻发布会又称记者招待会，是个泛称，并非单指名称上叫“新闻发布会”的活动，也有的称之为“信息发布会”“媒体沟通会”等。除了政府机关，一般的企业、社会组织也可以召开新闻发布会。这里特指政府机关组织的直接向新闻界发布政府信息、解释重大事件而举办的媒体活动。新闻发布会形式正规，既保障了媒体和公众的知情权，也促进了政府工作的透明度。新闻发言人制度[①]是政府信息公开制度在实施机制层面上的变革，从根本上涉及公众知情权和社会民主政治建设，是实现公众知情权的重要途径。

新闻发布会作为一种重要的政府信息主动公开形式，是沟通媒体、社会公众和政府部门的桥梁，已被许多国家和地区用法律的形式制度化。如我国台湾地区的《行政资讯公开办法》第8条第4项规定：政府可以采用举行记者会、说明会的方式主动公开信息；德国《新闻法》规定：政府有向新闻出版界提供相关情报的义务。作为国际上通行的一种最重要、最权威的信息发布渠道，我国政府举办的新闻发布会有三种形式：一是以新闻发言人制度的名义，通过定期、定人、定时、定点的举办新闻发布会，及时向媒体和公众披露政府最新的工作动态，提供相关的新闻事实；二是邀请国务院部门负责人或发言人介绍有关情况，有针对性地回答社会对于公共管理方面的疑问，一些地方政府也可以参照这个模式公开信息；三是遇有突发事件时，临时组织新闻中心，进行新闻发布活动，有针对性地解疑释惑、澄清事实，阐释政府的立场和观点，介绍政府已经采取和将要采取的对策措施。新闻媒体是政府信息公开的重要手段。新闻机构对涉及国家利益、公共利益的事件依法享有知情权和采访权，相关人员依法从事新闻采访活动受法律保护，法律应赋予新闻媒体比一般公民、法人和其他组织更广泛的政府信息获取权。

（6）其他载体形式

政府机关不仅要通过政府公报、政府网站、广播、电视、报纸、杂志等渠道公开政府信息，还应通过在主要办公地点设立公共查阅点、信息查询室、资料索取点、信息公告栏、电子触摸屏等场所或者设施以及其他便于公众及时准确获得信息的形式主动提供政府信息。事实上，不同的信息满足不同个体的需求，大量政府信息并不适宜被广泛发行为政府出版物，也很难通过新闻发布会完全被公开，在公共场所[②]设置信息查询室、资料索取点、信息公告栏、电子触摸屏等设施，同时备置政府出版物和新闻发布会的信息资料，并提供接入互联网的条件，以备有需要的人前来查阅、摘抄、复制或观看等，满足公众个性化的信息需求，方便公众获取带有针对性的政府信息。

---

① 2013年9月18日李克强总理主持召开国务院常务会议，会议要求，要完善政府部门新闻发言人制度，使之成为政务信息公开的重要制度安排。

② 公共场所是指人群经常聚集、供公众使用或服务于人民大众的活动场所，一般指政府机关办公场所、公园、公共图书馆、博物馆、展览馆、美术馆、体育馆等。

根据国家工业和信息化部最新的统计数据，截至2013年5月，我国手机用户数达11.65亿户，突破了11亿户大关，平均每10个中国人中就有9个拥有手机。我国政府已经开始尝试通过诸如手机、PDA、Wi-Fi终端、蓝牙、无线网络等技术为公众提供信息服务。移动政府、移动电子政务的概念就是基于此提出的，其到达率高、费用低、传播速度快、适用范围广，弥补了传统媒体的不足，是公众与政府互动的“高速公路”。在我国偏远山区和农村地区，爆发重大灾情、疫情和突发公共危机事件时，可以通过散发包括危机信息、防范措施和医疗救治等内容的通俗易懂的宣传单、宣传手册和手机短信，使危机信息在最短的时间覆盖最广，帮助公众自助自救，从而实现公众理性地配合和支持政府处理危机事件，同时有效地保障受危机直接影响的公众的知情权。

4.3.1.3 主要公开形式比较

在政府信息主动公开的形式中，最初多局限于广播电台、电视台、报纸、杂志、印制小册子等传统媒体方式，公众如果需要获得特定信息，往往需要前往政府机关内部“打探”消息。政府长期以来就是依靠这种内部传播渠道传递未公开出版的政府文件或红头文件，普通公众不易接触到红头文件，更是无从获得红头文件。随着网络化信息技术的发展，网络化传播成为政府信息传播的重要渠道，为政府信息传播提供了更多的先进手段，使公众能够通过多种渠道更有效地获得政府信息。尺有所短、寸有所长。各种主动公开形式涉及的信息内容、信息传播范围、信息功能和信息显著特点等各方面存在很大的差异性，具体区别如表4.1所示。

表4.1 政府信息主动公开形式比较

主动公开形式	信息内容	信息传播范围	信息功能	信息显著特点
全国性的报刊	法律法规、司法解释、部门规章、时事评论等	范围最广	宣传、监督、教育、引导、服务	成本低廉、使用方便、信息新颖
政府出版物	行政性文献、科技文献	政府内部	参考	权威性、发行量受限、信息严重滞后
政府热线	办事规程、办事指南	范围最窄	咨询、建议、投诉	便捷性
政府网站	政府公报、政策法规、政务新闻、机构设置、工作动态、办事指南、网上办公、信息查询等	网络用户	信息公开、在线办事、公众参与	全面性
新闻发布会	政府最新工作动态、突发危机事件	国内、国际	维护社会稳定	及时性

（1）信息内容

在公开的信息内容上，各类报刊上所公开的政府信息主要包括：法律法规、司法解释、部门规章、各种政策以及时事评论等。这一类政府信息对公民参与国家和社会事务管理具有重大影响。政府出版物从信息内容上分为两类：一类是行政性文献，所涉及的信息比报刊要广得多；另一类是科技文献，诸如国家技术标准、科研报告、科技成果、专利文献、气象资料、科普资料、地图等。政府热线是通过电话以自动语音以及人工应答等方式，向公众提供有关的办事规程、办事指南。这一类政府信息与公民日常生活息息相关，资料库的容量有限，但信息内容详细、具体。新闻发布会以新闻发布方式向媒体披露政府最新工作动态，针对突然危机事件解疑释惑、澄清事实。

在主要几种主动公开方式中，政府网站上面的信息最完整、最全面。根据各国信息公开法，所有要求公开的政府信息，公众应当都可以从网上获得。也就是说，不管是通过报刊、政府出版物、政府热线，还是通过新闻发布会公开的政府信息，都应该可以在政府网站上查询到。当前，公众对政府网站上提供的办事指南、投诉办法、详细的联系方式、政府表格下载、网上申请、法律法规、政府公告、招标公告、统计资料等方面内容的信息关注程度较高，通过政府网站获取所需信息的公众数量不断攀升，政府门户网站越来越成为传播政府信息的重要渠道。

（2）信息传播范围

报刊受发行量的限制，其传播范围有限。政府出版物的发行数量更少，发行范围窄。而且，政府出版物大多是通过商业渠道出版发行，价格昂贵。虽然可以充分利用公共图书馆、档案馆这类公益性服务部门免费向公众提供政府出版物的查阅，但其信息传播范围仍然不及报刊广。政府热线、政府网站、新闻发布会三者都需要借助一定的媒介来将政府信息传送到公众身边，只有拥有电视、电话、电脑、网络设施的公众才能更便捷地享受到政府的信息服务。而在一些偏远地区、贫困地区，很多人连电视都买不起，就不用说电话、电脑了，更无从说通过政府热线、政府网站、新闻发布会等先进手段来获取需要的政府信息。

随着国家“村村通电话，乡乡能上网”政策的贯彻实施和国民经济整体水平的提高，政府热线、政府网站、新闻发布会三种形式以其公布政府信息的准确性、全面性、及时性与权威性，将会被越来越多的公众所选用。根据本书最近的调查结果显示，由于受公众阅读习惯的影响，目前我国通过广播电视途径获取政府信息的公众人数最多，其次是报刊，使用频率最少的是电话，即政府热线。本书认为，新闻媒体和政府网站，是政府信息公开的希望所在，是真正的生力军。

（3）信息功能

报刊上的新闻或评论都具有较强的现实针对性，体现着一定时期的宣传思想和政治立场，承担着为党和国家“扬旗立言”的不二使命。报刊不仅阐述方针、政策，还会分析政治思想，帮助公众把分散的、个别的议论，化为系统的、集中的、科学的意见，并将其上升到一个理性的高度去认识和推广，形成一种良性的社会舆论，起到舆论监督、社会引导、服务大众的效果。政府出版物的内容权威、系统、可靠，借助政府出版物，可以了解某一国家的科技政策、经济政策等，而且对于了解其科技活动、科技成果等也有一定的参考作用。

政府热线实行人工受理咨询，全年每天 24 小时提供人工接听、文件传真服务。既可以更广泛地向公众提供日常事务咨询、政策文件解读，又可以接受公众的意见或建议、处理公众投诉。政府网站是电子政务的重要载体，其职能定位是信息公开、在线办事和公众参与。通过政府网站，公众也可以进行信息咨询、投诉、建议等活动，而且还可以进行表单下载、网上申请、网上纳税、网上年审等活动。也就是说，政府网站提供的信息服务功能比政府热线更人性、更全面、更周到。通过新闻发布会可以有针对性地解疑释惑、澄清事实，尤其是遇有突发危机事件时，有助于政府贴近群众、与群众建立有效沟通，对维护社会稳定、促进经济发展有重要的作用。

（4）信息显著特点

报刊区别于其他信息获取渠道的最大优势在于其信息新颖、成本低廉、使用方便。上至中央领导，下至普通百姓，绝大多数公众都选择报刊途径获取政府信息。政府出版物发布的信息权威性最强，发布的行政法规、技术标准带有强制性，但发行量有限，信息内容严重滞后，而且成本高昂。从信息产生到最终出版发行，政府出版物时滞较长，信息的时效性也是最差的。通过政府热线、政府网站和新闻发布会三种现代化的技术手段获取的政府信息更便捷、更全面、更及时。其中，通过政府热线获取信息的方式最便捷，政府网站上公布的信息最全面，新闻发布会公开的信息最及时。

在主动公开的主要形式中，政府网站的形式出现得较晚，但却代表着各国主动公开形式的未来和希望。在公开形式的选择中，技术和成本是两个需要重点考虑的因素，在这两方面，政府网站都具有其他公开形式不可比拟的优势。政府网站在技术上的优势体现在时间的及时性、空间的无界性、容量的无限性、信息权实现的平等性、获取的便捷性、信息利用的灵活性、内容的全面性、表现形式的多样性、信息整合的任意性；在成本上的优势体现在：一是物质成本，公众大幅度减少了信息申请和相应的成本负担，政府机关便利了信息的管理和保存，节约了大量行政成本；二是时间成本，无论对公众还是政府机关，在获取信息和公开信息方面都更加快捷便利，节省了大量时间，提高了工作效率；三是沟通成本，公众无需面对政府机关的“门难进、脸难看、事难办”就可以直接从政府网站获得政府信息，轻松愉悦，少了许多精神负担。[①]

采用各种形式主动公开的政府信息在内容、传播范围、功能上都存在一定的交叉重叠，互相弥补，共同达到为民办事、助民生活、与民互动和提高办事效率等目的。近年来，随着网络信息技术的飞速发展，基于手机、笔记本电脑、PDA、数字电视、公共信息亭、POS 机等接收终端的网络信息服务，必将随着技术的进步和普及得到快速发展，政府信息公开的载体形式会不断增多，信息服务手段和服务渠道也将更加多元化，并将逐步满足不同层次公众的阅读习惯和信息需求。

此外，政府信息主动公开还必须配有完善的监督措施和保障制度。各国对政府信息公开活动的监督和保障既包括政府信息公开法自身对其执行情况的监督和保障，也包括政府信息公开法之外的其他制度对其执行情况的监督和保障。前者要求政府信息公开法自身应当具备完善的程序条款和责任条款，以保障政府信息公开法的可执行性；后者则要求完善其他相关法律制度以配合政府信息公开的推行。它们共同构成了行政主体主动公开政府信息的制度保障。其中比较重要的监督措施和保障制度有：设立专门机构或专职人员，建立各级政府机关公报发行制度、新闻发言人制度、新闻自由制度，健全政府层级监督制度，建立政府信息公开投诉处理制度、公务员财产申报制度等。

4.3.2 政府机关依申请公开政府信息的程序

政府机关[②]依申请公开政府信息是对主动公开方式的重要补充，也是政府信息公开制度中不可缺少的组成部分。依申请公开政府信息的程序是指政府信息公开义务主体在依申请向政府信息公开权利主体公开信息的活动中应该遵循的方法、步骤或次序。依申请公开政府信息的程序是“资讯公开法制重心之所在”，它既能规范政府信息公开义务主体的行为，也可以规范政府信息公开权利主体的行为，对于实现公众知情权和促进政府信息公开有着不可替代的作用。政府机关依申请公开政府信息的程序应该由申请—受理—

① 王帅章:《大连市政府信息公开工作实施策略研究》，大连理工大学 2007 届硕士论文，第 25 页。

② 大多数国家在信息公开法中规定以行政机关作为政府信息公开的义务主体，本节关于政府机关、行政机关、公共机关等说法是产生于不同国家对同一概念的不同说法。

审查—决定—实施公开几个环节构成，同时应对公开费用、时限等相关问题做出制度性规定。

4.3.2.1 申请

政府信息公开权利主体——公众提出信息公开申请是政府机关依申请公开政府信息程序的首要步骤，只有公众提出申请，公开的程序才能启动，后续步骤也都是以此为基础而展开的。所以说，申请程序是启动被动公开政府信息流程的关键。

（1）申请的形式

申请形式有两种：口头形式和书面形式。值得一提的是，在我们今天生活的电子信息异常发达的社会里，电子文本也不失为一种适应潮流的申请形式。各国法律通常将电子文本归入书面形式，例如保加利亚《公共信息获取法》规定："以电子形式提出的申请也视为书面申请。"① 由于口头方式存在不确定性，而电子方式存在兼容性、信息失真和身份认证等问题，也有国家排除了口头和电子等形式提出申请②。

也有一些国家允许以口头的形式提出申请，如《南非信息公开促进法》规定："由于文盲或身体残疾的原因，无法根据规定向公共机构提出获知记录请求的个人，可以口头提出申请。"③ 但是口头形式提出申请并不是各国普遍的做法。一般来讲，信息公开申请的提出应以"书面申请为原则，口头申请为补充"。申请人书写存在障碍的，比如文盲、身体残疾，可以以口头形式提出申请，受理申请的行政机关代为以书面格式记录有关申请内容，并向申请人提供一份复印件。随着信息技术的发展，从提高行政效率、便民原则出发，政府机关应当允许申请人以电报、传真、电子邮件等电子形式提交信息公开申请。

（2）申请书的内容

采用书面形式申请时，申请书一般应载明以下内容：

A. 申请人基本信息及申请时间。根据美国的信息自由法，"任何人"均可以提出信息申请，包括个人（包括外国公民）、合伙、公司、协会、外国与国内的政府机关。④ 通常情况下，当申请人为自然人时，其基本信息包括姓名、工作单位、证件名称、证件号码、

① 周汉华：《外国政府信息公开制度比较》，北京：中国法制出版社 2003 年版，第 585 页。

② 如日本《行政机关拥有信息公开法》第 2 章第 4 条"公开请求程序"规定："依据前条的规定提出公开请求的，应向行政机关的首长提交载有以下各项内容的书面请求。"韩国《公共机关信息公开法》第 3 章第 8 条第 1 款规定："信息公开申请人应向持有或管理信息的公共机关提出书面形式的申请"。

③《南非信息公开促进法》第 2 编第 3 章第 18 条第 3 款。该条款进一步规定了："信息官员应当将口头请求记录在规定的书面格式中，并向请求者提供一份复制件。"

④ 周汉华：《外国政府信息公开制度比较》，北京：中国法制出版社 2003 年版，第 53~54 页。

联系住址[1]、联系电话、电子邮箱等；委托他人申请的，还应包括受托人的身份证明和联系方式；当申请人为外国公民时，还应注明其国籍、护照号码等。当申请人为社会组织或政府机关时，其基本信息包括法人或者组织的名称、地址、法定代表人或主要负责人的姓名、联系方式等。此外，在申请书中还应载明申请时间，这是行政机关计算决定期限起算的依据。

B. 对申请信息的适度描述。由于政府机关所掌握的信息量十分巨大，申请人取得政府文件必须合理说明或描述所需文件的性质、大致的内容和产生的时间等，以便行政机关工作人员查找信息，减少检索的工作量，可以按时提供信息。日本《行政机关拥有信息公开法》第 4 条第 1 款第（二）项规定：公开请求书应载有“行政文件的名称及其他足以将公开请求的行政文件特定化的事项”。但是，行政机关不能要求申请人提供信息具体详细的说明，例如文件的标题和编号等，因为申请人在获取信息之前是不可能对这些细节有具体详细的认识。行政机关对申请信息描述的详细程度要求必须在合理的范围内，否则将会损害申请人的利益，最终损害其政府信息获取权的实现。

C. 申请公开的理由、利用目的和申请人与公开信息的关联性。申请人提出信息申请可以根据任何理由，也可以没有任何理由。法律并不要求申请人必须具有特定的理由或者利益才公开信息。一般情况下，申请公开的理由、利用目的和申请人与公开信息的关联性，并不能构成行政机关审查和决定是否公开信息的实质条件，但是却构成行政机关进行审查和决定是否公开信息的依据。因此，一些国家要求申请人说明申请公开信息的利用目的。[2]

许多国家还规定，申请目的的不同决定了收费标准的不同，例如用于维护和促进公共利益可以获得费用减免，为了商业目的和用途则须收取检索费与审查费等。如果申请人不在申请书上载明公开信息的使用目的，则行政机关在无法确定是否有费用减免或适用何种收费标准的情形下，只能按照最高收费标准执行；如果申请书上载明了信息的使用目的，则申请人可能需要同时提供相关的证明材料。

---

①《韩国公共机关信息公开法》第 3 章第 8 条第 1 款（a）规定：“信息公开申请人应向持有或管理信息的公共机关提出记载有以下事项的书面申请：申请人的姓名、身份证号码以及住址。”

②《韩国公共机关信息公开法》第 3 章第 8 条第 1 款（b）规定：“信息公开申请人应向持有或管理信息的公共机关提出记载有以下事项的书面申请：请求公开信息的内容及使用目的。”第 14 条补充规定：“申请人应根据其申请目的，充分使用依法获得的信息。”

如果申请人申请公开的信息属于私人信息[①]，行政机关对是否公开私人信息拥有自由裁量权。为了尽量减少因行政机关不必要的自由裁量而造成对信息公开的限制，这时就需要申请人在申请书上载明与公开信息之间的关联性。当申请公开的私人信息是申请人本人的信息时，申请人必须提供相关的身份证明，行政机关必须对申请人公开信息；当申请人申请公开的私人信息是第三人信息时，申请书中也可以选择载明申请人与第三人之间的关联性，例如申请人获得第三人的书面同意或授权，并提供相关的同意书或委托书等证明材料，行政机关可直接决定是否公开。如果申请书没有载明关联性，则行政机关可能需要启动第三人意见征求程序，并可能基于保护第三人私人信息的自由裁量而选择不公开信息。[②]

D. 信息公开形式的要求。行政机关可以通过查阅、复制、信函、电报、传真、E-mail等方式向申请人提供政府信息。现代信息技术的发展为政府信息以多种形式保存和传播提供了充分的技术支持。同一内容的信息，行政机关可能同时以多种载体形式保存着，也可能很容易地由一种载体形式转换为另一种载体形式。申请人可以在申请书中载明对申请公开的政府信息的形式要求，行政机关应在技术条件允许、不增加行政成本、不影响行政效率的前提下，按照申请人要求的形式公开政府信息。但是，当申请查阅的行政文件会因查阅而造成污损或破损，或者申请人要求政府提供的信息量过大、大大加重了行政成本、严重影响行政机关的正常业务时，政府可以限制申请人要求公开政府信息的形式。如日本《行政机关拥有信息公开法》规定："行政机关的首长认为行政文件的公开方法可能影响该行政文件的保存以及有其他正当理由的，可以以复印件的方式公开"。[③]韩国《公共机关信息公开法》规定："因申请人要求提供的信息为人所知或要求提供的信息量过大，以致严重地影响公共机关的正常业务，可以限制所提供的信息副本或者复制件。"[④]

4.3.2.2 受理

与《行政许可法》中的申请程序相反，行政机关对公众的信息公开申请是先受理后审查。受理的过程非常简单，是对公众的信息公开申请表示接受，将收到的信息公开申请进行登记，并向申请人出具《受理回执》或《受理通知书》，而不必理会申请人的申请

① 这里特指行政机关所掌握的非公共的、关于特定自然人或组织的信息。

② Kang，Kyung-keun. Freedom of Information——the Experience in Korea. Conference on Freedom of Information Laws，2007.

③ 周汉华:《外国政府信息公开制度比较》，北京：中国法制出版社 2003 年版，第 128 页。

④ 周汉华:《外国政府信息公开制度比较》，北京：中国法制出版社 2003 年版，第 360 页。

材料是否完备、属实。对受理程序采用受理申请登记制度，要求受理申请的行政机关将每一份信息申请记录在案，便于当事人双方明确受理之日，行政机关在法定期限内依法行政，防止公众的信息公开申请被行政机关置之不理、不被及时处理等问题。

4.3.2.3 审查

政府信息公开依申请公开的一般审查程序又细分为初步审查和实质审查，审查要在规定的期限内完成。

（1）初步审查与处理

初步审查与处理是依申请公开程序的第三个步骤，是行政机关在受理申请人提交的信息申请之后、在进行实质审查之前，对是否具有进行实质审查的条件和必要性所做的简要前置审查，并根据初步审查结果做出相应处理。事实上，并非所有的信息公开申请都需要按照申请公开的一般步骤走完全部程序。对于一些不符合申请条件的公开申请，或者行政机关无法、无必要提供信息的申请，可以提前中止或终止公开程序，而不必进入实质审查和做出公开决定阶段。初步审查与审查后的处理，是一个步骤的两个方面。对初步审查的相应结果进行处理，也就是对申请人的申请做出积极回应，使申请人能及时根据行政机关的处理结果采取相应对策，既节省申请人的成本和时间，也节约行政成本、提高行政效率。

初步审查可能出现的结果及应采取的相应处理措施包括：①申请书材料存在不完备之处，政府机关可以要求申请人予以补正或更正，并提供合理帮助；②申请公开的信息不存在，政府机关明确告知申请人信息不存在的情况；③政府机关不能确定申请的信息是否存在，可以如实告知申请人不能确定该信息是否存在；④政府机关已尽力但仍无法查找到认为本系统应当拥有被申请的信息的，告知申请人信息无法查找到；⑤申请的信息已经以主动公开方式公开的，政府机关应告知申请人获得该信息的出版物或场所[①]；⑥同一申请人就同一信息已提出过公开申请的，应当告知申请人该信息申请属于重复申请；⑦申请公开的信息不属于接受申请的政府机关，最好是采取移送的方式，直接将申请书移送至掌握该信息的政府机关，并告知申请人该政府机关的联系方式[②]。如果接

① 例如《广州市政府信息公开规定》第 20 条规定："公开权利人申请公开的内容已经公开的，公开义务人应当给予指引"。我国台湾地区《行政资讯公开办法》规定："如果当事人申请公开的资讯已由行政机关的主动公开方式公开，则行政机关得以告知查询处所或取得之方法，以代提供"。

② 绝大多数国家都规定了申请的移送制度。因为申请人在很多情况下，并不了解政府各机关的职能划分，很容易出现向不适合的机关提出申请的情况，而政府机关是一个体系，比较了解各机关的职能划分。移送制度避免了申请人就同一信息重复提出申请，节约了行政资源，也使申请能早日得到处理。

受申请的政府机关不知道具体哪个机关拥有该信息，则只能将此情况告知申请人；⑧申请的信息明显属于不予公开范围的[①]，应告知申请人该信息属于不予公开范围。

（2）实质审查

实质审查在整个依申请公开信息程序中具有举足轻重的地位，实质审查结果是政府机关做出是否公开决定的依据。实质审查首先是对申请人所提交的有关材料的真实性、充分性进行审查，然后审查申请公开的信息是否符合公开要求，抑或属于不予公开的范围。如果属于免于公开的信息，则还需要进一步审查该信息是否具有可以自由裁量的情形。

在实质审查过程中，如果涉及第三人信息，公开此类信息将会损害第三人利益的，政府机关必须告知第三人，并听取第三人的意见。如果第三人不服政府机关的公开决定，还应享有获得救济的权利。[②]

（3）审查期限

审查要在规定的期限内完成，审查期限由初步审查与处理时限和征求第三人意见时限构成。审查期限可以单独规定，也可以笼统地被涵盖在决定期限之中。一般来说，初步审查与处理时限和征求第三人意见时限应该比决定期限短，从而方便政府机关及时做出公开决定。只有极少数国家的政府信息公开制度专门对信息公开申请的审查期限做出具体规定，也有国家不将政府机关征求第三人意见所花费时间计算在决定期限内。

4.3.2.4 决定

为了保障申请人的政府信息获取权，按照初步审查和实质审查的结果，政府机关应当在一定期限内，对申请人请求公开的政府信息做出是否公开的决定，并将决定书面通知当事人。

（1）决定的方式

政府机关对申请人请求公开信息的最终决定有公开决定和拒绝公开决定两种。其中，公开决定又可分为全部公开和部分公开。政府机关应根据具体情况做出公开、部分公开、

① 这是所说的明显不予公开信息，是指无需进行实质审查即可确定属于不予公开范围的信息，可裁量的不予公开信息不在此列。

②《加拿大信息获取法》第 27 条规定：“政府机关首长认为申请公开的记录载有或有理由足以认为跟第三人有关的特定信息，而第三人的住所、居所或所在处所清楚，则政府机关应于申请人请求提出后 30 日内将请求情况以及与提供的该项记录全部或一部分的事实通知第三人，如第三人同意提供该记录则可以放弃其后续的权利。”第 28 条规定：“该第三人如有异议，有权在收到政府机关的通知后 20 日内向该政府机关书面陈述不应提供的理由（如经该政府机关首长许可，第三人也可以口头方式陈述）。受理行政机关应在给第三人的通知寄发后 30 日决定该项记录是否提供，并以书面方式将其决定通知该第三人。”

不公开的决定，并及时书面告知申请人决定的内容、理由、救济的途径等。通常各国信息公开法都详细规定了政府机关依申请“不公开信息”的范围。如美国《情报自由法》规定了9类例外信息，日本《行政机关拥有信息公开法》第5条列举了6款13项“不公开信息”内容，韩国《公共机关信息公开法》第7条详细列举了8款11项不予公开的信息。

部分公开决定是为了最大限度地保障申请人的政府信息获取权，防止政府机关借口被申请公开的政府信息中含有部分不予公开的内容而拒绝公开全部信息。对于部分公开的信息，应删除需保密的部分或将必要的内容做更改后再向申请人公开。但是，如果删除需保密的部分内容使公开其余部分变得没有意义，则政府机关可以免除部分公开的义务。为了保证部分公开内容的完整性，政府机关还应使申请人能够感知到不公开部分内容的信息量。①

当拟公开的信息涉及第三人，且可能会损害第三人的合法权益时，应将公开申请书面通知第三人，依据第三人的意见决定是否全部或部分公开。对拒绝公开的决定，政府机关应书面告知申请人决定的理由、法律依据和救济途径，如“例外信息”“信息不存在”“对信息的描述不合理”“非本机构信息”“重复申请”“信息已经公开”等。决定的理由是政府机关做决定的依据。告知申请人决定的理由可以限制政府机关在信息公开决定中的专断、偏私、随意行为，有利于增强公众对政府信息公开行为公正性的信心。

（2）决定的期限

决定期限，又称为决定时限，是指在一个完整的信息公开程序中，不存在中止或延长的情形下，政府机关从收到公众申请之日起到做出公开决定时止的时限。各国信息公开法规定的决定时限长短不尽相同，最短的10日，最长的也不超过30日。存在申请需要补正等中止情形时，中止情形的持续时间一般不计入该时限。除非有特殊原因或合理的理由可适当延期外，政府机关都应在规定的期限内做出是否公开的决定。

4.3.2.5 实施公开

实施公开是依申请公开政府信息程序的目的和归宿所在，政府机关做出公开决定或拒绝公开的决定之后，应该在一定期限内、以一定的形式，及时向申请人提供所申请的信息。

---

① 周汉华:《外国政府信息公开制度比较》，北京：中国法制出版社2003年版，第106页。

（1）实施公开的形式

依申请公开政府信息的方式是一对一的公开，相对于一对多的主动公开方式，其公开形式要简单得多。依据申请公开信息的载体特点，政府机关实施公开的形式一般有：①申请公开信息的内容简短，可以口述方式提供；②以文书、图片、照片等载体存在的信息，提供查阅或复制件；③以声音或影像等方式储存的信息，供申请人聆听或观看；④通过网络提供电子信息；⑤因查阅或复制易造成污损或破损的信息，提供信息内容摘录或摘要的手抄本；⑥申请人存在视力、听力或者语言障碍的，提供与其能力相适应的特殊公开形式等。

现代信息技术的发展与进步，为申请者更便捷地利用政府信息提供了技术支持，政府机关实施公开的形式也应不断适应信息化的发展，以条例规定向申请人提供多种信息公开形式，并允许申请人对公开形式进行选择。一般情形下，政府机关有义务保证尽可能地按照申请人选择的优先形式公开信息。但是，申请人要求的特定形式必须满足技术要求[①]，不得影响行政效率，更不能损害他人利益。譬如，如果被申请公开的信息是以速记或密码的方式保存，就不可能提供信息的复印件，而只能提供文字抄本；如果被申请公开的信息的载体需受严格保护，而公开原件有可能会造成载体损坏，那么就不能提供原件阅览，而只能采取提供复印件或是口头告之的形式。无论政府机关在何种情形下改变了申请人对公开形式的选择，都应该说明理由。

（2）实施公开的期限

对于依法可以公开的政府信息，政府机关应当在做出公开决定之后的一定时限内向申请人公开信息；申请人也必须在一定时限内到政府机关索取信息。多数国家和地区的政府机关通常不具体规定实施公开的时限，而是笼统地要求政府机关应该迅速地公开信息。从维护申请人利益的角度出发，对于申请人到政府机关索取信息的时限一般应规定得稍微长一些。但也不能无限制，出于行政效率的考虑，通常规定“自申请人收到公开决定之日起不得少于”一定的时间。

根据以上的分析，可以得到我国各级政府机关处理公众依申请公开政府信息的流程，如图 4.1 所示。

① 譬如：被申请公开的信息若是以声音或影像形式保存的，就不可能提供阅览服务，而只能以聆听或观看的形式提供。

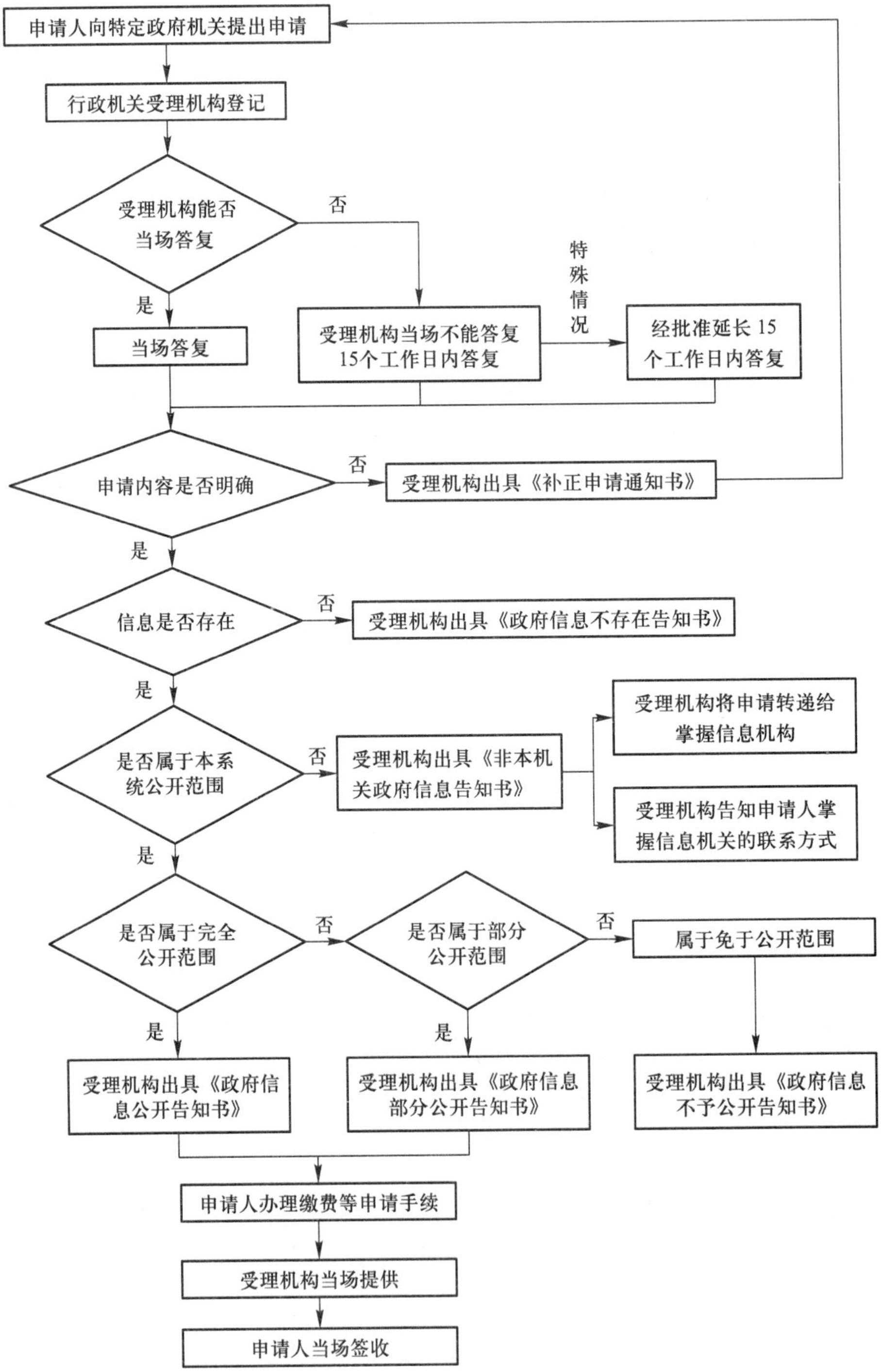

图4.1　依申请公开政府信息的流程

4.3.2.6 费用

政府机关在对政府信息资源进行开发利用和公开的过程中，投入了相当大的人力、物力和财力。这个成本应由谁来承担，如何承担，就产生了公开费用的问题。严格来讲，在依申请公开政府信息程序中，申请人向政府机关支付申请费用并不属于程序的步骤。但是，根据已经实施政府信息公开收费制度的国家和地区的经验，费用的支付对整个依申请公开程序的影响相当大。如果完全由申请人承担信息公开费用，一方面会限制公众获取和利用政府信息的欲望，影响政府信息资源的充分利用，另一方面也极易造成政府机关为了自身利益而形成信息垄断的局面，从而导致腐败；如果完全由政府机关承担费用，一方面会加重财政负担，降低政府机关提供信息公开服务的欲望，甚至影响正常的信息公开服务，另一方面也极有可能造成公众滥用政府信息获取权的局面。

支付费用一般发生在申请人提出申请或政府机关做出公开决定之后。各国和地区在信息公开立法和实践中关于公开费用的收取模式存在按公开的目的收费和按件或时间收费两种。其中，美国是依据公开信息的不同使用目的而收取不同的费用。美国在《情报自由法》1986 年修正案以后，将收取费用的范围限于检索（search）、复制（duplication）和审查（review）三种直接成本的合理费用。再依据申请目的将申请人分为三类：商业利用的申请人，新闻媒介、教育或以科研、学术为目的的非商业机构，前两类之外的其他申请人。申请信息用于商业利益时，对其收取检索费、复制费和审查费三项费用；基于非商业目的的申请时，政府机关只收取复制费，不收检索和审查费用；第三类的申请人，政府机关同时收取检索费和复制费。

除美国之外，大多数国家都是采用按件或时间收费。如韩国《公共机关信息公开法》第 15 条第 1 款规定："信息公开以及邮送等所需的实际费用，由申请人负担。"加拿大《信息获取法》规定，一般情形下，每件申请收取的费用不超过 25 加元；需要影印资料的，则应收取重置成本费用。此外，如果在正常情况下提供记录的时间超过 5 个小时，则政府机关可以以小时为单位另行收取额外费用。政府机关提供政府信息原则上免费，即不得按信息本身所含市场价值收费，不得以收取费用赢利。此外，对于经济上确有困难者和其他特殊原因者（如公开信息可以促进公共利益等），政府机关也应根据实际情况酌情减免收费。

4.3.2.7 时限

政府信息公开的时限是指法律规定的政府信息公开整个过程或每一具体步骤的有效时间段。政府信息公开义务主体在法定时间段内不作为的，待法定时间届满后就会产生相应不利的法律后果。信息能否及时公开，已经成为衡量一个国家政府信息公开制度有效性的重要标准。[①] 依申请公开除了整个程序的一般时限外，每一具体步骤都有各自的时限，包括初步审查与处理时限、征求第三人意见时限、决定时限、实施公开时限和延长时限等。依申请公开各个具体步骤的时限，本书在相应步骤中已经分析过，这里主要探讨延长时限。

在依申请公开政府信息程序中，当政府机关在决定时限内不能按时完成公开程序，依法允许其在一定情况下延长公开时限，并及时告知申请人，同时还需说明延长时限的理由。时限的延长不能无限期，世界各国的政府信息公开制度都规定了具体的延长时限，且一般只能延长一次。美国《情报自由法》规定："行政机构应在收到申请十日内（星期六、星期日和法定节假日除外）做出是否提供信息的决定，并且应当立刻通知申请人该决定和做出决定的原因以及申请人享有向行政机构首脑就否定决定提出上诉的权利。如遇特殊情况，允许政府机关最多延长十天决定时间。"[②] 日本《行政机关拥有信息公开法》规定："行政机关的首长应该自公开请求之日起的三十日之内，做出公开或者不公开（包括部分不公开）的决定。有事务处理方面的困难及其他正当的理由的，行政机关的首长可以延长该期限，但延长的期限不得超过三十日。"[③] 韩国《公共机关信息公开法》规定："公共机关要从接受请求之日起 15 日之内做出决定，是否公开。公共机关因不得已的事由（不可抗力），不可能在规定期限内做出是否公开信息的决定时，从期限满了次日开始计算，可在 15 日之内延长是否公开信息的决定期限。"[④] 各国的政府信息公开制度对依申请公开信息的决定期限和延长时限规定不一[⑤]，各国政府机关对信息依申请公开期限比较如表 4.2 所示。

表 4.2　各国政府机关对信息依申请公开期限比较

国家	中国	美国	日本	韩国	新西兰	英国	南非	芬兰
答复期限（单位：日）	15+15	10+10	30+30	15+15	20+20	20+40	30+30	14+16

注：答复期限中前面的数字表示决定期限，后面的数字表示延长时限。

① 金太军、姚虎：《政府信息公开制度创新困境的内在机理探究——以新制度经济学为视角》，《江汉论坛》2011 年第 8 期，第 65~69 页。

② Freedom of Information Act.5 The United States Code 552，a（6），http：//www.archives.gov/foia。

③ 周汉华：《外国政府信息公开制度比较》，北京：中国法制出版社 2003 年版，第 127 页。

④ 周汉华：《外国政府信息公开制度比较》，北京：中国法制出版社 2003 年版，第 361 页。

⑤ 我国《政府信息公开条例》第 3 章第 24 条规定："行政机关收到政府信息公开申请，能够当场答复的，应当当场予以答复。行政机关不能当场答复的，应当自收到申请之日起 15 个工作日内予以答复；如需延长答复期限的，应当经政府信息公开工作机构负责人同意，并告知申请人，延长答复的期限最长不得超过 15 个工作日。"该条款还补充规定："申请公开的政府信息涉及第三方权益的，行政机关征求第三方意见所需时间不计算在本条第二款规定的期限内。"

时限的作用体现在它的法律效力上，即相应机关如果不能在一定时限内完成一定的行为，将承担相应的法律责任。在依申请公开政府信息的过程中，对政府机关而言，应对公民提出的信息公开申请，在一定期限内给予答复，不得在时间上任意拖延，否则即构成违法。法定时限届满后，政府机关如果没能做出公开决定，将被视为拒绝公开或不作为，同时还需承担相应的法律责任；对于申请人而言，如果不能在法定时限内应政府机关的要求补正申请，法定时限届满后将被视为自愿放弃申请；对申请涉及的第三人而言，如果不能在法定时限内对申请人要求公开的信息内容发表自己的意见，法定时限届满后将丧失其相应的权利。

4.4 政府信息公开的救济机制

"权利依赖于救济。"[①] 救济是防止对权利的侵害，以及当权利受到侵害时对所受到的侵害的矫正和补救的手段。[②] 我国目前的政府信息公开还只是政府的单方面行为，公众的权利意识还未凸显。如果没有救济手段，即便政府机关在实践中不依法公开政府信息，公众的知情权受到侵犯，政府信息获取权得不到真正的保障，老百姓也无处可诉，找不到便利的救济措施。要使公众真正地享有法律规范所赋予的权利，就应该有救济程序加以保障和认可。

4.4.1 救济机构

政府信息公开需要专业人员，更需要由专业人员组成的专门机构。借鉴国外成功经验，本书认为我国政府信息公开制度可以设立以下三种救济机构。

4.4.1.1 信息委员会

信息委员会是非常设性的合议制机构，主要职能是向政府机关提供指导性意见、向复议机关提供咨询、受理申请人对信息申请的申诉等。当然，信息委员会对申诉做出的决定是一种咨询性的决定，是不具备法律执行力的。委员会成员一般由行政机构的首长和有威望的专家、学者组成，结合了专家的专业优势和行政官员的权威性，全体委员都是兼职工作。信息委员会既能有效防止部门利益保护，平衡不同部门之间的利益冲突，

① H.W.R.Wade：Administrative Law. Oxford：Clarendon Press，6th ed.2011，P513.

② Henry Campbell Block：Block's Law Dictionary.New York：West Group，9th ed.2009，P1162.

又有利于发挥专家、学者优势，使政府信息公开的救济更加严格、科学、专业、权威、快捷、公正。

泰国、日本就是采用独立的信息委员会机构实施救济的国家。泰国“官方信息委员会”（Official Information Commission，OIC）由总理委任主席，各行政部门的首长和一些学者任委员。OIC 的职能不但包括指导官方信息公开的实施，而且还包括直接处理申诉。《泰国官方信息法》规定：“任何人如果认为国家机关未能依法公布信息，或者未能将信息供公众查阅，或者拖延履行义务，均可以向委员会提出申诉。”①《日本行政机关拥有信息公开法》规定：“审查会认为必要时，可以要求咨询提出机关依照审查会指定的方法，对被做出公开等决定的行政文件中记录的信息内容进行分类或整理，并将分类或整理后的资料提交审查会。②

信息委员会属于咨询性机构，增设独立的信息委员会救济机构，可以克服行政救济过程中行政机关基于自身利益考量而缺乏公正性的缺陷。此外，为了更好地发挥信息委员会的作用，还应赋予其要求政府机关说明理由或行政处分建议权等。在具体的制度设计上，《日本行政机关拥有信息公开法》设立的信息公开审查会独有的屏蔽审查程序可资借鉴。该法规定：“任何人不得要求审查会公开该被出示的行政文件”③，并且“审查会的调查审议程序不公开”④。

4.4.1.2 信息专员

独立的信息专员，是指独立于行政机关，在穷尽行政的内部救济后，对公共机构对信息公开申请的处理是否符合信息公开法的规定做出决定，如英国、澳大利亚、新西兰等。⑤英国的信息专员（information commissioner）是由 1998 年《数据保护法》规定的数据保护专员易名而来⑥，由英王任命，任期 2 年，可以连任，其主要职责是监督信息公开法的实施，使行政争议在行政救济之后、进入司法救济之前，最大限度地通过非司法性程序解决争议。英国《信息公开法》规定：“在穷尽行政的内部救济后，任何人都可以申

---

① 周汉华：《外国政府信息公开制度比较》，北京：中国法制出版社 2003 年版，第 380 页。

② 周汉华：《外国政府信息公开制度比较》，北京：中国法制出版社 2003 年版，第 133 页。

③ 周汉华：《外国政府信息公开制度比较》，北京：中国法制出版社 2003 年版，第 133 页。

④ 周汉华：《外国政府信息公开制度比较》，北京：中国法制出版社 2003 年版，第 134 页。

⑤ 董小燕：《WTO 原则下的中国信息公开制度研究》，太原：山西大学 2005 届硕士研究生学位论文。

⑥ 1984 年的《数据保护法》设立了数据保护登记官（Data protection Registrar）；1998 年英国修改了 1984 年的《数据保护法》，将数据保护登记官改名为数据保护专员（Data protection Commissioner）；2000 年《信息公开法》又将数据保护专员改称为信息专员。

请信息专员对公共机关对信息公开申请的处理是否符合该法的规定做出决定。”①

信息公开的申请人对公共机关做出的信息公开的申请的处理有异议，可向信息专员提出申诉，信息专员处理申诉的手段主要有三种：决定通知书，提供信息通知书和执行通知书。如果公共机关无正当理由仍然拒不执行相关的通知书，则信息专员在收到相关证明后，在合理的时间内向法院提交书面文件说明公共机关没有执行相关的通知书。法院在听取相关证人证言和公共机关的申辩后，将以公共机关犯有藐视法庭罪，对该公共机关做出处理。

北欧 5 国以及其他一些国家的立法监察专员实际上也是起信息专员的救济作用。结合我国的国情，设定信息专员救济机构，一方面，要减少财政开支，不能因政府信息公开而增设机构，可以考虑由信息办领导、首席信息官、人大代表等兼职信息专员，信息专员的职务应该是非常设的，其地位独立，但人员不独立；另一方面，要注意从法律制度上确认信息专员的独立地位，减少行政干预与影响，保证信息专员行使职权的独立性和公正性。

4.4.1.3 信息裁判所

信息裁判所（information tribunal）是行政裁判所的一种。行政裁判所与法院相似但又不同，按照最高法院的理解，裁判机构一词比法院要宽泛得多，“所有的法院都是裁判机构，但不是所有的裁判机构都是法院”。不同行业的行政裁判所，其性质和功能、适用的原则和规则也不尽相同，用于解决不同行业中技术性较强的法律问题。行政裁判所的人员由法律人士和行业专家组成，分别被授予“裁判所法官”和“裁判所成员”的身份。无论是“裁判所法官”还是“裁判所成员”，都享有完全独立的、无区别的司法权。裁判所程序简单，收费相对低廉，以其相对的公平性、专业性、非正式性②和行为一贯性，来审查行政官员做出的行政决定是否妥当，为申诉人提供成本低廉、快速有效的救济途径。

信息裁判所是独立于行政系统之外的准司法性的裁判机构，是当今世界各国解决行政纠纷的主要手段之一，成员大多由代表不同利益的有专门知识的人组成，可以解决法院效率低、收费高的问题。③英国和泰国都是采用信息裁判所救济制度的国家。在英国，信息的申请人或被申请人对信息专员的决定有异议，可以到信息裁判所提出申请裁决。

① 《英国信息公开法》第 50 条第 1 款，该法的全文见：http: //www.legislation.hmso.gov.uk/acts/acts2000/20000036.htm。

② 1932 年多诺莫尔（Donoughmore）委员会的报告中指出，裁判所比法院的优势在于“低廉，可得，免于技术化，快速及特定领域的专业知识”，裁判所尽可能采取的是相对“非正式化”的听证制度。

③ 郑文明：《亚洲政府信息公开救济制度及借鉴》，《中国社会科学院研究生院学报》2008 年第 1 期，第 96~101 页。

如果对裁判所的裁决不服可以再向有关法院提起上诉，由法院来担当整个救济链条的最后一道防线。英国的信息裁判所虽然名称上不叫法院，但其实质是镶嵌到普通司法体系之中的、具有司法性质的初次审查，就相当于我国法院的一审判决，如果当事人对行政司法机关的裁决不服，可以继续向二审法院上诉。

英国的行政裁判所曾经“像蘑菇一样地膨胀”，成为独立的司法系统中不可或缺的重要组成部分，且受到司法独立原则的保障。在我国，虽然行政机关承担了大量的司法职能，但缺乏司法独立性和裁决的公正性，从而制约着行政裁决制度的健康发展。随着民主观念的发展和行政管理理念的进步，设立专业化的行政裁判所已成为当今世界各国解决行政争议和纠纷的趋势。我国也应适应这一趋势，完善行政纠纷解决机制，成立信息裁判所，赋予具有特别经验和学识的法律人士与专家司法权力。信息裁判所的成员和政府官员没有直接的联系，在业务上完全独立，在案件的审理上可以不受政府机关的干涉或者直接影响，对行政决定进行更为实体化的审查，因此，可以完全超脱于政治影响之外独立做出裁决，保证裁决行为的公正性，维护在申诉中处于弱势地位的当事人的利益。信息裁判所必将成为公众获得政府信息权的主要救济手段之一。

为了贯彻“穷尽内部行政救济原则”，有的国家还专门设有信息自由专员、议会信息监察专员等救济机构，由专业人员来为寻求信息的公众提供更有效率的指导、帮助和咨询，对违反规定的官员提起集中、统一的申诉或裁判。这不仅有助于增强行政机关抗干预能力，使之可以更好地认定事实，保证行政行为的公正性；同时，也可以减轻法院的负担，提高司法资源的使用效率，用较低的成本实现救济功能。

4.4.2 救济渠道

各国除了设置行政救济机构来监管行政机关依法履行政府信息公开的义务，还规定了具体的救济方式和程序，保障公民、法人或者其他组织的合法权益不受侵犯，以保障公民知情权及时、有效的实现。

4.4.2.1 行政复议

行政复议属于行政系统内部的救济途径，由接受信息公开申请的政府机关或其上级主管机关，受理申请人提出的行政争议事项并限期进行审查。在法国，向原政府机关提出的行政复议称为善意救济，向原政府机关的上级主管机关提出的行政复议称为层级救济[①]。

---

①［法］里韦罗著，鲁仁译:《法国行政法》，北京:商务印书馆 2008 年版，第 519 页。

在日本，将第一类情况称为异议申诉，将第二种情况称为审查请求[①]。目前，世界上已经制定了政府信息公开制度的国家基本上都采用行政复议这一救济途径。

美国：行政复议前置

行政复议前置，即当事人对行政行为或行政决定不服应当先申请行政复议，对复议决定仍不服的可以提起行政诉讼。[②]美国《情报自由法》规定："行政机关拒绝公众的信息公开请求时，应当告知请求人理由及请求人有向该机关首长提起复议的权利。"[③]也就是说，美国关于政府信息公开的行政复议救济途径，程序上是由受理申请的机关内部的首长对申请人提出的异议申诉进行行政审查。[④]

日本：法定的自由选择主义与事实上的前置主义

日本的政府信息公开行政复议制度在实践中十分成功，而且颇具特色。这对于我国制定政府信息公开救济制度有很强的借鉴意义。具体来说，日本的政府信息公开行政复议制度有以下基本特色。

（1）自由选择主义

自由选择主义是日本政府信息公开救济制度的一个基本特点。日本《行政机关拥有信息公开法》中并未明确规定"行政复议的前置是一项义务"，但第18条规定"行政复议审查机关的首长应向信息公开审查会提出咨询"，这种咨询制度深受公开请求人的信赖，而且在实践中成效显著，导致大部分申请人把行政复议作为首选的救济方式。

（2）信息公开审查会

信息公开审查会制度是日本在监督体制上最有特色的一项信息公开实践活动。日本《行政机关拥有信息公开法》规定："为调查审议第十八条规定的咨询程序中的复议申请，在总理府中设置信息公开审查会。"[⑤]该法还对信息公开审查会的人员构成做了详细规定。信息公开审查会的基本特征有：①参与行政复议；②属于第三者机关；③属于咨询机关；④属于合议制机关；⑤不具有对制度运营的建议功能；⑥全国只设置一个；⑦设置在总理府内。[⑥]

（3）屏蔽审查

屏蔽审查是日本信息公开审查会制度中独有的审查程序，来源于美国、加拿大等国

① 吴东镐、徐炳煊：《日本行政法》，北京：中国政法大学出版社2011年版，第216页。

② 杨伟东：《复议前置抑或自由选择：我国行政复议与行政诉讼关系的处理》，《行政法学研究》2012年第2期，第71~76页。

③ Freedom of Information Act.5 The United States Code 552，a（6），http：//www.archives.gov/foia。

④ 复议申请通常必须在20个工作日内得出结论，但政府机关可以额外延长10个工作日。一旦复议期限超过，申请人可以认为复议请求被拒绝并据此提起司法审查。

⑤ 周汉华：《外国政府信息公开制度比较》，北京：中国法制出版社2003年版，第131页。

⑥ 刘杰：《日本信息公开法研究》，北京：中国检察出版社2008年版，第43页。

的司法诉讼程序制度中专门采用的屏蔽（in camera）审查制度，即在诉讼程序中，被要求公开的行政文件可以仅由法官审查而不让被告查阅。日本《行政机关拥有信息公开法》规定："审查会认为必要时，可以要求行政机关出示公开等决定所涉及的行政文件。"① 第32条还进一步规定："审查会的调查审议程序不公开。"这种"屏蔽审查程序"事实上就是一种秘密审查机制，调查审议程序对信息公开的申请人或是第三人保密。

我国《行政复议法》也在行政复议程序中，对涉及国家秘密、商业秘密或个人隐私的行政文件贯之以"信息不公开原则"。② 政府信息公开制度的目的在于使公众的知情权得到保障，但是在政府信息公开行政复议的特定情况下应该坚持不公开审查原则。③ 我国一些地方行政单位建立政府信息公开保密审查制度、政府信息发布审查制度等，也都是为了避免因政府信息公开不当而损害国家、个人、组织的安全和利益。因此在政府信息公开行政复议制度中强调"不公开审理原则"具有特殊的价值和深层次的意义。

4.4.2.2　申诉

我国政府信息公开法定的救济途径只有行政复议和行政诉讼④，没有赋予公众申诉的权利。而很多国家的信息公开法都规定了信息公开申请人有申诉的权利。在泰国，官方信息委员会对国家官员和国家机关的行政行为予以监督，公开申请人如果认为国家机关未能履行公开义务的，均可以向信息委员会提出申诉。⑤

在加拿大，政府设置了信息委员⑥（Information Commissioner），来处理信息公开请求权人对行政机关拒绝公开决定的申诉。信息委员有权力审查申诉，但无权命令政府机构公开信息。而且，对于政府拒绝申诉者公开请求的决定，信息委员只有在审查完毕后，才可以要求联邦法院审查。在日本，信息公开审查会兼具咨询职能和处理申诉职能。⑦

---

①《日本行政机关拥有信息公开法》第3章第27条第1款还补充规定："任何人不得要求审查会公开该被出示的行政文件。"第2款进一步规定："咨询提出机关不得拒绝审查会所提出的要求。"

②《中华人民共和国行政复议法》第23条第2款规定："申请人或第三人可以查阅被申请人提出的书面答复、作出具体行政行为的证据、依据和其他有关材料，除涉及国家秘密、商业秘密或者个人隐私外，行政复议机关不得拒绝。"

③ 王咏梅：《政府信息公开与行政复议制度》，《档案》2008年第1期，第23~25页。

④《中华人民共和国政府信息公开条例》第4章第33条规定：公民、法人或者其他组织认为行政机关在政府信息公开工作中的具体行政行为侵犯其合法权益的，可以依法申请行政复议或者提起行政诉讼。

⑤《泰国官方信息法》第1章第13条规定："任何人如果认为国家机构违反或未能遵守本法，或者拖延履行义务，或者没有缘由地没有得到便利，均可以向委员会提出申诉。"第5章第28条规定："委员会对国家官员与国家机关履行法律规定的义务予以监督和提出建议。"

⑥ 加拿大信息委员有权力对文件进行强制审查。但是，他无权命令政府机构公开文件，只能依靠说服来解决争议。如果信息委员认为政府对包含第三者信息的公开申请做出了拒绝的决定，他可以要求联邦法院审查这个不公开决定。

⑦ 日本信息公开审查会处理申诉的职能表现在：信息公开审查会针对行政机关首长的决定进行合法性以及合理性审查，这种行政活动是属于职权性的，以书面审查为核心，但是在审查中，也给予申诉人口头意见陈述权，以使信息公开审查会的判断更具有正当性。

对于申诉机构,有的国家基于“穷尽内部行政救济原则”[①],将其设置于行政系统之内;也有的国家为了防止部门利益保护,将其独立于政府内部系统之外。申诉救济途径的价值就在于申诉机构独立于政府信息持有机关,而不是政府信息持有机关的同级或上级,这样可以克服申请公开的信息与提供救济的机关之间存在的利益弊端,从而使申诉机构比较客观、公正地做出判断,促进政府信息的公开。

4.4.2.3 行政诉讼

法治的基本原则是任何权利都应当有寻求司法救济的机会。前述各种救济手段或是行政性的救济,或是准司法性的救济,只有行政诉讼才是司法性的救济。绝大多数国家在信息公开制度中都规定了以行政诉讼作为公众获得政府信息权的最后救济手段。比如,美国《情报自由法》规定,对于必须在《联邦登记》上公布而没有公布信息的情况,或者不在《联邦登记》公布范围之内但政府机构必须以其他方式公布信息而没有公布的情况,以及上述两种情况以外政府机构根据公众的请求必须公开信息而没有公开的情况,公众都有权提起行政诉讼。[②] 日本《行政机关拥有信息公开法》没有明文规定诉讼制度,但是当开示请求人对行政机关的长官做出开示或不开示决定不服时,可以根据《行政不服审查法》提起不服申诉,或根据《行政案件诉讼法》提起撤销诉讼。[③]

在行政救济措施与行政诉讼的关系方面,当事人可以选择直接提起行政诉讼,或者先申请行政复议,对行政复议决定不服再申请行政诉讼。除日本等少数国家由当事人自由选择行政复议或行政诉讼外,美国、韩国、法国等国家要求在提起行政诉讼前必须经过行政复议等行政救济措施。在法国,一般情况下行政救济手段并非是行政诉讼的前置条件,但行政公开的诉讼例外。[④] 政府信息公开诉讼可以分为两类:请求获取信息诉讼和请求保密信息诉讼。[⑤]

囿于现行《政府信息公开条例》对政府信息公开范围的规定缺乏可操作性标准,面对“牵扯关系甚大”的案件,受案法院迟迟不敢立案[⑥],司法机关难以满足民众要求政府信息公开的司法诉求。但从更深层面分析,面对公民的权利主张,不排除司法机关惧于

① 美国在对待行政复议与行政诉讼的衔接上,采取的是“穷尽行政救济原则”,即“相对人对其所受的损害,在可能通过任何行政程序途径取得救济以前,不能取得司法救济”。

② 李曙光:《管窥美国情报自由法》,《兰台世界》2005 年第 6 期,第 12~13 页。

③ 李颖、顾晓光:《日本信息公开制度和电子政务》,《数字图书馆论坛》2008 年第 5 期,第 33~37 页。

④ 冯国基:《面向 WTO 的中国行政:行政资讯公开法律制度研究》,北京:法律出版社 2002 年版,第 146~150 页。

⑤ 周良玉:《政府信息公开和行政诉讼》,《法治研究》2008 年第 8 期,第 78~79 页。

⑥ 尽管我国《行政诉讼法》第 6 章第 42 条有明确规定:“人民法院接到起诉状,经审查,应当在七日内立案或者作出裁定不予受理。原告对裁定不服的,可以提起上诉。”

行政权威而不敢轻易接手的可能。行政体制之下的司法机关，在挑战行政权威的当口，政府信息不公开案无疑会成为特定时期的一个“烫手山芋”。[①]

为了预防和减少行政机关或行政机关工作人员在受理信息公开请求中的违法或失职行为，许多国家都规定了惩戒性措施，由法院酌情运用。强大、独立的司法监督力量，是推动政府信息公开向纵深方向发展的重要因素。政府拒绝公开的信息，许多都是在法院的干预下最终得以公开的。各国必须根据自身的国情，不断发展和完善政府信息公开的司法监督与救济机制。

三种救济渠道（行政复议、申诉、行政诉讼）并列，当事人只要不服政府机关执行结果的决定，可以选择三种救济模式中的任何一种。[②]行政复议作为行政机关内部的救济手段，无法克服部门利益的影响，缺乏公正性。司法监督与救济机制是公民充分行使知情权利和政府切实履行公开义务的重要保障。总的看来，构建我国政府信息公开的救济机制应考虑以下几个原则：①充分利用内部行政救济。发挥行政救济程序简单、期限短、不收费、便利、高效等优势。②重视独立审查或裁判机构。独立审查或裁判机构地位独立，能够代表公众的利益，有利于降低公众获取政府信息的成本，还能打消政府机关对实施政府信息公开制度的顾虑。③加强司法救济保障。救济手段应从行政到司法，增强司法的抗干扰能力，让各级法院在面对作为被告的政府部门时无所畏惧，最终以司法救济保障公众政府信息获取权的实现。

① 傅达林：《政府信息公开不能止于诉讼瓶颈》，《法制日报》2008 年 6 月 26 日。

② 周汉华：《政府信息公开的基本原则》，《信息化建设》2004 年增刊，第 10~12 页。

第 5 章　政府信息公开的作用机制

随着国民经济日益国际化和社会活动日益信息化，政府信息公开理论与实践在世界各国得到不同程度的发展。而且，各国已普遍认识到，政府信息公开在加强宏观经济调控，提高行政监管能力，打破条块分割与垄断，增强部门协调，实现信息资源共享，增加行政透明度，降低行政成本，提高行政效率，提供优质服务和勤政廉政等方面都发挥着积极作用。但政府信息公开的作用绝不仅限于此，其所带来的影响将推动整个国民经济和社会的信息化工作，促进社会民主和社会进步。本章就政府信息公开在政治、经济、社会文化、教育、科技等领域所产生的影响做一阐述。

5.1　政府信息公开对政治的影响

政治是人类社会发展的产物，是一种复杂的社会现象，也是一个复杂的社会系统。在人类历史变迁中，政治的内涵不断发生变化。在中国现代，对政治内涵论述最早的是孙中山先生，他认为："政就是众人之事，治就是管理，管理众人之事，便是政治" [①]。之后，我国接受马克思主义政治观，马克思、恩格斯的"一切阶级斗争都是政治斗争" [②]，政治都是一定经济基础、一定生产关系基础之上的上层建筑，列宁的"政治就是参与国家事务、

① 孙中山:《孙中山选集》下册，北京：人民出版社 2011 年版，第 661 页。

② 马克思、恩格斯:《共产党宣言》,《马克思恩格斯文集》第 I 卷，北京：人民出版社 2009 年版，第 260 页。

给国家定方向，确定国家活动的形式、任务和内容”，“政治是一种科学，一种艺术”。[①] 等。孙关宏、胡雨春在《政治学》中提出：“就广义而言，当代的政治主要是国家的活动及其形式和关系”[②]。在古罗马时期，为了维护人民的自由，罗马人在政治活动中发展出了三种权力观和两种和谐状态，并进行了相应的制度安排。

综上，政治是以经济为基础的上层建筑，是经济的集中表现，是以政治权利为核心的各种社会活动和社会关系的总和，其职能主要是政治统治和政治管理（或服务[③]）。故而，政府信息公开对政治的影响体现在其对政治统治和政治管理（或服务）两方面的影响上。

5.1.1 政府信息公开对政治统治的影响

政治统治是通过国家权力对社会所进行的一种强大的支配、控制和管辖。国家的政治统治职能是由其阶级性所决定的，是统治阶级的集体行为。在不同社会制度下以及国家和社会发展的不同历史阶段，国家的政治统治职能在国家社会生活中的地位和作用是不同的。[④] 在奴隶社会，奴隶主阶级掌握国家政权，并且掌握了政治统治的全部物质生产资料，包括“会说话的工具”——奴隶在内，从而取得了对其国民的支配、控制和管辖权；在资本主义社会，资产阶级按“三权分立”的原则建立其统治机构，政治统治以民主共和制为基本形式，一贯标榜“民主”“自由”“平等”。在各种社会形态[⑤] 中，不管在任何时代、任何国家，政府都是政府信息的最大生产者、制造者、加工者、传播者和拥有者，政府信息公开不仅是政府行政活动的重要内容，直接关系到政府机构的运行、决策和管理水平，而且对于巩固政治统治的地位、强化政治统治的力量和形成高度的政治认同等都显得尤为重要。政府信息公开对政治统治的积极影响主要表现在以下几方面。

5.1.1.1 增强公众对政策的认同感

在任何时代、任何国家，只要国家政权体系想维持国家秩序和社会稳定，都要以一定的政治规范来维持其存在和发展，这些政治规范一般通过国家制定的政策法规来加以明文规定。例如，我国的宪法规定了支持社会主义制度的人民代表大会制度、中国共产党领导的多党合作和政治协商制度、民族区域自治制度、基层群众自治制度、人民主权

① 中央编译局：《列宁专题文集》第 4 卷，北京：人民出版社 2009 年版，第 234 页。

② 孙关宏、胡雨春：《政治学》，上海：复旦大学出版社 2010 年版，第 8~11 页。

③ 以丹哈特夫妇为代表的一些学者提出的新公共服务理论倡导“服务而非掌舵”。

④ 国家的统治形式可以各不相同，在有这种形式的地方，资本用这种方式表现它的力量，在有另一种形式的地方，资本就用另一种方式表现它的力量，但实质上政权总是操纵在资本手里。（《列宁选集》第 4 卷，第 55 页）

⑤ 在封建统治者内部，按权力大小划分为大小不同的各种封建等级，形成了从君主、领主到各级封建官吏的封建等级体系。社会主义社会的政治统治就是无产阶级专政，但其统治主体、统治内容和统治方式与以往社会形态相比都有根本性质的不同。

原则、四项基本原则等。而西方国家的宪法则体现着权力制衡与分立、私有财产神圣不可侵犯等基本精神，这些基本政治规范决定和制约着统治阶级的所有政治活动。故而，统治阶级要通过国家工具——统治机构，来获得公众的自觉认同和支持。

就其实质而言，政策法规的制定和执行与社会公众的利益密切相关，不能闭门造车，要充分考虑并尊重公民意志，积极听取公民的意见，强调与民众、与社会的交流和互动，提高政府行政绩效，保证政策法规的可执行性。如果公众对政策不理解或对内容不知晓，必然引起公民对政策的不认同，或情感上的抵触情绪和抗拒行为，最终会导致政策执行受到阻滞。反之，将行政机关及其活动公开化、透明化，置于公众的监督之下，不仅有助于政府树立良好形象，增强公众对政府的认同和信任，而且也可以使其制定的政策获得公众深层次的认同。而且，要将政策出台的理由、依据等向公众进行解释说明，获得公众的广泛支持和响应，并将其作为提升政府公共责任价值的手段，增强公众对政策的认同感，从而有利于各项政策法规的贯彻执行。

5.1.1.2 维护统治阶级的社会地位

政治统治是国家政权对于社会的一种强力支配与控制。一般情况下，政治统治的强制性以直接强制和规范强制等方式出现。[①] 在现代政治中，统治机构通过教育、媒体、文艺等政治途径，贯彻统治阶级的思想和价值观；通过国家制定的法律、法规、政策、命令等，规定敌对阶级和反抗分子的行为限度，确立社会政治秩序的基本要求和“临界点”，以维护统治阶级自身的经济利益和统治地位。

政治统治的根本目的和宗旨是为了维护和实现统治阶级的意志和利益，以便在公众中形成高度的政治认同。统治机构通过政府信息公开，让人民群众对国家的政治、经济、社会、文化等方面的实际情况有一个全面而深刻的了解，保障公众信息获取渠道的畅通，调动广大人民群众参与国家事务的积极性和主动性，将社会利益差别控制在社会可以接受的限度之内，来维护统治阶级的利益和地位，巩固和规范社会秩序，协调社会关系以及对付敌对阶级。

5.1.1.3 规范政治统治秩序

政治统治是经济上居优势地位的阶级的统治，国家法律成为人人都必须遵守的行为准则。即国家权力是具有普遍约束力的，国家范围内的所有社会成员都必须遵从国家意

① 直接强制是统治阶级对统治对象的直接暴力镇压，国家政权对于社会的一种强力支配与控制，它以国家暴力为后盾，在行为方式与手段上表现出明显的强制性。政治统治的强制性与其阶级属性紧密相联，阶级性表现得越明显，则政治统治对强制暴力的需求就越强烈。规范强制则是统治阶级通过国家政权制定的具有普遍约束力的法律并予以实施。

志，接受国家的政治统治。政治统治的行为主体内部是一种有序状态，具体表现为：经济结构的秩序状态、政治统治的秩序状态和文化意识的秩序状态。其中，经济秩序是根本，政治秩序是保障，文化意识的秩序是合法化的手段，三位一体，共同构成了完整的社会秩序。[①]

当危机事件发生时，人们总是期望政府能够及时发布真实、可靠的相关信息。在现代通讯技术、网络技术如此发达的情况下，如果政府不能及时、准确地发布有关信息，公民不能及时地了解事件的真相，各种虚假、扭曲、试图掩盖真相的信息就会通过电话、手机、网络等工具到处蔓延，引发公众的广泛质疑，增加公众的恐慌心理，严重威胁社会安定，造成恶劣的社会影响。相反，政府及时、全面、准确、真实地向民众报道和更新危机事件的应对措施和处理结果，满足公众知情权，有利于稳定人心，提高政府的公信力，防止事态扩大，增强社会承受能力，维护和稳定政治秩序。

5.1.2 政府信息公开对政治管理（或服务）的影响

在众多的管理形式中，与社会政治统治相关联的管理活动，被称之为政治管理。[②]政府具有的管理职能是复杂和多方面的，其以领导、决策、组织、协调、沟通、监督等管理方式来维护统治阶级的政治统治。无论是内部的管理还是外部的服务，其根本作用都是为了保障政治统治和社会生活的正常运行。与之相适应，政府信息公开对政治管理的作用主要表现在以下几个方面。

5.1.2.1 保障民主政治的正常运行和发展

民主作为一种政治权利的实现，不论是参与还是法制，都离不开政治管理的积极作用。现代政治管理兼容政治权力、政治权威等多种利益存在，同时保障包括统治阶级与被统治阶级在内的全体公民的基本社会经济、政治权利。现代政治管理以法律手段为根本[③]，同时也强调与经济手段和文化手段的有机结合，通过群众的意见表达、意见综合来参与管理、决策和监督，以培养公民正确的民主意识，来体现民主精神。政府信息公开对民主政治的正常运行和发展的保障作用体现在：

第一，保持社会稳定。

---

① 李超：《西方社会秩序理论发展理路探析》，《理论探索》2011 年第 2 期，第 91~94 页。

② 李景鹏：《政治管理如何适应社会发展的要求》，《中共中央党校学报》2008 年第 4 期，第 40~43 页。

③ 统治阶级要有效地建立和维护政治统治秩序，除了必须运用政治权力进行政治强制和控制，还要通过加强政治制度与法律制度的建设，来保障公民的民主权利。

社会稳定的基本要求是秩序与持续，即社会能够有效地、持续地正常运转。建立社会秩序并能使之有效地维持正常运转，社会才能稳定发展[①]。社会稳定促进经济发展，将突发性事件作为“负面消息”，“淡化处理”，一味地捂着、盖着、掩着，封锁消息，使公众无从获知事实的真相，冠冕堂皇的理由都是“不能影响社会稳定”。

突发性事件关系到公众安全和公众利益，当官方不能满足公众对权威消息的急切需求时，这种对信息的渴求与欲望就会寻找一个新的出口，于是各种小道消息和蛊惑人心的谣言就会乘虚而入。这些错误的讯息可以引发人们惊恐、怀疑、愤怒、消沉等情绪，这些情绪一旦发展到一定程度，极可能导致群发性的过激行为，造成社会动荡。事实证明，社会实际存在的信息与公众能够得到的信息不对称，大道消息和小道消息的信息不对称，其后果只会使政府公信力受损，还极易引起民众的猜疑和恐慌，无端生出许多是非。[②]如果政府有关部门能在危机事件发生时，坚持实行信息透明、舆论公开，事实真相也就不难彻底查明，当政者也就不敢、不便、不愿冒政治风险，弄虚作假，欺上瞒下。否则，我们就会听不到民意、看不到民情，就会脱离群众、失去民心，从而掩盖住深层次的矛盾，这是十分危险的。

第二，保证公众参政议政的权利。

政府信息公开是公民实现参政议政权利的最重要的保证。政府信息公开能够带来信息公平，使每个公民都享有平等获取政府信息的机会，对加强公众政治参与有着积极的作用。“如果一个社会不仅准许普遍参与而且鼓励持续、有力、有效并了解情况的参与，而事实上实现了这种参与并把决定权留给参与者，这种社会的民主就是既有广度又有深度的民主。”[③]

美国法院提倡“信息应该最大化地为社会长期的整体利益服务”。由于信息技术的进步，以前只能在小国寡民状态下实施的直接民主将会在幅员辽阔的大国逐步得到推行[④]。它为公民的政治参与提供了有效的技术手段，使公民参与的范围更广、参与的数量更多，

① 政治统治的主要作用在于建立和保证社会秩序本身，而政治管理的主要作用则在于维持社会秩序的正常运转。也就是说，政治统治还必须运用这种权力全面承担和完整履行国家的社会管理职能。

② 傅思明:《突发事件应对法与政府危机管理》，北京：知识产权出版社 2008 年版，第 34~35 页。

③［美］卡尔·科恩著，聂崇信、朱秀贤译:《论民主》，北京：商务印书馆 2007 年版，第 22 页。

④ 网络这种能够使信息传递不受时空限制和政治控制的互动的媒介方式，使公众在感知与介入世界方面获得了前所未有的痛快淋漓的感觉，它甚至提高了公众参与政治的兴趣。从技术上来讲，部分国家已具备了利用网络来进行政治投票或对重大问题实行全民公决的可能性，依靠选民自己而不是依靠选民代表来对国家大事进行表决的日子不会久远了。传播学界的著名学者马歇尔·麦克卢汉早在 20 世纪 60 年代就曾经预言：“随着信息运动的增加，政治变化趋向是逐渐偏离选民代表政治，走向全民立即卷入中央决策行为的政治。”

而且电子政府使政府信息传播实现了从单向到交互的质变，鼓励公民积极地参与政府管理生活，为每个公民提供了直接的、普遍交互式的表达意愿、传递信息、咨询、监督、审核、商议、建议、选举、表决的机会，提高政府透明度，提高政府办事效率，防止政府腐败。

第三，增加公众参与手段和途径。

所谓公众参与就是在社会分层、公众需求多样化、利益集团介入的情况下采取的一种协调对策，它强调公众对地方事务管理过程中的参与、决策和管理，是对决策过程和结果的监督与参与。① 信息技术和互联网的发展为行政组织加强与公众的联系奠定了坚实的物质基础，为公众参与政府管理和决策提供了良好的契机。

卢梭认为："人民作为一个整体，直接地、在场地参与和决定，是政治统治合法性的基础。人们通过服从自己为自己制定的法律就可以获得自由。"② 在一个科技日新月异、信息知识爆炸的时代，网络作为新的政治参与手段，必然推动政府与公民之间的直接对话，扩大公众参与决策的范围和途径③，促进政府最大限度地维护和发展公共利益，提高民意在政府决策过程中的分量④，从而会在很大程度上改变未来的政治生活方式。

第四，强化民主行政。

在行政组织内部，信息技术的产生和发展打破了组织中只有一个中心的现象。在信息网络结构中，人们都是相互平等的，信息是共享的，每个人都可以直接表达意见和建议，充分加强部门间的沟通、合作与经验共享，提高维护公众权益的意识和责任感，发挥工作中的积极性、参与性、回应性和决策性，提高组织成员的心理满足感，从而在组织内部培育健康、有效的民主体系。

在行政组织外部，信息技术的广泛普及与应用，促进了民众与政府之间的沟通和交流，民主参与和民主决策更加透明，提高了公众参与的兴趣和意识，驱动了电子民主

① Arrów, K. J., R. Lind: Uncertainty and the evaluation of public investment decisions. American Economics Review, Vol.60, No.3, 1990, P364–368.

② 王锡锌:《公众参与和行政过程：一个理念和制度分析的框架》，北京：中国民主法制出版社 2007 年版，第 2 页。

③ 公众参与具有广泛性、开放型、多元化的公共管理文化底蕴。所谓公众参与的"公众"不仅仅指个体的市民，还包括由个人组成的民间组织（如社团组织、公益性学术与评论组织等）、营利性组织（如民营的公交公司、房地产开发商等）、专业服务性组织（如咨询、设计、中介机构）等其他的非政府组织；公众参与的"参与"不是单个的公众参与决策，而是由个体组成的各种各样的社会团体和利益集团，参与到政府的决策进程和其他管理活动中。

④ 网络环境中，人人都可以参与行政管理，人人都可以对政府的决策、计划、方案、措施等提出意见和建议，从而把行政权力的运行置于内部民主监督之中，使民主行政得到充分扩展。

化[①]，促进政府管理的民主化。在电子政务环境中，政府部门借助信息网络动员公众参政议政，通过民意调查、听证会等形式广泛听取民众意见，充分发挥公众舆论监督的作用，促进政府决策民主化，提高执政水平。政府信息公开制度要以公民权利制衡行政权力，强化民主管理、弱化行政权力，拓宽民主管理领域，缩减强制行政范畴，保障公民及时、准确、全面、迅速地获得政府信息的法定权利，切实维护公民其他权力和利益的实现。

5.1.2.2 促进政府行政体制的创新

政府信息公开是一项政府管理创新和实践创新的过程，在这个创新的过程中，行政管理体制发生了一系列变化：

第一，行政组织结构形态发生转变。

政府信息公开将引起行政组织的结构模式、运行方式、内容和行为方式等全方位的变革。电子政务的发展，尤其对行政组织的变革有深刻的影响，它使行政组织的结构形态由过去金字塔形的层级结构转化为网络化的扁平结构，管理层次将大大减少，管理幅度将更大，组织之间、组织内的部门之间、组织与个人之间的信息流动将更加通畅、快速、准确。政府的各级部门都拥有统一的网络信息服务平台，政府信息传递的中间环节将逐渐消失，网络信息交流的方式使信息传导模式出现一对多、多对一的多元化趋势，有利于实现交互式的信息共享和高速度、全方位的信息传递。

第二，行政权力结构的转移。

信息意味着权力，是权力的核心要素。而权力是掌握信息的一种资格，权力越大，能够知道的信息也更多。信息时代的到来，影响了日益扩大化的行政权力，使行政权力的结构开始向着扁平化的方向发展。行政权力结构扁平化的具体表现有：行政权力主体与客体之间的相互依赖性增强，权力中心逐渐下移，行政组织内部上下级之间、同级之间、不同个体之间的权力距离日渐缩短，管理层次减少，管理幅度变大。“知识和信息的分配必然影响权力的分配”。[②]行政权力中心的下移，使权力不再过度集中于政府，大部分行政权力交给了社会，政府对社会的干预变少，社会对政府的监督更多更广，有利于行政权力运行的透明化，提高施政效率，处于底层的广大民众的诉求无需通过层层叠加的层级就可以传达到决策者那里，信息社会的自治能力大大加强。

第三，行政管理职能的变化。

① 所谓电子民主，就是指民主过程中价值理念、政治观点或其他个人意见等的电子交换。电子民主的内容涉及范围很广，包括在线选举、民意调查、在线立法等。

② [美] 阿尔文·托夫勒著，吴迎春等译：《权力的转移》，北京：中信出版社 2006 年版，第 12 页。

长期以来，我国政府在社会发展中所承担的职责主要是行政管理①。电子政务的广泛应用与普及，使政府在履行社会管理职能时，由偏重行政管理型向社会服务型转变。电子政务建设适应市场经济的要求，以公众需求为导向，向公众提供名类繁多的电子服务，实现政府服务与公众双向互动，增强政府工作的科学性、合理性、合法性、民主性和协调性，使政府由一个多层次、多部门的“行政管理型”政府，向一个电子化、智能化、网络化、信息化、公开、透明、高效、低成本运行的“社会服务型”政府转变，公众在任何时间、任何地点都可以通过网络获得政府服务。

第四，政府工作流程的改进。

传统政府按照部门职能划分，政府关注的重心是职能而非公众，政府工作流程常常被政府内部各个独立部门分割得支离破碎，部门间的纵向联系梗阻较多、横向协调困难，不仅造成信息传递低效和失真，也造成行政管理成本的巨大浪费。电子政府对政府工作流程再造，将各职能部门联系起来建立公共服务质量持续改进机制，使不同层级政府部门之间可以打破职能层次体制的界限，进行充分的信息共享、资源有效整合，不同层级和不同职能的政府部门之间可以协同配合，提高不同层级和不同职能的政府部门之间的整体服务能力。

第五，行政服务方式的转变。

政府服务职能②的实现必须以信息为基础。行政机构以一定的载体为依托，通过一定的方式来公开拥有的政府信息。电子政府的建设，完善和拓展了其传统服务功能，对政府的服务内容和方式进行了改造和创新，为公众提供多元化服务渠道，将提供给公众的信息由“静态”变为“动态”，由“被动”变为“主动”，为社会提供优质高效的行政服务，进而提高政府的决策水平和行政效率，推动社会经济快速发展。

第六，政府办公模式的改变。

信息技术的运用使得传统政府的行政办公模式发生了根本改变③，政府内部的办公自动化及政府部门之间、政府与社会之间的信息互通得以实现。在电子政务系统中，已将

① 政府管理职能具有两个基本内容，即行政管理和社会服务。我国政府社会服务的职能在某些环节上体现得比较薄弱，一些地方政府与公众之间缺乏必要的沟通与联系。

② 政府服务包括宏观和微观两个层次：在宏观层次上，政府要通过各个有效运作的职能系统向投资者及消费者提供优质高效的行政服务，如发布各种经济信息，制定和完善市场法规，培育公平的市场竞争环境，形成和完善市场；在微观层次上，各级政府可以为企业（农民）和其他市场参与者提供经济咨询，帮助他们解决生产经营中的困难，协调各种经济关系和经济矛盾。

③ 政府通过在线预约、在线签证、在线报税、在线缴款、在线申办等电子服务项目为公众提供多元化服务渠道，实现不同层级和不同职能的政府部门之间的各种业务管理流程全方位的一体化。

大量档案文件和基础性数据整合成电子资料库，过去主要靠手写、出差、开会以及公文“旅行”等方式进行的办公模式，在局域网或互联网上基本上都可以实现。在网络服务平台上，政府重大决策的制定及其酝酿和论证等，为政府高效运作和提供高质量服务提供了基本保障。通过互联网向公众提供信息服务，有利于提高政府部门之间的开放性，最大限度地节约行政成本，提高政府的公信力。

此外，电子政务建设推动互联网技术的不断创新。电子信息技术特别是计算机技术等高科技手段在行政机关的普及，对工作人员自身的知识和技能提出了更高的要求，有利于提高政府公务员队伍的整体素质。同时，电子政府改变了公务人员的工作方式，提高了其行政能力，政府工作更加强调合作与协作，改善行政组织内部以及与外界的沟通协调能力，对社会需要的快速反应，同时工作人员的管理能力与知识和能力的发挥之间联系紧密，这将激励人的全面发展，大大地促进了学习型政府组织的形成。

5.1.2.3 推进政府管理的规范化和高效化

制度是人为设定的决定人们相互关系的制约性规则。人们正是根据这些规则来明确可以做什么，不可以做什么，从而形成采取怎样的行动更为合算的合理预期。[①] 法治政府的核心理念是“治国者先受制于法”，也就是说，政府的权力要受到公众的监督和制约。政府信息公开对于促进整个社会向民主化、规范化、法制化发展，建立服务型政府发挥着日益重要的作用。

第一，促进权力运行的科学化。

受传统观念和技术条件限制，一些公众参与政府权力运作程度受阻，政府与公众之间的信息沟通存在多重障碍。通过电子政府将政府部门的各种资料、档案、数据库在网上传播，提高政府权力运行的透明度，使公众更加便利地了解政府办事流程和各项政府决策的产生过程等；而且公众可以直接参与政府的决策并监督政府决策的执行，使政府权力运作更加现代化、高效化，并保证权力运作的公正性和公平性，从而有效地促进政府权力运作科学化。

政府信息公开对于真正发挥专家、学者、媒体人士在重大决策前、决策中的参谋作用更是意义深远。专家咨询是行政决策科学化的智力保证。但是，行政机关为了保守所谓的“国家保密”，将原本可以也乐意参与决策咨询和参谋的专家、学者、媒体人士排除在决策人员之外，忽略了专家的专业意见和建议，导致决策失误越来越多。因此，只

① 钱弘道:《经济分析法学》，北京: 法律出版社 2005 年版，第 118 页。

有真正公开政府信息，才能吸纳专家、学者以及社会各界的智慧和力量，提高决策质量，使决策更加科学化。

第二，推动行政权力的廉洁化。

权力运作过程中的暗箱操作和幕后交易是产生腐败的温床。受到公众监督的政府，其腐败行为较少，为公众服务的精神也较好。

只有在“阳光”下，行政权力才能获得避免腐败的免疫力。通过政府信息公开，可以推进政府工作的公开、公正和公平，增强对行政权力的自我监督和社会监督力度，在很大程度上促进勤政廉政，减少腐败行为发生的机会。政府信息公开还有助于提高权力行为主体的防腐拒变能力。一方面，政府官员通过计算机网络广泛接触各种形式的反腐倡廉教育，变传统的“被动接受”为“主动接受”；另一方面，还能给政府官员提供一个自我反省、自我纠错的机会，使反腐倡廉的宣传教育工作更加具有实效，可以从内到外地提高权力行为主体的防腐拒变能力。

第三，降低行政成本。

在传统的行政组织中，管理层次越多，行政指挥链越长，行政程序就越长、越复杂，导致盲目决策、行政效率低下、成本高昂。电子政务简化了行政组织的运行程序，行政指挥链缩短了，行政程序简化了，行政矛盾减少了，行政效率提高了①，信息传播与沟通更加及时、快捷、准确、简便。政府信息公开后，行政机关采用先进的信息、技术、设备，把网络中浩如烟海、杂乱无章的信息资源变为有价值的信息，为政府决策提供依据，以提高政府工作的效率。

政府信息公开大幅度降低了公众获得政府信息的成本，明显提高了政府为公众服务的效率。随着我国政府信息化工作的不断深入，政府工作人员的观念有了很大转变，政府工作人员的综合素质也在逐步提高，对政府服务素质和水平也提出了更高的要求。尤其是电子政务的实施，政府改变了所谓的“门难进，事难办”的现象，降低了进政府办事的“门槛”。电子政府目标的实现已远远不止于将现有的政府业务流计算机化，而是从改造和重新设计、整合政府现有的业务流、信息流入手，使行政程序简单化、统一化，才能最有效地利用信息技术，以求实现一个高效的、有回应力的、具有更高服务品质的政府。②

---

① 政府信息公开的过程也是行政组织结构状态开放化、行政组织程序简便化的过程，政府信息公开通过降低行政成本来提高行政组织的工作效率。

② 龙健:《电子政府研究进展的比较研究》,《情报科学》2011 年第 2 期，第 284~291、297 页。

第四，政府管理绩效[①]持续创新。

我国现有的政府管理绩效评价体系不适应时代发展的需要，由于人工作业导致评估信息通道不畅，也使政府管理绩效评价的客观性、公开性和公正性受到干扰，影响其评估效果。传统政府管理方式由于机构重叠、人浮于事，造成办公费用投入、人力投入以及时间投入等都偏高，使政府负担过重，政府管理成本大幅度增长。同时，还造成办事程序复杂、操作手续烦琐、工作节奏缓慢、工作流程缺乏合理性等弊端，导致政府管理产出的效率与效果很不理想。

面对纷纭复杂的社会发展现实，电子政务的实施使我国各级政府能够做出快速灵活的反应，有效地驾驭时局。实行电子政务需要一定的投资，但是通过政府业务流程重组和电子交易可以减少费用，从长远看，电子政府的建立将使人力成本、管理成本和物力成本降低为最合理有效值，从而为降低行政成本提供新的途径。[②]一方面，政府网上办公可以实现信息共享、即时沟通，减少烦琐的中间管理环节，形成纵横交错的一体化工作流程，从而可以有效地降低政府管理成本。另一方面，电子公文、电子审批、电子监控、电子支付、电子采购等电子政务手段的应用，使得行政人员从纷繁复杂的事务和文山会海中解脱出来，政务处理周期变短，极大地提高了政府管理的产出效益和效能。

5.1.2.4 优化公共治理环境

当人类进入信息社会之后，信息成网络状扩散，使公民可以与不同群体、不同阶层进行信息交流。[③]这就为公众方便获得各种政治信息提供了可能，也为公众表达自己的政治意愿提供了途径，还保护了弱势群体的正当权益，这对传统观念是一个很大的冲击，能够提高公众的民主意识，加强公众的政治沟通能力，培养公众的民主理性和宽容精神。

传统科层制交流模式是被动的、封闭的，极易导致信息失真。而在电子政务环境下，公众参与公共决策、表达舆论需求的意识增强，网络技术使得公众与政府之间的互动环节更加顺畅和高效。“开放政府是一个崭新的‘电子民主’时代的重要组成部分，它不仅需要改善政府的开放性和透明度，而且正如我们知道的那样，也能赋予代议制民主新的意义和活力。开放政府中电子技术的深入发展，能使公共讨论和参与更为广泛、更为容

① 政府管理绩效是政府管理过程和管理状态的一种反映和判断，衡量政府管理绩效的主要指标是政府管理成本和政府管理产出。

② 梅亮洁:《电子政务建设中的成本控制策略》,《兰台世界》2011 年第 2 期，第 35~36 页。

③ 公民在交流过程中获得的政治信息和政治观念构成了李普塞特所说的公民政治社会化的“交叉压力”。参见［美］西摩·马丁·李普塞特:《政治人：政治的社会基础》，上海：上海人民出版社 2011 年 8 月版，第 64 页。

易和更加多样，而且为公众收集集中化、多样化的信息提供了新的媒介和机会。”①

电子政府作为一种虚拟社会的新社会现象，它的出现，改变了以往信息完全受大众传媒控制的局面，开创了信息多元传递和言论自由的新局面。这样，不但拓展了公众政治参与的渠道，提高了公众政治表达的自由，也更加有利于保持政府的权威性和统治地位，有利于降低集权式政治统治模式的合法性，更有利于民主政治的发展，对民主政治体制的构建和完善也有很大的促进作用。

面对信息全球化、网络化的社会环境系统，政府在服务手段、服务方式、运行原理和实现机制等方面都必须进行相应的变革，以区别于工业化政府运作的时代，使现代政府治理环境得到优化。电子政务所带来的方法、手段、观念、体制等方面的创新，可以全面提升政府的管理水平和行政效能。在当代世界性政府改革大潮中，我们还应该积极借鉴发达国家成功的政府管理方法和理念，使公共治理环境更加合理、公正和高效，使我国政府在全球竞争中占据优势地位。

5.2 政府信息公开对经济的影响

市场经济是高度发达的商品经济。政治是由社会经济决定的，是社会经济的集中反映。政府信息公开的经济价值在于促进资源的合理配置，建立良好的经济环境，维护正常的市场秩序，促进经济健康、快速、有序的发展。

5.2.1 政府信息是经济要素

及时、有效的信息是做出正确、明智判断的前提。无论是国家的经济决策，还是企业或者个人的经济决定，都必须有充分的信息支持。政府信息公开是信息共享和利用的前提。政府信息的公开和利用将极大地促进经济的发展，对整个社会经济的发展带来积极、深远的影响。

5.2.1.1 建立市场规则，维持经济秩序

在计划经济年代，企业都是国营的，钱都是国家的，企业只管生产，经营、交易环境单纯，企业与企业之间不存在商业欺诈的可能性。但在现代市场经济环境下，企业要

① Patrick Dunleavy，Stuart Weir：How to freshen up democracy. New Statesman，Vol.11，No.535，1998. P71–72.

想减少投资风险，实现长期稳定的增长，就必须了解与其经营活动相关的宏观产业的经济政策和经济现状。政府信息是一种重要的国家资源，它可以为企业提供国民经济发展的过去、现在以及将来的所有信息。由于信息不对称现象的普遍存在，拥有信息的人可以利用信息牟取私利，损害不拥有信息人的利益，甚至损害公共利益。政府信息公开可以最大限度减少信息不对称，制止拥有信息优势的个人或企业非正当牟利，从而保护公共利益，维护正当的经济秩序。

现代市场经济又称作法治经济，是一种新型的、规范化、制度化的市场经济。在现代市场经济中，无论是市场或是企业的宏观调控和微观调节，都要靠法律的手段进行规范化管理和运行，并要求整个社会生活的法治化与之相适应，加强对市场经济活动和经济秩序的法律保障，使市场经济的各个领域都有法可依、有章可循，保证市场交易的规范性、高效性和公正性。同时，严厉打击不正当竞争和垄断等失序性行为，以确保市场经济运行的基本秩序及市场主体的合法权益不受侵犯，保障市场经济的健康发展和良性运行。

5.2.1.2 调节社会分配，组织社会保障

效率和公平是各国政府普遍追求的社会目标，但市场经济难以两者兼顾，“有效率的市场制度可能产生极大的不平等”。若完全任由市场机制调节社会分配，就必然会造成社会两极分化严重，促使贫富之间、发达地区与落后地区之间的收入差距越来越悬殊，对政治经济发展和社会稳定构成极大的威胁。市场经济较发达的国家一向比较重视公平对社会分配的影响，而且基本已经建成了比较健全的社会保障体系。通过制定公平合理的社会分配政策和建立完善的社会保障制度，既可以调节收入分配，还可以防止过度的贫富分化。

市场经济在我国还处于初级阶段，是以市场调节为资源配置基本手段的经济运行方式。实现资源最优配置的条件之一是信息的充分流动，在信息充足的基础上才能保障个人、机构乃至社会对资源流动和配置的正确决策，才能有效保障社会和经济环境中的公平、充分的竞争。[①] 政府信息作为信息的重要构成部分，政府通过网络公开其拥有的政府信息，促进和保障政府信息的充分流动，让市场主体在市场竞争中获取自己所需要的信息资源以从事生产经营活动，兼顾公平并以公众利益最大化为目的，达到高效率配置社会资源的目的，从而保障市场经济体制的健康运行。

① 付兵荣：《政府信息职能和信息发布》，《现代情报》1999 年第 6 期，第 8~9 页。

5.2.1.3 **宏观调控，保持经济稳定**

在计划经济体制下，政府实施宏观调控的手段是行政命令；在市场经济条件下，国家运用经济手段和法律手段进行宏观调控,保持宏观经济的稳定。市场经济并非自由经济，政府不再直接干预企业的经济活动，但却需要国家加强宏观调控和引导，必须在宏观上运用计划、政策、法律、法规等手段，对整个国民经济活动进行规划和间接调控，通过政策信息、金融信息、价格信息等影响市场走向，推进产业结构的调整，满足企业需求，使全社会逐步形成“国家调控市场、市场引导企业”的运行机制。

市场经济通过发布、传播政府信息来引导市场平等竞争，避免市场的盲目和无序竞争，避免重复投资、盲目决策和资源浪费等不良现象。经济发展实践证明，放任市场经济自由发展，必然会导致通货膨胀，冲击社会稳定；或因需求不足而引起生产过剩，导致失业率上升，造成社会动荡。政府对宏观经济的调控离不开经济信息的收集、整理、分析、加工和预测，政府信息公开是政府运用财政、信贷、价格、投资、税收、汇率等经济手段对市场经济实行宏观调控必不可少的政策措施。

5.2.1.4 **营造公平、公开、自由的经济环境**

信息即意味着权力。政府信息具有权威性,常常标志着某一级别的权力。弗兰克·奈特认为：利润之所以会存在，是因为不确定性；利润被那些敢于承担风险并拥有信息的人所获得,信息使他们在不确定条件下做出正确的决策。① 市场机制在我国还很不健全，政府在诸多活动中还掌握着人、才、物的调配大权，行政权力无限制地介入经济活动，对经济活动的过度干预，极易导致市场经济“游戏规则”的嬗变，造成行政权力的恣意行使。

从经济学角度看，市场经济是一种利益经济，市场主体义无反顾地投入到“让卖者得到别人愿意支付的最高价格，让买者得到别人愿意接受的最低价格”的利益角逐中。通过政府公开所掌握的大量相关信息和提供优质信息服务，有利于防止权力垄断和不公平竞争，减少权力寻租的机会，可以借助社会力量快速建立起一个透明、高效、健康的经济环境，降低社会运行经济成本，提高经济运行的效率和质量，保证各种资源的合理配置，创造公平、公正、公开、平等的竞争环境、投资环境和发展机遇，以实现社会福利最大化，从而有效地促进市场经济长期、稳定、健康的发展和繁荣，使中国尽快融入经济全球化的浪潮之中。

---

① [美] 丹尼斯·C. 缪勒著，杨春学等译:《公共选择理论》，北京：中国社会科学出版社 2010 年版，第 304 页。

5.2.2 政府信息的引导作用

政府信息作为经济要素，对经济发展的引导功能尤为突出。充分发挥政府信息的引导作用，可以促进企业健康发展，推动电子商务、电子政务的建设，加快并带动相关产业的信息化。

5.2.2.1 促进企业发展

企业是一个独立的经济实体，但是这种独立是相对的，它还是整个经济社会整体中的一个有机组成部分。企业只有和社会进行各种形式的、充分的交流（包括人、财、物和信息），才有可能生存和发展。企业是市场的主体，为企业提供必要的信息引导以促进企业发展是市场经济体制下政府应尽的职责。国家要发展社会经济，就必须建立良好的政府信息资源环境，为企业提供及时、准确、有价值的信息，促进企业发展，提升整体社会财富水平。

政府信息对企业发展的促进作用表现在两个方面：一是随着社会主义市场经济的发展，市场竞争已由商品竞争转向信息竞争，政府信息对企业决策影响重大。来自于政府的准确、及时和充分的信息有助于企业做出正确的决定，也就是说，政府信息公开可以降低企业和个人做出经济决定的成本和风险，有利于企业的加速发展；二是企业在决策、生产、经营各个环节中对信息的需求量、依赖性也越来越大。政府应准确掌握市场需求与发展，对企业的生产经营过程进行控制，为企业提供及时、准确、全面的信息服务，降低企业的运作成本，引导企业的生产和发展。

5.2.2.2 推动电子商务的发展

电子政务在为信息产业提供巨大商机的同时，也为电子商务的发展奠定了良好的群众基础和网络基础。首先，政府网上采购对企业信息化起到了一定的示范作用，会推动 B2B（business-to-business，企业之间）电子商务的发展；其次，电子政务的发展将扩大电子商务的潜在市场，推进 B2G（business-to-government，企业与政府之间）、B2C（business-to-customer，企业与社会消费者之间）电子商务的发展；第三，电子政务与电子商务都是以电子化方式为手段，运用现代网络技术，活动不受时间、地域的限制，具有成本低、效率高的优势，依赖于共同的信息基础设施，对各项活动进行持续优化，B2B、B2G、B2C 的电子商务模式也越发容易实现。

5.2.2.3 加快信息产业发展

电子政府是一个庞大、复杂的工程，涉及信息产业中的各种产品和技术，是现代信息技术与政府政务相结合的产物。信息技术发展水平自然成为一个国家能否顺利建成电子政府的关键性决定因素。信息的富有与贫乏，在某种意义上，是信息技术的富有与贫乏。[①] 当今世界，信息技术的发展日新月异，我国目前的信息技术水平与世界领先技术还相差甚远。电子政务的发展必须以先进的信息技术为基础，可以通过提高国内的信息技术水平来加速电子政务的发展。信息产业成为竞争的前沿产业和提升综合国力的战略性产业，信息技术水平的提高必将带动民族信息产业的快速发展，进而迅速提高社会信息化水平。

实施电子政务，引进和吸收国外先进的信息技术，所采用的技术和产品对社会起到示范和引导作用，可以创造更多的市场空间、就业机会和盈利机会，尤其是可以将软件和信息服务也摆到重要的战略地位，促进信息产业的形成和发展。经济建设和科技事业的发展，需要政府的资金投入和政策扶持。电子政务的发展，不仅增加了国家对信息技术产业的投入，尽可能地为信息产业的发展提供公共服务和公共管理以及必要的扶持，还大大提高了信息通讯产业的竞争力，大力培植信息产品制造业、软件业和服务业，刺激数字经济的发展。据统计，截至 2010 年底，我国电子信息产业工业增加值占全国 GDP 的比重达到 4.9%，电子信息产品制造业规模占全球总量 30% 以上，电子信息产品出口也占到全国出口额的 34.1%，占全国高技术产品出口额的近 90%。

5.2.2.4　带动相关产业的发展

党的十八大报告再次明确：“坚持走中国特色新型工业化、信息化、城镇化、农业现代化道路，推动信息化和工业化深度融合、工业化和城镇化良性互动、城镇化和农业现代化相互协调，促进工业化、信息化、城镇化、农业现代化同步发展。”信息产业作为信息技术的载体，是带动其他高新技术产业腾飞的龙头产业，它不仅直接推动着信息服务业的发展，而且对通信技术、材料科学、自动控制、空间科学、数控机床、机械制造等高新技术产业的发展都将产生深远的影响。有资料显示，美国的 IT 业（1995—1998 年）对 GDP 增长的贡献率已经超过 1/3，其信息产业的产值在国民经济中所占比重超过 50%，若加上由信息产业带动的其他高新技术产业比重则更高。而我国目前包括电子信息产业在内的高新技术产业创造的增加值在整个 GDP 中的比重仅达 10% 左右，远远落后于发达国家。所以，我国的电子政府工程就显得更加紧迫和必要。只有抓紧电子政府的建设，以政府信息化促进社会信息化，以信息化带动工业化，以信息产业的发展带动相关产业

① 谢俊贵：《信息的富有与贫乏——当代中国信息分化问题研究》，上海：上海三联书店 2004 年版，第 95 页。

的发展，才能有效促进社会生产力的发展，加速实现信息化、现代化。

5.3 政府信息公开对社会文化的影响

文化属于历史的范畴，每一个社会都有与之社会形态相适应的社会文化，并随着社会物质生产的发展变化而不断演变。作为意识形态的社会文化，如哲学、宗教、艺术、伦理道德、政治思想、法律思想等，都是一定社会政治和经济的客观反映。就像电灯、电话和电脑的发明改变了人们的生活方式一样，人类历史上很多看起来并不起眼的发明，其实都对社会文化产生了或多或少的影响，政府信息公开亦然。

5.3.1 培育宪政文化

宪政一词出自西方，是英文 Constitutionalism 的中文翻译。毛泽东早在 1940 年发表的《新民主主义宪政》一文中就指出："宪政是什么？就是民主政治。"[①] 这一论断精辟地反映了宪政的时代精神。宪政是一种使政治运作法律化的理念或理想状态，是以宪法作为政治活动根本准则的一种政治体制，它要求政府所有权力的行使都被纳入宪法的轨道并受宪法的制约。[②] 宪法与宪政的关系就像法律与法治的关系一样：严肃认真地对待法律，使之真正成为约束管理者和被管理者行为的准则，社会就实现了法治；严肃认真地对待宪法，把宪法真正作为决定"最高治权组织"的法律，并控制所有的政府权力（包括立法权力、司法权力），国家就实现了宪政。从这个意义上讲，宪法是宪政的基础和前提，是静态的宪政；宪政是动态的宪法，是法治的最高形式。

没有宪法就无所谓宪政。当今绝大多数国家都有一部成文的"宪法"文件，但真正实行宪政的国家为数不多。宪法是一个国家最高层次的政治规则，成文宪法是一个国家宪政历程的起点，宪法的实施所产生的民主和法治的政治效果是产生宪政的基础。世界上历来的宪政，不论是英国、法国、美国，或者是苏联，都是在革命成功有了民主事实之后，颁布一个根本大法，去承认它，这就是宪法。[③] 宪政理论起源于西方，西方国家的宪政理论是：基于"天赋人权"的确认与保障。宪政的主要核心是"限政"，即规范与制

---

① 毛泽东：《毛泽东选集》（第 2 卷），北京：人民出版社 1991 年版，第 732 页。

② 周永坤：《规范权力——权力的法理研究》，北京：法律出版社 2006 年版，第 333~365 页。

③ 许崇德：《中国宪法》，北京：中国人民大学出版社 2010 年第四版，第 156 页。

约国家(政府)权力。[①] 为保护个人权利不被侵害,必须对政府权力进行有效的监督和制约,"限政"构成了宪政的一个支柱。"无限权威是一个坏而危险的东西……当我看到任何一个权威被授以决定一切的权利和能力时,不管人们把这个权威称作人民还是国王,或者称作民主政府还是贵族政府,或者这个权威是在君主国行使还是在共和国行使,我都要说:这是给暴政播下了种子。"[②]

我国著名法学家、政治学家张友渔曾经对宪政的概念做过精确的表述:"所谓宪政就是拿宪法规定国家体制、政权组织以及政府和人民相互之间权利义务关系而使政府和人民都在这些规定之下,享有应享有的权利,负担应负担的义务,无论谁都不许违反和超越这些规定而自由行动的这样一种政治形式"[③]。由于中国文化传统中缺乏对个人权利的关怀,法律以维护公权即国家的统治权为首要任务,强调国家利益至上,个人通过法律来维护权利还是一个陌生的概念。而对个人权利造成最大威胁的恰恰是产生于个人的公共权力。因此,限制国家权力,就构成了宪政的基本精神。

政府信息公开在监督政府权力和维护公民权利方面发挥着前所未有的作用。发生在2003年的孙志刚案即为公民权利开始发力的一个标志性事件。大学生孙志刚因没有带身份证被当地警方收容,3天后死在收容所。这件事被当地媒体曝光后,引起强烈的社会反响。公众不仅对责任人的行为表示强烈愤怒,而且对早在20世纪50年代制定的《城市流浪乞讨人员收容遣送办法》的合法性表示质疑。北京三名法学博士上书全国人大常委会要求对国务院《城市流浪乞讨人员收容遣送办法》进行违宪审查。"违宪审查"这一法律语汇,因此为公众广泛知晓。国务院主动将这一过时法规废除。[④] 这一事件的揭露性报道引起了党中央的高度重视,政府信息公开有利于控制与监督权力的行使,将权力运作透明化,提高政府公信力,保证公众知情权、参政权和监督权的顺利实现,改变一些社会政治经济生活中的不良倾向。

对公共权力进行合理的限制,源于一种对权威的不信任。近年来,以违宪的名义对政府文件提出质疑成为维权领域的新动向。继2003年孙志刚事件对《城市流浪乞讨人员收容遣送办法》进行违宪审查之后,1 611位公民联名要求对《国家公务员暂行条例》中有关"公务员体检标准"涉嫌对乙肝病毒携带者的歧视性规定进行违宪审查;不少拆迁

---

① 温辉、徐璐:《从共和、自由、法治看西方宪政的理论基石》,《国家检察官学院学报》2007年第2期,第70~76页。

② [法]托克维尔著,张杨译:《论美国的民主》,长沙:湖南文艺出版社2011年版,第289页。

③ 张友渔:《建立健全社会主义民主与法制》,北京:现代出版社1992年版,第37页。

④ 傅天明:《孙志刚案:公民权利史上的里程碑》,《潇湘晨报》2003年6月13日。

户纷纷向全国人大常委会要求对《城市房屋拆迁管理条例》和地方制定的有关房屋拆迁管理规定中涉嫌侵害公民私有财产权的内容进行违宪审查；不少女性提出要对《国务院关于安置老弱病残干部的暂行办法》中关于女性与男性退休年龄不平等的条款进行违宪审查等。这些维权行动是拿起宪法质问不合法、不合理的政府行为，以维护我国宪法和法律的权威性和统一性，对于推动宪法的实施、维护宪法权威、保障公民权利与自由有不可估量的作用。

5.3.2 建设和谐文化

建设和谐文化是党的十六届六中全会提出的重大任务，是宣传思想战线服务社会主义和谐社会建设的重要职责。和谐文化融思想观念、理想信仰、社会风尚、行为规范、价值取向于一体，是对和谐社会的总体认识和评价。和谐文化体现中华民族的文化传统和文化特色，是以崇尚和谐、追求和谐为价值取向的文化精神、文化理念。建设和谐文化，就是要在全社会培育和谐精神、倡导和谐理念，引导人们用和谐的思想认识事物，用和谐的态度对待问题，用和谐的方式处理矛盾。[①]

构建和谐社会是人类的伟大目标，是社会主义社会建设的重要任务。胡锦涛总书记在论述构建社会主义和谐社会的基本要求时提出要注重“人与自然和谐相处”。人与自然的不和谐最终会转化为人与人之间乃至人与社会之间的矛盾或冲突。因为人类依靠科学技术的力量，不断发展生产力，使人类社会发生了深刻而迅速的变化。同时，环境污染、环境破坏、能源短缺、生态失衡、资源纠纷、交通混乱、城市臃肿、人口膨胀和权力腐败等一系列社会问题，也日益严重地困扰着人类，成为 21 世纪人类面临的严重危机。要想有效地遏制此类现象的继续蔓延，在加快经济建设的同时，必须促进经济社会的可持续发展，认真落实科学发展观，加大生态建设的力度，限制能源、资源的过度消耗。只有这样，我们才能走出一条新型的工业化道路，构建出一个资源节约型、环境友好型的社会主义和谐社会。

腐败、低效是引发社会矛盾冲突的根源之一。历史经验表明，在社会矛盾冲突的高发期，建立一个廉洁、高效的政府是解决冲突的最好办法。一个廉洁、高效、公正、透明的政府是建立和谐社会的制度保障，也是拓宽民主渠道、和谐干群关系、伸张社会正义、创建政通人和大好局面的法宝。美国哈佛大学教授约翰·罗尔斯曾把他关于正义的

① 陆贵山:《创造和谐文化　建构和谐社会》,《人民日报》2006 年 8 月 31 日，第 9 版。

一般概念概括为这样一句话："所有的社会基本善——自由和机会、收入和财富及自尊的基础——都应被平等地分配，除非对一些或所有社会基本善的一种不平等分配有利于最不利者。"[①] 马克思主义创始人之一——恩格斯更是明确地告诉我们："不要过分陶醉于我们人类对自然界的胜利。对于每一次这样的胜利，自然界都要对我们进行报复。"[②]

我国古代思想家提出的"天人合一"的思想中就已经包含了人与自然和谐相处的追求。在人类文明的漫长发展过程中，怎么认识和对待大自然，人与自然应该如何相处，一直都是各种文化都关注的话题。"可持续发展"理念已经成为当今世界先进文化的重要组成部分。我们要通过建设和谐文化，来规范我们对自然的行为，约束我们对自然的过度索取，创新我们的发展模式，持续提升国家竞争力，保证国家安全，建设"公民社会"。

5.3.3 道德建设

和谐文化是人们对和谐现象、和谐本质、和谐规律和达成和谐的一系列路径的一种思考、认识和意识的总和。和谐文化是构建社会主义和谐社会的思想基础、精神动力、道德支撑和舆论氛围。推进和谐文化的建设，实际上是加强和改进公民道德建设的重要任务，也是深化和拓展公民道德素质的一个重要的内容，是实施和开展公民道德评价的一个重要尺度。所以，和谐文化在某种意义上来讲，是道德的文化、道德的思想、道德的理论，是当代中国道德进步的一个目标和方向。[③]

改革开放以来，我国的经济发生了翻天覆地的变化，同时也极大地冲击了人们原有的世界观、人生观、价值观和社会道德体系，社会经济生活中出现了大量的商业欺诈、经济犯罪、拜金主义横行等经济问题。必须不断加强法制建设，坚持正确舆论导向，严格执法、维护正义、震慑犯罪，形成积极健康向上的思想舆论环境。从社会学的观点来看，社会秩序的治理、规范和维持有三种手段：公众道德、行政条例和法律法规。法律不是万能的，在现实生活中，道德与行政的覆盖面要远远大于法律。比如，有人在公共场所大声喧哗、践踏公园的草地、随地吐痰、上公共汽车不排队等，这些都属于社会道德范畴，只能靠社会舆论或行政条例来约束公众的不文明行为。

在新的历史时期，要着眼于增强公民的社会责任意识，建立一个适合市场经济条件

---

① [美] 约翰·罗尔斯著，何怀宏等译:《正义论》，北京：中国社会科学出版社 2009 年版，第 292 页。

② 中共中央马克思恩格斯列宁斯大林著作编译局:《马克思恩格斯选集》(第 4 卷)，北京：人民出版社 2012 年版，第 171 页。

③ 刘云山，建和谐文化 巩固社会和谐思想道德基础，http://news.china.com/zh_cn/domestic/945/20061024/13695357.html。

的新型社会道德规范。建立适合市场经济条件的新型社会道德规范需要采用适当的行政措施，资源就是其中最重要的手段之一。诚信是市场经济健康发展的道德基础，诚实守信的人能够获得社会的尊敬和经济利益，和谐社会离不开诚信道德的规范和维护。公开政府信息，完善公示、报告等督查制度，将政府的一切活动置于公众的严密监督之下，增强公众对党和政府的信任，营造扬善抑恶的社会氛围，提高全民的道德意识和水平，建立健康和谐的干群关系。

5.4 政府信息公开对教育的影响

政府信息公开给政治、经济、文化等方面带来了巨大的冲击，教育也不能例外。政府信息公开与教育之间存在着良性的互动关系。

5.4.1 规范教育发展

教育行业是一个巨大的行业市场。随着我国经济飞速发展以及国家“科教兴国”战略的实施，政府逐年加大对教育行业的投资。教育行业政府管理部门作为权力部门是教育市场中的仲裁机构，发挥着完善信息化标准、引导舆论走向、促进信息化发展、审查教学质量等功能，以促进教育的发展，促进科教兴国战略的实施。教育要想得到迅速发展，就必须要打开大门，充分利用世界信息资源和信息技术，确保技术和支持资源的合理利用，找到发展的机遇，引导教育的发展，树立现代化的教育思想和观念。

教育信息化①有两个显著的特征：一是教学模式由传统的以“教师的教”为中心转向以“学生的学”为中心，强调学生的自主学习、探究学习和创新学习，这也正适应了当前素质教育的要求；二是信息技术与教育的整合，即将信息技术作为学生学习的手段和认知工具进行教学，将信息技术贯穿于教学过程的始终。②这就要求信息利用者具有较强地、自觉地利用信息技术获取、组织、加工处理、评判信息的能力和素质，即信息素养。

① 信息社会对教育的要求以及信息技术对教育的影响都将促使传统教育的思想、结构、内容和方式发生彻底变革。与信息社会相适应，教育本身也要信息技术化，这包括教育多媒体化、网络化、智能化、虚拟化。从信息论的观点来看，学校教育信息化的本质就是要运用现代教育思想、理论和现代信息技术把学校的教学环境建设成为一种充满信息，而且方便教育者和学习者获取信息环境。教育现代化就要建立适应现代社会经济、科技发展需要，以培养创新人才为目标的新型教育体系。教育信息化是教育现代化的前提和必经之路。

② 黄荣怀：《教育信息化助力当前教育变革：机遇与挑战》，《中国电化教育》2011 年第 1 期，第 36~40 页。

电子政府可以促进公众信息意识、信息素养的提高。在电子政府的带动下，电子企业、电子家庭等概念都将相继出现和发展，信息化观念将更加深入人心，从事信息生产、分配、流通、交换活动及其相关活动的信息工作者的数量将迅速增长，信息工作者将逐步转变成为劳动者的主体。为了适应信息化社会对新型劳动者的要求，公众的信息意识、信息素养会迅速提高，成为掌握现代科技知识（尤其是信息技术知识）、具有一定信息处理能力的学习者。

5.4.2 促进教育公平

《中共中央关于构建社会主义和谐社会若干重大问题的决定》特别指出要“坚持教育优先发展，促进教育公平”。这意味着促进教育公平已经成为教育优先发展的重要价值取向，也意味着党中央把促进教育公平纳入建设和谐社会的发展大计。教育公平是社会公平价值在教育领域的延伸和体现，指人们在享有接受教育的机会、共享教育资源、享受教育成果等方面具有相对均等的条件和公正的待遇。教育公平是相对的，不是绝对的；教育公平是动态的，不是静态的，是一种发展中的公平；教育公平更多地表现为机会公平、起点公平、过程公平。

教育公平是发展教育的主流，但是教育不公平现象也客观、普遍存在，尤其是在义务教育阶段。当前出现的种种教育不平等、不公平现象有历史发展的原因，有的是经济发展均衡程度不高而造成的，更多是由于制度性原因导致的教育不公平。[①] 由于历史和文化传统造成的在教育上的性别差异、民族差别、阶层差异，由于经济落后导致的教育有效供给不足，由于经济发展不平衡造成的地区差别、城乡差距等，这些教育不公平现象可以通过经济发展和社会进步逐步加以解决。而制度性的教育不公往往会加剧现实中的教育不公。制度性教育不公的主要表现有：教育资源配置的不公平和教育政策与规则不平等。但是，相对于历史原因造成的教育不公，通过制度安排和政策调整更容易增进教育公平。

教育是一个国家经济发展的晴雨表，也关系国家的兴盛衰亡。教育兴则国家盛，教育衰则国家亡。国家是由无数个小小的家庭所组成的，一个家庭文盲多，整个国家的文

① 我国人口众多、地域广阔、各地区经济文化发展极不平衡，教育公平虽然已经得到一定程度的改善，与发达国家相比仍然存在着显著的差距，存在一些突出的不平等问题。教育公平之所以成为教育现代化的基本价值，成为世界各国教育政策的基本出发点，除了接受教育已经成为现代社会公民的基本人权外，教育还能够显著地改善人的生存状态，增进社会公平，因而被视为实现社会平等“最伟大的工具”。

育就多，国民经济若要翻身就基本无望。长期以来，学费高、乱收费现象已成为社会各界关注的重点。构建和谐社会就是要促进社会的公平和正义，而教育公平正是社会公平在教育领域的价值体现和延伸。我国目前普遍存在的贫富差距，实质上是能力的差距，是知识拥有的差距，说到底就是教育的差距。要缩小贫富差距，消解社会矛盾，促进社会公平，建设和谐社会，首先必须从教育的均衡、协调、科学发展入手。这就需要教育行政部门加强对教育腐败与教育特权的监督，从制度上严格限制、惩罚那些违反教育政策的行为，通过建立体制内和体制外的监督机制，杜绝暗箱操作，增加透明度，防止和惩罚教育腐败，坚决取消教育特权，保障教育公平，为受教育者营造公平的教育环境。可以说，教育公平是实现社会公平的重要手段，政府信息公开是促进教育公平、构建社会主义和谐社会的必然选择。

5.4.3 推进社会诚信

自古以来，“仁义礼智信”就是为人处世的基准，“人无信不立”“君子重诺”“一诺千金”……无不昭示了“诚信为立身之本”这样一个千古不变的道理。作为一种道德规范，诚信是一切道德的基础和根本。于个人，它是人之为人的最为重要的品德；于社会，它是一个社会赖以生存和发展的基石；于政府，诚信是一项基本的政治道德。[①] 诚信是中华民族的传统美德。社会诚信包括个人诚信、企业诚信和政府诚信。其中，政府诚信是社会诚信的核心与关键，它推动、引导着社会的诚信精神，决定、影响着个人、企业的诚信程度；个人诚信则是社会诚信形成的基础。政府诚信是社会诚信的楷模和重要推动力量，能够增强个人、企业的社会责任感、归属感和信任感。一个诚实守信的政府是保障经济健康、持续发展和人民安居乐业的重要基础，对于构建和谐社会、促进依法治国而言也是必不可少的重要因素。

改革开放以来，我国的经济和社会发展都取得了举世瞩目的成就，但是也存在比较严重的失信于民、诚信缺失现象，既表现在政策的制定与执行、领导决策及其执行过程中，也体现在党政机关及其公务人员在工作中弄虚作假、浮夸虚报、不讲真话、不依法履行承诺、搞形式主义、违法办事等。这些诚信缺失现象犹如毒瘤正在日益严重地侵蚀我们国家和社会的肌体。目前，一些党政机关实施的“政绩工程”“升迁工程”，严重损害了人民群众的利益，也严重损害了政府的形象与威信。如果任由这种不诚信现象在政治生

---

① 何强:《传统诚信思想与和谐社会诚信体系的建构》,《理论观察》2007 年第 6 期，第 74~75 页。

活中发展，就会使其在某种程度上演变成为一种社会生存环境，导致社会关系混乱无序。

基于此，中央近几年高度重视社会诚信的建设，并提出了打造诚信社会的目标，将其作为完善社会主义市场经济体制的一项重要的基础性工程，党的十六大、十七大都提出了要进一步加强诚信建设工作的要求。要打造诚信社会，首先得打造诚信政府；而要打造诚信政府，又首先得打造诚信官员。官员诚信是政府诚信的人格化表现。因为政府之诚信最终都是通过政府官员之诚信，即其具体行政行为来实现和展示。政府官员不讲诚信、坑蒙拐骗，最直接损害的是公众利益，受益的是政府官员自己。“数字出官”和“官出数字”就是最好的说明。

政府的权力基础，是民众的认同。“人无信不立，业无信难兴，政无信必颓。”政府信息公开可以提高政府官员行政的透明度，将政府行为置于公众的严密监督之下，可以有效防止其在政策的制定及实施过程中的主观性和随意性，以期取信于民，减少民众对政府诚信的质疑，避免与民众之间产生无形的隔阂，从制度层面堵住“偷”走政府官员诚信的“黑手”，以官员诚信为基石打造一个阳光、透明、诚信的政府。

5.5 政府信息公开对科技的影响

信息技术的发展为政府信息公开奠定了坚实的技术基础，从而使电子政府的实现成为可能，为公众便捷地共享、利用政府信息开辟了一条捷径。反之，各级行政机构应用现代信息和通信技术，将政府信息的发布、管理、服务、沟通等功能迁移到互联网上，有利于科研成果快速、高效地转化为现实生产力，也有利于科技知识更广泛地传播，弘扬科学精神。

5.5.1 传播科技知识

科学技术是伴随人类社会的形成、发展和进步而发展起来的。科学技术知识（以下简称科技知识）是人类认识世界的阶梯。目前，世界范围的科学技术正在以人们难以想象的、突飞猛进的速度发展，物质科学进入粒子世界，生物技术达到分子水平，材料科技步入智能化阶段，制造技术跨入机器人时代，等等。通常情况下，公众虽有这方面的信息需求，但不知道从何处获取。政府主动通过一定渠道将这些深奥的科技知识深入浅出地传达给公众，向公众宣传人类的理想、科学技术的成就，不仅满足了公众的信息需求，而且能起到普及科技知识，促进先进科技成果的推广和应用，促进公众科学素质和社会整体水平的提高，促进国家强大和社会进步的巨大作用。

伟人邓小平曾说过：科学技术就是生产力。世界科学技术正在以空前巨大的力量改变着人类文明的历史进程，为促进世界生产力的发展提供了强有力的支撑。为吸收和引进世界先进科技成果和高科技手段，缩小与世界信息科技水平的差距，促进国内与世界信息科技发展接轨，从20世纪90年代初开始，政府投入大量资金从欧美等发达国家引进电子信息专业的优秀科技著作，通过将知识内容资源与现代信息技术相结合，在最大范围内为全社会提供更多的可上网运行的数字化信息资源，为我国科技信息产业自主创新能力的提升、创新型人才的培养和国家信息化建设打开了新的广阔前景。

政府信息公开的范围涵盖科技信息方面的相关法规，如《科技进步法》《科学技术普及法》《专利法》《促进科技成果转化法》《关于促进科技成果转化的若干规定》《国家科学技术奖励条例》以及国家和地区的科学技术标准、科技发展规划、高新技术产业发展规划等。一方面，信息技术的广泛应用，促进科学技术进步，推动科学技术为经济建设和社会发展服务；另一方面，政府信息公开实践活动加快了信息领域的科技知识传播，可以迅速推广世界上最新的科技成果，更好地为信息产业发展与国家信息化建设服务。

目前在全国范围内开展的新型农村科技服务模式——科技特派员制度，就是我国政府传播农业科技知识的创新新举措。科技特派员制度源于福建南平，是新时期依靠科学技术解决“三农”问题的有效措施，已有数万名科技特派员活跃在全国31个省（市、区）的1 000多个县的农业生产一线。通过下派科技特派员深入广大农村，使他们的知识文化、科技成果在农村开花结果，建立一批科技示范基地，培育一批新型农业产业化龙头企业，推动了区域特色和优势产业的发展。科技特派员是先进生产力的实践者和先进文化的传播者。他们把党和政府的温暖关怀、把科技之火洒向农村。通过推广先进适用技术和成果，把科技知识传授给农民，提高农民的科技和文化素质，使农民尽快走上致富之路，促进农业和农村经济的持续、快速、健康发展。

5.5.2 加快科研进程

现代社会，知识老化速度加快，要求在科学研究过程中，加快科研进程，快出成果。①政府信息公开在加快科研进程方面的作用主要表现在：

① 娄策群：《信息管理学基础》，北京：科学出版社2009年版，第36页。

第一，避免科研重复。

科学研究是一种创造性的知识生产活动，正是这种创造性决定了科研成果的非重复性。科学研究所处的环境可能相同，各个环节所采用的方法可能相同，条件也可能相似，但所产出的成果不能重复，重复的研究成果一文不值。而且科研重复造成大量的公共资源浪费，导致总体科研效益低下。政府信息公开促进科技资源共享，打破“封建割据”，方便科技工作者充分共享国内外已有的科技成果信息，避免盲目开发，避免资源浪费，有的放矢，可以少走弯路，节约科研时间，发挥出政府投资的最大效益。

第二，改进科研方法。

有人对工业化和信息化之间的关系做了形象的比喻。如果说工业化是人的骨骼和肌肉系统，那么信息化则是人的大脑和神经系统；没有信息化的工业化，就好像一个人成了“植物人”。通过信息技术的不断渗透与扩散，用信息技术去管理企业的生产、经营、服务和资源，改造生产过程，改进科研方法，将信息技术融入工业研究和计划，建立硬件业、信息服务业等新行业，对于最大限度地实现资源在不同行业之间的优化配置有着不可替代的作用。

第三，启迪思维。

科学的本质就是创新，要不断有新发现、新发明。“创新是一个民族进步的灵魂，是一个国家兴旺发达的不竭动力。”① 现有的科技政策法规信息和科技成果，为创新研发提供了平台。高新技术产品的研发耗资大、周期长，成功率低、风险高。充分掌握已有的科技成果和科研方法，开阔科研者的视野，启迪思维，激发灵感，提高科研水平，提升自主研发能力，防止低水平、低层次重复研发，加快科技成果的产出和科技产业的进步。

政府信息公开是实施电子政务、电子政府的基础。电子政务通俗地讲，就是利用现代电子技术（特别是网络技术）进行行政管理和服务。电子政务、电子政府的建设涉及电子签名、电子认证、信息安全等技术，尤其是网络环境下的信息安全，在一定程度上是电子政务、电子政府信息共享的生命力。电子政务关系到国家安全和社会稳定，其建设内容涉及国家行政决策、社会管理、政府形象、公众服务的效率和质量等，确保信息安全是头等大事。政务系统一旦遭受偶然或恶意的攻击和破坏，轻则干扰人们的正常生活，重则造成巨大经济损失，甚至威胁到国家安全。失去了安全的基石，再方便、再先进的政务方式也只能是“空中楼阁”。

信息安全遵循“木桶原理”，即一个木桶的容积取决于组成它的最短的一块木板，一

① 江泽民在 1995 年全国科技大会上的讲话，http://www.cnr.cn/tfmb/kjdh/bjzl/200601/t20060109_504152272.html。

个系统的安全强度等于它最薄弱环节的安全强度。信息安全体系涉及访问控制技术、安全操作系统、安全管理中心、安全数据库平台、安全认证技术、入侵检测防御系统、统一的技术标准等。单纯靠引进国外技术和设备是很难保证信息技术装备的可靠性与软件兼容性，更难保证所提供信息的完整性、可用性、保密性和可靠性。这就要求我们在参照欧美发达国家经验的基础上，积极引进和消化吸收国外先进信息技术。同时，加大人、财、物的投入，下大力气攻关技术薄弱环节，努力提高我国的整体研发能力，形成自有核心技术、自主知识产权，建设强大、自主的民族信息产业，从而摆脱在国际上作为制造大国而非创造大国的劣势地位。

5.5.3 弘扬科学精神

科学技术作为第一生产力，一直是推动人类社会进步的革命性力量。然而科学并不等同于科学精神。所谓科学精神，是指从事科学实践活动所必须具备的求是态度、虚心理性、执著追求、民主团结、遵循准则，以及热爱真理、求真务实、改革创新等精神。其中，最主要的是求实和创新，不求实就不是科学，不创新科学就不会发展。“科学精神是一个国家繁荣富强、一个民族进步兴盛必不可少的精神。”[①]其实质是反对僵化保守与迷信盲从，提倡改革、探索、创新，不断追求进步。科学精神是现代化社会的一种普遍的思想追求，是对人类历史中（尤其是近代以来科学理论和科学实践探索的发展进程中）所形成的一种精神传统和人文特质的升华。

科学精神不仅限于一般的科学研究和科普工作领域，它更是抵制谬误、消除主观主义和形而上学的武器，关乎国家富强、民族进步和人民幸福。在建设创新型国家的过程中，我们要有求真务实的科学态度和只争朝夕的奋斗精神。在解决事关老百姓切身利益的民生问题上，也要具有求真务实的科学精神，不漠视，不推诿、不“踢皮球”，用科学的办法和措施为群众分忧解难，真正把群众的事情放在心上而不是放在口头上。政府信息公开不是行政机关自发的行为，而是在公众、非政府组织和国际组织的强烈呼声中应运而生的，是为了切实保障公众的知情权，是科学执政的具体表现。

科学与民主是相互依存又相互促进的，民主、自由、宽松的社会环境，对于传播科学思想和弘扬科学精神有巨大的促进作用。政府信息公开是适应依法行政、民主政治发展的需要，也是贯彻科学发展观的当务之急。在政府信息公开实践活动中，要坚持实事

① 胡锦涛等领导同志看望政协委员并参加讨论，http: //news.xinhuanet.com/misc/2007-03/04/content_5799747 htm。

求是的科学态度，弘扬开拓创新的科学精神，以科学理性的精神，借鉴发达国家在政府信息公开法制化中的经验，科学分析和处理中国的具体问题，力争塑造一个民主、高效、权威、创新的政府形象。

科学精神是科技事业的灵魂，更是精神文明建设的强大动力。一个社会的健康发展，不但需要有科学技术的推动，更需要有科学精神的导引，两者不可偏废。科学精神是愚昧迷信、伪科学的天敌，而科学技术则是在同愚昧迷信、伪科学斗争中发展起来的。政府信息公开涉及大量政策法规的公开，这些政策法规性信息是破除愚昧迷信、反对伪科学的"法宝"，而且可以打击利用迷信坑害百姓、诈骗钱财、危害社会的犯罪活动，防止整个社会出现价值迷失、愚昧无知、精神空虚、是非颠倒等错误的精神导向。

政府信息公开必须坚持真实性原则，这是保障公众依法行使知情权、参与权、表达权、监督权的前提，也是尊重科学知识的具体表现。在陕西虎照门事件中，从"虎照"开始在网上流传，到公众对政府发布的信息提出质疑，到各行各业的网友据理分析，再到疑为"虎照"原型的年画浮出水面，从国家林业局到陕西省林业厅，以及镇坪县政府在内的官方，受到民意的全力"围剿"，这是公众依法行使知情权和监督权的一场尖锐斗争，更是科学精神战胜伪科学观念的一场持久的斗争。

第 6 章　政府信息公开的效益机制

政府信息公开的效益体现在多个方面。依据政府信息公开的多个作用对象而体现出多种效益形式，包括有公众效益、政府效益和信息效益。对这些效益进行描述和准确的评估，可对政府考核各部门信息公开的服务提供参考，对政府各部门提高信息公开服务质量有着重要意义。本章主要从满意度、透明度、信息场三方面探讨政府信息公开的效益机制。

6.1　政府信息公开的效益内涵

6.1.1　政府信息公开效益描述

《现代汉语词典》里对效益的定义是“效果和利益”，例词有“社会效益”、“经济效益”、“充分发挥水库的效益”。[①] 效益在英文里用 effect and profit 表示，中文译为效果和收益；或用 beneficial result 来表示，中文译为有益的结果。现有研究一般从经济和社会这两个大的角度来讨论效益。有学者认为，效益是指通过管理实践活动，作用于管理对象所产生的有益的效果。[②] 所以效益是对某个或多个对象有益的作用或影响。这种影响主要表现在社会和经济两方面，即社会效益和经济效益。

① 中国社会科学院语言研究所词典编辑室:《现代汉语词典》(第 6 版)，北京:商务印书馆 2012 年版，第 1438 页。

② 王伟:《政府改革与制度创新》，郑州:郑州大学出版社 2008 年版，第 26 页。

政府信息公开效益不能直接衡量。从分析一般的科学文献可知，社会效益是不可能直接精确地用数字描述，对于经济实体的经济效益可以基于组织的投入、产出准确计算出，但对于政府信息公开的效益，由于政府信息公开的外部性、信息与载体的不可分性、信息生产成本的一次性等信息特性决定了它的复杂性，从而决定了政府信息无论是经济效益、还是社会效益都不能直接衡量。

政府信息公开效益可间接衡量。从现有科学文献看，我们对不能直接衡量和评判的对象均采用间接的方法来衡量和评价。由于政府信息公开对多个对象有益（政府信息公开不仅有利于政府提高办事效率，也有利于公众获取政府信息，提高工作和生活质量）。所以研究政府信息公开的效益，我们必须结合政府信息公开的效益主体来讨论。政府信息公开的效益主体是指由政府信息公开产生的效益所影响的对象，主要包括社会公众、政府、信息本身及公开政府信息的整个过程等。依据效益主体的不同，政府信息公开的效益表现出不同的形式，主要包括公众效益、政府效益和信息效益等。

6.1.2 政府信息公开的公众效益

政府信息公开的公众效益在这里体现为公众从政府信息公开的行为或内容中获得的益处。政府公开信息对公众的生活及工作的方方面面都有着重大的益处。如气象信息的公开利于公众提前了解天气情况，做好出行的准备，甚至是做好防灾抗灾的准备。政策法规信息的公开利于公众熟悉办事流程，从而提高办事效率。财政信息的公布，甚至利于公众确定投资方向。而在某一个方面对于公众获得效益是很难评估的，比如评估气象信息的公布对于公众到底有多大的益处取决于公众活动安排是否需要，政策法规信息的公布对于公众的益处大小取决于办事效率的高低，财政信息的公布取决于有投资意向的公众投资的效果等。

由于政府信息的多样性和公众的差异性，每个公众从政府信息公开的某种内容中获得多少效益很难精确地被评估出来。但有一点是共同的，那就是每个公众对政府信息公开活动都会有一个基于价值的评价，表现为满意度，即公众满意度。从公众角度来说，对政府信息公开的内容和方式，公众事先会有期望值，事后会有实际感知价值，这样就形成了公众对政府信息公开活动的满意度，这种满意度实际上间接反映了政府信息公开在公众中的价值体现，对政府信息公开的行为及内容，公众会通过各种方式在各种场合进行评价。公众的评价越好，说明公众从政府信息公开的行为及内容中获得的效益越大，公众就越满意。反之，当公众对政府抱怨时，说明公众从政府信息公开的行为及内容中获得效益不多，公众就不满意。也就是说，对政府的行为，公众普遍存在满意与否的态度，这种态度即满意度，它实际反映了政府信息公开在公众中产生的效益。例如 2008 年 5 月 12 日我国发生汶川大地震，地震发生后，我国政府高度重视且反应迅速，及时抢救地震幸存者。我国政府对地震情况不隐瞒、不虚假报道，实时报道抢救现场和被救人员情况，公众从这些信息中了解了灾情，并迅速展开各种救灾工作，减少受灾的损失，产生了巨大的社会效益。这次政府信息公开行为得到了广大人民群众的认可，甚至是全世界各国人民和政府的认可，网络上、广播电视上好评如潮，公众对政府公开地震信息满意度很高，同时反映了政府信息公开的公众效益很大。

公开政府活动及有关信息，还给社会公众知情权、判断权和选择权，自觉接受人民群众监督，是政府的一种责任。尤其是在遇到突发事件时，来自政府的权威信息成为“取信于民，还民于安”的关键，防止了社会公众的恐慌与盲动。无疑，如果能够很好地把握信息公开的时机，把握公众满意度，我们就能够评价政府信息公开的公众效益。

6.1.3 政府信息公开的政府效益

政府信息公开的政府效益是反映政府信息公开活动中政府信息公开的程度。从政府角度来说，政府的信息公开对政府内部办公和外部办事都有重要的作用。政府对内信息公开有利于提高工作效率，防止行政腐败，节省沟通成本。政府对外信息公开有利于提高政府形象，改善服务质量和节省处理信息公开申请的成本，以及安定民心。政府信息越公开透明，这些效果就越明显。因而，政府受政府信息公开的影响便主要体现在政府公开的信息量上，公开的信息量越大，信息公开的透明度越大。此时，政府信息公开的效益就体现为政府非保密信息及时公开的透明程度，即政府效益。

政府信息公开的透明程度决定了政府效益的大小。信息透明度高有利于政府防止行政腐败，安定民心等。例如，行政权力运作的依据、步骤、结果，政府官员的任免程序和依据等信息的公开，接受人民群众的监督，有利于从源头上防止腐败，即使发生腐败行为也能及时发现和制止。信息的透明度（Transparency）要求必须及时公开足够有用的信息含量。信息的透明度涉及信息公开的及时性和信息数量，因而直接影响到政府信息公开的政府效益的因素包括：政府信息公开的及时性和政府信息公开的信息数量。

首先，由于信息具有时效性，政府信息公开后在某段时间内才具有影响和价值，超过了信息有效的时间，再将信息公开便不再具有多大的影响和价值了。例如气象信息、官员选举和任免结果、领导人考察时间等。所以，政府信息公开越及时，说明透明度越高，政府效益也就越大；反之，政府信息公开越迟缓，透明度越低，政府效益就越小。

其次，透明度要求公开足够的信息量，公开的信息越多，透明度越高。当信息全部对外公开时，透明度达到最高。但是，对于政府信息而言，不是所有的政府信息都适合公开，谈到政府效益首先应该是政府的行为对政府有积极影响，如果信息的公开对国家、政府、甚至人民产生不利的影响，则会产生负效益。例如，国家秘密这类信息关系着国家的安全与利益，不能公开，甚至国家部门内也只能是有限定的人员才能知悉。所以，我们认为只有当对外公开的非保密政府信息越多时，政府信息的公开就越透明，政府信息效益就越高。反之，对外公开的非保密政府信息越少，政府信息的公开越不透明，则政府信息效益就越小。

所以，我们可以用透明度来衡量政府信息公开对政府的影响，即政府信息公开的政府效益——政府透明度。

6.1.4 政府信息公开的信息效益

从信息的角度来说，信息本身亦会由于它的公开而在一定的时空范围内，对相应的群体产生一定的影响力，通过对信息在一定时空范围内的变化规律的探索，寻找信息的变化状态及其影响力，我们认为，基于社会物理学理论的信息场及其相关概念可以尝试对信息本身影响进行较为合理的解释，那么，政府信息公开的信息效益在信息自身角度上体现的是政府信息公开的范围和信息影响力的大小。假设：空间Σ内的每一点（信源、信宿）的信息量是可测量的，那么，Σ内的每一点的信息量是确定的。这个确定的信息量就叫信息场，对信息场的大小可以用信息场强度来描述。

信息场强度是指Σ空间某一信源在其周围任何一点影响力大小。理论上我们只要能够确定某一信源的信息场强度就确定了其影响力的大小。某一信源信息场强度越大，影响力就越大，我们说其信息效益就越大；反之亦然。

6.2 满意度

6.2.1 满意度理论[①]

为检验政府信息公开工作的实际成果，找出政府信息公开工作中存在的不足，本书

① 本节内容曾发表于段尧清、冯骞:《政府信息公开满意度研究——基于结构方程的满意度模型构建》,《图书情报工作》2009年第5期，第115~117页。

将顾客满意度的概念和结构方程模型（Structural Equation Modeling，SEM）的分析手段引入政府信息公开效果检验中。

1989年，美国密歇根大学商学院质量研究中心的费耐尔（Claes Fornell）教授提出把顾客期望、顾客感知、购买价格等多方面因素组成一个计量经济学的逻辑模型，并借此模型运用偏微分最小二次方求解得出指数，即顾客满意度指数（Customer Satisfaction Index 简称 CSI）①。费耐尔博士的研究成果是迄今为止最成熟和运用最广泛的顾客满意度指数理论。20世纪90年代后，顾客满意度理论日渐成熟，应用范围也从私营部门扩展至公共部门，被广泛应用于政府绩效评估和电子政府信息评估等领域。英、美等国在绩效评估中应用顾客满意度指数理论走在世界最前列。英国从20世纪60年代起，就开始对公共部门的生产力进行测定，80年代进行了著名的雷纳评审。美国1993年颁布实施的《政府绩效与结果法》（GPRA）将政府绩效评估推向高潮。90年代以后，加拿大、丹麦、芬兰、挪威、新西兰、荷兰、澳大利亚等国广泛开展了公共部门绩效评比。满意度这一原始概念在不同领域产生了不同的引申含义，在政府信息公开这一特定领域，本书认为政府信息公开的满意度是指：公众使用政府信息公开的服务的经历满足公众需要而产生的一种心理状态。

顾客满意度测评方法的建立与结构方程模型的使用有密切关系。SEM是用于讨论潜变量（Latent Variable）与观测变量（Manifest Variable）关系以及潜变量与潜变量关系的一种多元统计分析方法。② 正是结构方程模型的出现和应用，使顾客满意度这种不能被直接观测的变量可被测量，而且可以将这些不可观测变量放置于体现因果关系的方程系统中。③

SEM是指企业将事物的客观状态以因果假设的方式加以呈现，然后以量化的资料加以验证。而理论就是能够将事物的客观状态加以因果式呈现的关键。④ 所以，在构建政府信息公开的结构方程模型之前，首先应该建立相应的理论，才能根据理论假设相应的潜变量以及潜变量之间的关系。

“期望不一致”是目前应用最广的顾客满意测量模式，当今主流的测评模型SCSB、ACSI、ECSI等几乎无一例外都以它为基础来量度顾客满意。满意测量的期望不一致模式

① Claes Fornell，Michael D. Johnson，Eugene W. Anderson，Jaesung Cha，& Barbara Everitt Bryant. The American Customer Satisfaction Index：Nature，Purpose and Findings. Journal of Marketing，Oct 1996，60（4）.

② 焦微玲：《我国电子政务公众满意度测评模型的构建》，《情报杂志》2007年第10期，第36页。

③ 安珣：《面向顾客满意度改进决策的结构方程和影响图结合研究》，天津大学2006届硕士学位论文。

④ 黄方铭：《结构方程模式理论与应用》，北京：中国税务出版社2005年版，第32~33页。

源于美国营销学者奥利弗（Oliver）于1980年提出的期望不一致模型。该模型认为顾客满意度取决于顾客购前期望与购后感知之间不一致性的大小与方向：当购后感知符合顾客期望，顾客既不会满意也不会不满意；而当购后感知超过顾客的期望，顾客就会满意；当购后感知低于顾客的期望，顾客就会不满意。之后许多学者在此基础上又进行了大量的研究，逐步形成了期望主导型、感知质量主导型、不一致性主导型及感知质量与不一致性共同主导型等不同的模式（严浩仁等，2004），但总的来说仍然属于期望不一致理论的范畴。因此，作者对政府信息公开的满意度进行测评时也主要考虑期望不一致模式。

大量的理论和实证研究表明，顾客期望、感知质量对顾客满意度存在直接影响（Oliver，1981，1997；Chutchill & Surprenant，1982；Tse & Wilton 1988；王卫东、汪纯孝等，1999），本模型仍将沿用这些研究成果，引入了期望和感知价值两个潜变量，并针对政府信息公开这一测评对象重新诠释了其内涵。对于顾客满意的效果，目前比较一致的观点是：顾客满意意味着顾客忠诚度的提高（Labarbera & Mazurski，1983；Bolton & Drew，1991；Anderson & Sullrvan，1993；Anderson，1994；Fomell & Johnson，1996）。顾客的不满将会通过抱怨或投诉的形式表达出来，企业通过积极处理顾客抱怨可以把抱怨的顾客转化为忠诚的顾客（Hirschman 1970，Fomell 1992），基于这一理论所建立的SCSB、ACSI等测评模型均引入顾客抱怨变量。对于政府来说，公众作为政府的顾客，其忠诚度的提高表现在公众对政府更加信任；同样，公众的抱怨也可以通过对政府相关部门的反应和投诉表现出来。因此，在本模型中我们引入了公众抱怨和公众信任两个潜变量。传统的市场营销理论认为，顾客的购买决策过程一般可概括为5个阶段：认识需求、信息收集、信息评估、购买决策与购后行为，可见信息对于顾客购买决策具有重要意义。我们在购买普通商品时，常常考虑一件商品所属品牌的品牌形象；同样，在这里我们将政府公开的信息看作一种政府生产的产品，因此，政府形象也是一个潜变量。

总结以上的理论分析结果，我们认为政府信息公开的结构方程模型的潜变量共有六个，分别是：感知价值、预期、政府形象、公众满意、公众抱怨和公众信任。其中，感知价值（Perceived Value）是指公众在使用了政府的信息公开服务后对其提供的信息和服务的价值的总体评价。预期（Expectation）是指公众在接受政府的信息公开服务之前，对政府信息公开服务的期待和希望。政府形象（Government Image）是指公众在使用完政府信息公开服务后，在心理上反映出的对政府的感知。公众满意（Citizen Satisfaction）是指公众在将对政府信息公开的预期与实际感觉比较后产生的感觉。公众抱怨（Customer

Complaints）是指公众对政府信息公开工作的不信任和抵制。公众信任（Citizen Reliability）是指公众对政府信息公开工作的信任和支持。

6.2.2 模型的构建

6.2.2.1 模型的假设和说明

根据以上的分析和相关理论，我们假设了各个潜变量之间的关系，建立了我国政府信息公开满意度测评模型，如图 6.1 所示。其中，感知价值、预期、政府形象三个为外源（Exogenous）潜变量，公众满意、公众抱怨和公众信任为内生（Endogenous）潜变量。感知价值、预期和政府形象影响公众满意，公众满意影响公众抱怨和公众信任。每一个潜变量又对应着各自的可测变量，政府信息公开满意度测量指标体系如表 6.1 所示。

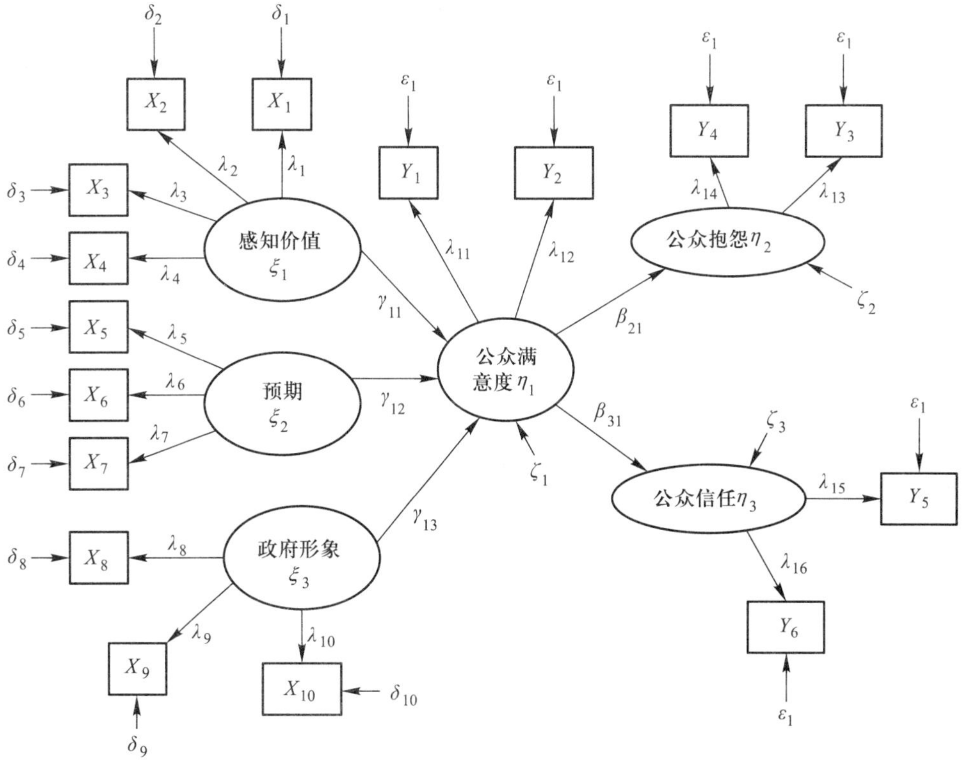

图 6.1 政府信息公开满意度测评模型

表 6.1　政府信息公开满意度测量指标体系

一级潜变量	可测变量	解释
感知价值 ξ_1	功能性价值 X_1	公众感知的政府信息公开对其日常生活的影响程度
	效率价值 X_2	公众感知的政府信息公开对其工作效率的影响程度
	公平价值 X_3	公众感知政府信息公开的公平程度
	服务价值 X_4	公众感知政府信息公开的服务的质量
预期 ξ_2	总体预期 X_5	公众对政府信息公开工作改变其生活程度的预期
	及时性 X_6	公众对政府为其提供信息的及时程度的预期
	可靠性 X_7	公众对政府为其提供信息可靠性的预期
政府形象 ξ_3	原则性 X_8	公众感知到的政府信息公开工作执行的原则性如何
	真实性 X_9	公众感知到的其接收的政府信息的真实程度
	及时性 X_{10}	公众感知到的政府信息的及时性
公众满意度 η_1	总体满意度 Y_1	公众对政府信息公开的满意程度
	相对满意程度 Y_2	与预期相比较的公众的满意程度
公众抱怨 η_2	抵触倾向 Y_3	公众要求政府改善政府信息公开工作的倾向程度
	沉默倾向 Y_4	公众对其认为政府的不足之处保持沉默的倾向程度
公众信任 η_3	支持 Y_5	公众乐于支持政府信息公开工作的程度
	信心 Y_6	公众对政府信息公开工作的信心

6.2.2.2　模型的数学表达

根据图 6.1 所示的顾客满意度测评模型建立起相应的结构方程模型。模型包括两个部分，即结构模型和测量模型。结构模型用于描述潜变量之间的关系，测量模型用于表述潜变量和可测变量之间的关系。

（1）结构模型

用 ξ 表示外源潜变量的向量，η 表示内生潜变量的向量，结构模型可表示为：

$$\eta = \mathrm{B}\eta + \Gamma\xi + \zeta$$

展开形式为：

$$\eta_1 = \gamma_{11}\xi_1 + \gamma_{12}\xi_2 + \gamma_{13}\xi_3 + \zeta_1$$

$$\eta_2 = \beta_{21}\eta_1 + \zeta_2$$

（2）测量模型

用 X 表示外源观测变量的向量，Y 表示内生观测变量的向量，测量模型可表示为：

$X = \Lambda_x\xi + \delta$　　$Y = \Lambda_y\eta + \varepsilon$

展开形式为：

$x_1=\lambda_1\xi_1+\delta_1$　　$y_1=\lambda_{11}\eta_1+\varepsilon_{11}$

$x_2=\lambda_2\xi_1+\delta_2$　　$y_2=\lambda_{12}\eta_1+\varepsilon_{12}$

$x_3=\lambda_3\xi_1+\delta_3$　　$y_3=\lambda_{13}\eta_2+\varepsilon_{13}$

$x_4=\lambda_4\xi_1+\delta_4$　　$y_4=\lambda_{14}\eta_3+\varepsilon_{14}$

$x_5=\lambda_5\xi_2+\delta_5$　　$y_5=\lambda_{15}\eta_3+\varepsilon_{15}$

$x_6=\lambda_6\xi_2+\delta_6$　　$y_6=\lambda_{16}\eta_3+\varepsilon_{16}$

$x_7=\lambda_7\xi_2+\delta_7$

$x_8=\lambda_8\xi_3+\delta_8$

$x_9=\lambda_9\xi_3+\delta_9$

$x_{10}=\lambda_{10}\xi_3+\delta_{10}$

6.2.2.3　模型的估计与应用软件的选择

当前满意度模型的估计主要采用 PLS（Partial Least Square）方法和 LISREL（Linear Structural Relationships）方法。PLS 是一种将主成分分析与多元回归结合进行迭代估计的因果建模的法。LISREL 则是通过构造估计协方差 $\Sigma(\theta)$ 与样本协方差（S）的拟和模型，通过迭代方法来估计模型参数，因此也成为协方差建模方法。两种方法各有长短，分别适用于不同的情况。PLS 适用于理论知识相对缺乏，强调预测准确性的场合；而 LISREL 则更适合于理论知识充足，注重参数估计准确性的情况。①

6.3　透明度

透明度（Transparency）这一概念源自物理学，用来表示透光的程度。在这里我们引入透明度来表示政府信息公开的程度。我们认为，政府透明度是在遵循公正、公平、便民的原则基础上，通过各种便于公众知晓的方式，及时对不危及国家安全、公共安全、经济安全和社会稳定②的政府信息公开的程度。政府信息公开透明的程度决定了政府效益

① 陈湘青：《新型顾客满意度指数测评模型的构建》，《经济经纬》2007 年第 3 期，第 118 页。

②《中华人民共和国政府信息公开条例》第 1 章第 5 条规定：“行政机关公开政府信息，应当遵循公正、公平、便民的原则。”第 6 条规定：“行政机关应当及时、准确地公开政府信息。行政机关发现影响或者可能影响社会稳定、扰乱社会管理秩序的虚假或者不完整信息的，应当在其职责范围内发布准确的政府信息予以澄清。”第 8 条规定：“行政机关公开政府信息，不得危及国家安全、公共安全、经济安全和社会稳定。”

的大小。

6.3.1 政府透明度的影响因素

6.3.1.1 政府信息公开的时效

由于信息具有时效性，信息公开后在某段时间内才具有影响和价值，超过了信息公开的最佳时期，再将信息公开便不再具有价值。因而，政府透明度要求政府信息公开的高效率。《中华人民共和国政府信息公开条例》对政府信息公开的时限也有明确的说明，其中提到行政机关应当及时、准确地公开政府信息，而且限期内公开[①]；而对于政府信息公开的申请，行政机关也应该尽快予以答复[②]。一个政府对一个事件的反应速度反映了政府的责任心，对事件信息的及时公开同时也会防止恐慌或便民，如气象信息、交通信息等。所以，政府信息公开得越及时，效率越高，政府透明度就越高。

6.3.1.2 政府信息的数量

从理论上说，公开的政府信息量越多，政府透明度就越高。然而，在现实生活中，政府信息不是公开得越多就越好，公开的政府信息首先应当遵循公正、公平、便民的原则，不涉及国家秘密、商业秘密、个人隐私，不影响国家、社会和人民的利益，然后再保证足够的信息量。我国《政府信息公开条例》第 9~13 条对政府应当主动公开的信息范围进行了详细规定。[③]

保守国家秘密与公开政府信息并非是“水火不容”、完全对立的关系，而是相辅相成的，两者在追求行政透明、服务公众、政治民主等方面有着相同的目的。在现代社会，政府信息公开的范围趋向最大化，政府信息保密的范围趋向最小化。如果公开的范围过窄，即对保密的范围规定过宽，就会严重损害公众的知情权；反之，公开的范围过宽，即对保密的范围规定过窄，亦会严重损害国家利益和公共利益。

因而，对外公开的非保密政府信息越多，说明政府信息的公开越透明。用政府信息

---

①《中华人民共和国政府信息公开条例》第 3 章第 18 条规定：“属于主动公开范围的政府信息，应当自该政府信息形成或者变更之日起 20 个工作日内予以公开。法律、法规对政府信息公开的期限另有规定的，从其规定。”

②《中华人民共和国政府信息公开条例》第 3 章第 24 条规定：“行政机关收到政府信息公开申请，能够当场答复的，应当当场予以答复。行政机关不能当场答复的，应当自收到申请之日起 15 个工作日内予以答复；如需延长答复期限的，应当经政府信息公开工作机构负责人同意，并告知申请人，延长答复的期限最长不得超过 15 个工作日。”

③《中华人民共和国政府信息公开条例》第 2 章第 9 条规定：“行政机关对符合下列基本要求之一的政府信息应当主动公开：（一）涉及公民、法人或者其他组织切身利益的；（二）需要社会公众广泛知晓或者参与的；（三）反映本行政机关机构设置、职能、办事程序等情况的；（四）其他依照法律、法规和国家有关规定应当主动公开的。”第 13 条规定：“除本条例第九条、第十条、第十一条、第十二条规定的行政机关主动公开的政府信息外，公民、法人或者其他组织还可以根据自身生产、生活、科研等特殊需要，向国务院部门、地方各级人民政府及县级以上地方人民政府部门申请获取相关政府信息。”

公开的透明度来表示政府信息公开的政府效益，所以政府信息公开的透明度越高，政府信息公开的政府效益就越大。政府信息公开与保密，应当抓主要矛盾。在确保国家秘密不公开的同时，又要有领导、有控制地适当放宽对非核心秘密的限制。如果防范过当，脱离实际需要，正常的信息交流就会受到阻碍。确定政府信息密级的客观依据是信息的敏感性、风险性，即可以合理预见的由信息的泄露而产生危害的程度。

6.3.2 政府透明度的评价

要评价政府信息公开的政府效益就要对透明度开展合理评价，这种评价有利于判断各地区政府、政府内部各部门进行信息公开的效果，为完善建设政府信息公开的门户提供了依据；有利于改善政府服务质量；有利于提高资源配置的效率，降低成本。因此，需要有比较合理的、科学的方法。

一些学者和中介机构已经对信息公开的透明度评价进行了一定程度的研究，但是由于各行各业的市场环境不同，目前尚未对信息公开评价指标体系形成一致的标准。这里，我们探讨一种新的方式。

首先我们明确政府信息数量的度量问题。从政府信息公开的角度来说，政府信息的总量包括两大类：政府信息存量和政府信息流量。信息度量单位为比特（bit）。

6.3.2.1 条件假设与参数确定

（1）假设性条件

H1：政府信息总量用英文字母 Q 来表示。政府信息总量是政府拥有的全部信息的数量，它有两个概念：一是包括保密信息在内的全部政府信息，二是除去保密信息，按《中华人民共和国政府信息公开条例》规定要公开的全部政府信息的总数量。保密信息涉及国家安全、社会稳定，不宜对外公开，计算出的政府透明度不能反映真实的公众需求。所以，我们这里讨论的政府信息总量是按《中华人民共和国政府信息公开条例》规定要公开的政府信息数量。

H2：政府信息存量用英文字母 C 来表示。由于信息具有共享性，与物质存量不同的是，信息存量不受信息公开的影响，即信息存量不会因为信息的公开和共享而减少。所以政府拥有的信息量不受政府信息公开行为的影响而数量减少。政府所拥有的信息可以完全处于保存状态，同时某些信息也可以处于已经向外公开的状态。所以，我们假设政府信息存量也是政府拥有的全部信息，与政府信息总量相同，且不会因为信息公开而减少。

H3：政府信息流量用英文字母 F 表示。政府作为职能部门有义务向公众公开信息，从信息传递角度来说，政府公开的信息是从政府部门“流向”信息受众，“流出”的这部分政府信息的数量就是政府信息流量。

H4：语义性信息无法用单位比特来度量，而非语义性信息可以用单位比特计量。

H5：假设一份政府文件的大小为 M 常量比特。

H6：政府信息存量是有时效的，是截至某一时刻的政府信息存量，而非单位时间的政府信息存量。

H7：这里的政府信息主要是指县级以上各级人民政府及其部门的信息。

（2）政府信息存量的确定

政府信息存量的确定可通过多种方式获取，包括直接方式和间接方式。直接获取途径包括通过图书馆、政府网站、政府部门资料室等。间接获取途径包括公务员、资料保管员等。政府文件的大小可以方便地直接获取。但是，通过公务员和政府信息的资料保管员来间接获取政府信息比特数却不容易。用公务员人数来度量，公务员任职和离职退休的记录可以通过部门公开的记录获取。

政府保存的信息大多以文件形式存在，由于语义性信息无法用比特单位来准确度量，所以这里的政府信息存量是指政府保存的非语义性信息的数量，以文件形式存在，可以用单位比特（bit）来计量，如计算机里的每一份文件都有一定大小的比特。如果要具体明确到政府信息存量有多少比特，首先要确定政府每份文件各自的比特数，然后所有文件的比特数之和就是政府信息存量。但是，现实中，政府文件数量众多且分布在各个部门，确定每份政府文件的比特大小是极其烦琐的工作。所以，我们假设一份政府文件的大小为常量 M 比特，只需统计政府文件总份数（用英文字母 k 表示），我们便可以知道政府信息存量的大小。全部政府文件的信息存量公式为：

$$C=M\cdot k \tag{6-1}$$

其中，政府信息存量为 C，每份政府文件的大小为 M 比特，政府文件总份数为 k。

但是，由于不同类型的政府信息具有不同大小的价值，对政府透明度的影响也不同，所以依据政府信息类型的重要性，给不同政府信息赋予一定的权重。用英文字母 p 来表示权重，权重的大小设置可以采用专家法来确定。权重的大小影响到该文件所代表的政府信息存量，权重越大说明其所含的信息量越大；反之，越小。

于是我们可以知道，一份政府文件的信息存量大小用公式表示为：

$$C=M\cdot p \tag{6-2}$$

而 k 份相同类型政府文件的信息存量大小，则用公式表示为：

$$C=M \cdot k \cdot p \tag{6-3}$$

所以，n 种类型的政府文件所含的政府信息存量，可用公式表示为：

$$C=f(n,k,p)=\sum_{i=1}^{n}(M \cdot k_i \cdot p_i)\quad (i=1,\ 2,\ \cdots\cdots,\ n) \tag{6-4}$$

（3）政府信息总量的确定

我们已假设政府信息主要是指县级以上各级人民政府及其部门的信息，因而依据《中华人民共和国政府信息公开条例》第二章“公开的范围”中的第九条、第十条和第十一条所列举的政府信息内容，归纳出政府信息类型，政府信息三级指标如表 6.2 所示。主要有行政机关、县级以上各级人民政府及其部门应重点公开的政府信息、设区的市级人民政府、县级人民政府及其部门还应公开的政府信息，以及其他政府信息。①

表 6.2　政府信息三级指标

一级指标（h）	二级指标（i）	三级指标（j）	权重（p）
应公开的政府信息 a_1	法规文件	行政法规文件	p_1
		规章文件	p_2
		规范性文件	p_3
	规划及相关政策	国民经济和社会发展规划	p_4
		专项规划	p_5
		区域规划	p_6
	统计信息	国民经济统计信息	p_7
		社会发展统计信息	p_8
	财政报告	财政预算报告	p_9
		财政决算报告	p_{10}
	政府采购	政府集中采购项目的目录、标准、实施情况	p_{11}
	行政信息	行政事业性收费的项目、依据、标准	p_{12}
		行政许可的事项、依据、条件、数量、程序、期限以及申请行政许可需要提交的全部材料目录及办理情况	p_{13}
	建设情况	重大建设项目的批准和实施情况	p_{14}
		城乡建设和管理的重大事项	p_{15}
		征收或者征用土地、房屋拆迁及其补偿、补助费用的发放、使用情况	p_{16}

①《中华人民共和国政府信息公开条例》第 2 章第 13 条规定：“除本条例第九条、第十条、第十一条、第十二条规定的行政机关主动公开的政府信息外，公民、法人或者其他组织还可以根据自身生产、生活、科研等特殊需要，向国务院部门、地方各级人民政府及县级以上地方人民政府部门申请获取的相关政府信息。”

续表

一级指标（h）	二级指标（i）	三级指标（j）	权重（p）
应公开的政府信息 a_1	社会保障与公益	扶贫、教育、医疗、社会保障、促进就业等方面的政策、措施及其实施情况	p_{17}
		抢险救灾、优抚、救济、社会捐助等款物的管理、使用和分配情况	p_{18}
		社会公益事业建设情况	p_{19}
	监督检查情况	环境保护的监督检查情况	p_{20}
		公共卫生的监督检查情况	p_{21}
		安全生产的监督检查情况	p_{22}
		食品药品的监督检查情况	p_{23}
		产品质量的监督检查情况	p_{24}
	突发公共事件信息	应急预案	p_{25}
		预警信息	p_{26}
		应对情况	p_{27}
批准申请公开的政府信息 a_2	申请公开信息	公民、法人或者其他组织根据自身生产、生活、科研等特殊需要，向政府部门申请获取相关政府信息。	p_{28}

每个三级指标的政府信息总量为该类型信息的权重 p 与文件总份数 k 和每份文件信息量常量 M 的乘积，公式为：

$$C_j=M\cdot k\cdot p \tag{6-5}$$

如“行政法规文件”的信息总量为：

$$C_{111}=M\cdot k_1\cdot p_1$$

每个二级指标的政府信息总量为该指标内的各个三级指标的信息总量之和，用公式表示为：

$$C_i=\sum_{j=1}^{n}(M\cdot k_j\cdot p_j)\quad(j=1,2,\cdots,n) \tag{6-6}$$

n 为该二级指标内的三级指标个数。如“法规文件”有 3 个三级指标（行政法规文件、规章文件、规范性文件），其信息总量为：

$$C_{11}=\sum_{j=1}^{n}(M\cdot k_j\cdot p_j)\quad(j=1,2,3)$$

每个一级指标的政府信息总量为：

$$C_h=\sum_{i=1}^{m}\left(\sum_{j=1}^{n}(M\cdot k_j\cdot p_j)\right)\quad(j=1,2,\cdots,n)(i=1,2,\cdots,m) \tag{6-7}$$

m 为每个一级指标的二级指标个数。如“应公开的政府信息”有 10 个二级指标（法规文件、规划及相关政策、统计信息、财政报告、政府采购、行政信息、建设情况、社会保障与公益、监督检查情况、突发公共事件信息），其信息总量为：

$$C_1=\sum_{i=1}^{m}\left(\sum_{j=1}^{n}(M\cdot k_j\cdot p_j)\right)\qquad (i=1,\ 2,\ \cdots,\ 10)(j=1,\ 2,\ \cdots,\ n)$$

所有政府信息的权重之和为 1，用公式表示为：

$$\sum_{i=1}^{n}p_i=1\qquad (i=1,\ 2,\ \cdots,\ n)\tag{6-8}$$

（4）政府信息流量的确定

政府作为职能部门有义务向公众公开信息，从信息传递角度来说，政府公开的信息是从政府部门“流向”信息受众，“流出”的这部分政府信息的数量就是政府信息流量。

流量的确定。政府公开的信息数量，用单位比特计量，用英文字母 F 表示。政府信息流量小于等于政府信息存量。所以，我们假设一份政府文件的大小为常量 M 比特，只需统计公开的政府文件份数的多少（用英文字母 f 表示），我们便可以知道政府信息流量的大小。用公式表示为：

$$F=M\cdot f\tag{6-9}$$

政府信息流量为 F，每份政府文件的大小为 M 比特，政府公开的文件份数为 f。

考虑不同类型政府信息的权重不同，所以一份政府文件的信息流量大小用公式表示为：

$$F=M\cdot p\tag{6-10}$$

而 f 份相同类型政府文件的信息流量大小，则用公式表示为：

$$F=M\cdot f\cdot p\tag{6-11}$$

所以，n 种类型的政府文件所含的政府信息存量，可用公式表示为：

$$F=f(n,f,p)=\sum_{i=1}^{n}(M\cdot f_i\cdot p_i)\qquad (i=1,\ 2,\ \cdots,\ n)\tag{6-12}$$

6.3.2.2 政府透明度的模型构建

按《中华人民共和国政府信息公开条例》规定要公开的政府信息的总量，已公开的政府信息与其总量之比为政府信息透明度。政府信息存量就是政府拥有的全部信息的数量，即政府信息存量就是政府信息总量。政府透明度就是政府信息流量与政府信息总量之比的比值。用英文字母 T 来表示政府信息透明度，则可得到以下公式：

$$T=\frac{F}{C} \tag{6-13}$$

其中，T 为政府透明度，F 表示政府信息流量，C 表示政府信息存量即政府信息总量。T 值越大，说明政府公开的信息量越多，政府透明度越大。反之，T 值越小，则说明政府公开的信息量越少，政府透明度越小。

由公式 6–1、6–9 和 6–13 可得：

$$T=\frac{f}{k} \tag{6-14}$$

其中，公开的文件份数是 f，存储的文件总份数是 c，政府透明度是 T。

对于公众而言，理想状态是政府将所有信息都对公众公开，此时政府信息流量等于政府信息存量，政府透明度最大，即 $F=C$，$T=1$。反之，政府不公开任何信息时，政府信息流量为零，政府透明度最小，即 $F=0$，$T=0$。然而在实际生活中，由于不同类型政府信息的作用不同，和出于安全保密需要，政府会存储一定量的信息而不会将所有信息都公开，只公开方便公众生活和工作、利于社会稳定的政府信息，即政府信息公开处于不完全状态。这时，政府信息流量小于政府信息存量，政府透明度随着政府公开信息的多少处于一个变化值，即 $F<C$，$0<T<1$。

综上所述可以得知，因为政府信息流量总是小于或等于政府信息存量，但大于或等于 0，所以政府信息透明度的取值范围是小于等于 1，大于等于 0，即 $T>=0$，$T<=1$。

$$T=\begin{cases}1\text{，透明度最大}\\(0\text{，}1)\text{透明度变化}\\0\text{，透明度最小}\end{cases}$$

由此可知，在实际生活中，政府信息透明度的值越趋近于 1，说明政府信息透明度越大；反之，政府信息透明度的值越趋近于 0，说明政府信息透明度越小。

6.4　信息场及其描述

场论是关于场的性质、相互作用和运动规律的理论。[①] 通过引入场论相关理论对信息场的描述来判断信息公开作用的大小从而评价政府信息公开的效益。

---

① 杨为民、李龙澍:《基于场论的高精度信息检索研究》,《计算机工程》2011 年第 15 期，第 134~136 页。

6.4.1 信息场

有学者从传播学的角度提出了“信息场”的概念，认为信息场是在群体内部人们通过信息互动创造出的关联性的抽象信息共享空间，用来形象地说明网络中大量人群聚集来进行信息共享和交流的现象。① “信息场”从结构上看包括个别人的人际传播，一人对多人的沟通，多人同时相互沟通等多种形式，也包含了社会传播系统所能动用的几乎所有传播手段。而在功能上，信息场的存在是和信息时代所带来的信息环境的巨大变化相辅相成的，信息场所发挥的对信息的选择过滤、生产加工、共享存储、输出反馈等功能，从整个社会传播系统的高度看，起到了和宏观信息系统进行信息反馈和互动的重要作用。

我们认为，信息场是信息存在的一种形式，它被用来描述信源对信宿作用强度。一个信息源形成一个信息场。在一定的物理空间内，相同的信息源具有相同的场，不同的信息源具有不同的场。

6.4.2 信息场的数学描述

6.4.2.1 信息场强度

H1：一定系统内的（一定的信息空间Σ的信息$I(x, y, z)$）信宿处于均匀分布，相同信息敏感度的信宿接收信息不具差异性。

H2：一定系统内的（一定的信息空间Σ的信息$I(x, y, z)$）具有差异性的信源在相同信息传输介质内的信息传输不具差异性。

H3：一定系统内的（一定的信息空间Σ的信息$I(x, y, z)$）信源在其有效周期内信息传输是连续的。

推论 1：在空间Σ的每一点信宿接收信源信息的对应值具有确定性。

推论 2：在空间Σ里信源的作用强度与信宿接收信息的效用成正比，与信息传输距离成反比。

定义：信息场强度是信息源在信息空间Σ里的信息效益分布状态的描述。

数学参数设定：

信息敏感度系数λ是指信宿接收信源信息的敏感度，与信宿的信息素养有关，$0 \leqslant \lambda \leqslant 1$。

① 王佳：《信息场的开拓 未来后信息社会交互设计》，北京：清华大学出版社 2011 年版，第 13 页。

信息量（信息效用）Q 是指信宿接收信息产生的效用，或者信源的信息多少。

信息距 R 是指信源到信宿的传输距离，这里的距离不是物理空间距离，信息在光介质中传播一个 c 的时间（c 为光速）为一个单位的信息距，依此类推。

信息传送频率 γ 是指信源发布某一信息的频次。

信息的有效时间周期 T 是指信息的有效周期为 T，$0 \leqslant T \leqslant 1$ 它反映信息的及时性，$T/2$ 为信息的半衰期。

那么，我们得出信息场强度 E：

$$E=\lambda\frac{Q}{R}(1-T) \tag{6-15}$$

依据上面的假设我们可以知道信息场可以是数量场，如果设定信息的传播方向为信息场的方向，信息场即是矢量场。

公式 6–16 的意义如下：系统空间内某一信源发布越及时，信息场强度越大，反之越小；信息量越大，信息强度越大；传输距离越大，信息强度越大。

6.4.2.2 **信息场的等值面及其梯度**

信息场强度反映了信息在系统空间的影响作用的发布状态，同时反映了信息 $I(x, y, z)$ 在空间的分布。我们把空间里所有相同数值的信息场 $I(x, y, z)$ 连接起来，即 $I(x, y, z)=c$（c 为常数），一般在几何上表现为一个曲面，我们称这个面为信息场的等值面。

由于不同的等值面之间信息存在差异性，因此存在信息交流，为描述这种交流的变化率我们引入信息场的梯度。

定义：若在信息场的某一点存在这样一个矢量 G，其方向反映了信息场等值面在此点的变化率最大的方向，其模正好是变化率的数值，则我们称 G 为信息场在这点的梯度，记作 $\mathrm{grad}I$，即

$$\mathrm{grad}I=G \tag{6-16}$$

信息场的梯度与坐标无关，它由信息场中信息的数量决定，描述了信息流动的最大方向。它在坐标中的表示式为

$$\mathrm{grad}I=\nabla I \tag{6-17}$$

其中，∇ 记作哈密尔顿（Hamiltom）算子。

从上面定义我们可以利用信息场的梯度和信息场强度来确定政府信息公开过程中政府信息公开的方向选择和政府信息公开效益。

6.5 满意度实证分析

本次调查共发出问卷 6 000 份，收回 5 323 份，其中有效数据 4 519 份。问卷涉及中部某省的十六个地级市（分别用 S_1~S_{16} 表示）城区、乡镇、农村，受调查对象年龄为 18 岁到 60 岁不等，他们的工作单位涵盖各个领域，包括党政事业单位、企业、务农以及自由职业者，其中自由职业者又包含学生、个体经营户等。另外，关于这些调查者的受教育程度，我们也做了详细的分类，分别为初中及以下、高中、大专、本科、硕士 / 博士研究生及以上。

6.5.1 样本特征分析

本次测试回收问卷 5 323 份，回收有效数据 4 519 份，数据有效率为 84.9%。为了直观清楚地看出各个样本数据的频率分布,我们将样本构成情况用图形(饼图)方式来表示。

样本中男女比例与实际情况基本相符，男性占 56.6%，女性占 43.3%，比例在可以接受的水平内。

样本中的年龄结构以 18~29 岁的中青年为主，符合目前我国人口的年龄结构和较发达地区的就业人员构成，基本成正态分布。

调查地区主要集中在各城市的城镇地区，所以样本中的被调查者的居住地主要以城市为主，也包括少部分农村居民。

样本中被调查者以自由职业者居多，其次是企业员工和农民，总体来说，参与本次调查的对象男女比例基本持平，且男性比女性高出 13.34%；被调查对象年龄段在“18~29 岁”的占 39.1%，在“30~39 岁”的也占到了 26.8%；被调查对象的学历层次以本科为主；在工作单位这一结构中，党政事业单位的被调查者人数仅占 14.6%，自由职业者占 40.57%，其他职业的人数基本相当。

6.5.2 样本信度与效度分析

6.5.2.1 调查问卷的信度分析与统计特征

（1）采用 Crobacha α 系数计算问卷各个维度的内部一致性信度

由理论可知，潜变量“感知价值”对应于问卷中第二部分的 1~4 题观测变量，“预期”

对应的观测变量为 5~7 题，“政府形象”对应的观测变量为 8~11 题，“公众满意”对应的观测变量为 12~13 题，“公众抱怨”对应的观测变量为 14~17 题，“公众支持”对应的观测变量为 18~19 题。采用 Crobacha α 系数计算问卷的“感知价值”、“预期”、“政府形象”、“公众满意”、“公众抱怨”、“公众支持”六个维度的内部一致性信度，可得到表 6.3 所示结果。

表 6.3 α 系数内部一致性信度

维度	感知价值	预期	政府形象	公众满意	公众抱怨	公众支持
α 系数	0.68	0.76	0.66	0.679	0.360	0.69

从表中我们可以看到，“公众抱怨”维度的内部一致性信度为 0.360，按照测量学的标准，这个值远远低于可接受的信度水平。理论上，这个维度不适合作为潜变量继续纳入结构方程模型中进行分析。

（2）采用 Crobacha α 系数对整个量表的内部一致性分析

采用 Crobacha α 系数对整个量表的所有项目进行内部一致性分析，得出问卷总的内部一致性信度系数为 0.69，说明量表的信度一般，有些项目描述不够精确，需要进一步调整和修改。

（3）各个测量维度的平均数和标准差

各个测量维度的平均数和标准差如表 6.4 所示。

表 6.4 测量维度的平均数和标准差

维度	感知价值	预期	政府形象	公众满意	公众抱怨	公众支持
平均数	12.481	13.469	12.658	5.489	11.778	7.327
标准差	2.876	2.231	2.844	1.859	2.765	1.793

6.5.2.2 调查问卷的各个维度在人口学变量上差异的检验

采用独立样本 t 检验的方法考察不同性别的公众在政府信息公开满意度模型的各个维度上的平均值，均发现结果显著（$p<0.001$），如表 6.5 所示。

表 6.5 各个维度上的 t 值

类别 / 维度	男	女	t 值
感知价值	12.527 7	12.419 5	–1.26**
预期	13.395 7	13.564 1	–2.55**

续表

维度 \ 类别	男	女	t 值
政府形象	12.679 3	12.630 6	−0.57**
公众满意	5.020	5.474 2	−0.50**
公众抱怨	11.871 9	11.663 3	−2.51**
公众支持	7.333 6	7.319 9	−0.26**

注：* 是显著性的表示，与 p 值对应，* 表示 $p<0.05$，** 表示 $p<0.01$。

6.5.3 模型构建

采用 Pearson 相关系数求各维度之间的相关系数，如表 6.6 所示。

表 6.6 各维度之间的相关系数

维度	感知价值	预期	政府形象	公众满意	公众抱怨	公众支持
感知价值	1	/	/	/	/	/
预期	0.211	1	/	/	/	/
政府形象	0.419	0.114	1	/	/	/
公众满意	0.313	−0.096	0.511	1	/	/
公众抱怨	0.117	0.036	0.085	0.057	1	/
公众支持	0.300	0.216	0.280	0.171	0.223	1

注：$P<0.001$

感知价值与公众满意之间相关系数为 0.313，预期与公众满意之间的相关系数为 −0.096，政府形象与公众满意之间的相关系数为 0.511，说明变量政府形象、感知价值、预期对公众满意的影响程度是政府形象大于感知价值、感知价值大于预期，反映在对政府信息公开的公众满意度的测评过程中，公众可能更注重政府形象。公众满意与公众抱怨之间的相关系数为 0.057，小于公众满意与公众支持之间的相关系数 0.171，说明公众满意对公众支持的影响作用大。

采用 Lisrel8.70 进行模型的验证，按照研究假设设定模型，我们得出政府信息公开的假设模型和相关路径系数，如图 6.2 所示。

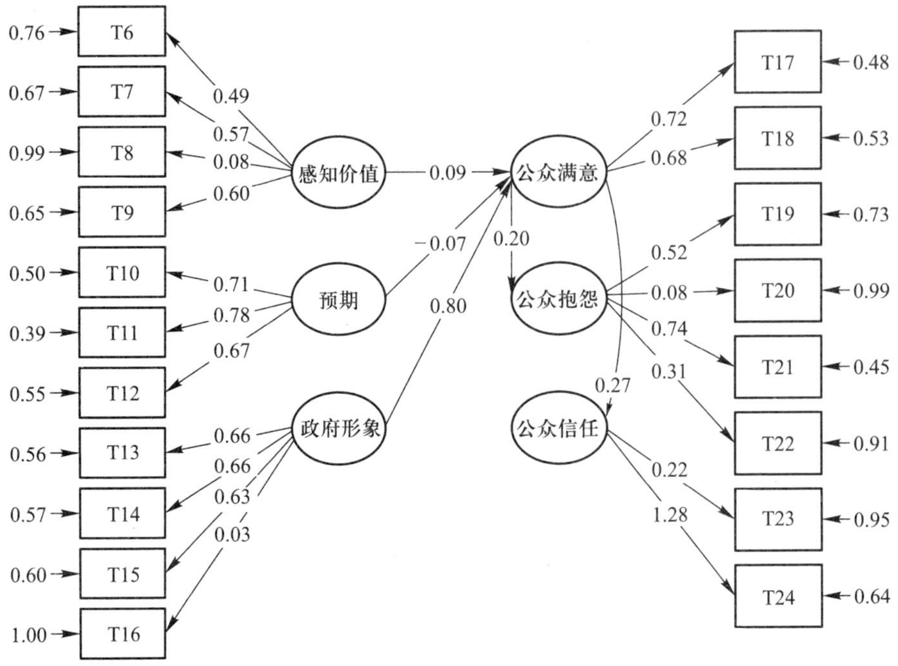

图 6.2　假设模型和相关路径系数

6.5.4　满意度比较结果分析

将被调查的各大城市实际绝对公众满意度转化为 100 分制，结果如表 6.7 所示。

表 6.7　湖北省各地市政府信息公开公众满意度量化得分表

S_1	61.6	S_9	66.8
S_2	62.4	S_{10}	67
S_3	62.4	S_{11}	67.2
S_4	62.6	S_{12}	67.2
S_5	63	S_{13}	67.4
S_6	65.2	S_{14}	67.5
S_7	66.7	S_{15}	67.9
S_8	66.8	S_{16}	68.8

从表中可以看出，参与被调查的各个城市政府信息公开整体公众满意度普遍一般。其中，S_{16} 的公众满意度得分最高，其次是 S_{15}，但这两个城市的公众满意度值也只是略微高于理论均值（60 分）。剩下其他各城市公众满意度都只刚过 60 分。

从信息基础设施看，设施比较完备和先进的城市满意度高于设施比较落后的城市。

S_{16}、S_{15}和S_{14}在该省属于大城市，经济发展较快，相比于其他城市，信息基础设施也较发达，因此公众的满意度也遥遥领先。

从信息环境看，此次满意度的排名也基本与各城市的信息环境相符合。信息环境是指社会中的个人、群体或组织可能接触的由信息资源、信息设施、信息机构、信息活动以及相应的信息制度等构成的一种信息化生存与发展环境。一个城市越发达，交通越便利，信息资源和信息活动也就越多，信息制度也比较明确，那么居民对政府信息公开也比较满意。

从居民信息素质看，一个人的信息素质决定着他是否能认识到信息需求及问题所在，是否能评价信息并根据实际用途组织信息，将新信息融会到现有知识结构中使用。而这一切都会影响居民对政府信息公开的满意度。由于周围环境及受教育程度等原因，每个城市居民的信息素质也不相同，与此对应，其满意度也不同。

从居民获取政府信息的渠道看，每个城市的居民获取政府信息的渠道也不同。获取信息的渠道主要包括政府网站，书籍、报纸、杂志，电视，人际交流，收音机，手机，有线广播（高音喇叭），会议，标语、口号，政府的公告栏、条幅等。由于经济发展水平不同，每个城市的广播电视、报刊、通讯和网络等基础设施也不同，这就造成了获取政府信息渠道的差异。有的城市的政府信息公开的渠道比较多，如S_{16}，所以该市居民的满意度就很高。而有些城市政府信息渠道比较单一，居民对政府信息公开的满意度就会低一些。这些客观因素也导致每个城市居民的满意度会存在差异。

第 7 章　政府信息公开的保障机制

信息网络化的发展，使得政府信息公开的保障从单一的技术层面进入社会统一管理的范畴，成为包括法律、道德规范、经济、技术和人文等众多因素构成的综合机制。要在网络环境中实现政府信息公开的目标，必须在先进的网络技术、有效的制度安排和正确的行政理念三者之间进行有机的融合，形成统一组织下的有机整体。从整体上看，政府信息公开应该形成以技术管理为基础、经济管理为支撑、人文管理为环境的整体保障机制。

7.1　政府信息公开的技术保障

科技的进步带动了计算机和互联网通信技术的发展，对政府的管理模式形成了冲击，而成熟的信息技术环境又为政府管理模式的改革提供了物质条件，因此改革是必然的趋势,技术的发展是改革的内在动力。政府信息公开是政府对信息资源管理的重要内容之一，在改革的过程中，信息技术、集成技术和安全技术的广泛应用为政府信息公开的发展提供了有效的支持和保障。

7.1.1　信息技术保障

信息技术是一门包括了计算机硬件和软件、网络和通讯技术、应用软件开发的综合性技术总称。信息技术的运用为信息的快速处理和传递提供了物质基础，为政府信息的广泛传播奠定了技术基础，也为实现透明政府、服务型政府的目标提供了有利的技术支持。各国政府在实现政府信息化的过程中充分利用先进的信息技术，不断改进政府信息资源管理的方式，促进政府与社会公众之间、政府部门之间信息交流，保障政府信息合理、及时传播。在政府信息管理的过程（包括信息收集、信息传输、信息加工、信息存储等环节）中，现代信息技术为政府信息公开工作提供了技术保障。

电子政府通过创新政府的服务，加强政府在公共服务方面的改革，扩大政府提供公共服务的范围和力度，重视建立政府与社会公众的互动。信息技术以其广泛的适应性和强大的渗透性为服务型政府结构建设提供了强有力的技术支持，电子政务是服务性政府结构实现公共行政价值公平与效率平衡的最现实、最可靠的平台，是服务型政府结构建设不可或缺的重要手段。信息技术提高了政府信息采集的效益，保障政府信息公开中政府信息的丰富性、全面性。政府信息采集在充分采用传统的信息收集方法，如实地调查法、问卷调查法、文献检索法（纸质文献）等外，大量使用Web信息采集技术、空间信息技术、远程监控技术、物联网等。

Web信息采集技术，主要是利用Web信息采集器（又称网页蜘蛛），通过发现Web页面之间的链接关系，从Web上自动获取页面信息，并且随着链接不断向所需要的Web页面扩展的过程，它实现了网页信息自动地连续分析链接、抓取文件、处理和保存数据。在这个网络时代，无论是政府、公众或社会媒体，许多信息都是通过网络发布，因此Web信息采集技术成为政府信息资源收集的重要方法之一。

空间信息技术主要包括遥感技术（RS）、全球定位系统技术（GPS）和地理信息系统技术（GIS），这三门技术合起来简称3S技术。遥感技术根据光谱吸收和反射的原理形成，它是用于政府特殊部门的信息检测技术，如军事侦察、海洋监视、气象互观、土地规划等，在汶川地震时期，遥感技术为政府采集到许多重要的地质变化信息，为政府对余震预防的决策制定提供了帮助；全球定位系统技术是通过多个卫星多方位定位，对全球范围进行实时定位、导航的技术，它常被用于军事侦察、交通管理、救援行动，日常中最具代表性的政府应用是搜集交通信息，对实时路况进行播报，并为公众提供最优的路程导航；地理信息系统技术是以数据库存储测量数据，并利用计算机程序分析地理空间数据的一种信息技术，通过它形成的地理图片可以包含多种信息，比如人口、交通路线、道路名称、建筑位置等，它为政府地理信息的综合利用提供了便利，也为公众提供了详尽的地理信息查询。

远程监控技术分“监”与“控”两部分，在政府信息搜集的过程中，“监”起着非常重要的作用，有了“监”所得的信息，才能决定“控”的措施。监控技术是主要依靠监控软件、控制监视器（摄像头、监视软件、温度计等），将所采集的信息存入指定的数据库中并加以影响的技术。监控技术多用于交通部门和安全部门，现在应用最广泛的还是交通视频监控。高清的摄像头被设置于重要的交通路口，利用全天候的拍摄将交通情况进行记录，通过网络上传到交管部门的信息中心，这些被记载的视频信息为查处违规车辆提供了证据与线索，同时也可以作为政府信息的一部分进行主动公开，供公众查询。

电子政务是政府管理与服务方式的革命。通过计算机和网络，电子政务系统将政府信息送上网络，把传统的政府管理和服务职能直接推送到公众和企业身边，信息技术提高了政府信息传输的效率，保障政府信息公开的及时性、交互性。公众需要更宽的渠道将信息传递给政府，政府需要更快的渠道将信息发送给公众，依靠信息技术，政府构建了多样的传输效率更好的信道。

现代信息技术中最重要的信息传输技术就是因特网(Internet)，它采用TCP/IP协议簇，以ARPA网为基础构建，是符合国际标准并具有开放式特性的大型远程计算机网络。通过计算机设备，因特网将公众与公众、公众与政府、政府与政府连接在一起，不仅丰富了政府信息资源的采集来源，而且为电子化的政府信息资源提供了重要的传输途径。物联网技术的不断进步，为信息采集的实时性、真实性、可靠性提供了强有力的支撑。

Internet的优越性和实用性不仅在于它本身连通了全世界大部分的信息资源点，更重要的是它提供了多种多样的因特网服务，从而极大丰富了信息传播的方式，如图7.1所示。

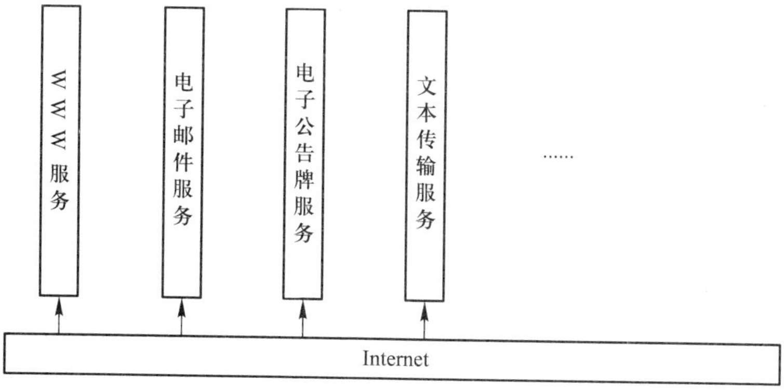

图7.1　因特网服务

WWW服务是Internet的重要组成部分，是现在所有政府网页的基础，政府在互联网上公开信息通常是通过政府的网页发布，公众只需使用常用的WWW浏览器（如Internet

Explorer、遨游、Firefox、Chrome 等）就可以访问和浏览政府的网站。

电子邮件服务也是 Internet 上使用广泛的服务之一，用户只要与 Internet 连接，使用电子邮件的收发程序，就可以与任意的 Internet 上的用户进行电子邮件（可包含声音、图像、应用程序等）的交流，在政府信息公开过程中，这种方式适用发送信息至特定用户或用户群，如申请获批后的保密信息、公众反馈的信息等。

电子公告牌服务（BBS）是很受网民欢迎的个人和团体的交流方式，并且已经形成了一种独特的网络文化。在 BBS 上，网络用户可以根据自己的喜好加入或者建立主题栏目，自由发表自己的观点和想法，并且供其他用户浏览或评论。现在许多政府部门都利用 BBS 建立便民的论坛，上面除了可以进行政策咨询，为政府建言献策外，最主要的功能是提供综合类的生活信息，公众也可以利用这样的官方平台进行交流。

文本传输服务又称为 FTP 服务，它是 Internet 中最早提供的服务功能之一，目前仍然被广泛使用。FTP 服务本质上是一套文件传输服务软件，它以文件传输为界面，使用简单的 get 或 put 命令进行文件的下载或上传，如同在 Internet 上执行文件复制命令一样。FTP 服务适用于政府内网（政府与政府、部门与部门）进行文件的交流与共享。

光纤通信技术。光纤是通信网络优良的传输介质，它具有传输容量大、损耗低、重量轻、抗电磁干扰等特点，这些特点大大提高了信道的速率和抗噪能力，将信息传输推上一个新的台阶。目前，光纤通信技术作为最主要的基础信息传输技术已被广泛应用，各地政府都在建设以光纤通信技术为主的通信网络。

信息高速公路，是利用光纤通信技术促使因特网发展的一个信息传输概念，它的核心是建立一个能覆盖全国的以光纤通信网络为主，辅以微波和卫星通信的数字化大容量、高速率的通信网，最终目标是使网络用户可以在任何时间、任何地点以声音、数据、图像或影像等多媒体方式相互传递信息。三金工程（金桥、金关、金卡）的实施是我国开始建立信息高速公路的标志。由此，我们可以展望，在不远的将来政府信息公开将因为信息高速公路的发展而迎来质的飞跃。

3G 技术是第三代移动通信技术，它将无线通信与国际互联网进行结合，能够处理多种形式的媒体（图像、声音、视频等），并且提供包括网页浏览、电话会议、电子商务等多种信息服务，这就要求无线网络必须能够达到至少 144 Kbps 的传输速度。随着 3G 技术在我国的逐渐普及以及 4G 技术的推广，公众就能够通过移动设备（如手机、掌上电脑等）随时随地获取政府的各种媒体形式的信息资源。

信息技术的发展打破了信息加工与信息存储的界限，并且提高了信息加工和信息存储的效率，保障了政府信息公开的可持续性、查询的方便性和快捷性。在信息爆炸的今天，要求信息处理速度和信息存储的容量不断满足公众对海量信息的需求，元数据技术、数据库技术、网格计算技术和云计算技术的利用就是主要表现。

元数据是关于数据的数据，包含用于描述信息对象内容和位置的数据元素集，通过对信息资源特征和属性的描述，有效促进网络环境下信息资源的组织与管理、发现与获取。[①] 政府信息公开的系统数据仓库内通常以元数据为核心，协调各政府部门的信息资源，形成统一的政府信息资源库，实现对信息的全生命周期管理，同时它是信息资源检索与交换的保障和基础。元数据根据定义、目录分类和编码规则的设计，可以具有良好的扩展性和灵活性，能适应多种国际规则的变化，这也为政府信息公开今后的可持续发展以及资源目录系统的整合提供了保障。

数据库技术研究和管理的对象是数据，通过对数据的统一组织和管理，实现对数据的处理、分析和理解。现在最主流的数据库软件有：Access、SQL Server、Oracle、MySQL、SyBase 等。在政府信息公开的系统中，需要设计并使用多个数据库，以便各种信息的存储和管理，比如：公开信息库、回复信息库、统计数据库等。

网格计算是一个通过网络连接的计算资源的逻辑集合，网格中间件（网格操作系统）将计算设备、高性能存储器、数据库，甚至包括科学仪器进行聚合，形成强大的计算力，像一台超级计算机一样为用户提供一体化的信息应用服务。在电子政务领域，政务处理涉及的数据量总是非常大。如城市突发事件中，政府和公众往往会对事件相关数据需求剧增。举例来说，如果某个城市发生了地质灾害，这就要求政府指挥机构能够快速查询并公布灾情影响区域的信息，包括自然条件、人口分布、房屋毁坏情况、企事业单位损失情况，救灾物资供应情况、武警消防力量布置、医疗救助力量布置等。目前由于各个部门之间的数据缺乏交换，各个数据库实际上是一个个信息孤岛。如果能够实现分布式数据的透明访问，各部门就可以集中精力于自己的核心业务。如果各个政府部门能够将 CPU 资源处于空闲状态的计算机、仪器设备集合起来，聚沙成塔，提供超大规模的计算力，为上述特殊情况服务，将能够快速完成许多目前无法完成的计算任务。随着政府信息公开的发展，利用政府信息或政府服务的公众人数势必剧增，这对政府短时间的政务处理能力提出了考验，但网格技术的出现为解决这些问题提供了新的思路。

云计算是一种基于互联网的计算方式，通过这种方式，共享的软硬件资源和信息可

① 陈学业:《基于消息中间件和元数据的空间数据交换模型》,《测绘通报》2002 年第 7 期，第 20~22 页。

以按需提供给计算机和其他设备。云计算的核心思想是将大量用网络连接的计算资源统一管理和调度,构成一个计算资源池向用户提供按需服务,提供资源的网络被称为“云”。[①]利用云计算技术，各国都在争相打造“政务云”和“云政府”。云计算技术能促使政府信息资源达到前所未有的共享，这为政府信息公开程度的深化提供了可能；由于云计算提供的信息是由计算机群产生的，因此可以非常方便地查询到，这也提高了政府信息公开的透明度；云计算所构建的云政府是无缝隙政府，它打破了政府已有的传统部门界限和功能分割的局面,整合政府内部所有资源,以统一的界面为公众提供优质高效的信息和服务。[②]由于“云”对用户端设备要求低，只需满足输入输出和显示的功能要求，因此使用方面，同时也降低了公众进行政府信息公开活动的门槛，降低了政府进行信息公开的成本。

7.1.2 集成技术保障

集成是将一些孤立的事物或元素通过某种方式集中在一起，产生联系，从而构成一个有机整体的过程。“集成”来源于人思想中的整体思维方式，现代的芯片技术中运用的就是集成思想，各类型的半导体集成于电路板上形成芯片，这些芯片功能各异，如显示、运算、监控、传感等，芯片又通过组合集成于更大的电路板上，通过标准接口和数据传输协议形成功能强大的电子仪器。在集成后，这些芯片被看作一个整体，用户只关心信号的输入和输出，其中数据的具体流动过程不再考虑。

集成技术和内容从不同的角度有不同的分类方法。从集成应用的技术和工具来划分，可分为平台集成、数据集成、组件集成、应用集成、过程集成、业务对业务的集成和人脑中知识的实时集成；从应用集成的对象来划分，可分为面向数据的集成和面向过程的集成；从组织管理角度来划分，可分为垂直的组织内集成、水平的组织内集成和不同组织间系统的集成。如：对公安系统来说，垂直的集成包括国家公安部、省公安厅、市公安局等的集成，水平的集成包括各地市公安部门之间的集成，不同组织间系统的集成则是指公安系统同法院系统或工商系统等的集成。

政府信息公开是电子政务建设的重要目标之一，电子政务建设离不开集成技术的应用，根据系统集成的顺序，首先要实现数据的集成，不同政府、不同部门之间搜集和存储数据的方式不一样，但通过元数据的技术手段，可以建立统一的元数据模型，数据在经过复制、聚合后映射到实体数据库中，这些实体数据库不一定要在一起，但它们采用

① 李和中:《基于云计算信息架构的云政府服务》,《中国行政管理》2012 年第 3 期，第 22~25 页。

② [美] 拉塞尔·M. 林登著，汪大海等译:《无缝隙政府——公共部门再造指南》，北京:中国人民大学出版社 2002 年版，第 4 页。

的数据模型是相同的，通过聚合可以形成一个虚拟的业务数据库，为支持不同类型数据的交换，需要定义一个良好的应用接口，这个接口必须要实现对应用包和客户化应用的集成。

不同部门应用系统往往由于开发来源和工作方式的差异，不能共享业务处理流程，不能进行有效的协同工作，这就大大降低了应用程序的作用。这些不兼容的情况导致了政府部门中“信息孤岛”的产生，在实际工作中，很多信息被重复输入，存在很大的冗余，信息交流不一致，信息共享困难，这都严重阻碍了政府信息化建设的整体进程。应用系统的集成可以解决这些问题，但这个过程不仅与软件相关，更重要的是政府流程管理和相关技术的标准化。我们可以利用集成的思想将政府门户看作是集成多种应用系统的信息服务窗口，而整个电子政务应用系统是一个以党政机关行政办公业务管理为主体，内接上下平级部门，外通互联网络的企业与公众，具有复杂分布方式的软件系统。

构建一站式服务的政府门户最能体现集成技术在电子政务建设中的应用，这就要求所有政府部门的应用系统要建立在统一的应用支撑平台上，如某市的电子政务应用系统的结构是基于 J2EE 体系架构，由 Web Service 技术建立平台，所有应用系统中信息的表示、传送和转换都以 XML 技术标准为基础，数据交换和共享支持 J2EE 的应用服务器，用 EJB 和 Web Service 实现业务过程的封装，业务协同和流程集成采用 UDDI 协议框架，每个应用系统的业务服务接口参照 JCA 标准，最终完成对原有应用系统的集成改造。其中，J2EE 是 JAVA2 平台的企业版本，在这套技术架构中包含许多组件、服务架构及技术层次，并且都具有共同的标准与规格，EJB 是它的一部分，定义了一个用于开发基于组件的企业多重应用程序的标准，不同的平台只要遵循 J2EE 架构，都具有极强的兼容性和拓展性，打破了政府内部信息产品互通困难的窘境；XML 语言全称可扩展标记语言，主要用于标记数据、定义数据类型，是一种允许用户自己对标记语言进行定义的源语言，它非常适用于 Web 传输，Web Service 技术是架构在 XML 技术基础上，为解决应用层集成问题而提出的开放式技术架构，它主要目标是实现跨平台的可互操作；UDDI 是一种规范，它主要提供基于 Web 服务的注册和发现机制，它可以通过名称或目录来定义服务，一旦定位了所需服务，UDDI 就能返回服务的地址以及如何使用它的描述，方便用户进行跨部门调用服务，使用户通过单一的政府门户使用多种部门的服务成为可能。

7.1.3 安全技术保障

政府信息公开的工作随着电子政务的建设快速发展，但危险也与之相伴。在网络高速发展的今天，互联网安全一直是全世界非常重视的话题，特别是各国的政府，由于政府部门掌握了大量的国家信息资源，其中不乏重要的情报，有些甚至涉及国家的安全，因此构建完善的电子政务安全体系，采用科学先进的信息安全技术是各国政府推行电子政务的先行要求。政府信息公开为公众打开了一扇窗，来了解政府的工作和信息，越来越多的政府部门通过网络更加靠近企业和公众。黑客作为互联网上隐秘的破坏者，也许就隐藏在公众之中，他们或自发形成组织，或受雇于别国政府，攻与守的信息安全大战其实一直在进行中。在开展政府信息公开的过程中，必然会受到来自内部或者外部的各种攻击，因此安全问题是政府信息公开中不容忽视的重要一环，安全技术是政府信息公开最重要的保障。

根据目前各国对电子政务安全技术的研究，我们大致可以从物理层、网络层、系统层、应用层几个角度来了解安全技术。

7.1.3.1 物理层安全技术

物理层安全是整个政府网络系统安全得到保障的前提。物理层安全主要是保护计算机设备、网络设备、通讯线路等免受人为或自然灾害的损坏。在信息化建设过程中，通常根据国家颁布的一系列安全标准来完善硬件设置和布局的设计，以避免事故的发生，如《电子计算机场地通用规范》《计算机场安全要求》《计算机技术设备的无线电骚扰限制和测量方法》等，为避免突发状况（如停电、机器故障等）的发生，许多政府部门在条件允许的情况下都会采用双机热备或 UPS 防断电技术保障系统的正常持续运转。

7.1.3.2 网络层安全技术

网络层入侵是黑客进行网络攻击、破坏整个系统的主要攻击手段，网络安全防护主要针对和防护的是来自网络层的攻击，解决网络层安全问题的技术有：

（1）防火墙安全技术，通过对不同安全域进行逻辑隔离，防火墙可以对所有在政务内网和外网之间流经的数据进行监控，根据设定的过滤逻辑，对有些不符合规则的数据进行阻隔，类似于现实生活中的过滤器。

（2）入侵检测安全技术，通过它能够实时监控网络安全，并及时采用相应的防护手段，通过一些关键点收集信息，经过多层次检测和扫描后与特征库进行匹配，建立一道御敌于千里的防线。

（3）数据传输安全技术，它主要是作用于部门之间的数据传输。由于很多部门之间都是跨地区、跨省市传输信息，传输距离很远，而所有部门采用专线传输的价格又十分昂贵，利用因特网传输成为一个选择。但在因特网上，随时都会面临网络入侵者对数据进行拦截、窃取或修改，因此政府部门必须对数据进行加密，然后通过虚拟的安全隧道进行信息传输，这就是虚拟专网（VPN）技术。VPN 实际就是在某种协议下建立双方专用的通信隧道，将内网所用协议和数据封装在 IP 包中，对隧道中传送的包进行加密或解密。

7.1.3.3 系统层安全技术

操作系统的安全是所有计算机终端、工作站和服务器等正常运行的基础。操作系统的安全十分重要。由于初始设计和版本的问题，许多操作系统本身就存在安全漏洞，而且如果在使用过程中设置不当，也会增加安全漏洞，带来安全隐患。[①] 在电脑日常运用中，系统会经常提示更新漏洞补丁，这实际就是对系统安全的一个完善。

在选择操作系统时，通常会根据不同的需求而选择不同的操作系统，目前主流的办公操作系统有微软的 WindowsXP、Windows2000、Windows7 以及 MAC 的 Mac OS X 等，关键的服务器和工作站操作系统则选择稳定的 Linux、Windows2003、Windows NT Workstation.Windows NT Server 等。

7.1.3.4 应用层安全技术

目前，在电子政务安全面临的威胁中，内部成员的违法违规行为占有很重的分量。除了加强对内部人员的管理外，对用户进行身份认证和设置访问权限也是十分必要的。[②] 采用安全的身份认证技术、防病毒技术、数字签名技术是解决应用层安全问题的关键。

（1）身份认证技术

用户身份认证可以通过部署 CA 认证中心来实现。每个电子政务系统用户首先向 CA 申请数字证书，这个证书就作为用户操作电子政务系统的合法身份证，当用户需要对系统进行访问时，除了采用传统的用户名、密码、验证码等认证方式以外，还必须附上所持有的数字证书进行验证，这样从更高层次上保证了访问系统的用户身份的合法性。CA 证书的使用可以更加方便地控制用户的访问权限，通过设置，不同级别的 CA 证书可以代表不同的访问等级，适当的分配访问角色也是对系统应用的一种安全保护。

（2）防病毒技术

病毒是最常见、威胁最大的安全问题来源，对于病毒的防范，通常是使用网络安全产品，如卡巴斯基、瑞星、McAfee、Norton 等，它们都提供比较可靠的防病毒机制。但电子政务系统是一个庞大的网络，因此需要建立一个全方位、多层次的防病毒体系，比如：在网络中所有可能受到病毒攻击的节点和通道中布置相应的防毒软件，对防毒产品实施

① 胡晓惠:《电子政务实用技术读本》，北京：电子工业出版社 2002 年版，第 347 页。

② 耿艳兵:《电子政务的安全体系和安全技术的研究和实现》，太原：太原理工大学 2006 届硕士毕业生学位论文，第 35 页。

远程安装或卸载，利用系统进行集中管控，结点与结点之间建立预警防范措施，一旦某点遭受攻击，其他各点立即做出防护回应。

（3）数字签名技术

数字签名是非对称密钥加密技术的一种应用，通过数字签名能够实现对原始报文的鉴别和不可抵赖性的验证。数字签名类似于现实生活中的签字，可以被应用于政府公文处理系统中。在公众依申请获得公开信息的邮件中，它确保了信息的发送者、接受者以及第三者都不能操作、查看该信息，发送方也不能否认所发送的信息。

7.2 政府信息公开的经济保障

政府是国家和社会的管理者、决策者和协调者，有着独特的资源和技术优势，其对政府信息的共享和利用影响深远。电子政务与电子政府的建设、政府网站服务功能的实现等，一方面要有强大技术的支撑，另一方面也需要雄厚资金做后盾。因此，政府要广开财路，通过多种方式筹集资金，为电子政府的早日实现提供必要的经济保障。从资金的来源看，政府筹集资金的方式大致有三种：政府财政支持、IT 企业投入、社会力量投资。

7.2.1 政府财政支持

在信息社会，信息就是力量和财富的象征，信息资源共享已经成为一种潮流和趋势。政府承担着公共服务与社会管理的职能，它总会以某种方式与人们工作生活的各个方面发生联系，由此而产生出海量的信息。政府是社会信息资源的最大拥有者、生产者、消费者和发布者。在网络大众化的今天，政府必须顺应信息资源共享的潮流，将政府所掌握的各种社会信息资源向社会公开，将以往所谓的“内部文件”“内部材料”和“内部情报”向公众公开，从而改变长期以来计划经济体制下所形成的政府信息封锁和信息传播障碍状态。

随着市场经济体制的建立和推进，公众获取信息的渠道趋于多样化，社会组织、企业和个人为自身决策和发展所需要政府信息的广度、深度和频度也处于不断增加和扩展的趋势。这就需要各级政府充分利用现代网络信息技术，加快信息网络基础设施建设的步伐，不断完善政府信息网络应用系统，建成覆盖全国的统一电子政务网络应用系统，建立完善的政府信息资源公开和共享机制，提供自动化服务的综合管理和服务系统，使政府门户网站成为政府信息公开的重要渠道，并使公众在其方便的时间、地点及方式下，通过不同政府信息公开设施，容易了解政府的运作过程，促进政府与公众之间交流的互动、平等和透明，实现运用计算机网络技术构建的电子政府，实现大多数行政许可项目的在线处理。

只有借助一定的物资设备和技术支持，才能完成政府信息公开的现实化和有效化。便利的、科技含量高的信息技术及其装备手段可以在更大程度上、更高效、更快捷地推进政府信息公开的实施和运作。政府信息网络是政府信息流通的"导管"，加快政府信息网络的建设势在必行。建设国家统一电子政务网络、信息安全保障体系相关基础设施、电子政务标准化体系、电子政务相关支撑体系、国家重点业务信息系统、国家基础信息库等项目，扩大国内、国际间政府信息交流与合作，加强政府信息的网上开发、管理和运作。同时，政府还需要在公共场所配备相应的设施和设备，以便为广大的政府工作人员和公众提供更为充足的政府信息和便捷获取政府信息的渠道。电子政务建设，除了硬件与基础设施投资、软件投资、信息资源开发投资外，还需要后期维护投资和公务员电子政务基本技能的培训投资等。

就政府信息公开而言，建设政府信息网络只是人们获取政府信息公平机会的外部条件，而在维护政府信息公平上还有一个重要的内部条件，即教育。教育和经济发展水平仍然是制约政府信息化发展的重要原因。在政府加大资金投入的前提下，适当加大政策扶持力度，运用产业经济的手段来发展教育，不仅有助于促进社会资源转化为教育资源，提高教育供给能力，逐步满足日益增长的社会大众对高层次、高水平教育的需求，而且有利于提高公众的知识水平，缩短知识差距，挖掘公众获取、开创信息的潜能，使他们产生获取信息、提高信息能力的自觉性，以适应现代社会的发展要求。

为了贯彻落实《国务院关于投资体制改革的决定》，全面加强国家电子政务工程项目建设，保证工程建设质量，提高政府投资效益，国务院办公厅制定并实施的《国家信息化领导小组关于推进国家电子政务网络建设的意见》对电子政务建设资金来源进行了具体规定。[①] 有了资金，还需要加强资金管理，严格遵守财政资金的使用规定。管理好电子政务系统的建设资金可以最大限度地利用资金，平衡资金的使用，减少资金的不必要浪费，

①《国家信息化领导小组关于推进国家电子政务网络建设的意见》（中办发［2006］18号）规定："电子政务建设所需资金，采取中央政府和地方政府分别负担的方式予以解决。中央电子政务系统的建设资金，从中央预算内基本建设资金安排；中央电子政务系统建成之后的运行经费，由财政部有关部门在预算中予以安排。地方电子政务系统的建设资金和运行经费，由地方政府负担。对确有困难的地区，中央财政给予一定补助。"

避免资金使用过程中出现的腐败现象。

政府投资存在追求规模最大化而非利润最大化、效益评估模糊、缺乏有效的竞争等问题，这些问题会导致资金运转速度慢、效率低等弊端。而且，由于缺乏约束，必将导致资源浪费严重并引发权力寻租。电子政务的建设是一项长期的系统工程，将持续数十年之久，所需要的资金也是惊人的，这对政府的财政也是一个极大的挑战。因此，在电子政务系统的建设上应当采用灵活的方式，比如外包方式、代理方式等，以吸引社会、企业资金参与到电子政务的建设和管理中，便于行政机关公正、公平、及时、准确地公开政府信息，促进公众更为便捷、高效、从容地选择和获取所需信息，实现政府信息跨时间、跨空间和跨部门的交互沟通，以建成一个精简、高效、廉洁、公平的政府运作模式。

7.2.2 IT 企业投入

电子政府工程的建设需要采购大量的电子信息设备，电子政府的网上采购、招标、税收征管等也将扩大我国的网络消费与投资需求。这些工程和规定都给硬件制造、软件开发和网络信息服务等企业提供了前所未有的发展机遇。国产软件的最大优势在于其性价比合理。政府采购优先采用国产产品和服务，不仅可以节约工程建设资金，而且可以尽快提高我国软件产业的总体水平和国际竞争力。①

随着我国经济开放程度的不断增高和国际化融合的不断增强，国内一般的消费者更青睐于那些已成事实标准、功能更强的国外产品，“支持民族工业”更多地变成了一句口号。尤其是在国外盗版软件满天下的情况下，政府率先购买国内开发的正版软件，有利于切实保护国产软件企业的自主知识产权，有利于推动国产软件行业的快速发展。

实施电子政务，国家肯定是希望能以最少资金、最少人力、最少物力打造出安全、稳定、高效的服务政府。从软件的角度来讲，国内、国外产品在基本功能上没有本质的区别。但是国外软件价格普遍昂贵，维护成本高，可操作性很低；而国产软件性价比合理，具有很强的价格优势，可操作性也强。我国公务员的数量庞大，用于购买办公软件的费用也是惊人的。如果全部采用国外办公软件，总价将会超过百亿元；但如果全部使用国产应用软件就能大大降低电子政府建设成本。国外很多国家都有对本国软件优先采购的

① 2003 年 1 月 1 日起正式实施的《中华人民共和国政府采购法》第 1 章第 10 条明确规定：“政府采购应当采购本国货物、工程和服务。”国务院 47 号文件《振兴软件产业行动纲要》规定：“制定政府采购软件产品和服务的目录及标准，政府采购应当采购本国的软件产品和服务；利用财政性资金建设的信息化工程，用于购买软件产品和服务的资金原则上不得低于总投资的 30%。”政府采购青睐国产软件将有助于节约电子政务建设成本，同时也将极大地促进我国软件产业的发展。

政策性规定，在满足使用需求的前提下给予国内产品优先权，为国内软件产业的发展提供一种良性的竞争环境。

实行政府采购是国际通行的对民族工业实施保护的做法。软件产业比较发达的美国、印度均在国内建有软件产业聚集地，政府不仅大力扶持产业发展，还明文规定在政府信息化、电子政府等计划的实施中必须购买和使用本国软件。美国专门制定《采购本国产品法》来保护本国企业的市场和利益①；欧洲也是通过政府采购保护本国工业在交通、通信、电力、能源等各行业中的利益。②

此外，安全保障是政府信息网络公开的前提，否则后果肯定不堪设想。政府部门拥有大量的具有一定密级要求的高价值的信息，这些信息的不适当公开或篡改可能会危及国家安全或政党利益，产生极其严重的后果。基于此，电子政务信息安全与保障就显得尤为重要。在电子政务信息共享过程中，随时可能面临各种各样的安全威胁，如电脑故障、病毒感染、黑客侵入等。基于公共网络的虚拟专用网是目前政府、企业等组织向外界发布各种信息，与其他组织进行必要的信息交互，以及本组织成员间大量的内部信息安全保密地传输的网络通道。因此，为了防范网络黑客的猖獗侵入和敌对组织、竞争对手无孔不入的渗透，电子政务对信息安全级别的要求极高。

目前，我国信息基础设施的关键设备与核心技术大部分由国外垄断，国内网络安全技术产品的开发、生产、应用水平还很低，急需政府加大政策倾斜力度，适当加强投资力度，引导更多的国内企业投资于网络安全技术，开发具有完全自主知识产权的网络安全技术产品。在具体运作方面，可以因地制宜，不同的地方根据本地的实际情况采用不同的方法，既可以通过政府采购与招投标的方式鼓励全国各地有实力的 IT 企业参与其中，也可以与有实力的企业建立合资或合作关系，组建新的公司来建设、运营本地的电子政务项目。如江西省赣州市行政服务中心的建设，就是通过地皮优惠、将行政服务中心的各项收费项目交由某家银行结算等方式，来换取有关银行出资完成这些硬件设施的建设。

ASP（Application Service Provider，即应用服务供应商）是在资讯技术飞速发展的情况下出现的一种新型供应商，它是以出租方式向第三方提供 IT 应用服务。这种方式为一些资源不足的组织应对 IT 时代的挑战提供了一种新的途径，不仅受到了众多中小企业的

①《美国采购本国产品法》规定："联邦政府在进行公共基础设施建设过程中，必须购买本国产品；在美国建厂的跨国公司产品，其零部件的 50% 以上在本国生产的，才有资格参加政府采购的投标；本国没有制造而不得不采购外国产品时，其零部件要有一定比例是本国生产的，或者是参加政府采购投标的国外产品对本国要有一定的技术转让。"

② 秦志龙：《IT 服务外包及政府采购》，《中国财政》2007 年第 6 期，第 55~56 页。

普遍欢迎，而且也得到了政府的青睐。国外产生了许多向各级政府提供一系列专门服务的 ASP：处理在线政府采购的 ASP，服务于法庭取证、民事调查、案件总结、事故报告、犯罪记录的 ASP，专事执照申请与更新的 ASP，为政府管理与企业交易（诸如收税、法人登记等）的 ASP 等。这些专业电子政务 ASP 的出现为政府管理与服务采用外包模式提供了可能。国际商业机器公司（IBM）一直向美国政府的各个部门提供专门的电子政务服务；甲骨文股份有限公司更是免费向联邦政府捐赠数据库软件，帮助美国联邦政府建立一个全国性的身份证管理系统。

7.2.3　社会力量投资

相对于国家“十二金”工程[①]以及省市级电子政务建设中动辄几千万、上亿元的资金投入，作为国家政府最基本组成单位的这些部门的信息化投入单纯依靠财政拨款实在是少得可怜。计算机设备及网络是一种迅速发展的高新科学技术，它不仅需要初期的高投入，后续还需要不断投入大量的资金，进行技术、设备的更新和支付高额的上网费。资金有限是制约街道、乡镇这样的基层政府大力推行电子政务建设的一道巨大的门槛，从而使网络政治参与只局限于少数有实力使用网络的人，失去了普及电子政务的实际意义。

美国、澳大利亚等国都采取了“承包式”管理，将电子政府部分服务项目或其中的部分环节交给社会性机构来运作，效果比较乐观。这种方式，有利于建立“竞争性政府”，甚至“企业化政府”，以克服官僚弊病。[②]轰轰烈烈的政府行政改革变为一股不可阻挡的世界性潮流，对传统的行政模式造成了巨大的冲击，形成了一种全新的行政理念。[③]公共服务的市场化、社会化、法治化成为政府行政改革的方向。

在经济全球化、政治民主化和社会信息化浪潮的冲击下，各国公共服务市场化改革

---

① 2002 年 8 月 5 日，中办发 17 号文件转发了《国家信息化领导小组关于我国电子政务建设的指导意见》，明确表示要加快十二个重要业务系统建设，业界把这十二个重要业务系统建设统称为“十二金工程”。“十二金”是面向政府办公业务建立的十二个重点信息应用系统，按“2523”分为四个层次，第一个“2”指宏观决策支持的金宏工程、金土工程；“5”指涉及金融系统的金财、金税、金卡、金审和金关工程；第二个“2”指关系到国家稳定和社会稳定的金盾工程、金保工程；“3”指具有专业性质但对国家民生具有重要意义的金农、金水、金质工程。

② [美]戴维·奥斯本、特德·盖布勒著，周敦仁等译：《改革政府——企业精神如何改革着公营部门》，上海：上海译文出版社 1996 年版，第 17 页。

③ 党的十六届三中全会通过的《中共中央关于完善社会主义市场经济体制若干问题的决定》指出，要坚持以人为本，树立全面、协调、可持续的发展观，促进经济社会和人的全面发展。以人为本，就是建设公共服务型政府总的指导思想和指导原则。具体地说，政府改革的目标模式就是建立有限政府和有效政府，即要实现从无限政府向有限政府、从低效政府向有效政府的转变。

都是围绕着如何更好地提供公共服务而展开。[①] 发展公共服务事业是政府的责任，政府要遵循和利用市场经济发展规律来提高公共服务的质量。在推进公共服务市场化、社会化改革的进程中，政府要注重提供公共服务的效率和质量，实现公共服务供给主体的多元化和供给方式的多样化。信息和网络技术的发展，促进了公众与公众之间，公众与政府之间的互动交流，从而带来了知识与信息的社会化。政府应该做的是避免不必要的干预，组织协调多方的力量共同对社会化的公共服务实行有效监管，提高公共服务提供者的经营活力和创新动力，实现传统政府向服务型政府的角色转变。

7.3 政府信息公开的人文管理

人文管理中政府职能应该以间接管理为主，从传统管理型向公共服务型转变，运用法律手段、道德手段和必要的行政手段，对政府信息公开实行宏观管理。

7.3.1 法律规范

法律的规范性作用在于使社会“摆脱单纯的偶然性或任意性”的支配，以有效地防止政府权力的滥用和国家计划的随意性。政府信息公开就是政府提供信息服务的过程，也是运用政府信息公开制度的过程。政府信息公开法律制度是关于政府信息公开的原则、适用机关、公开和豁免公开的范围、公开的方式和程序、涉及政府信息公开与豁免公开的申诉和诉讼等各项具体法律制度的总和。[②] 我国各级人民政府是政府信息公开的主体，它必须按照法律法规的规定公开和提供公众所需要的政府信息。政府信息公开保障制度能够真正保证政府信息公开权利主体方便、快捷、准确地获得政府信息公开义务主体所掌握的信息。

共享性与保密性共存是政府信息公开法最突出的特点之一，是制定和完善政府信息公开法律、法规及其他各类规章制度的重要依据。政府信息公开制度的主要作用在于：统一公众在政府信息公开活动中的意志，制约公众在政府信息公开活动中

---

① 公共服务市场化不仅是市场经济发展的必然要求，也是政府自身管理现代化的客观要求。公共服务社会化就是要以社会需求为导向，引入市场化机制，开放公共服务领域，调动社会力量改善公共服务，鼓励各种民间组织共同参与兴办公益事业和公共服务，建立以政府为主导，各种社会主体参与的服务供给格局，实现公共管理社会化。

② 邵明昭、张峰:《政府信息公开法律制度的完善》,《中共山西省委党校学报》2011 年第 6 期，第 88~91 页。

的行为，规范政府信息公开者及管理决策者的意志与行为，使各项政府信息公开工作有章可循、有法可依，从而提高政府信息公开活动的功效。政府信息服务观念的树立推动政府信息公开制度的建设，而完善的政府信息公开制度又保障政府服务宗旨的实现。

政府信息公开是作为义务主体的政府与权利主体的公众之间就政府信息这一载体所进行的沟通、协调与博弈的过程，而以立法形式来制约义务主体的政府信息公开行为已成为世界各国的普遍做法。通过贯彻和实施政府信息公开制度，让政府行为公开透明，让普通民众充分了解政府的所作所为，为制约和监督权力提供一个良好的宏观环境，使政府部门把每一个事件的具体处理过程、涉及的相关文件都向社会和民众公布，从而达到以权利制约权力的目的，有利于建立清正廉洁的政府形象和充分发挥政府为社会公众服务的作用。各国都非常重视政府信息公开的以权利制约权力的价值，将政府信息公开作为保障公民权利、制约行政权力的措施，并且大都以法律条文的形式将信息公开制度化，将政府信息公开的内容、方式、程序都以制度化的形式做了具体的规定，保护公众不受限制地合法利用政府信息的权利，明确了除涉及国家机密和个人隐私之外，绝大部分的政府相关信息都应该公开，阻断了政府及其工作人员以版权或其他理由占有政府信息资源寻租的行为。

政府信息公开的国际规则为实现我国政府信息公开提供了宝贵的思想依据。特别是美、日、韩等国家的信息公开立法经验，为我国加速政府信息公开法律制度的建立提供了宝贵的经验。我国政府信息公开法律制度的建设，应该在宪法基础上借鉴世界各国政府信息立法的实践经验，坚持特殊法律与一般性法律相结合、中央立法与地方立法相结合的原则，立足于全局，从实际出发，自上向下不断地形成和完善各项政府信息公开制度和相关法规。

7.3.1.1 在宪法中明确知情权

世界上很多国家都把公众知情权写进了宪法。外国知情权在宪法中的规定大多都见于表达自由这一条款，我国《宪法》虽有涉及，但并未明确赋予人民知情权。[①]“知情权”一词首次出现在1994年开始施行的《中华人民共和国消费者权益保护法》中，主要是调整商家与消费者之间的关系，适用范围非常狭窄。至今为止，国内没有一套明确的、全国性的法律法规对知情权及其相关事宜做出明确的规定。新闻发言人制度是政府信息公

①《中华人民共和国宪法》第1章第27条第2款规定：“一切国家机关和国家工作人员必须依靠人民的支持，经常保持同人民的密切联系，倾听人民的意见和建议，接受人民的监督，努力为人民服务。”

开制度在实施机制层面上的变革，从根本上涉及公众知情权和社会民主政治建设，是实现公众知情权的重要途径。从马克思主义的观点看，新闻发言人制度是社会公仆向社会主人——人民报告工作的一种日常形式。哪些信息是可以披露的、哪些是不能披露的、信息披露的程序是怎样的、如何落实责任等问题都是新闻发言人制度应当考虑的问题。在法律不健全的情况下，现行的新闻发言人制度本身有很多漏洞。新闻发言人在什么情况下发言，发什么言，如何承担发言的后果，在法律上都没有相应的规定，只有不成文的要求和口头上的规定，在具体实施中无法可依，也缺乏监督机制。

当今的社会是信息化的社会，信息已经渗透到公众生活的方方面面。赋予公民知情权，大到国家法律法规的制定过程，小到公民咨询可为自身服务的各种相关信息，都是十分必要的。知情权的拥有，能够保证公民依法享有的基本权利，确保公民参政、议政的权利，从而有效地监督政府各部门及其公务员，促进政府工作的民主化和科学化。因此，在现行宪法中明确赋予公众知情权十分必要，为政府信息公开制度提供了宪法依据，正确处理信息公开与保密之间的关系，有利于国家和社会健康发展，才能使知情权成为公民的一项基本政治权利。

7.3.1.2 贯彻执行新《保密法》

出于国家主权、政治、军事等方面的国家利益考虑，防止信息被滥用，信息的保密必不可少。我国 1988 年制定的《中华人民共和国保守国家秘密法》(简称《保密法》)，于 2010 年 4 月 29 日公布了修订法案，并于 2010 年 10 月 1 日起开始正式施行。修订后的《保密法》增加了保密的原则、明确了保密与公开的关系、确定国家秘密事项的标准、确立定密责任人制度、完善了涉密人员管理制度等，改善了过去 20 多年保密实施工作中出现的“无法可依”局面，是适应新形势下保密工作需要的有力举措。

保密制度使许多原本应该公之于众的政府信息不能为社会服务，使公众利用政府信息的权力受到很大的限制，不利于社会的健康发展和快速进步。保守国家秘密必须建立在广泛的信息公开基础之上。因为，如果没有信息公开制度，普通公民无法判断究竟哪些事项属于国家秘密，政府行政机关就可以以国家秘密为借口保守不愿意公开、不能公开事项的秘密。新《保密法》为确保党和国家秘密安全提供了法律保障，全国各级保密行政管理部门要把握机遇，认真贯彻实施新《保密法》和中央一系列决定，确保党和国家秘密的安全。一是要建立和健全部门保密管理工作规章制度，认真宣传、学习新《保密法》，严格依法办事，坚决杜绝越权违法的行为；二是要加强保密执法队伍建设，提高保密执法队伍的整体政治素质和保密法律素质；三是要防止权力滥用，加大监督力度，加大对玩忽职守、失职行为的查处力度，确保执法工作的公正、公平，为改革开放和现代化建设起到有力的促进作用和积极的保障作用。

7.3.1.3 加快制定数据保护法

随着互联网的迅速发展，个人信息被不当利用的隐患更加突出，对个人数据保护的需求也日益紧迫。以互联网为代表的现代个人数据收集、处理、传输和利用，既促进了社会经济的发展，为人们的工作和生活提供了极大的便利，同时也给人们的私生活带来了前所未有的严重威胁。[①] 制定数据保护法是对个人人格利益的保护，也是政府信息公开法律制度的重要组成部分，更是法制社会建设的需要。

对个人数据或信息的保护已经成为信息时代的重要问题。政府信息公开法的重要例外就是个人信息，个人信息例外不仅是对公开个人信息的保护，还包括对个人信息收集、存储和利用等方面的保护，否则就存在侵害个人隐私的隐患。在世界各国，掌握个人数据的国家机关或者企业在商业利益的驱使下将个人信息作为商业资源出卖的情况屡见不鲜，几乎所有网民都曾有过个人信息被泄露的遭遇。在政府信息公开法律制度完善过程中，必须加快数据保护法的立法进程，对不法分子予以法律制裁，促进个人信息合法地被收集、储存和利用。同时，还要提高公民个人信息的保护意识，防止不法分子盗取个人信息。

7.3.1.4 制定信息安全法

完备的信息安全法律法规是有效地保障电子政府信息安全的重要措施。在电子政府的运行与管理中，必须加强法制管理，实行法治。迄今为止，许多国家都制定了与信息安全有关的法律法规，知识产权法、保密法已相当普及，也有 30 多个国家先后从不同的侧面制定了计算机安全和网络信息安全的法律法规。1975 年 8 月，美国佛罗里达州通过了《佛罗里达计算机犯罪法》，随后，美国 47 个州相继颁布了计算机犯罪法。1987 年美国颁布了《计算机安全法》，旨在加强联邦政府计算机系统的安全保密。1985 年 12 月，日本制定了计算机安全规范，并出版了相应的指南。一些国家还制定了专门的政府信息安全保护方面的法律法规，如英国的《官方信息保护法》、俄罗斯的《联邦信息、信息化和信息保护法》等。自上世纪末开始，我国有关信息安全保护方面的一系列法规陆续被颁布。《计算机软件保护条例》1991 年 6 月由国务院首次发布，2013 年 1 月 30 日发布第

---

① 张新宝:《中国个人数据保护立法的现状与展望》,《中国法律》2007 年第 2 期，第 19~21 页。

2次修订施行稿；1994年2月国务院颁布了《计算机信息系统安全保护条例》；1997年第八届全国人民代表大会第五次会议修订通过的新刑法，增加了各种利用计算机进行犯罪的处罚条款；1997年12月30日，公安部公布了《计算机信息网络国际联网安全保护管理办法》；1998年公安部和中国人民银行颁发了《金融机构计算机信息系统安全保护工作暂行规定》；2000年4月，公安部又公开了《计算机病毒防治管理办法》；2006年12月，国务院办公厅颁布了《关于加强政府网站建设和管理工作的意见》等。这些法律法规的出台，为打击计算机网络犯罪活动提供了强有力的法律依据，奠定了我国加强信息网络安全保护的法律基础。

信息安全问题是在信息技术和网络技术飞速发展，信息社会与知识经济渐趋形成的大环境下产生的。我国有关信息安全方面的行政法规数量庞大，然而由于相关行政部门各自为政，难以做好统一协调工作，众多的法律法规并没有构成一个系统且条理清楚的体系。而且，网络信息安全是新出现的问题，许多法律法规的出台是“头痛医头，脚痛医脚”，只能解决现实中出现的法律盲点，无法站在更高的高度上统筹考虑法律法规的制定。近年来，网络信息安全问题已引起国家领导的高度重视和社会各界的高度关注，制定完备的信息安全法，加强网络和信息安全管理等方面的立法工作十分迫切，从而为政府门户网站的建设、运行、维护和管理提供法律保障，构筑促进国家信息化发展的安全环境，形成适用于信息网络安全实际需要的法治文化。

7.3.1.5 完善社会监督机制

监督是对活动执行情况的检验。政府信息公开活动开展的好坏，也需要通过一定的方法、手段来检验。公众作为政府信息公开活动的权利主体，对政府信息公开活动拥有义不容辞的民主监督权力。社会监督需要权力的支撑，而具有长久性和规范性的权力从根本上只能来自于法律的保障。[①] 为此，需要健全相关法律制度，建立社会监督网络，增加政府服务的透明度，保障社会监督措施落到实处，进一步提高政府的公共服务质量。

改革开放以来，由于缺乏对社会监督主体的地位与权限、监督的方式和程序等内容的明确规范，造成社会团体和舆论传媒的民主监督作用弱化，无法做到对行政权力的有效制约，远不能适应社会发展的需要。社会监督措施的贯彻不力与相关法律制度的缺失不无关系。为此，必须加强社会监督方面的立法，促进社会监督行为的规范化，

① 杨毅:《当前社会监督存在的问题及其原因探究》,《决策与信息》2009年第1期，第154页。

确保监督权力在政府信息公开过程中的充分运用，促进政府信息公开法律的有效执行。只有如此，才能从法制上为社会监督主体排除干扰，为政府信息公开实践活动的监督创造有利条件。

7.3.2 行政改革

信息社会是一种全新的社会模式，人们的生产、生活、工作、学习和交往，甚至是思维方式都已发生巨大变化，社会结构面临深刻的变革，行政管理模式也将产生彻底的转变。由于“随着经济基础的变更，全部庞大的上层建筑也或慢或快地发生变革”[①]乃是社会发展的必然规律。所以，作为上层建筑领域核心体系的政府，就必然要对信息社会中技术—经济—社会诸层面的这一系列的变化做出适应性的反应。党的十六届五中全会指出：“要着力推进行政管理体制改革。”着力推进政府行政管理体制改革，是适应经济发展和改革形势的新特点新任务、全面贯彻落实科学发展观的迫切需要，也是推进政府信息公开、建设电子政府的现实需要。

党中央和国务院对深化行政管理体制改革高度重视，提出了“一个目标、三个转变、五个重点”[②]的新思路。电子政务的推行，也需要各级政府部门和工作人员转变行政管理观念,真正从思想上由“以官为本”转变为“以民为本”,政府职能从“管理型”转向“服务型”。电子政务的实施过程，就是政府打破传统的办公管理方式，提高服务效率，更快捷、更直接和更广泛地为社会服务、为公众服务的过程。建立以公众服务为导向的政府，这不是空喊口号就能奏效的，必须建立一种全新的政府行政管理体制才能从根本上解决问题。

政府信息公开要求各级政府、各个部门全面、准确、及时地公开信息，网络环境使政府管理快速延伸到所有服务对象，彻底打破了传统的金字塔形的官僚制组织框架，打破了各政府机构之间和机构内部的信息流动障碍，消除了信息源和决策层之间的人为阻隔，使信息传递更迅速、更及时，减少了信息堵塞、信息失真等现象，使信息传递渠道多元化，政府公共管理与服务对象之间的距离极大地缩小，有利于提高行政工作效率，

① 中央编译局:《马克思恩格斯文集》第2卷，北京：人民出版社2009年版，第83页。

② “一个目标”就是建立与社会主义市场经济相适应，与社会主义民主政治相配套，行为规范、运转协调、公正透明、廉政高效的行政管理体制。“三个转变”就是实现政府职能转变、管理方式转变、工作作风转变。“五个重点任务”就是进一步转变政府职能，建立和完善适应新形势的政府公共管理职能体系；改进管理方式，推行电子政务，提高行政效率，降低行政成本；依法规范中央和地方的职能权限，理顺条块关系；推进机构改革，实现机构和编制的法定化；按照政事分开原则，改革事业单位管理体制。

促使政府职能由传统管理型向公共服务型转变。电子政务在改进政府公共管理与服务方式过程中，面向社会建立政府公共服务信息网络平台，如电子公文、电子审批、电子采购、电子招标、电子购物、智能付账、数据库等电子化服务方式，改善决策层获取信息的数量和质量。

电子政府建设不仅仅意味着现有政府行政业务的电子化，更是对现有政府形态的一种改造，是政府结构和运行方式的根本性改变。电子政务是推动政府管理方式创新的得力工具。目前我国政府组织模型的特点是从中央政府到地方政府分支多、跨度大，从中央到地方以单一模型逐级延伸，是世界上最大的政府系统。[①] 经过电子政务工程改造后的政府，将使政府公共消费功能得到更加全面的发挥，改变了现有环境下政府的角色，会全面提升行政人员的管理能力，提高行政运行效率，简化行政运行程序，加速政府与民众的沟通，从而降低行政运作的成本，强化政府在公共管理中服务者的角色。

7.3.3 道德责任

道德是一种社会现象，是人们共同生活及从事社会活动的思想准则和道德规范。这种思想准则和道德规范反映了人们相互间在政治、经济、思想、文化和道德等方面的种种社会关系。在人类的知识体系中，道德知识对于人类社会伦理观念和个人思想品德的形成和发展起着极其重要的作用。这里的“道德责任”是指行政道德责任，具体而言是指政府及其公务员依法行使公共权力、从事公共事务管理时必须承担的道义上的责任。所谓道义上的责任，也就是指政府及其公务员虽然不违宪也不违法，但如果行为明显与社会公德和公序良俗相悖，就应承担的道德责任。现代行政道德在内容上是“自律和他律的统一”[②]。政府及其公务员既要具有高度的道德责任感，恪守职业道德，又要承受社会公共监督。[③] 公众通过舆论工具对政府事务、公共事务和一切涉及公共利益的活动进行公开监督，从而使自己参政、议政的权利得到较好实现。

舆论监督是运用大众传播媒介帮助公众了解政府事务、公共事务和一切涉及公共利益的活动，并运用舆论的力量促使它们沿着法制和社会生活共同准则的轨道运行的一种

① 李传军:《电子政府——政府管理创新的法宝》,《数码世界》2008 年第 9 期，第 13~16 页。

② “他律”指行政道德主体之外的社会公共监督，即违反行政道德者要承受公众舆论的批评谴责以及社会评价的降低。而“自律”指行政道德主体坚持的一种信念和恪守的一种情操，这种信念和情操保证了行政道德主体具有高度的道德责任感。

③ 公共行政无论在总体上还是在行政人员个体那里，都应当把维护公共利益作为不可移易的目标，任何脱离这一目标的行为，都是对其责任的背离，而且应当承担其后果和责任，即使得不到法律的惩罚，也应受到道德的谴责。

社会行为。任何一个民主社会都需要舆论监督，舆论监督是法治国家的重要标志，是国家文明的体现。西方国家把舆论监督看作是除立法、司法、行政权力之外的“第四种权力”。舆论监督主要由媒介、政府和公众三方面组成。国家公务员必须自觉接受社会各界的监督。对政府行为的社会监督，就是在公务员自律和政府加强内部管理的基础上，建立完善的社会化监督网络，努力形成政府工作自律与他律相结合、内部监督与外部监督相结合、完整的社会监督机制，接受来自人民群众的、来自社会的监督。同时借此推动解决存在的突出社会问题，加大纠正不正之风的力度，促使政府和公务员不断增强用“三个代表”重要思想、科学发展观统领政府信息公开工作的自觉性和坚定性，大力弘扬职业精神，切实遵守职业道德，自觉维护政府工作的崇高声誉，以保证政府信息公开健康快速发展。

从根本上说，来自外部的他律要靠严格的自律起保证作用。政府要把规范公务员行为，把马克思主义新闻观、社会主义荣辱观的基本要求渗透到各项管理制度和行为准则中，内化为公务员自觉的自我约束。把“个人自律、单位管理、社会监督”结合起来，用制度管人管事，把弘扬职业精神、恪守职业道德、维护政府良好形象的具体要求变为每位公务员的自觉行动。国家公务员应当以社会主义荣辱观和《中华人民共和国公务员法》为基准，追求高尚的人格理想、具备道德的人格魅力、体现应有的职业操守、树立良好的政府形象，不负时代和历史赋予自己的光荣使命。

7.4 各国政府信息公开制度比较

政府信息公开是当今世界各国民主政治发展的方向，是各国政治家和社会公众的共识，在世界各国得到大力推行。政府信息公开涉及政治、经济、社会、文化等多个方面，由于地区、经济、文化习惯和政治条件的差异，世界各国的政府信息公开制度必然存在较大的差异。本节将对世界各国现已形成的政府信息公开制度的立法目的、权利主体、义务主体、公开范围等方面进行比较分析，如表 7.1 所示，为发展和完善我国政府信息公开制度提供借鉴。

7.4.1 产生与社会背景

政府信息公开制度是近代才发展起来的制度，在 20 世纪进入全面发展阶段。目前世

表 7.1　各国政府信息公开制度比较

公开制度	立法目的	权利主体	义务主体	公开范围	救济途径	法规特色
瑞典《出版自由法》	保障权利和自由	瑞典国民（外国人享受国民待遇）	所有国家机关	官方文件	检控、司法审查、诉讼	消息来源保护
美国《情报自由法》	保障公众知情权，促进民主	任何个人和组织（联邦政府和逃犯除外），包括不在本国境内的外国人	行政部门、军事部门、政府法人、受联邦政府规则约束的法人、联邦政府行政部门的其他机关、独立委员会等	联邦政府行政机关所拥有的文件	行政复议、司法审查	权利、义务明确
日本《行政机关拥有信息公开法》	实现公益、实现民主	日本国民和在本国居住的外国人	行政机关（但不包括国会、法院、事业团体、特殊法人、市民团体和地方自治体）	行政文件	信息审查委员会、行政复议、行政诉讼	三重无限性，屏蔽审查
英国《信息公开法》	保障公众知情权	自然人和法人	行政机关、公务法人、国有公司	行政机关拥有的信息（除例外信息）	信息专员、信息裁判所、法院诉讼	社会参与程度高
澳大利亚《信息自由法》	扩大社会获得信息的权利	澳大利亚公民	行政机关、公共当局	有关行政机关的职能和文件的信息	内部审查、申诉、行政诉讼	“倾斜”方法
新西兰《官方信息法》	增加政府的透明度，加强公众参与	新西兰境内的个人和组织	行政机关、国有企业、公共团体	所有的政府信息	审查	设立专门的议会信息监察专员
韩国《公共机关信息公开法》	保障国民知情权、参政权	全体国民（外国人特定）	国家行政机关、国会、大法院、宪法法院、中央选举委员会、地方公共团体、政府投资的机关等	公共机关在履行其义务的过程中起草、获得与管理的事项	上诉	义务主体的广泛性

界上已有100多个国家通过了这方面的各种立法。[①] 各国在确立信息公开制度时，通常都会先研究、借鉴国外的立法经验，同时立足本国情况，结合国内的政治体制、社会文化、经济条件、产业结构、民主状况等因素。一般而言，发展中国家通常缺乏相应的政治条件、经济基础做保障，而且公众民主观念普遍淡漠，往往需要一个非常开明、有魄力的领导人，或是借助外部的社会力量来实现政府信息的完全公开；而发达国家具备相应的政治条件、民主文化和经济保障，而且政府重视通过立法来实现依法行政，保证政府信息公开，在这方面做得一般比较好。

瑞典是世界上最早确立新闻出版自由和信息公开制度的国家，其新闻出版自由和信息公开制度是瑞典历史上王权和国会相互斗争和妥协的产物。[②]1723年，瑞典议会通过法令，废除君主专制和增强议会四个等级的权力，王权急剧衰落，行政权力转移到由大贵族操纵的国家参政会手中。1765年，议会内部爆发党派斗争，代表下层贵族和农民的"便帽党"获得多数支持而执政。"便帽党"得启蒙思想之精髓，进行了一系列的政治改革，其中就包括出版自由、表达自由、废止对出版物的事前审查、允许自由印刷并传播政府文件等权利制度的确立。瑞典《新闻出版自由法》是世界上第一部新闻出版自由法，是国会权力扩张建立的一部基本法。故而，该法虽然赋予了公众自由表达思想的权利，但依然存在很大的历史局限性。

当代各国政府信息公开制度在世界范围内影响最大的莫过于美国。美国的政府信息公开制度体系最为完备，也最具特色，对其他国家和地区制定政府信息公开法律制度产生了深远的影响，为许多国家所效仿。美国宪法第一条修正案规定国会不得制定限制言论或出版自由的法律。[③] 美国在信息自由法制定以前就形成了非常完善的联邦公共出版体系，以保护绝大多数政府信息能够不受限制地向社会公众与企业公开。"二战"以后，《联邦行政程序法》规定"有好的理由"和"公共利益"才能将其信息和活动对社会公众公开，限制了国会及其委员会得到政府信息的权利。为此，国会决定制定信息公开法律，规定公众有权向联邦政府机关索取任何材料，政府机关有义务对公众的请求作出决定；如果政府机关拒绝公众的特定请求，它必须说明理由；任何政府决定都可以被提起复议和司法审查；等等。[④]

---

① Freedom of Information Laws Around the World，http：//www.onthemedia.org/2011/nov/18/freedom-information-laws-around-world/。

② 冯军：《瑞典新闻出版自由与信息公开制度论要》，《环球法律评论》2003年冬季号，第492~505页。

③ 周汉华：《外国政府信息公开制度比较》，北京：中国法制出版社2003年版，第43页。

④ 周汉华：《美国政府信息公开制度》，《环球法律评论》2002年秋季号，第274~287页。

日本政府信息公开立法从倡导到条例，到中央立法，历经了 30 多年而最终得以确立，走过了一条艰难而曲折的历程。日本的信息公开制度是在“市民运动”的推动下建立的。日本的市民监察委员联络会、妇女联合会、自由人权协会、消费者联盟、自然保护团体、工会、学者以及新闻界等组成了“要求信息公开立法的市民运动”的联合团体，对推动立法发挥了积极的作用。此外，日本不断发生的政府腐败丑闻也一定程度上刺激了《信息公开法》的诞生。

从最初的要求政府审议会和议事记录公开，到引发国民“知情权”的议论，到发表《信息公开权利宣言》和《信息公开八项原则》，促使日本自民党内阁做出推动信息公开立法的姿态以维持政权，设置了临时行政调查会讨论信息公开立法的问题，并相继颁布了《个人信息保护法》（1988 年）和《行政程序法》（1993 年）。1993 年联合政权产生，信息公开法的制定被迅速提到具体的政治日程，设立行政改革委员会、行政信息公开部，对行政信息公开法开展调查研讨，于 1996 年 11 月提交《信息公开法纲要案》的最终报告，继而向国会提交了《关于行政机关保有的信息公开的法律案》。1999 年 5 月 14 日，《关于行政机关保有的信息公开的法律案》最终公布，并于 2001 年 4 月正式实施，在国家的层面上正式建立起了行政信息的公开制度[①]，标志着其在国家层面上打破旧的官僚制度、建设新的开放型政府取得质的突破。

各国在党派政治斗争中，也有利用政府信息公开制度作为巩固政权或夺取政权的手段。英国信息公开法是在工党和自由民主党的共同推动下出台的。英国政府信息公开，首先需要克服其行政文化中根深蒂固的保密性传统。严格的保密规定，使得有关政府事务的信息全部牢牢掌握在政府手里，公众根本无法知晓。英国从 20 世纪 70 年代初就开始着手制定政府信息公开制度，用了 30 多年的时间才完成了政府信息公开的立法，比瑞典整整晚了 234 年。2000 年 11 月 30 日通过的《信息公开法》，到 2005 年 1 月才正式实施。1997 年，工党在大选中击败保守党，上台执政，加快了政府信息公开的推进步伐，采取了一系列具有实效的步骤，使英国政府信息公开进入全面实施的新阶段。在英国工党和自由民主党的大力推导下，梅杰政府发表了“市民宪章”报告，提出了“合作政府”的执政理念。1993 年梅杰政府向议会提交了《开放的政府》白皮书，1997 年布莱尔政府发表《你的知情权》白皮书，1999 年 12 月《信息公开法案》公布，2000 年 11 月 30 日《信息公开法》获得通过。[②]

---

① 刘杰：《日本宪法上的知情权与信息公开法》，《法学家》2007 年第 3 期，第 147~152 页。

② 周斌：《英国政府信息公开制度的立法及其保障措施》，《兰台世界》2011 年第 18 期，第 17~18 页。

澳大利亚是代议制民主政体，在历史上深受英国保密文化的影响。澳大利亚《信息自由法》是在民众的呼声、多种政治力量的推动和多元利益集团的互动博弈中逐步形成的，它打破了澳大利亚深厚保守的文化传统，促进了政府信息在较大范围的传播。

韩国是世界上第十二个、亚洲第一个制定信息公开条例的国家。韩国学者自 20 世纪 80 年代就开始讨论信息公开问题，并影响到了韩国宪法法院的判决。与国家的信息公开立法相比，地方层次上清州市议会早在 1991 年 11 月 25 日制定并通过了韩国第一个地方政府信息公开条例。到 1997 年 6 月，韩国共有 178 个地方政府制定了信息公开条例。①

改革开放以后，我国强调发展社会主义民主，把公开作为保障公民实现民主选举、民主决策、民主管理和民族监督的重要途径，并重视通过立法予以规范和保障。我国信息公开立法的过程与韩国比较相似，也是自下而上，先地方后国家，逐步确立国家级的政府信息公开法。在国家还没有出台信息公开立法之前，一些大城市率先制定有关政府信息公开方面的规章制度，为完善国家层面政府信息公开制度进行了有益的探索。为适应信息公开法制化的趋势和信息化建设的要求，《中华人民共和国政府信息公开条例》2007 年 4 月颁布，2008 年 5 月正式实施。

7.4.2 立法目的

政府信息公开是主权在民的体现，是公众行使有效监督权、参政权的重要前提，是政府科学决策、民主行政的保证，是市场经济实现公平竞争的必要保障，是保护公民合法权益的最好方式之一，也是增加政府活动透明度，从根源上防止行政腐败、增强党和国家凝聚力的必要措施。尽管各国政府信息公开法的制度名称、制定时间、立法依据、立法目的、制定过程、基本结构和具体程序等略有不同，但他们所体现的公开本质却是相同的，即政府通过各种方式以满足公民、法人或者其他组织的“知情权”。各国政府在制定信息公开法上有着相似或相近的立法思想、目标追求或价值取向，而且之间有着内在的必然联系。

1967 年，《信息自由法》由美国约翰逊总统签署以美国法典第 5 篇第 5 章“行政程序”的第 552 节的形式出现。从立法思想上说②，《情报自由法》源于美国社会对政府普遍的不信任情绪以及国会与政府互相制衡的传统，是为了管理“管理者”的需要。日本信息公

① 陈忠海、韩双：《中韩政府信息公开立法的比较及其启示》，《档案学研究》2011 年第 2 期，第 80~83 页。

② 1996 年《电子信息自由法（修正案）》明确指出了该法的四点目的：一是确保公众对行政机关的记录及信息的获得，促进民主；二是改善公众对行政机关的记录及信息的获得；三是确保行政机关遵守法定期限；四是使行政机关记录及信息应用最大化。

开法以实现公益、实现民主为目的[①]，赋予公民监督行政和参与行政的权利。韩国信息公开法也是以保障国民的知情权为目的[②]，力图建设透明政府。

俄罗斯在1995年出台了《信息、信息化和信息保护法》，目的在于规范和调整在信息的生产、查找、获取、传递过程以及在信息技术、信息系统、信息保护等领域所产生的社会法律关系。2006年7月，俄罗斯颁布了新的信息领域法——《信息、信息技术和信息保护法》，原《信息、信息化和信息保护法》同时被废止。随后，俄罗斯政府还制定了电子政府建设、个人数据保护、政府信息公开等领域的国家政策和法律。2009年2月13日，俄罗斯颁布了《政府信息公开法》，于2010年1月正式生效，充分保障了公民和组织的基本信息权利（包括信息获取权、隐私权等）。

在立法目的上，国外的政府信息公开实践都是基于保障公民的知情权、保障公民参政议政的权利，而且通过国家立法强制政府部门执行，以保障公民的基本权利。我国《政府信息公开条例》实施的主要目的是“为了保障公民、法人和其他组织依法获取政府信息，提高政府工作的透明度”[③]。保障公众的信息获取权，不仅方便公民参政议政，而且有利于推动政府信息资源共享，最大限度地发挥政府信息资源的作用，改善政府形象，建设透明政府，防止腐败。政府信息公开从政府的自由裁量、“给予”恩赐转变为法定的普遍权利，是历史的进步，更是公众主权的体现。

7.4.3 权利主体

政府信息公开遵循“以公开为原则，不公开为例外”，除了依照法律规定免除公开的政府信息外，原则上其他信息都应向所有公众公开，任何人都有权要求政府信息公开义务人公开其拥有的政府信息。外国政府对信息公开权利主体的界定都较宽泛，一般也不考虑申请人申请公开的理由、利用目的、信息用途及申请人与公开信息的关联性等。

美国《情报自由法》中规定“任何人”均可以提出信息申请，这里的“任何人”包括个人（包括外国公民）、合伙、公司、协会、外国与国内的政府机关，“任何人”也可以通过律师或者其他代理人提出信息申请。联邦政府机关不属于“任何人”之一，不能

① 《日本行政机关拥有信息公开法》第1章第1条明确规定：“本法的目的在于以国民主权理念为基础，通过规定请求公开行政文件的权利事项，使行政机关拥有的信息进一步公开化，以此使政府就其从事的各种活动对国民承担说明责任，同时有助于推进置于国民正确的理解和批评之下的公正且民主的行政。”

② 《韩国公共机关信息公开法》第1章第1条明确规定：“本法的目的在于保障国民的知情权，保障国民参与国家事务的权利以及保障国家政策运行的透明度。它规定拥有与管理信息的公共机关的公开义务与国民要求公开这种信息的有关事项。”

③ 《中华人民共和国政府信息公开法条例》第1章第1条明确规定：“为了保障公民、法人和其他组织依法获取政府信息，提高政府工作的透明度，促进依法行政，充分发挥政府信息对人民群众生产、生活和经济社会活动的服务作用，制定本条例。”

提出申请，但州与州政府机关之间可以提出申请；唯一的例外是逃犯，他们不能提出申请，也得不到法院的保护。日本《行政机关拥有信息公开法》也规定“任何人”是信息公开的权利主体[①]；韩国《公共机关信息公开法》规定“全体国民”有权请求公开信息；俄罗斯《联邦信息、信息化和信息保护法》规定：“作为信息的使用者，公民、政府部门、地方自治团体、组织和社会团体等对政府信息资源享有相同的获取（请求）权利，且无义务证明其请求的必要性。限制公开的除外。”

在“任何人”的范围内是否包含外国人，外国人能否像本国人一样享有政府信息请求权利，不同国家对此有不同的规定。大多数国家和地区对外国人采取对等原则，都规定外国人也可以成为信息公开请求权人。瑞典规定国民和在本国居住的外国人都是信息请求权人。美国《情报自由法》对信息请求人的资格未做限制，不在本国境内的外国人也包括在内。日本《行政机关拥有信息公开法》强调“国民主权”、“向国民说明责任”，规定任何人均可以成为情报公开的请求权人，包括日本国民和在日本居住的外国人。[②]新西兰信息法规定居住在新西兰的任何个人和实体[③]都包括在内。也有一些国家和地区将外国人排斥在信息请求权人的范围之外，如韩国《公共机关信息公开法》第 2 章第 6 条规定：“人民有权请求公开信息；与外国人信息公开请求有关的事项由总统令规定。”加拿大《信息取得法》第 4 条规定：“任何加拿大公民或永久性居民有权取得政府控制的任何记录。”俄罗斯《信息、信息化和信息保护法》中的信息请求权仅赋予“公民”，未提及外国人的信息请求权等。

7.4.4 义务主体

在政府信息公开义务主体上，各国信息公开法的规定以行政机关为主，但不限于行政机关，有的国家还将议会、法院、军事机构等部门也包括在内。如德国《波恩基本法》曾将“立法机关”列为政府信息公开的义务主体[④]。对于政府投资的公共服务性和管理性的机构，各国的称谓有所不同，例如美国的“联邦政府法人”、“受政府规制的法人”，日本的“特殊法人”，韩国的“政府投资机关”，法国的“公法人”“营造物法人”等。这类

---

① 日本《行政机关拥有信息公开法》第 2 章第 3 条规定：“任何人都可以依据本法的规定，向行政机关的首长请求公开该行政机关拥有的行政文件。”

② 郭山庄：《日本的环境信息公开制度》，《世界环境》2008 年第 5 期，第 28~29 页。

③ 新西兰《1982 年公共信息法》第 12 条对“任何人”（any person）做了详细解释，其“任何人”包括：（1）新西兰公民；（2）永久居民；（3）在新西兰的任何人；（4）在新西兰成立的任何实体（组织）；（5）在新西兰外成立但在新西兰有营业场所的任何实体。

④ 德意志联邦共和国由十一个州组成，一九四九年制定的《波恩基本法》即宪法。

法人虽然不隶属于行政机关，但担负一定的行政管理和公共服务职能，与公共利益密切相关，其拥有的信息应该向公众完全公开。

从国外的政府信息公开制度来看，各国立法均规定行政机关为政府信息公开的义务主体，但对议会、法院、军事机关、政府投资的公共服务性和管理性的机构、其他准行政组织等是否也为政府信息公开义务主体，各国差异较大。总体上看，各国政府信息公开义务主体的范围可分为以下三类。

第一类：只有行政机关，将议会、法院、军事机构、准行政组织等排除在外。如挪威《信息自由法》将国会、总审计署、公共管理议会检察专员及其他国会机构排除在政府信息公开义务主体的范围之外。日本《行政机关拥有信息公开法》也将国会、法院、事业团体、特殊法人、市民团体和地方自治体①都排除在政府信息公开义务主体的范围之外。

第二类：行政机关、国有企业、公务法人②为政府信息公开的义务主体。美国、英国、南非、俄罗斯、法国、芬兰等绝大多数国家和地区的信息公开法都是如此规定。美国1966年《情报自由法》对信息公开义务主体的界定参照了《联邦行政程序法》中的相关规定，特指“构成联邦政府的各机关”，而对“总统府所属各机关”是否包含在内存在较大争议。1974年的修正案则将信息公开的义务主体扩大到行政各部、军事部门、政府公司、政府控制的公司、政府行政部门所属的其他机构（包括总统执行机构）和独立的控制机构。③英国2000年《信息公开法》规定“包括中央到地方的各级政府部门、议会上院下院、医疗机构及国有公司”为政府信息公开的义务主体。此外，法国④等国家和地区也都通过立法对政府信息公开的义务主体进行了类似规定。

第三类：规定所有国家机关为政府信息公开的义务主体，包括议会、法院、军事机关、政府投资的公共服务性和管理性的机构、其他准行政组织等。瑞典⑤、韩国、泰国⑥、罗马

---

①《日本行政机关拥有信息公开法》第1章第2条规定，本法中的“行政机关”是指下列各项中规定的机关：（一）依据法律规定在内阁中设置的机关以及属内阁管辖的机关，如内阁官房、内阁法制局、安全保障会议、人事院等；（二）国家行政组织法第3条第2款规定设置的国家行政机关，如省、府委员会及厅；（三）国家行政组织法设立的设施机关及特殊机关以及其分支机构；（四）会计检察院。

② 这里的“公务法人”是指履行公共管理职能的事业单位、社会团体等服务性和管理性机构，其主要目的是追求公共利益。

③ 王名扬：《美国行政法》（下），北京：中国法制出版社2005年版，第1119页。

④ 法国《行政文书公开法》规定，“国家行政机关、地方公共团体、营造物法人、私法上的团体、被政府委任进行公共服务管理的组织等”为政府信息公开的义务主体。

⑤ 瑞典《出版自由法》第2章第3条规定：“公共机关不仅包括国家行政机关，而且还包括国会、地方议会、瑞典国教议事大会等具有决策权的机构。”

⑥《泰国官方信息法》第4条第3款规定：“国家机关是指中央行政、省行政、地方行政、国有企业、隶属于国会的政府机关，与案件审判和裁决事务无关的法院组成部分、职业监督组织、国家独立机关与由政府规章规定的其他机关。”

尼亚[①]等国家和地区的信息公开法采用的此种宽泛规定。韩国的《公共机关信息公开法》规定的“公共机关”是指“中央与地方政府，政府投资机构以及根据总统令确定的其他机构”[②]，都属于政府信息公开的义务主体。

7.4.5 公开范围

世界各国和地区普遍遵循“公开为原则，不公开为例外”的基本要求来界定政府信息公开的范围，故各国和地区信息公开法大多采取概括方式先将政府信息分为公开信息和例外信息，再以列举方式规定豁免公开的政府信息，凡未被明确规定可以豁免公开的政府信息均应当对公众完全公开。韩国《公共机关信息公开法》先采用概括的方式界定公开的信息[③]范围，又以列举的方式规定了八类不予公开的信息[④]。

美国《情报自由法》也是采用概括加列举的方式详细规定并补充说明了政府信息公开的范围。该法适用于联邦政府行政机关所拥有的文件，并对政府信息公开的范围：必须在《联邦登记簿》上公开的内容[⑤]、九种免予公开的信息[⑥]等都做了详尽的规定。除必须主动公开的信息之外，当申请人要求公开某项信息时，即使属于免除公开的情况，行政机关仍然可以决定公开。

英国2000年《信息公开法》采用肯定概括加否定列举的方式规定了政府信息公开的范围。该法明确列举了25类可能免于公开的信息，并通过评估检验进一步判断某类信息是否可以不公开。[⑦]可免于公开的信息中，8类信息属于绝对例外，17类为相对例外。[⑧]

---

①《罗马尼亚自由获取公共利益信息法》第1章第2条第1款规定：“权力机关或者公共机构是指根据宪法，使用公共财政资源，在罗马尼亚土地上开展活动的任何权力机关或者公共机构，以及任何国家公司。”

②《韩国公共机关信息公开法》第1章第2条第3款规定的“公共机关”具体包括：国家和地方各级行政机关、国会、宪法法院、司法机关、立法机关、中央选举委员会、地方公共团体以及政府投资的机构等其他公共机关。

③《韩国公共机关信息公开法》第1章第2条第1款规定：“信息是指公共机关在履行其义务的过程中起草、获得与管理的事项，它们以文书、图画、照片、胶卷、磁带、幻灯片以及由计算机所处理的媒介等予以记录。”

④ 周汉华：《外国政府信息公开制度比较》，北京：中国法制出版社2003版，第359页。

⑤ 美国《情报自由法》要求政府机关必须在《联邦登记簿》上公布以下信息：（1）行政机关所制定的一般性政策和法规，具体包括机关的组织、机关的职能和工作方法、程序规则、实体规则、政策和影响公众权利的法律解释以及对上述文件的修改等；（2）行政裁定和理由、政策的说明和解释、对公众有影响的行政职员手册和指示、合议制行政机关表决的记录等；（3）依据公众申请，行政机关应当公开的其他文件。

⑥ 美国《情报自由法》规定九种免予公开的信息：（1）保密文件；（2）机关内部人事规则和制度；（3）根据其他法律作为例外的信息；（4）商业秘密与商业、财务信息；（5）政府的内部联系；（6）个人隐私；（7）执法文件；（8）金融制度；（9）地质信息。

⑦ 张红菊：《英国信息公开制度及其特点》，《中国检察》2009年第2期，第45~46页。

⑧ 英国《信息公开法》规定：8类信息属于绝对例外，如与国家安全有关的信息、损害国防的信息、损害国际关系的信息、损害大不列颠联合王国内部关系的信息等，不需要进行相关评估；另外17类为相对例外，如与公众健康、安全有关的信息，与个人有关的信息、商业秘密等。这类信息的公开是以信息本身是否适合为标准的，即：如果能证明该信息的公开比保密对公共利益更好，则可以被公开，反之，则不能公开。

其他不在列举范围内的政府信息都属于行政机关应当主动公开的范围。

日本《行政机关拥有信息公开法》先概括性地规定了行政文件的范围[①]，第2章第5条又规定了6类不予公开的信息[②]，以确保国家及公共安全。泰国《官方信息法》也是先定义“信息”和“官方信息”[③]，然后又在第2章第14条至第20条详细列举了7类不予公开的信息。荷兰《政府信息（公共查阅）法》在第3条款里概括地规定了政府信息公开的范围，继而在第10条又详细列举了不予公开的信息内容[④]。中国香港特别行政区《公开资料守则》列举式规定了按惯例公布或提供查阅的信息内容和不予提供的资料范围[⑤]，除非行政机关披露信息会“伤害”或“损害”公共利益，否则政府应当运用可供使用的资源，尽量为市民提供最佳服务。

也有一些国家以综合概括的方式界定政府信息公开的范围，对政府信息不公开的范围缺乏明确规定。如新西兰《政府信息法》第5条规定：所有的政府信息都应该向公众公开，除非有充足的保密理由。这种方式只是笼统地规定了政府信息公开的标准，没有明确规定哪些信息可以公开、哪些信息不能公开，容易导致行政机关自由裁量权的滥用，不利于公众对政府信息公开的监督和对政府公务的参与。

7.4.6 公开方式

一般来说，政府信息公开的方式主要有两种：政府主动公开信息和政府依当事人的

①《日本行政机关拥有信息公开法》第1章第2条第2款规定：“行政文件是指行政机关的职员在职务活动中制作或获得的，供组织性使用的，且由该行政机关拥有的文书、图画，以及电磁性记录。但不包括以下各项文件：（一）官报、白皮书、报纸、杂志、书籍以及其他以向不特定多数人销售为目的发行的文件；（二）在政令规定的公共档案馆及其他机关中，依据政令的规定属于历史性或文化性的资料或者用于学术研究的资料而被特别管理的文件。”

②《日本行政机关拥有信息公开法》第2章第5条规定：“有公开请求是，除被公开请求的行政文件中记载有下列各项信息的，行政机关的首长，应向公开请求人公开该行政文件。（一）与个人相关的信息或虽不能识别特定的个人但因公开可能损害个人权利利益的信息；（二）与法人、其他团体相关的信息中，或从事业务经营的个人的与该业务相关的信息；（三）可能危害国家安全的信息；（四）可能妨碍公共安全和秩序维持的信息；（五）有关审议研究的信息；（六）有关国家或地方自治体实施的事务或事业的信息等。”

③《泰国官方信息法》第4条第1款定义“信息”是指传送事项、事实、数据或者任何东西的材料，不论这种传送是通过这种材料本身还是通过任何其他方式，也不论是以文件、档案、报告、书籍、图表、地图、图画、照片、胶片、声像录音或者计算机保存的形式组织还是任何其他方式展示。第4条第2款定义“官方信息”是指国家机关拥有或者控制的信息，不论它是关于国家管理的信息还是关于民众个人的信息。

④ 荷兰《政府信息（公共查阅）法》第3条规定，任何人都可以向有关负责的行政当局、机构、服务部门或者公司提出申请，要求查阅与行政事务有关的文件中所包含的信息。该法第10条又规定，威胁到王国统一、损害国家安全、或者包含由自然人或法人向政府秘密提供的关于公司或者生产工艺的数据的信息不得公开。

⑤ 中国香港《公开资料守则》对于行政机关可拒绝提供的资料范围做出了明确而详细的规定，主要包括：防务及保安，对外事务，国籍、出入境及领事事宜，执法、法律诉讼程序及公众安全，对环境的损害，经济管理，公务的管理及执行，内部讨论及意见，公务人员的聘任及公职人员的委任，不当地获得利益或好处，研究、统计及分析，第三者资料，个人隐私，商务和其他法定限制的资料等。

申请被动公开信息。[①] 绝大多数国家的政府信息公开法都采用“政府机关主动公开为主，依当事人的申请公开为辅”的策略。各国政府信息公开制度对政府信息主动公开的具体方式没有硬性文件规定，但普遍要求“要以便于公众知晓的方式公开”。也有国家为了充分体现公平性，保障残疾人权益，在信息公开法中进行了特别规定。[②]

从信息传播手段看，政府信息主动公开的形式主要有以下几种：定期发行政府公报、出版物，利用报纸、广播、电视、手机、网络等大众媒体发布信息，设立政府信息公开厅、公开栏、电子屏幕、电子触摸屏等，散发宣传单或宣传手册，设立统一的政府综合门户网站，设立专门的政府信息公开机构，定期召开政府新闻发布会，设立政府信息公开服务热线等。

目前在我国，主动公开的具体形式从墙报、板报、公告栏到电子触摸屏；从政府公报、办事指南到政务信息公开中心；从预公开、听证会到电视、报纸等各种新闻媒体；从市长信箱、政府信息热线到政府上网和电子政府信息等，种类繁多。[③] 在依申请公开政府信息方式的操作方面，由于缺乏严格的程序制度和流程控制，行政机关滥用自由裁量权，可以公开的信息内容主要是行政机关的办事程序和办事结果，导致公众获取信息形式、渠道不畅，申请人的权益得不到保护。

7.4.7 救济途径

世界各国的政府信息公开法大都明确规定了救济的内容和途径，建立了相应的救济机制，以维护和保障任何自然人、法人、组织或者政府的信息获取权利。如美国《情报自由法》、日本《行政机关拥有信息公开法》、韩国《公共机关信息公开法》、保加利亚《信息公开获取法》、芬兰《政府活动公开法》、澳大利亚《信息自由法》、挪威《信息自由法》、泰国《官方信息法》等。也有极个别国家没有规定救济的内容和途径，如荷兰《政府信息法》。

从国际上看，各国信息公开法对获取政府信息权利的救济主要有三种类型：行政复议、独立的信息委员会和行政诉讼，各国公开法在具体制定救济条款时，对这三种救济途径结合具体国情，或单独使用，或综合使用。[④] 其中，行政复议和独立的信息委员会属

① 政府的管理或服务可以分为宏观管理与微观管理两大方面。一般来说，来源于政府的宏观管理活动中的信息，相对比较抽象，并不涉及具体的行政管理相对方，比如政府部门的某些政策性规定，这些信息大多属于政府依职权主动公开的政府信息；而来源于政府的微观管理活动中的这些信息大多属于依申请公开的政府信息。

② 如《保加利亚公共信息获取法》第 26 条第 4 款规定：“视力、听力或者语言有缺陷的人有权申请获得与其能力相符合形式的公共信息。”

③ 张乐：《政府信息公开方式的研究》，《商业文化》2009 年第 2 期，第 74~75 页。

④ 朱红灿、邹凯：《国内外政府信息公开研究综述》，《图书情报工作》2011 年第 3 期，第 11~15 页。

于行政救济，行政诉讼属于司法救济。各国普遍按照“穷尽内部行政救济”原则，首先利用行政系统内部存在的救济手段，然后才求助于司法救济。

随着法制社会的发展与进步，各国法律、法规授予公民对于政府信息公开的救济途径也越来越全面和完善。1966 年制定的美国《情报自由法》规定：“地区法院在判决行政机关对原告提供不正当的拒绝公开的文件以后，行政机关不执行时，法院可以藐视罪处罚机关责任成员。”①1974 年修订版增加了行政制裁措施，1996 年修正案还对信息申请的程序做了一些改革：将政府机关法定决定时限从十天增加到二十天，建立多轨处理制度，设置加速处理程序等。如果政府机关拒绝公众的特定请求，它必须说明理由；任何政府决定都可以被提起复议和司法审查。②

瑞典《出版自由法》、《表达自由法》、《保密法》和《刑法》都详细规定了侵犯和滥用出版、表达和信息自由应当受到的惩罚措施③，以保障公众的言论自由和信息自由。

日本信息公开制度从公开请求人和第三人两个方面设置了行政复议和行政诉讼两种权利救济途径。《行政机关拥有信息公开法》第 13 条规定了在行政机关的首长做出是否公开信息的决定之前，与该信息相关的第三人提出意见书的程序。信息公开的申请人或第三人对行政机关的信息公开处理决定不服时，可以根据《行政案件诉讼法》的规定提出行政诉讼，由法院进行裁决。《行政机关拥有信息公开法》对该类行政诉讼的管辖法院和案件移送做了补充规定：原告可以向原告所在地的高等法院的所在地的地方法院起诉；受理案件的法院在同一的、同种的或者类似的案件其他法院已经受理时，为避免重复诉讼及判决的不一致，可以依申请或依职权决定依法向其他法院移送④，以方便原告起诉和行政机关应诉。

英国 2000 年出台的《信息公开法》规定了信息申请的程序，如果信息公开申请被公共机关拒绝，申请人可以通过信息专员的决定制度、信息裁判所的裁判制度和法院的上诉制度三种途径来获得救济。在澳大利亚《信息自由法》中也规定了相应的救济手段。如果公众不满意行政机关做出的公开决定，可以通过行政机构内部审查、向政府特派员申诉、向行政法院申诉或向联邦法院提起诉讼等手段来解决。俄罗斯《信息、信息化与信息保护法》详细规定了当事人权利受到损害时所能获得的救济途径：到法院起诉、公诉、

① Freedom of Information Act.5 The United States Code 552，a（4），G.，http://www.archives.gov/foia/。

② 蒋明敏、赵春雷:《美国政府信息公开制度的演进及启示》,《传媒观察》2011 年第 1 期，第 17~19 页。

③《瑞典出版自由法》第 15 条规定，如果公共机关做出决定拒绝一项要求查阅官方文件的申请，或者虽然允许申请人查阅文件但不准其透露文件的内容或以其他方式使用文件，申请人可对公共机关的决定提出上诉。

④ 张明明:《中美日政府信息公开救济制度的比较分析》,《图书馆工作与研究》2008 年第 4 期，第 11~13 页。

仲裁等。

7.4.8 法规特色

各国制定的信息公开法律规范虽有相互借鉴，但囿于各国政治、经济、文化方面的差异，又各有自身的特色。

瑞典《出版自由法》的最大特色在于实施对消息来源的保护，为世界各国树立了典范。该法在原则上免除了消息来源的法律责任（法律有具体规定的除外），在新闻实践中甚至不准泄露已经处决的罪犯的姓名和身份，这样政府官员就不必担心在给媒体提供任何消息时受到法律追究，从而将政府的行为置于社会的完全监督之下。

美国的《情报自由法》明确规定了美国联邦政府各机构公开和提供政府信息的义务以及公众获取政府信息的权利，而且逐步完善了依申请公开信息的内容和程序，共同促进政府信息公开到位。美国联邦政府在信息公开立法的过程中，比较注重发展和完善，历经多次的适用和修订，从主动公开走向推定公开，形成了以《情报自由法》为核心的较为成熟、可行、完备的法律体系。目前，美国各级行政机构都广泛利用功能强大的政府网站，方便、快捷地为公众提供政府信息。

日本《行政机关拥有信息公开法》是以“实现公益、实现民主”为目的的制度，该制度具有三重无限性[①]。此外，该法在行政复议制度中设置了信息公开审查会独有的屏蔽审查程序。[②]

英国2000年出台的《信息公开法》是与传统保密文化斗争的结果。其主要特点有：注重立法、体制健全、社会参与程度高等。[③]英国政府在历经迪斯戴尔案、庞廷案、怀特案之后，开始反思保密制度到底保护的是谁的权益。为了避免保密制度变成政府拒绝公开信息的借口，英国政府陆续制定了一系列地方法规，构建了高效的管理体制，同时也加快了信息公开立法的步伐。2000年通过的《信息公开法》从根本上促进了政府主动公开所拥有的信息，确立了公众获取政府信息的权利。

澳大利亚《信息自由法》于1982年颁布生效，之后在1983年、1986年和1991年分别经历了实体上的修正，在其他年份也经历了较小的程序上的修正。[④]联邦《信息自由

① 三重无限性，即公开请求权主体的无限性、公开对象文件的无限性以及公开方式的无限性。

② 陈文:《中日两国政府信息公开制度之比较》,《图书馆界》2010年第3期，第18~22页。

③ 张红菊:《英国信息公开制度及其特点》,《中国监察》2009年第2期，第45~46页。

④ 周汉华主编:《外国政府信息公开法律制度比较》，北京：中国法制出版社2003年版，第185页。

法》立法的目的是“尽可能地扩大澳大利亚社会获得联邦政府掌握的信息的权利”，为了实现这一目的，采用“倾斜”方法，行政机关行使的任何自由裁量权都应该尽可能地促进信息的披露。

新西兰《官方信息法》是在公众对政府信息保密范围之广进行长期的批评之后出台的，在很多方面与澳大利亚的立法颇相似，但有其自身的特点。如该法只是笼统地规定了政府信息公开的标准，没有像其他国家那样明确规定哪些信息可以公开、哪些信息不能公开，但是规定了政府内部规则的公开；设立专门的议会信息监察专员负责处理信息公开争议，并向有关组织提供帮助、审查和建议；成立信息行政管理机构负责信息公开的有关事项，监督、检查《政府信息法》的执行情况等。

韩国《公共机关信息公开法》的一个重要特点就是其义务主体的广泛性。该法规定：“公共机关有信息公开的义务”，这里的“公共机关”是指“中央与地方政府，政府投资机构以及根据总统令确定的其他机构”都属于政府信息公开的义务主体。

此外，芬兰《政府活动公开法》鼓励民间以商业方式使用公共信息；法国《行政机关与公众关系法》限制对政府信息进行再利用、再传播或者商业开发；爱尔兰《信息自由法》要求公共机关必须公开其决策过程中的内部规则和解释；我国《政府信息公开条例》于 2007 年 1 月 17 日经国务院第 165 次常务会议审议通过，已于 2008 年 5 月 1 日起开始施行。该条例是借鉴国外立法经验，结合中国具体国情，针对中国政府信息公开实践的一些特点而制定的，具有中国特色。

各国制定政府信息公开法都经历了一个曲折而漫长的过程，少则三五年，多则三五十年。譬如，美国国会制定的《削减文书公文法》，从动议到立法通过，前后花费了整整 6 年的时间。其当初立法动机是用计算机磁盘介质代替传统的书面公文。然而，当该法通过的时候，网络技术又代替了计算机磁盘技术，成为最基本的数据传输方式。我国政府信息公开的规范化、法制化的实现，依然有较长的一段路要走。这就要求政府不仅要积极吸收发达国家政府信息管理工作的法制化建设经验和成熟的立法成果，加快与国际社会接轨的步伐，还要结合我国的实际情况消化吸收，营造一个有利于国内政治、经济、文化和社会发展的开放性的氛围，更要富有创新意识、超前意识，使所制定的法律法规走在技术的前端。

第 8 章　政府信息公开调查报告 ①

在政府的推动下，我国政府信息公开已经取得了较为显著的成绩，国家级别的《政府信息公开条例》已经正式颁布，自 2008 年 5 月 1 日起施行。但是，社会各阶层对政府信息公开的认识程度如何？持一个什么样的态度？政府信息公开之后在社会上又产生了怎样的影响？对于这些问题，学术界还缺乏深入、细致的研究。基于此，华中师范大学信息管理系电子政务研究中心计划每两年对我国政府信息公开在社会中的响应问题进行长期研究。本次调查为首次研究，截止时间为 2006 年 9 月。

8.1　政府信息公开情况调查问卷设计

8.1.1　调查问卷的内容

社会调查作为一种搜集和处理社会信息的重要方法和手段，已经在社会科学和各个工作部门及社会各领域广泛应用。为了全面了解公众对我国政府信息公开情况的响应程度，我们组织了这次社会调查。本次调查一共设计了 30 个问题项，以选项式问题为主（其中有 28 项为选择题），并辅以填空方式，以便当选项式问题的答案不能穷举时，问卷对

① 本章部分内容曾发表于段尧清、费奎明、汪银霞、徐希:《我国政府信息公开公众响应情况调查报告》,《图书情报工作》2008 年第 4 期，第 66~69 页。

象可以自行填写（详细内容见附录）。

该问卷内容主要涉及：公众对政府信息公开的了解、认知、态度、意识及使用状况，政府信息公开产生的主观影响，政府信息公开的主要内容等。调查内容设置比较全面、客观，基本能够反映公众对政府信息公开的响应情况。此外，我们还从职业、年龄、城乡分布、受教育程度几个方面展开，调查公众对政府信息公开认识程度的影响因素；从满意度、权利意识、公众对信息公开及立法的态度等方面展开，研究公众对政府信息公开的态度与意识；从获取信息的途径、目的等方面，调查公众对政府信息的使用情况。

8.1.2 调查范围

本次调查共发出问卷 4 000 份，收回 3 695 份，其中有效数据 3 343 份。本次调查覆盖的范围极广，地域分布在广西、河南、黑龙江、湖北、湖南、吉林、江苏、江西、宁夏、山东、四川、天津、浙江、山西等十多个省、市、自治区的省会、地级市、乡镇、农村，调查对象涉及政府机关、事业、企业、商业以及农业等各文化层次、各个领域的工作者，年龄为 18 周岁以上（包括 18 周岁）各个年龄层次。具体调查数据的分布情况如下：

8.1.2.1 地域分布

本次调查对象所在地理位置覆盖了十多个省市的省会城市、地级市、乡镇（县 / 乡）、农村等，其中省会城市占 17%，地级市占 42%，县 / 乡占 29%，农村则占 12%，如图 8.1 所示。

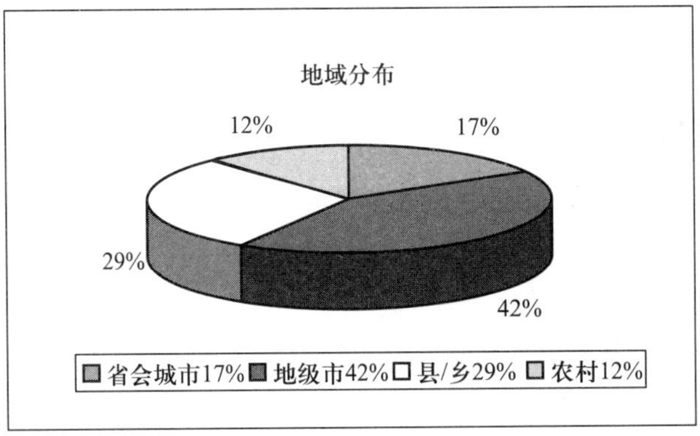

图 8.1 地域分布图

8.1.2.2 职业分布

本次调查对象所从事的职业涉及各行各业，其中农民占 16%，企业职工占 20%，事业单位员工占 26%，政府机关公务员占 9%，其他（包括学生、个体工商户等其他行业从业人员）占 29%，如图 8.2 所示。

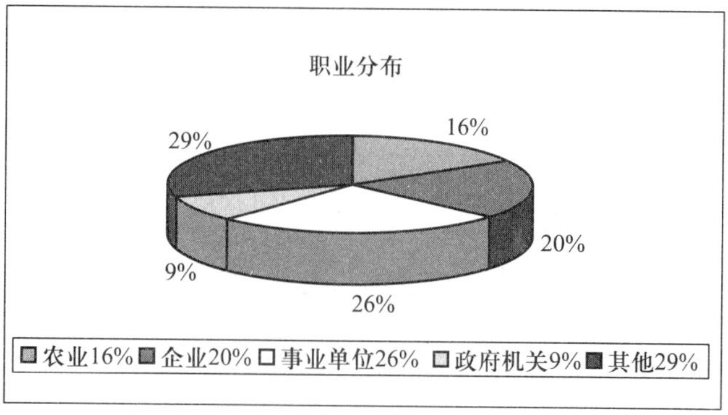

图 8.2　职业分布图

8.1.2.3　年龄分布

本次调查对象中各个年龄层次段的公众都有，其中 18~20 岁年龄段的占 16%，21~30 岁年龄段的占 38%，31~40 岁年龄段的占 22%，41~50 岁年龄段的占 16%，51~60 岁年龄段的占 6%，60 岁以上年龄段的占 2%，如图 8.3 所示。

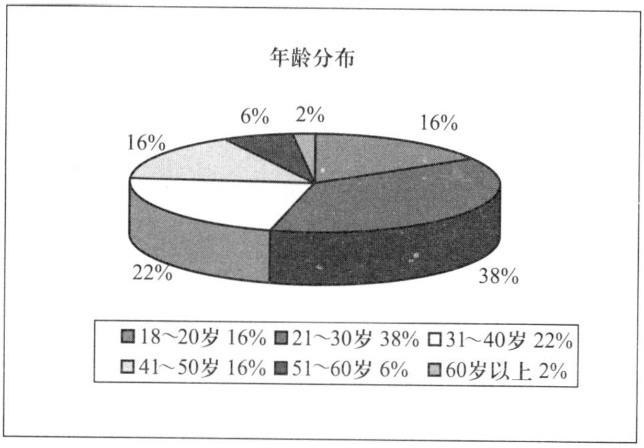

图 8.3　年龄分布图

8.1.2.4　文化层次分布

本次调查对象覆盖了各文化层次的公众，其中初中及以下学历的占 15%，高中 / 中专学历的占 34%，大专 / 本科学历的占 48%，具有硕士 / 博士研究生及以上学历的占 3%，如图 8.4 所示。

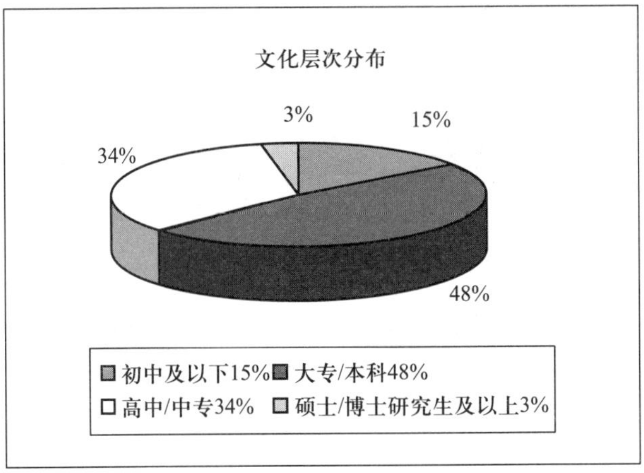

图 8.4　文化层次分布图

8.1.3　调查方法

社会调查是人们了解情况、认识社会、改造社会、解决问题的重要途径，是研究人与社会关系的根本方法，被广泛运用于社会各个领域。从不同的角度，可以对社会调查方法做不同的分类。按照调查采取的方式不同，可以分为询问调查、书面调查、会议调查、网上调查等；按照调查对象的范围不同，可以分为典型调查、抽样调查和全面调查等。

抽样调查（Sampling Survey）是科学研究方法中比较重要的技术之一，虽然其调查结果会存在误差和偏误，抽样调查属于非全面调查但通过抽样设计，抽取部分代表性样本来进行计算，进而推算总体，误差和偏误普遍要低于全面调查。故而，抽样调查的结果还是非常可靠的。

抽样调查又可以分为两类，即概率抽样和非概率抽样。通常被广泛应用的抽样方法是概率抽样，本书所采用的调查方式即概率抽样。概率抽样，又叫随机抽样（Probability-Sampling），是按照随机原则进行抽样，在市场调查中被经常采用，是一种比较科学的非全面调查方法。按抽样的组织形式划分，抽样调查又可以分为：简单随机抽样、等距抽样、分层抽样、整群抽样、多阶抽样、双重抽样、比率抽样等。

政府信息公开之后公众的响应情况如何与政府的行政效率之间存在着密切的联系，也是衡量政府服务质量优劣的一个指标。在这次实际调查工作中，我们采用简单随机抽样调查的方法，坚持全面、客观的原则，通过访谈、发放《关于政府信息公开的调查问卷》等方式获得调查结果。随着调查工作的逐步深入，我们将会综合运用各种社会调查方法和手段，使调查结果更可靠、更具有代表性，切实反映出我国政府信息公开公众的响应情况和政府服务质量状况。

8.2　政府信息公开的现状

8.2.1　调查结果

通过对 3 343 份有效问卷进行统计分析，我们初步得出如下调查结果。

8.2.1.1　不同属性群体对政府信息公开的了解程度

本次调查结果显示，公众对政府信息公开已经有较大程度的了解，有 21% 的公众知道政府信息公开，45% 的公众对政府信息公开有点了解，仅有 34% 的公众不知道政府信息公开。公众对政府信息公开的了解程度主要受公众的受教育程度、所从事的职业及其所居住的城市等因素影响。

公众受教育程度越高，对政府信息公开的了解程度就越高。“初中及以下”受教育程度的公众 9% 知道政府信息公开，36% 对政府信息公开有点了解，超过半数（55%）不知道政府信息公开；“高中 / 中专”受教育程度的公众 15% 知道政府信息公开，46% 对政府信息公开有点了解，39% 不知道政府信息公开；“大专 / 本科”受教育程度的公众 28% 知道政府信息公开，46% 对政府信息公开有点了解，26% 不知道政府信息公开；“硕士 / 博士研究生及以上”受教育程度的公众则有 47% 知道政府信息公开，36% 对政府信息公开有点了解，仅 17% 不知道政府信息公开，如表 8.1 所示。

表 8.1　受教育程度对了解政府信息公开的影响

受教育程度 / 了解程度	初中及以下	高中 / 中专	大专 / 本科	硕士 / 博士研究生及以上	总人数比例
知道	9%	15%	28%	47%	21%
有点了解	36%	46%	46%	36%	45%
不知道	55%	39%	26%	17%	34%

对政府信息公开的理解程度在不同年龄段的人群中分布比较接近，年龄因素对信息公开的理解程度影响不大。除 18~20 岁和 60 岁以上年龄段的公众对政府信息公开的了解程度低一些外，21~60 岁年龄段的公众对政府信息公开的了解程度都很接近。18~20 岁和

60 岁以上的公众，只有一成左右知道政府信息公开，四成左右对政府信息公开有点了解，超过半数不知道政府信息公开；21~60 岁年龄段（社会活动主要参与者的年龄段）的公众大致有 1/4 知道政府信息公开，近半数对政府信息公开有点了解，1/3 左右不知道政府信息公开，如表 8.2 所示。

表 8.2　年龄因素对了解政府信息公开的影响

了解程度＼年龄	18~20 岁	21~30 岁	31~40 岁	41~50 岁	51~60 岁	60 岁以上	总人数比例
知道	9%	19%	27%	28%	27%	10%	21%
有点了解	39%	47%	45%	44%	43%	40%	45%
不知道	52%	34%	28%	28%	30%	50%	34%

公众对政府信息公开的了解程度受职业影响比较明显。从政府机关公务员、事业单位从业人员、企业员工到农民，公众对政府信息公开的了解程度逐步降低。政府机关公务员中绝大多数都知道政府信息公开，部分对政府信息公开有点了解，仅极少数不知道政府信息公开；事业单位从业人员中 26% 知道政府信息公开，近半数对政府信息公开有点了解，有 25% 不知道政府信息公开；企业员工中 18% 知道政府信息公开，过半数对政府信息公开有点了解，有 31% 不知道政府信息公开；而农民中仅 7% 知道政府信息公开，35% 对政府信息公开有点了解，剩下的绝大多数是不知道政府信息公开的，如表 8.3 所示。

表 8.3　职业因素对了解政府信息公开的影响

了解程度＼职业	农民	企业员工	事业单位从业人员	政府机关公务员	总人数比例
知道	7%	18%	26%	65%	21%
有点了解	35%	51%	49%	29%	45%
不知道	58%	31%	25%	6%	34%

公众对政府信息公开的了解程度还受公众所处地理位置的影响。与农村居民相比，城区居民对政府信息公开的了解程度明显偏高。省会城市、地级市、县 / 乡都分别有 20% 以上的居民知道政府信息公开，近半成的居民对政府信息公开有点了解，另有 30% 左右的居民不知道政府信息公开；而农村居民仅 7% 知道政府信息公开，37% 对政府信息公开有点了解，还有超过半数不知道政府信息公开，如表 8.4 所示。

表 8.4 地域分布对政府信息公开的影响

了解程度＼地域	省会城市	地级市	县 / 乡	农村	总人数比例
知道	22%	25%	21%	7%	21%
有点了解	46%	47%	43%	37%	45%
不知道	32%	28%	36%	56%	34%

8.2.1.2 公众对政府信息公开的响应情况

本次调查结果表明，政府信息公开得到了公众的普遍支持。统计数据显示，对于是否应该公开政府信息，有 74% 的公众表示支持，9% 表示反对，17% 持无所谓态度；对于是否要为信息公开立法，有 73% 的公众持认可的态度，8% 表示反对，19% 持无所谓态度，如表 8.5 所示。而在对政府信息公开是否应该收费的调查中，绝大多数公众认为政府应该免费公开其所有信息，但少量信息采取选择性收费服务也能被接受，如表 8.6 所示。

表 8.5 公众对政府信息公开的态度

调查内容	是	否	无所谓
是否公开政府信息	74%	9%	17%
是否要为信息公开立法	73%	8%	19%

表 8.6 公众对政府信息公开收费服务的态度

可以接受	完全免费	选择性收费
6%	67%	27%

在确定政府信息公开的具体内容时，公众期望政府能充分考虑他们的意愿。对于政府信息公开内容的确定方式，支持政府自由选择的只占 9%，认为应根据公众需求选择的占 42%，认为应与公众进行协商的则占 30%，35% 认为应依法公开，如表 8.7 所示。对于政府信息公开是政府的义务还是权利的调查，绝大多数公众认为信息公开是政府的一项义务或“既是权利也是义务”，只要极少数认为信息公开是政府的权利，如表 8.8 所示。

表 8.7 公众认可的信息公开内容的确定方式（多选）

政府自由选择	根据公众需求	与公众协商	依法公开
9%	42%	30%	35%

表 8.8 政府信息公开是政府的义务还是权利

权利	义务	既是权利也是义务
7%	44%	49%

本次调查显示，公众对于当前政府信息公开的满意度不高，如表 8.9 所示。而且目前政府信息的公开方式还是以政府主动公开为主导，且政府对主动申请公开的回应也不够积极。曾主动向有关政府机关申请了解有关信息的调查对象只占 17%，其余的从未主动向政府机关申请信息公开。政府对于主动申请公开的回复，仅有 26% 给予了及时回复，另有四成虽给予回复但反应迟缓，23% 隐瞒，还有 11% 拒绝回复，如表 8.10 所示。

表 8.9 公众对政府信息公开的满意度

很满意	较满意	满意	不满意
8%	30%	25%	37%

注：表 8.9 中的满意度为观测测量值，非结构变量。

表 8.10 政府对主动申请信息公开的回应

及时回复	回复但反应迟缓	隐瞒	拒绝
26%	40%	23%	11%

8.2.1.3 政府信息公开产生的主观影响

本次调查显示，公众认为政府信息公开之后对个人利益及其单位效益的影响并不太大，而对于国家经济发展和社会文化进步则有较大的影响，如表 8.11 所示。至于公众获取政府信息的目的，则是以了解情况为主，部分用于辅助决策，极少数是为了参与政府事务，如表 8.12 所示。

表 8.11 政府信息公开产生的影响

影响程度	个人利益	单位效益	国家经济发展	社会文化进步
没有影响	22%	21%	13%	12%
影响极小	39%	31%	16%	18%
影响较大	33%	38%	48%	47%
影响极大	6%	10%	23%	23%

表 8.12 公众获取政府信息的目的

便于参与政府事务	辅助决策	了解情况	好奇
8%	20%	63%	9%

8.2.1.4 政府信息公开的主要内容

从本次调查结果可以看出，目前政府信息公开的主要内容为当地的经济发展规划、计划、工作目标及完成情况（占 43%），事关全局的重大决策（占 32%），疫情、灾情等重大突发性事件的预报、发生及处理情况（占 53%），行政、事业性收费项目、标准及其依据（占 35%），公务员录用、选拔任用、评选先进的条件、程序及结果（占 31%），其余各项内容大多不足 20%，如图 8.5 所示。可见，政府信息公开的内容还很有限，有待进一步扩大范围。

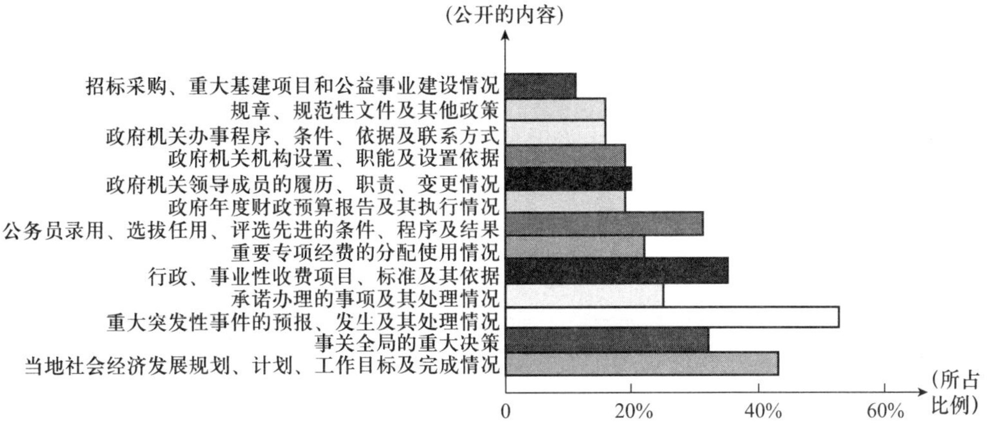

图 8.5 政府信息公开的主要内容

注：图 8.5 为复选，其中的数据均为所有受调查者对各个选项的支持率。

8.2.1.5 公众获取政府信息的主要途径

虽然政府已经采用了多种方式和途径公开政府信息，但当前公众最关注的还是以传统媒体为主。公众获取政府信息的最主要途径有广播电视、报刊、政府信息专刊和政府门户网站，其中广播电视占 62%，报刊占 54%，政府信息专刊占 24%，政府门户网站占 23%，其余途径如新闻发布会、电话、人际交流等则各占 10% 左右，如表 8.13 所示。

表 8.13 公众获取政府信息的主要途径

政府门户网站	政府信息专刊	报刊	广播电视	新闻发布会
23%	24%	54%	62%	11%
政府信息服务热线	口头传达	政府专设信息公开工具	电话	人际交流
7%	13%	12%	7%	16%

注：表 8.13 为复选，其中的数据均为所有受调查者对各个选项的支持率。

8.2.2 现状分析

本次调查覆盖的范围极广，涉及我国中西部地区十多个省、市、自治区的各个领域、各文化层次的18周岁以上（包括18周岁）公众。故依据本次调查数据，我们可以推导出以下结论：

8.2.2.1 整体环境已趋成熟

早在20世纪80年代，党和国家领导人就对政府信息公开工作给予了高度重视。1987年党的十三大报告①、1997年中共十五大报告②，中央领导都一再提出“信息公开”“民主监督”。随后，我国各级政权机关的行政公开意识逐步增强，依托政务公开活动开展了一系列政府信息公开工作，有计划地推行了“社会服务承诺制”“办事制度公示制”等实践活动，公开行政制度、发展规划、办事程序、决策依据、办事结果等政府信息。此外，由村务公开、厂务公开、税务公开、狱务公开、警务公开直到法院的审务公开、检察机关的检务公开以及人大的监督公开等，也都是以信息的公开为表现形式。

1992年3月，国务院办公厅发出了《关于重申制定、发布全国性对外经贸法规、政策有关规定的通知》，首开我国政府信息公开的先河。该通知明确规定全国性的对外经贸政策、法规均由对外贸易经济合作部审核并统一对外发布（需立法或由国务院发布的除外），旨在统一国家对外经济贸易政策，增加外经贸管理的透明度。之后，以抗击“非典”为契机，广州市政府2003年初率先颁布了《广州市政府信息公开条例》，福建、江苏、上海、湖北、吉林、北京、成都等省市也先后制定颁布了政府信息公开方面的法规、条例、办法等。部分国家部委也进行了政府信息公开的探索和实践，如商务部2003年年底公布了《商务部政务公开暂行办法》，国家环境保护总局2004年2月发布了《国家环境保护总局政务信息考核办法》，国土资源部2004年5月推出了《关于切实加强国土资源政务信息网上公开促进依法行政和行政为民的通知》。

我国许多法规也从不同角度分别就政府信息公开的内容、范围、方式、原则、程序等方面做出了具体规定。如根据《宪法》和《国务院组织法》制定的《行政法规制定程序暂行条例》③第4章第15条、第16条规定，行政法规由国务院发布，或者由国务院批准、

---

①《中国共产党第十三次全国代表大会报告》提出：“要提高领导机关的开放程度，重大情况让人民知道，重大问题经人民讨论。”

②《中国共产党第十五次全国代表大会报告》党中央总书记江泽民同志再次提出：“城乡基层政权机关和基层群众性自治组织，都要健全民主选举制度，实行政务和财务公开制度，让群众参与讨论和决定基层公共事务和公益事业，对干部实行民主监督。”

③ 该法1987年4月21日经国务院批准施行。2001年11月16《行政法规制定程序条例》发布，2002年1月1日开始实施，同时废止《行政法规制定程序暂行条例》。

国务院主管部门发布，且一律刊登在《中华人民共和国国务院公报》上;《立法法》第 61 条、第 62 条规定，行政法规由总理签署国务院令公布后，应及时在国务院公报和在全国范围内发行的报纸上刊登;《行政处罚法》第 4 条规定了实施行政处罚必须以事实为依据，遵循公正、公开的原则;《行政许可法》第 30 条规定行政机关应当将法律、法规、规章规定的有关行政许可的事项、依据、条件、数量、程序、期限等内容在办公场所公开。

进入 21 世纪，通信、网络技术的迅猛发展为政府信息快速传播提供了先进的技术手段，也为加速政府信息公开提供了硬件支持。政府网站集各种媒体优势（文字、音频、视频、信息延时、循环往复、交流互动等）于一身，覆盖内容全面，传播范围广。目前，全国 80% 以上的县级政府和县级政府所属的部门建立了政府门户网站[①],拓宽了政府信息传播的渠道，扩大了政府信息公开的范围，加快了政府信息公开工作的步伐。国务院的所有部委和省级、地方政府都建立了新闻发言人和新闻发布会制度，基本建立起了一个国务院新闻办公室、国务院各部委、地方省市（含省会市）的三级新闻发言人制度。

政府信息公开不只是一种简单的办事制度公开，还需要通过立法把它确定为一项法定的义务。从 2000 年初，中国社会科学院法学所成立专门机构“信息时代与政府公开制度研究课题组”开始研究政府信息公开立法问题；到 2002 年 7 月，起草成文[②]；到 2005 年 7 月,《政府信息公开条例（草案）》提交相关部门,走上立法轨道;直至 2007 年 1 月,《中华人民共和国政府信息公开条例（草案）》由国务院第 165 次常务会议审议通过，并于当年 4 月 24 日正式颁布，自 2008 年 5 月 1 日起正式施行。从地方性政府信息公开法规条文的出现到《政府信息公开条例》的出台，从行政机关办事制度、工作流程的内部公开到对外公开，从施政结果的公示到听证、现场办公等施政过程的公开，我国政府信息公开立法经历了一个自下而上、由点到面、由浅入深的渐进过程，同时具有注意与行政管理体制改革相结合、注意与发展电子政务相结合等特点[③]。

本次调查数据也表明，政府信息公开得到了公众的普遍支持，支持率高达 70% 以上；公众也普遍对政府信息公开有了较大程度的了解，有所了解的公众接近 70%，其中政府公务员更是达到了 90% 以上。随着我国政治体制改革的深化、社会的进步以及人们民主意识的不断增强，政府信息公开已经逐步成为社会各界的普遍共识。政府信息公开的整体环境已经较为成熟，可以在全国大范围地深入开展政府信息公开实践。

---

① 中国的法治建设，http: //news.xinhuanet.com/newscenter/2008-02/28/content_7687281.htm。

② 参见政府信息公开条例的背后推手，http: //www.china.org.cn/chinese/2002/sep/208837.htm。

③ 参见四大机制助力政府信息公开，http: //news.xinhuanet.com/politics/2007-04/24/content_6017633.htm。

8.2.2.2 公众权利意识增强

改革开放初期，由于公民参政意识薄弱，也缺乏维护公共利益的意识，公民被动地“服从”政府的“管理”或者“服务”。随着近些年经济的发展、民主与法制的健全，公民的权利意识在逐渐的培育之中开始觉醒，越来越多的公民开始有了具体的权利认知、权利主张和权利要求，并开始寻求权利救济的手段和途径。

现代社会是法治社会，是一个以公民权利为本的社会。权利意识是指人们对自我利益和自由的认知、主张和要求，以及对他人认知、主张、要求的社会评价。事实上，在法治社会里，权利是法治的源泉，是法的内核。实现法治，仅有法律上的、纸上的权利是远远不够的，关键还需要公民自身权利意识的增强。公民自身一旦树立了权利观念，具有权利意识，就会主动参与到与切身利益相关的公共问题的讨论和公共政策的制定中。

公民权利意识淡漠在很大程度上是由长期的信息不对称造成的。公民不清楚自己到底拥有哪些权利，就不可能运用法律手段去捍卫自己的权利和尊严，更不可能提出新的权利请求和主张。随着公民权利意识的觉醒与政治地位的上升，公众要求参与治理社会事务的呼声也越来越强烈。公民的知情权就是随着公民权利意识的提高而提出的一项新的权利要求。政府信息公开给公民充分的信息，一定程度上满足了普通民众对天下事“早知道”的要求，保障了他们的知情权。

与受教育权、医疗权、居住权、个人财产权等相关的维权事件的频频发生，尤其是“民告官”现象的正常化以及“胜诉率”的提高，是公民权利意识增强、公民意识提高的重要体现。现代互联网技术的强大信息传播功能，更是加速提升了公民权利意识。本书通过互联网在百度网站上输入“公民权利意识”随即得到了 601 000 多条相关网页信息；输入“公民知情权”随即也得到了 676 000 多条相关网页信息。在这些相关内容中，公民的权利意识、知情权涉及健康、教育、消费、房地产、商业财经、科技、娱乐等多方面。

本次调查问卷结果有超过 2/3 的公众认为应该公开政府信息并制定相应的法律规定，绝大多数公众认为信息公开是政府的一项义务或“既是权利也是义务”，政府在公开信息内容方面要充分考虑公众的需求。这说明，随着社会的进步和人类文明程度的提高，公民的知情权作为一项基本权利的重要性越来越彰显，公众要求了解并参与政治决策和行政活动的呼声会越来越高，各地政府对公民知情权的重视程度也会与日俱增，“民主行政”“服务行政”的趋势将愈加明显。

8.2.2.3 公众获取信息受文化、地域影响较大

文化差异是指由于宗教界别、种族群体、语言能力、政治立场、社会阶级、性别、

民族主义、年龄代沟、文学修养、艺术认知、教育程度等不同，而产生的风俗差异。如西方人认为“13”这个数字代表不吉利,而中国人认为“4”(音同“死”)这个数字不吉利。我国幅员辽阔、人口众多，存在地域差别是必然的。地域的差别会表现在文化上，会造就不同的文化。地域的差别,也会形成不同的民俗民风,孕育不同的性格。譬如某地尚奢侈，某地尚节俭；某地尚文，某地尚武。

从信息传播渠道的地域分布来看，我国东西差异显著，且有扩大的趋势；南北差异不断缩小，影响较小；而城乡差异非常突出。以全国各地网络基础设施的建设为例，东部和中部地区的网络设施覆盖面广，西部、东北部地区的网络设施覆盖范围相对较少，而农村基层地区的网络设施更是少之又少。故而，在网络基础设施比较完善的地区，其政府网站的数量也相对较多;网络基础设施欠发达的地区,其政府网站的数量也相对稀少。我国政府网站从顶层到最底层①，受地域、文化的影响，网站质量也参差不齐。一般，越到基层，网站数量越少，质量也越差。

我国大部分城市都相当重视政府门户网站的建设工作，各级政府充分利用互联网直接面向社会统一发布政府信息，方便公众了解政府工作动态；提供政府办事指南，指引公众办事；受理公众业务并公布办理结果，实现网上办公；及时收集民情民意，并处理社会公众意见和建议。政府门户网站作为社会公众服务的重要“窗口”，还是展示城市经济建设成就、宣传城市特色、树立城市形象、招商引资的重要手段和途径。而且，基于互联网技术建立的政府门户网站以其及时性、广泛性、完整性、便捷性等优势，在很大程度上弥补了传统信息公开形式的不足，可以渗透到社会的每一个领域、每一个角落。

一些政府门户网站（尤其是基层政府组织的门户网站）由于低成本制作，网站建设水平低下、栏目设计简单，缺乏互动性，而且管理落后，网站的部分栏目往往几个月甚至几年都没有更新，连最基本的宣传政策制度、公开工作动态的网站功能都无法实现。本来越到基层，公众获取信息的渠道越少，信息相对闭塞，政府门户网站、先进传播技术的出现，一定程度上扩大了不同地域之间的信息差距，造成公众之间“易者更易，难者恒难”的信息获取状况。

本次调查数据显示，公众文化层次越高，对政府信息公开的了解程度就越高，从初中及以下文化层次到硕士/博士研究生及以上文化层次，对政府信息有所了解（知道和

① 我国政府网站已经形成四个层级体系。顶层：中华人民共和国中央人民政府门户网站；第二层级：各副省级以上地方政府门户网站，以及国务院部委及直属机构网站；第三层级：各地市政府门户网站，以及副省级以上地方政府部门网站；第四层级：县级政府网站，地市级政府部门网站。

有点了解）的调查对象的比率逐渐增加，依次为45%、61%、74%、83%；城市居民对政府信息公开的了解程度普遍比农村居民高，省会城市、地级市、县/乡居民对政府信息公开有所了解的受调查对象在70%左右，农村则不到50%。因此，在开展政府信息公开工作时，以高文化层次带动低文化层次、以城市带动农村、以发达地区带动偏远山区，最终实现面向全体公众的政府信息公开的策略最为适宜。

8.2.2.4 公众信息需求趋于多样化

美国著名心理学家马斯洛（Abraham H. Maslow）1943年提出的“需求层次论”可以说是广为人知。该理论把人的需求分为五个层级：第一层级是指如食物、水、空气这类维持个人生存的基本生理需求；第二层级是指如衣服和房屋这类物质保障上的安全需求；第三层级是社交需求，如爱情、友谊、团队归属感和他人赞许的满足感等；第四层级是尊重需求，指受尊重的感觉，包括自己内在的自尊心和来自他人的尊重；最高的层级是指自我实现需求，是指发挥出自己的全部潜力以实现自己对生活的期望。[①] 对一般人而言，这五种基本需求就是按照从低到高的等级排列的，一般人必须先满足最基本的生理需求，然后才会进一步追求较高层次的需求。但并不是一个需求必须100%得到满足后，更高一级的需求才出现。事实上，我们大多数人的全部基本需求都只是部分地得到了满足，一般人只需满足85%的生理需求，70%的安全需求，50%的社交需求，40%的尊重需求，10%的自我实现的需求。这种排列等级并不是刻板的，在大多数情况下，可能几种甚至全部的基本需求同时存在，共同影响和支配着人的行为。而有些富有理想和高尚价值观的人可以为了理想和信仰而不顾自己的低层次基本需要，甚至不惜牺牲生命。

随着社会环境的变化和经济的发展，人们的生活水平和文化水平有了较大提高，公众信息需求的层次也发生了较大变化，在质和量的方面都有很大的提高。政府公开的信息内容广泛，涉及政治、经济、文化、教育、医疗、体育、金融、休闲、娱乐、历史、地理、旅游、国际等领域。公众信息需求的目的从以往单一的满足生存需求发展到满足文化、教育、医疗、政治参与以及娱乐等综合需求，信息需求的内容从原始、无差别信息的提供扩展到深层次、个性化信息的需求，信息需求的对象也从以往集中提供信息服务的普遍公众发展到个性化信息需求的单一个体。而且，不同年龄段、不同职业、不同文化程度的公众，对信息的需求也各不相同。不同年龄段的公众对不同信息载体的依赖程度不同。比如年轻人一般喜欢通过互联网获取电子信息，而老年人则倾向于使用纸质文献信息。

① Abraham H. Maslow. A Theory of Human Motivation Psychological Review. New York：Longman，1943.

由于职业、文化程度的差异，同一条信息，对有的人可能很有价值，对有的人则可能一文不值。

调查结果显示，现阶段信息公开内容相对贫乏，对公众的切身利益影响也不大。公开内容大都为经济发展规划及完成情况、事关全局的重大决策、重大突发性事件预报及其处理情况等宏观方面的信息，对公众个人利益的影响是微乎其微。同时，政府对主动申请公开的回应不够积极，影响了公众对政府信息公开的积极性。公众期望政府在公开信息时能充分考虑他们的意愿，如对信息公开内容的确定，有 42% 受调查者支持根据公众需求确定方式，有 30% 受调查者支持与公众协商方式。因此，在以后的政府信息公开工作中，政府需要以公众为中心，充分考虑公众利益，以服务的方式展开，从公开方式、公开内容、服务手段等多方面做出调整和改进，使政府信息公开达到更好的效果，满足不同公众的实际信息需求以及变化了的需求，提高公众对政府信息公开的满意度。

8.2.2.5 理论研究与实践探索相结合

我国政府信息公开的全面推行始于 20 世纪末的乡镇政务公开。[①] 乡镇政务公开试点成功并在全国各地得到推行后，在中央有关职能部门及全国各级政府中开始全面推行政府信息公开制度，税务公开、狱务公开、警务公开、审务公开、检务公开等纷纷亮相。国务院办公厅自 2002 年 1 月起向地方乡镇以上所有党委、政府、人大、政协、法院、检察院及各民主党派免费赠送《国务院公报》；上海人民政府办公厅在全市 200 多个邮政局（所）、新华书店、东方书报亭免费公开发行其主办的《上海市人民政府公报》[②]，并免费提供公民在“中国上海”网站或“东方网”网站上全文浏览和下载；国家计委组织举行了价格决策听证会，就涉及民众切身利益的涨价行为广泛征求社会的意见；卫生部在部署各类突发疫情防治工作中，实施“零报告制度”[③]；2006 年 1 月 1 日，备受瞩目的“中国政府网”（www.gov.cn）正式开通，极大地推动了各级地方政府电子政务的发展。

与此同时，政府信息公开也引起了各国政府、人民和学术界的广泛关注，成为学术界理论研究的热点问题。20 世纪末，学术界研究的内容主要涉及政府信息公开的含义、内容、原则、作用、影响因素、现状、问题与对策分析等基础理论方面；21 世纪起，专家、

① 中纪委书记尉健行同志在全国乡镇政务公开经验交流电视电话会议上指出：“政务公开是加强社会主义民主政治建设，改进政权机关施政方式和工作作风的重要措施，对于促进依法行政，强化对权力的监督制约，密切党群干群关系，推动经济和社会发展都具有非常重要的作用。政务公开要以权力受到监督和制约为着力点，对运用行政权力办理的与群众利益相关的各类事项，只要不属于党和国家机密，都要向群众公开，接受群众监督。”参考《推行乡镇政务公开，促进廉政勤政建设——尉健行同志在全国乡镇政务公开经验交流电视电话会议上的讲话》，《法制日报》2000 年 7 月 28 日，第 3 版。

② 其前身是上海市政府内部刊物《市政工作》。

③ 从上次上报报表到本次上报报表的时段内，即使没有出现新情况，也要将报表填上“0”上报的制度叫“零报告制度”。

学者们对政府信息公开的立法及信息共享问题进行了深入探讨，具体包括政府信息公开立法的背景及现状、政府信息公开法的内容、政府信息公开法的地位与作用、国内外政府信息公开法的比较、国外政府信息公开立法对我国的启发、我国政府信息公开法律体系构建以及电子政务建设等。代表性研究成果有李步云教授主编的《信息公开制度研究》、中科院周汉华教授发表的《外国政府信息公开制度比较》等著述，汪玉凯教授发表的《中国电子政务发展研究报告》《中国电子政务的现状、问题与对策》等论文。我国国家社会科学研究基金、国家自然科学基金从2003年起，每年资助一定数量的图书情报专业方面的学者、专家从事相关课题研究。

经过理论与实践的不断发展和完善，我国政府信息公开取得了一定成绩，给社会主义经济发展与国家行政体制改革带来了深刻影响。但与国外政府信息公开的实践与研究相比，还存在不小的差距。西方国家的政府信息公开活动已有几十年甚至上百年的历史，我国的政府信息公开活动才刚刚起步，还处在借鉴、消化和吸收国外理论和经验的阶段；国外60多个国家已经制定了国家级的政府信息公开法，我国的《政府信息公开条例》2008年5月1日才开始实施。

8.2.2.6　信息互动化程度有待加强

政府信息公开的推行使政府在工作效率、工作作风等方面有了很大改观，政府为公众提供的信息在量上比过去有明显增多，并且不断拓宽信息公开渠道，形成了以互联网、热线电话、新闻发布会等现代通信技术为主的信息公开渠道。全国31个省级政府中（不包括港、澳、台地区）几乎都有门户网站，甚至部分省市、县（市、区）政府门户网站拥有率达到100%。但是，由于各级政府重视程度不够、服务意识不够、专业人才不够、知识结构不够，在政府网站的建设上普遍存在“重网络、轻内容、轻服务”的现象，绝大部分政府网站没有发挥其应有的效用，在线服务实现度和公众参与度都很低。

以信息公开为目的的政府上网工程，由于管理和机制不顺，政府网站的知名度和影响力低，通过网络为公众提供服务还停留在电子政务发展的初级阶段，距离真正的电子政务形态也还有很长一段路程。基层政府门户网站的发展和建设水平更低，大部分政府机关没有联网，即使是已经建立了网站的一些政府机关，网站的实用性也非常差，信息量少且常年不更新，功能单一，缺乏信息的反馈和互动。据中国互联网络信息中心（CNNIC）《第32次中国互联网络发展状况统计报告》数据显示，截至2013年6月底，中国网民规模达到5.91亿人，网民数虽然全球第一，但普及率远低于英美等互联网发达国家。而且互联网在城镇和农村之间还存在很大的差异，城镇网民普及率是农村的 4 倍，计算机、网络等现代化信息服务手段并没有成为农民获取信息的主要手段。

“政府网络式（Web-oriented）和开放式（Open-oriented）的办公模式可以大大提高政务活动的透明度，简化政府工作流程，这有利于消除办公流程中的‘神秘地带’，避免权钱交易的滋生。”[①] 网络信息传播的高效、快速，既便捷了社会公众了解政府信息，又提高了公众的信息获取能力。尤其是在在线服务方面，公众和政府可以进行互动的信息交流，提升社会对公共信息资源开发建设的参与力度和监督力度。然而，目前全国平均水平的政府网站仅仅是作为政府部门向社会公布一些基本信息的媒介，公开的具体内容完全由政府部门自行决定，没有体现电子政务方便、快捷、高效的特点，公众很难行使参政议政和监督政府的权利。

8.2.3 存在的问题

经过 20 多年的实践探索和理论研究，我国政府信息公开活动已取得阶段性成果。但在观念、制度、实践等方面仍存在一些问题，值得进一步研究和思索。

8.2.3.1 公众获取信息渠道单一

相对于欧美发达国家而言，我国政府切实维护和保障广大人民群众知情权和监督权的意识不够强，在政府信息公开方面做得还不是很到位，存在一些盲点。在相当长一段时间里，政府信息公开常见的手段主要有政府公报、红头文件、党报、党刊、电视台、电台、墙报、专栏、布告、标语等，政府信息公开的内容与公众的需求存在较大差距。而且是“形式上公开多，实质上公开少；结果公开多，过程公开少；原则方面公开多，具体内容公开少；公众被动接受的多，主动参与的少”。

随着信息技术的不断发展和进步，政府信息公开的方式、手段也逐渐丰富，我国《政府信息公开条例》也明确规定行政机关应当主动通过政府公报、门户网站、报纸、杂志、广播、电视、公共查阅室、政府信息公告栏、电子触摸屏、政府信息公开服务热线、政府新闻发布会等便于公众知晓的一种或多种载体和形式公开政府信息。但是，受传统阅读习惯的影响和基础设施的限制，绝大部分的公众仍然将广播、电视、公告栏、口头传递等方式作为获取政府信息的主要渠道，图书、报刊为辅助渠道。广播、电视、报纸已经成为公众生活的助手和不可或缺的一部分，通过这些渠道获取政府信息的公众只是一

① 胡广伟:《电子政务调节公共信息非对称性的作用》,《中国软科学》2003 年第 10 期，第 34 页。

种无意的、被动的获取，并非有目的地、主动地获取信息以满足某种需求。而且，公民依申请公开信息的机制还不够完善，公民和社会组织向行政机关咨询或申请提供信息一般很难得到满足，公众能够有效获取政府信息的主要渠道仍然很单一。

8.2.3.2　重硬轻软现象突出

政府信息的公开与共享是电子政务建设的基本条件，也是电子政务建设的必然要求，而电子政务的建设对于政府信息的公开与共享起着重要的推动作用，两者相辅相成、相互促进。电子政务的核心应该是“政务”，而不是电子摆设。建设电子政务，不是看采用了多么先进的技术、购买了多么昂贵的设备，关键在于能否有效地为公众提供实用的信息和服务。目前，我国的电子政务是重“电子”轻“政务”，一些地方政府部门把办公自动化当成电子政务的全部，盲目购买电脑、软件、网络，工作人员更多是利用电脑玩游戏、上网聊天和浏览新闻，政府部门的工作效率非但没有得到提高，反而因为电脑的出现而有所下降，有悖于电子政务提高政府效率、转变政府职能、切实为民服务的宗旨。

我国的电子政务还处于较低的发展水平，绝大多数政务网站仅停留在“静态信息发布”阶段，提供的信息量少、实用性差、更新不及时、缺乏完整性，离公众的期望有很大差距。吉林省政府办公厅通报的 2007 年政府网站绩效评估情况，在总分为 100 分的评估结果中，76% 县级政府门户网站不及格。[①]本书也曾浏览过一些地、县级的政府网站，大都处于公布政府法规法令、介绍政府部门的水平上，信息短缺且严重陈旧，大多数栏目点击之后显示“此项目正在建设中”或“该页无法显示”，而且网速慢如蜗牛。对于省、市、自治区政府和国家部委办的网站，虽然基本上不存在网站内容空洞、更新缓慢等情况，但提供的信息大多是铺天盖地，而且是基础性的原始信息，没有对信息进行精简、提炼等加工处理，显得杂乱无章，信息的利用率仍然较低。相当多的网站在栏目的设计上还是以行政组织结构为基础，没有从企业和公众的角度出发，“重信息、轻服务”，让公众很难找到自己所需要的信息。政府门户网站更多的只是提供办事程序、表格下载等“信息呈现”服务，距离“为公民办实事”、提供“一站式”的服务，还有很长的一段距离。

8.2.3.3　公众知情权不受重视

知情权又称知的权利、得知权等，是现代社会公民的一项基本权利。政府信息公开，对公众而言是权利，对政府而言是义务。公众有权利获取政府信息，政府有义务公开政府信息。我们处在一个信息不对称的时代，行政机构及其官员对信息资源具有垄断性优势，

① 孔祥武：《吉林省逾七成县级政府门户网站绩效评估低于 60 分》，《人民日报》2008 年 1 月 24 日。

对信息的处理也有着充裕的“自由裁量权”，他们往往只公开有利于自己的正面信息，封锁不利于自己的负面声音，“遇事了先捂着，实在兜不住了再公开”。在我国，公众缺乏取得政府信息的有效途径，“有关部门暗箱操作土地征用或房屋拆迁”“选拔干部、录用公务员、工程招标有猫腻”“选举选人民代表时根本不知候选人的底细”“没有机会对制定政策和法律发表意见”等现象经常发生，引起了公众极大的不满。更有甚者，个别官员因害怕曝光，习惯于“兵来将挡、水来土掩”，采取拖延、隐瞒、封网等手段，公然阻碍公民获取有关应知悉的信息。这些“地方性高级干部”受传统封建思想的影响，对“权力”的运用是随心所欲、我行我素。“利益诱惑”加上对信息资源的垄断和自由裁量，造成政府信息公开对政府而言是权力而非义务，他们“趋利避害”的迟报、误报、漏报、瞒报被其垄断的信息，直接导致公民权利的丧失。

我国的国情决定了社会民主化进程只能采用“渐进式民主”，公民知情权对于绝大部分民众来说还属于比较陌生的概念，其发展也是一个渐进的过程。无论是作为政府信息公开义务主体的政府，还是作为政府信息公开权利主体的公众，都普遍缺乏知情权的观念。政府信息公开工作是需要靠政府机关内部驱动的，政府机关在实践过程中，改变官本位意识，增强民主法制观念，主动向老百姓公开信息，加强与公众的有效沟通与合作。同时，也需要公民为实现自身权利的积极行动，打破政府机关对信息的垄断，将政府工作置于广泛的监督之下，进而提高政府管理的透明度，有效地保障自身的合法权益。

8.2.3.4 缺乏整体规划和统一标准

推动政府信息化和电子政务发展的关键，是要出台切实可行的发展规划、制定统一的技术标准，这是国外发展电子政务的一条普遍经验。总体发展规划可以减少电子政务建设过程中的随意性和重复性，避免资源浪费；统一的技术标准可以有效整合现有资源，实现部门之间互联互通、协同办公。我国政府在这方面虽然做过一些努力，但至今还没有制定出电子政务发展的中长期规划和有关的技术标准。加之现行行政管理体制的原因，造成各级政府部门各自为政，地区分割、部门分割现象严重，部门与部门之间缺乏有效联系，信息互不沟通，工商搞工商的，税务搞税务的，人为造成大量的信息孤岛，导致大量基础网络设施的重复建设，给国家造成了巨大的浪费，也很难实现政府信息公开和共享。

各级政府已经建成的政府门户网站也存在相当多的不规范现象，域名和网站命名混乱，互联互通差，存在很多信息孤岛。比如，各级政府并没有采用统一的域名命名规则，有的政府是用城市全拼加 gov.cn，有的则是城市的首字拼音字母缩写加 gov.cn，还有的是城市全拼加 .cn；网站的名称也是五花八门，如某某市人民政府、中国某某、某某市人民政府公众信息网等。各级政府的职能分工不同，从政府门户网站获取跨部门的服务，公众需要在众多“信息孤岛”之间“穿梭”，才能找到完全满足办事需求的信息。此外，政府门户网站上必须公开哪些信息，信息的分类是什么标准；提供哪些在线数据库、应用系统，数据的格式有什么要求；提供哪些在线服务，实现到什么程度；提供哪些与公众互动的服务，交流到什么程度；网站的设计风格、语种要求等方面也缺乏统一的标准和指导思想。

8.2.3.5 制度体系不完善

制度化、法制化是西方国家行政公开化进程中的成功经验。在国外，为了保障政府信息公开的顺利实施，许多国家均制定并颁布了专门的法律、法规和行政命令。美国、英国、日本等国为了保障信息公开的顺利实现陆续制定了一系列的法律法规，如《行政程序法》《情报自由法》《政府会议公开法》《阳光下的政府法》《行政机关拥有信息公开法》等，对政府信息公开行为起着重要的保障和规范作用。迄今为止，全球已有60多个国家和地区颁布了政府信息公开方面的法律制度。我国《政府信息公开条例》2007年4月对外颁布，2008年5月1日起开始正式实施。与发达国家完善的信息公开制度体系相比，一部《政府信息公开条例》显然难以切实保障公民的知情权，保证信息公开顺利实施。

同时，我国原有的《保密法》《刑法》《档案法》及其他一些相关法律、法规各自为政，缺乏统一性和衔接性。《保密法》中所涉及的信息公开的内容，更多强调对政府信息的保密而非披露，保密信息的过分限制在很大程度上影响了政府信息公开。《档案法》虽然对信息利用有明确规定，但这些规定更像是保密条款而不是公开利用，限制了公众对政府信息资源的获取利用。而且《政府信息公开条例》作为行政法规，其法律效力明显不及这些国家级法规，由于我国对包括保密信息在内的政府信息是否公开缺乏科学的认识和统一的判定标准，在政府机关权衡利益时拥有自由裁量权的影响下，为政府机关提供了许多不予公开信息的借口，造成事实上的定密范围过大，并使保密信息与非保密信息一样，完全对公众封锁和保密，必然会严重阻碍政府信息公开的进展。

此外，政府门户网站与电子政务建设的立项申请、过程监管、效果审查、实施监督、评估监测等方面都应该要有严格的法律来约束，以确保国家的财、人民的力、开发人员的辛劳能够得以充分发挥系统作用。到目前为止，我国还没有一部法律或行政法规有针对性和实效性地规范电子政务项目建设，并真正从组织、财力、资金和管理等方面上约束电子政务项目的执行。同时，在政府信息的采集、发布与储存、共享交换机制、网络知识产权保护等方面亦缺少相关的法律法规。

8.2.3.6 缺乏监督机制和救济手段

政府信息公开在我国还属于新生事物，基本上处于政府的自觉行为阶段，公开与否在很大程度上取决于行政官员的主动性和自觉性。政府信息公开是否真正落到实处应当由谁来监督，如何监督？如果行政官员不公开本应对公众公开的制度或文件，公众可以采取哪些救济措施？新近实施的《政府信息公开条例》虽有专门的“监督和保障”条款，但没有规定专门的监督机关、监督程序、责任形式和救济措施。各地区、各部门自行制定的规范性文件对政府信息公开的责任追究更是笼统、含糊不清。[①]

而且，现行《保密法》赋予有关政府机关及其公务人员自由裁量权，可以“先行采取保密措施”，这无疑为政府不公开信息开了方便之门，他们为了本部门、本人的利益而将许多本应向公众、至少应向利害关系人公开的资料列入“内部资料”，也无须承担法律上的责任，而公众也寻求不到法定的救济措施。公众想要获取关乎自己切身利益的政府信息往往费尽周折、难如登天。因此，必须加强对政府信息公开的监督，建立与其相适应的监督机制和救济制度，提高政府管理的透明性，以保障公众知情权。

8.3 促进政府信息公开的对策研究

发达国家在信息公开、政府信息化方面之所以取得成功经验，关键是因为他们实现了信息公开、政府信息化的制度化和法制化。要加快我国政府信息公开的推行，必须加强制度建设，重视实践执行，使我国政府信息公开逐步走向健康的发展轨道。

8.3.1 制度层面

8.3.1.1 推进政治体制改革

改革是对旧体制的创新。政治体制改革对自身来说，是一场革命；对政治制度来说，是自我发展自我完善。[②]政治体制改革，就是对原有的不合理的、不合时宜的那些具体政治制度，进行根本性的变革，按照新的机制运行，形成新的政治体制的过程。其目的是通过改革兴利除弊，理顺党政关系，完善民主法制，充分发挥社会主义制度的优越性，创造比资本主义国家更高更切实的民主。

---

① 杨佶:《我国政府信息公开立法探析》,《法制与社会》2011 年第 17 期，第 144~145 页。

② 王寿林:《试论我国政治体制改革的实施方略》,《新视野》2002 年第 5 期，第 38~40 页。

新中国诞生之初,社会权力便高度集中于政治领袖。经过改革开放30多年来的发展,由党的主要领导人包揽一切、决定一切的局面,逐步转向民主执政、民主执法。随着行政体制改革的深入,将打破政府部门对信息资源的垄断,解决部门间互联互通、资源共享的瓶颈问题,逐步提高政府信息资源的共享水平,为政府信息公开提供政治上的保障。党的十六大在深化行政体制改革问题上做出了“加快转变政府职能,构建公共服务型政府”的重要决定。公共服务型政府应该是透明、公平、公正、廉洁、高效的政府。其中,透明是确保公平、公正、廉洁、高效的前提。所谓透明,就是实行政府信息公开,接受社会监督,建设“阳光政府”。“透明政府”要求政府的各种信息,特别是与人民群众利益密切相关的信息(除法律明确规定免予公开的信息外)都应向社会公开,以保障公众的知情权,增强政府透明度和公众参与度,提高政府的社会管理能力和为公众服务能力。

8.3.1.2 保障公众知情权

我国是一个人民当家做主的国家。制度是权利的保障,建立政府信息公开制度是保障公众知情权的前提和基础。通过政府活动的公开化来实现公民法人和其他组织的了解权、知情权和监督权。知情权在我国理应得到法律上的承认和保护,通过立法加强对公民知情权的保障是非常必要的。

国外都在宪法中对公民的信息自由权进行了确认,把知情权作为公民的一项基本权利单独予以阐述,宪法的知情权概念对一个国家建立和完善政府信息公开制度具有极其重要的意义。迄今为止,我国《宪法》既未明确对知情权做出任何具体规定,也没有明确的保障公民获取信息的条款。现行法律中对知情权的规定都是零散的、试行的、局部的,有的甚至是互相矛盾的。保障公众知情权,既可以打破政府部门对信息的垄断,保证公众充分共享政府信息这一巨大的财富,减少信息资源的闲置、浪费与信息阻塞,还可以让政府的活动尽可能地暴露于阳光之下,有效地遏制行政官员腐败。

8.3.1.3 规范行政权力

2004年国务院制定颁布了《全面推进依法行政实施纲要》,其中明确“适应全面建设小康社会的新形势和依法治国的进程,必须全面推进依法行政,建设法治政府”。依法行政是依法治国的重要组成部分。行政官员在行使权力时,必须以法律为准绳,用法律严格规范其职权及其职权的行使。法律具有强制力和权威性,是约束行政权力、防止行政权力滥用的最有效手段。孟德斯鸠认为:“一条永恒的经验是:一切有权力的人都倾向于滥用权力;有权力的人会一直如此行事，直到遇到有界限的地方才休止。”① 在行政权力缺乏制约的情况下，必然会产生如帕金森定律所说的机构臃肿、人浮于事、相互扯皮、效率低下的“机构病”和布坎南学说中的权力扩张、权钱交易、寻租腐败等问题。

行政官员由于对自身责任的懈怠，害怕公众监督，常常以各种借口阻挠公民正常权利的行使。如果不对政府权力进行限制，政府机构及其工作人员在履行职责或行使职权的过程中，就有扩大和滥用职权的内在动力和客观可能性，这种权力的扩张必然会损害公众的利益，危及公民的自由。在目前政府被动要求信息公开的情况下，首先必须让行政权力本身受到规范，行政官员必须依据法律规定的要求和程序在职权范围内行使职权，做到行政行为公开、公平、公正。否则，单纯谈论政府如何公开信息、公开哪些信息、对谁公开信息等，都是不切实际的。运用法律的强制力规范和约束行政权力的专断滥用，防止一些机构和官员利用政府信息不公开假公济私、以权谋私，行政机构和官员没有了寻租的空间，自然不会抵制政府信息的公开。根据“主权在民，限权政府”的原则，从防止行政权力任意与专横的角度，对现有行政法律法规不断进行丰富和完善，加强立法力度，通过法律法规对日益扩大的行政职权和行政行为加以约束和规范，规范权力运行的程序，防止政府信息公开的主观性和随意性。

8.3.1.4 健全制度体系

政府是国家信息资源的最大生产者、使用者、发布者和拥有者，大至国家战略，小至居民日常生活，有关的信息都由国家和地方各级政府所掌握。制度是政府信息公开的法律保障和依据，不能说没有相应的信息公开制度就不能开展信息公开工作，但缺乏专门的法律法规，信息公开在执行上就会举步维艰。西方国家为保障信息公开，先后制定了配套的法律法规,以规范信息公开行为。如美国的《情报自由法》(1966年)、法国的《行政文书公开法》(1978年)、加拿大的《信息取得法》(1982年)、韩国的《公共机关情报公开法》(1996年)、日本的《关于行政机关保有的情报公开的法律》(1999年)、英国的《信息公开法》(2000年)等。

纵观国外的立法情况，除了一部信息公开法，还有一系列的配套法律和措施。通常是以政府信息公开法为核心，以保密法、隐私权法、档案法、电子政务法、行政程序法等为补充，共同构成完整的政府信息公开制度体系。其中，最具代表性的要属美国，美国的《行政程序法》(1946年)、《联邦档案法》(1950年)、《情报自由法》(1966年)、《隐

① [法] 孟德斯鸠著，严复译:《论法的精神》，上海: 上海三联书店 2009 年版，第 154 页。

私权法》(1974年)、《阳光中的政府法》(1976年)、《政府文书工作削减法》①(1980年)、《电脑匹配和隐私权保护法》②(1988年)、《政府信息安全法》(1999年)、《电子政务法》(2001年)等，都是在不断改进与完善中建立起来的。除国家级的法律法规外，美国各州也都有自己的信息公开与管理方面的具体法规。这些法律法规既相互独立，又有机联系在一起，成为一个统一整体，共同界定了美国联邦政府信息公开与保密的界限，用法律制度保证了国家的安全和个人的隐私，也满足了大众的信息需求。

我国新近施行的《政府信息公开条例》在制度设计和理念上就好像是国家的《宪法》，只是对政府信息公开做了一个总领性的规定，需要各级政府对其中一些模糊的、笼统的规定尽快出台相应的实施细则，使得政府信息公开的程序更加规范化、确定化，让政府的自由裁量权在具体的法律条文之中消失。同时，政府在履行义务的同时也应该享有一定的权利，权利的拥有是履行义务的前提和保障。政府信息权利从信息生产和使用过程来说，包括信息获取权利、信息发布权利、信息处理权利、信息保密权利和信息管理权利等。其中，信息获取权利是政府信息权利的根本，是政府信息公开的前提。在实践中，一些企事业单位、非政府组织代表行政机关享有一定的行政职权，拥有大量的信息资源，政府在向他们要求和接收信息时遭遇到重重阻力，处境尴尬。因此，必须从法律法规上完善有关的政府信息公开制度，进一步明确政府的信息权利和义务，便于政府通过法定途径和方式获取所需要的数据和信息，满足社会各界的信息需求。我国现行的《政府信息公开条例》既没有规定政府有信息获取权利，也没有规定公众的信息获取权利，严重影响到政府信息资源的开发利用，降低了政府决策能力和行政效率，也妨碍了公众充分利用政府信息。因此，兼顾政府的信息权利和义务，保证个人利益和公共利益之间均衡，既是提高政府决策水平和行政效率的需要，更是保障公民信息权利的需要。

此外，还需要抓紧对现行《保密法》《档案法》《统计法》《专利法》《公务员法》《行政诉讼法》等有关法律条文的修订，并制定相关的个人数据保护法、电信法、信息安全法、电子商务法、电子政务法、公文控制法等与信息公开有关的法律法规，建设一个配套的政府信息公开制度体系，全面保护公众的知情权，充分发挥政府信息对我国政治、经济、科技、文化和社会等领域改革和发展的促进作用。

8.3.1.5 完善监督机制

推行政府信息公开，既是政府公开信息的过程，也是公众监督政府的过程，有助于

① 该法1995年进行了修订，1998年又制定了《政府文书工作消失法》。

② 该法后被并入《隐私权法》，成为《隐私权法》的组成部分。

转变政府职能，规范行政行为，建立廉洁、高效、透明的服务型政府。由于行政官员不会因为担任了公职就神圣起来，他们同普通人一样，在面临利益诱惑时，会侵害社会公共利益，甚至触犯法律；各级行政机关也存在局部小团体利益，让政府信息无偿地公开给公众，无疑会影响到行政机关的小团体利益，而且政府信息公开的成本在一定程度上也会转嫁给这些小团体，从而导致行政机关以不同的借口抵制信息公开。加之我国《政府信息公开条例》虽有监督规定①，但缺乏对行政机关进行监督的具体实施细则。因此，建议通过完善相应的监督机制来确保政府信息公开落到实处。

从现行的管理机制看，人治化的管理方式仍然占据相当大的空间。监察机关和执法部门都是政府的行政机构，监督下级行政机关的政府信息公开行为一般具有较大的震慑力量，而监督本级的政府信息公开行为却较难奏效。建议建立行政执法责任制和政府层级监督制。通过行政执法责任制加强对各级行政执法部门的监督，使其依据行政职能和法律、法规的规定执法，规范其行政执法行为；政府层级监督制要求各级政府在组织实施法律法规职责的同时，将其所属部门和下级政府的行政管理活动纳入监督视野，承担层级监督责任，起到更直接、有效地规范和制约行政行为的作用。

在各级行政机关对政府信息公开加强实行自我监督的基础上，还应高度重视媒体监督和社会监督。新闻媒体作为“第四种力量”，在服务、监督政府行为方面有着不可替代的重要作用，而且将政府信息公开与新闻自由有机结合在一起，监督效果更加直接、积极而又现实；坚持依法行政、执政为民，就必须自觉接受人民群众的监督，充分调动人民群众参与监督的主动性和积极性，使监督无时不在、无处不在。因此，要防止政府工作人员滥用手中的权力，直接或变相地阻挠政府信息有效公开，就必须形成一个由行政监督、媒体监督、社会监督组成的三位一体的政府信息公开长效监督机制，以保证我国政府信息公开制度健康发展。

8.3.2 实践层面

8.3.2.1 疏通信息传播渠道

改革开放以来，我国社会主体越来越呈现出多元化的趋势。政府向公众传播信息的渠道也应该适应这一发展趋势，使各种所有制下的公民都有机会平等获取政府公开的信息。欧盟在2005年电子政务发展战略中推出了“电子政务惠及全民”（e-government for all）计

① 我国《政府信息公开条例》第4章第30条规定：“政府信息公开工作主管部门和监察机关负责对行政机关政府信息公开的实施情况进行监督检查。”

划，以建立电子包容的全民受益的欧洲信息社会。[①] 随着全球电子政务的推进，我国东部与中西部地区之间、农村与城市之间获取政府信息的机会差距日益扩大，中西部等欠发达地区和农村偏远地区信息获取方式和能力的不足，导致“信息富区”与“信息穷区”、“信息富人”与“信息穷人”的对立已经明显存在。

在经济相对发达的城镇区域，互联网、电话、数字信息亭和数字电视等交互设备普及，公众获取政府信息的途径多样、渠道通畅。政府充分利用先进的网络化信息技术，一方面为政府信息传播提供了更多的先进手段，另一方面也使某些地区人群在政府信息公开面前被“边缘化”，变成了信息弱势群体，使得政府信息公开变得具有排他性。信息弱势群体包括老年人、残疾人和社会经济地位低下的人群等。受经济因素、社会因素和技术因素的影响，他们基本上无法靠自己的力量享受电子政务所带来的益处。[②]

信息弱势群体获取政府信息的渠道主要有：电视、报纸、朋友或邻居、政府的喇叭广播等。因此，政府在努力推进门户网站建设的同时，也要重视对报纸、广播、电视、便民手册等群众喜闻乐见的公开形式的运用。另外，还可以将社会弱势群体进行分类，以便于根据他们的不同信息需求和困难，提出有针对性的解决措施，确保每个人都能获得和使用政府信息。以农民获取农业政策信息为例，不同媒体传播农业政策的效果存在较大差异。电视传播农业政策信息比较及时，但不便于农民理解和记忆，而且传播的信息内容比较概略，传播效果远不及政府印发的农业政策资料或是村喇叭广播，其内容全面且易于理解。对中国这样一个村村通电话、电视的国家来说，争取使每个村庄有一台自己的计算机也是一个比较现实的目标。同时，通过诸如降低互联网的接入费用、免费提供教育与培训、提高农民信息素养等措施，还可以把网络、电话、手机短信、便民卡、信息亭等多种服务工具整合集成，为公众提供人性化的便民服务，使公众能够更加方便地获取和使用政府信息，以此促进社会和谐，促进政府与民众之间的和谐。

8.3.2.2 加强政府门户网站建设

作为政府管理与服务的核心窗口，政府门户网站建设取得了重要进展，截至 2012 年年底，中央和省级政府网站普及率已达到 100%，地市级达到 99.1%，区县级超过 85%。[③] 其中，北京、上海、南京、杭州、广州、武汉等城市政府门户网站已达到了较高的公共

① Inclusive e-Government [EB/OL] . [2007-12-15] . http: //ec.eincpa.en/information_society/activities/einclusion/policy/egov/index_en htm.

② 唐思慧:《欧盟电子政务信息公平保障的经验与借鉴》,《电子政务》2008 年第 11 期，第 112~117 页。

③ 胡红梅:《中国电子政务十年回顾与展望》// 洪毅，杜平主编:《中国电子政务发展报告》(2012)，北京：社会科学文献出版社 2013 年版，第 7 页。

服务水平，政府门户网站已经成为公众获取政府信息的主要渠道。国家“十二五”规划纲要提出：大力推进国家电子政务建设，推动重要政务信息系统互联互通、信息共享和业务协同，建设和完善网络行政审批、信息公开、网上信访、电子监察和审计体系。加强市场监管、社会保障、医疗卫生等重要信息系统建设，完善地理、人口、法人、金融、税收、统计等基础信息资源体系，强化信息资源的整合，规范采集和发布，加强社会化综合开发利用。①

无论从数量、质量还是效果上看，我国政府门户网站的建设都取得了显著成效，但在网站的功能、信息内容、互联互通等方面有待加强。《中国电子政务发展报告（2009）》指出，我国约有七成的政府网站提供的功能项目数超过10项。特别是网站的信息发布功能比较强，提供政务新闻、政府公告、机构职能、机构章程和会议信息的政府网站所占比例分别达到89.21%、77.49%、75.5%、51.93%和53.92%，已经达到比较高的水平。但是政府网站所提供信息内容的实用性不强，而且普遍缺乏交互式的信息沟通功能，离一网式办公、一站式服务还有很大的距离。

加强对政府门户网站的建设，在内容上必须注重信息的实用性和及时性，所发布的信息要能对用户进行生活指导或决策支持。据《新文化报》2005年9月16日报道：“近日，长春市绿园区西新镇的几个村的村民听说规划拆迁分了户就补偿多了，于是许多村民不约而同地闹起“家庭政变”，“分家”的“分家”，“离婚”的“离婚”，办理分户的人把派出所围得水泄不通。”实际上，2004年夏天，长春市人大常委会就这个问题出台了一个有关拆迁的解释条款，规定2004年7月30日以后再分开的房证，不管是离婚还是分户，将不再按规定增加补偿。老百姓却对一年前的这一规定浑然不知，被谣言戏弄得令人哭笑不得。

未来的政府门户网站要实现政府信息资源与社会资源的无缝集成，以便为民众提供更多、更有效率的政府服务。政府网站建设必须统筹规划，基于统一服务目标指导下，构建统一框架结构，做到上下统一、目标一致，协调同步发展。同时，加强已有资源的整合与共享，避免低水平重复建设。各级政府在不断完善自身网站建设的同时，也要为上下层级的政府网站做好保障和指导工作，从整体上推动我国电子政务公共服务水平的提升，保证我国电子政务健康可持续发展，拓宽公众获取政府信息的渠道，从而真正实现政府办公自动化、管理信息化与决策科学化的新型管理模式，使政府能够更好地为公

①《中华人民共和国国民经济和社会发展第十二个五年规划纲要》第13章第2节。

众提供信息服务，提高政府的行政效率，也树立一个更加勤政、廉政、精简和有竞争力的政府形象。

8.3.2.3 发挥社会力量

现代信息技术的发展以及互联网络的普及使政府正在向“电子治理”转型，电子政务的市场化是世界各国电子政务发展的一个重要趋势，企业和民间的投资日益成为电子政务资金来源的一个重要渠道。在电子政务建设中，韩国政府采取了“先投资、后结算”的融资方法，新西兰政府与私营企业建立紧密伙伴关系，墨西哥政府与私营电讯企业建立战略伙伴关系，南非政府的税务总局与私营企业合资建设电子税务系统等。企业（包括民间资本）参与电子政务的建设，其收益和风险由双方共同承担，克服了政府信息化建设资金不足的难题，做到了政府想做而做不到的事情，极大地推动了电子政务的建设。

美国联邦政府受资金与技术的双重限制，采用外包模式将政府信息公开服务委托给私营企业。我国政府信息公开服务大多采用自建模式，但也有采用外包模式的例子。如北京工商局委托北京红盾 315 资讯服务有限公司提供包括网上注册、网上年检、网上办照、网上投诉、全国网站备案登记等在内的 20 多项电子政务服务。[①] 曾培炎副总理在全国电子政务工作座谈会上也明确提出了各级政府“要从信息网站自建自管向重视发挥社会力量作用转变”。我国电子政务建设必须鼓励市场竞争，外包模式宜实现局部突破，在局部方面实现整体性外包，即采用“自建与外包相结合”的方式，中央政府以自建为主，地方政府以外包为主；内部业务以自建为主，公众服务以外包为主。一方面可以减轻政府的负担，另一方面也可以提高政府信息公开服务质量。

8.3.2.4 建设服务型政府

2006 年，国家信息化领导小组在《国家电子政务总体框架》中提出了“服务是宗旨”的理念，电子政府充分体现了建设公共服务型政府的基本理念，全面保障公众知情权、监督权、参与权和表达权。公共服务型政府的核心内涵强调政府的根本职能是“服务而非掌舵”，即强调以服务公众为核心。[②] 电子政府是通过互联网站点向全社会提供信息服务的，如果不能有效扩大互联网的使用率，就会造成大量的“信息穷区”和“信息穷人”，使电子政府失去服务的社会对象。各地电子政务建设应重点面向居民和企事业单位提供服务，扩大电子政府服务对象的覆盖面，推进公共服务信息化，普及“服务是宗旨”的理念。

---

① 国家工商局中国红盾网及红盾 3 · 15 网站，http: //www.prient.com/cgal/gjgs.html。

② R. B. Denhardt，J V. Denhardtd: The New Public Service Serving Rather Than Steering. Washington Pub1ic Administration Review. 2008（11/12）.

电子政府实现了政府内部不同层级、不同部门之间的信息共享与交流，降低了行政成本，同时提高了行政效率，而且方便公众不受时间和空间限制的获得政府的信息服务。但是,社会上最需要获取政府服务的人往往就是那些缺乏上网条件或上网能力的人。因此，政府一方面应普及互联网的使用，另一方面应有针对性地开展上网培训活动，普及基本的网络知识和技能。此外，还应制定适当的扶持政策，如向低收入者提供免费的、多样化的上网方式和场所，使电子政府以其独到的有效信息服务为所有民众所普遍接受。

8.3.2.5 积极与国际社会接轨

世界贸易组织（WTO）作为一个多边贸易组织，承担着维护国际贸易环境和秩序稳定、合理和有序的重要任务。WTO 规则为防止成员国之间进行不公平贸易、造成歧视、扭曲国际贸易，要求各成员国必须公布实施的有关贸易的政策、法令及各成员国之间有关贸易的现行协定，增强其透明性，这也是实现最惠国待遇和国民待遇原则的重要保障。促进政府信息公开，提高政府信息的透明度，也是 WTO 对各成员国提出的一个基本要求，推动着我国政府把国际规则更深入地转化成国内规则。我国政府自加入 WTO 以来，积极改变原有封锁或过滤信息的一些做法，除国家秘密、商业秘密和个人隐私不得随意公开外，凡与社会公众权益密切相关的信息，都及时地向社会公开。《公民权利和政治权利国际公约》和《世界人权宣言》等公约也规定了公民享有寻求和利用政府信息的权利。中国作为成员国，要树立大国形象，理应不折不扣地履行所承担的国际义务。

《联合国反腐败国际公约》对各成员国（中国也是成员国之一）的一项基本要求是建立“透明政府”。实践证明，“阳光是最好的防腐剂”，作为国际社会反行政腐败的主要配套措施，公开政府信息是遏制行政腐败的最有效方式。行政官员作为个体拥有隐私权，其个人隐私属于“保密”范畴，一旦担任行政职务、掌管公共权力之后，就变成了社会公众角色，其收入状况及其家庭成员的就业情况等个人信息，都应当纳入政府信息主动公开的范畴。一个人的权力行使有多大范围,就应该在多大范围内公开其财产、收入状况、家庭成员的就业情况等个人信息，以证明其清正廉洁。行政官员的廉洁状况直接决定其行政行为的公正程度，是故，行政官员的廉洁信息也是最需要公开的政府信息之一。

事实上,在一些国家,不管是通过竞选,还是首长委任,只要你做了官,拥有行政权力,有些个人信息就必须对社会公开。如家庭财产，从政前后个人财产增长幅度及增长渠道的变化，以及配偶、子女所从事的行业等。如联合国秘书长潘基文 2007 年 1 月 1 日上任第一天，就正式向联合国道德操守办公室提交了个人财务状况申报表，承诺在有关的审查结束后将对外公开自己的财产状况。联合国委托专业财务机构普华永道会计师事务所审计后，于26日公布了潘基文及其夫人在韩国的财产状况详情，包括其女儿女婿的工作岗位情况。[①]

知情是行使监督权的前提和基础。作为联合国的最高行政长官，潘基文主动将个人财产对外公开，纳入了公众监督视野，我们不能说，这样就可以完全杜绝腐败。但是，作为一种廉洁榜样和道德示范，无疑会对普通公务员起到较大的威慑作用，有效遏制行贿受贿、隐形腐败，而且主动接受公众监督和财产审计比被动接受审查更具有问心无愧的清廉动机和自信。我国早在1995年，就由中共中央办公厅、国务院办公厅联合发布了《关于党政机关县（处）级以上领导干部收入申报的规定》，要求"社会团体、事业单位的县（处）级以上领导干部，以及国有大、中型企业的负责人"申报收入。

随着我国民主政治的发展与深化，公民权利意识增强，对政府信息的重视越来越高。行政机关要改变过去"保密为原则，公开为例外"的工作作风，要主动公开人民群众最关心、最直接、最现实的问题，并坚持最大限度的公开，同时还要加大监督和保障力度，完善财产公开制度，对领导干部财产收入进行监控，消除其财产状况模糊不清的真空地带，可以有效缓解行政腐败，充分保障社会公众的知情权。

① 潘基文向外界公布自己的财产状况，http：//news.xinhuanet.com/world/2007-01/27/content_5659600.htm。

结　语

从封闭到开放，从保守到开明，这是任何一个社会从落后到先进的必经之路。保守落后是可悲的，闭关自守更是可怕的。倡导信息公开、信息共享已是大势所趋，是信息革命、知识革命不可逆转的潮流。目前世界上已有 90 多个国家和地区建立了政府信息公开制度，政府信息公开是实现信息化或者信息社会的前提。政府信息的开放程度已经成为当今世界各国衡量政府信息化程度的一个重要指标。凡是与国家政府公共事务管理或者公共治理有关的信息都应该主动公开，使政府信息资源得到充分、有效的开放和利用。

政府信息公开虽然在我国面临重重困难，但我国是民主法治国家这一本质决定了政府信息公开到来的必然。政府的权威来源于政府和人民之间制度化的对话，政府职责不在于控制和管制，而在于掌舵和服务，在于为企业和公众提供高质量的公共产品和服务。政府信息公开是政府信息资源共享和政府信息资源配置的重要方式，也是政府职能转变和政府管理体制创新的重要内容。政府信息公开也是保障法治的基础之一，我国的法治建设需要它。公开政府活动及有关信息，自觉接受人民群众监督，既是政府的法定义务，也是其职责所在。虽然信息公开在我国不可能靠一夕之功、一人之力建立，但社会对政府信息公开已作出了积极的肯定。正如历史的演进是社会共同作用的结果一样，政府信息公开在社会各方面的共同推进下，在我国的实施终究会实现。

党的十八届三中全会提出，“坚持用制度管权管事管人，让人民监督权力，让权力在阳光下运行，是把权力关进制度笼子的根本之策。必须构建决策科学、执行坚决、监督有力的运行体系，健全惩治和预防腐败体系，建设廉洁政治，努力实现干部清正、政府清廉、政治清明。要形成科学有效的权力制约和协调机制，加强反腐败体制机制创新和制度保障，健全改进作风常态化制度。”[①] 政府信息公开减少了政府与公众的信息不对称，对政府官员的渎职、贪污、滥用职权行为产生了极大的抑制效果，是反腐败的重要措施，是推动政府官员廉政、勤政的重要措施，有助于提升公众的监督能力和政府的公信力，培养诚信、效率、有效性和问责制的公共当局，进一步提高政府的公共服务能力，促进社会和谐与稳定，从而加快政府治理能力现代化的建设进程。

近年来，随着信息处理和存储技术的高速发展，公民个人信息被泄露、滥用和侵害问题越来越严重，社会各界对于个人信息保护立法的需求也越来越迫切。本研究在部分章节虽有涉及到个人隐私方面的内容，但都是从信息公开例外的角度出发，而且是浅尝辄止，离全面、完整、深入地研究还有较远的距离。目前，世界各地超过 50 个国家或地区已经实施了某种形式的个人信息保护立法，且有一半的国家位于世界上经济最发达的欧洲地区。我国个人信息保护法还未正式出台，只是在刑法、民法通则等法律中直接或间接对个人信息保护做了一些规定。个人信息保护立法应该引起我国立法机关的高度重视，并将之纳入立法日程。一方面，对个人隐私权的保护应该朝着保护个人信息的方向发展，构建个人信息保护自律机制，保护公民个人隐私权；另一方面，要尽快完善个人信息保护制度，通过专门性、统一性的立法限制公权力的途径来保护个人信息不被侵犯，尤其是保护网络上的个人隐私和信息，防止个人信息遭到不当收集、恶意使用和篡改。

确立个人信息保护制度是保护个人权利的需要，也是进一步推动政府信息公开工作的需要。完善的个人信息保护制度同政府信息公开制度有着相辅相成、不可分割的关系。可以说，没有完善的个人信息保护制度，绝不可能有真正的政府信息公开制度。我国的政府信息公开制度是以“公开为原则，不公开为例外”，只有明确不公开信息的范围，才能避免有关部门以保护个人信息之名拒绝公开政府信息，或者以公开政府信息之名公开他人个人信息，对政府部门利用公权力泄露个人信息的行为加以重点规制。因此，今后有待对个人信息保护的基本原则、立法依据、立法模式、行业自律机制等问题进行深入和系统的研究，以适应国际趋势，有利于促进国际交往，促进信息的共享与自由流动，推动我国信息化法律体系的建设。

---

① 中国共产党十八届三中全会公报发布，http://news.xinhuanet.com/house/suzhou/2013-11-12/c_118113773.htm。

附录　关于“政府信息公开”的调查问卷

为了解人们对我国政府信息公开的认识与关注程度，我们进行这项民意调查。填答不记名，结果无对错之分。请您在百忙中认真如实地填写，对符合您的意见的选项画“√”或在横线上写明相应的答案。感谢您的支持与合作。

华中师范大学信息管理系

1. 您的年龄：__________周岁。

2. 您的文化程度：

○初中及以下　○高中／中专

○大专／本科　○硕士／博士研究生及以上

3. 您的政治面貌：

○共产党员　○民主党派　○无党派人士

○共青团员　○其他__________

4. 您的工作单位性质：

○政府机关　○事业单位　○企业　○农村　○其他________

5. 您所在的城市是：

○省会城市　○地级市　○乡镇　○农村　○其他________

6. 您是否知道“政府信息公开”?

〇知道　　〇有点了解　　〇不知道

7. 您认为政府信息应该公开吗?

〇应该　　〇不应该　　〇无所谓

8. 如果“7”中您选择的是“应该”，请跳过此项:政府部门为什么不需要公开信息?

〇政府信息属于政府内部的资料，与老百姓无关

〇信息公开会削弱政府官员的权力

〇公众无权知道政府正在做什么和已经做了什么

〇其他______________

9. 如果“7”中您选择的是“不应该”，请跳过此项:政府部门为什么要公开信息?

〇保障个人和组织的知情权　　〇方便公众获取信息

〇方便公众参与政府决策　　〇促进民众与政府的关系

〇防止政府官员腐败　　〇增加行政活动的透明度

〇监督政府机关依法行使职权　　〇响应国际组织的要求

〇其他______________

10. 您所在地区有无政府信息公开方面的法规?

〇有　　〇无　　〇不知道

11. 您所在地区的政府主动公开了哪些方面的信息?

〇本地社会经济发展规划、计划、工作目标及完成情况

〇事关全局的重大决策

〇疫情、灾情等重大突发性事件预报、发生及其处理情况

〇承诺办理的事项及其处理情况

〇行政、事业性收费项目、标准及其依据

〇重要专项经费的分配使用情况

〇公务员录用、选拔任用、评选先进的条件、程序及结果

〇政府年度财政预算报告及其执行情况

〇政府机关领导成员的履历、职责、变更情况

〇政府机关机构设置、职能和设置依据

〇政府机关办事程序、办事条件、依据和联系方式

〇规章、规范性文件及其他政策

○重大基建项目和政府投资建设的社会公益事业建设情况

○重要物资招标采购的情况

您认为还有哪些政府信息应该公开________________________

12. 您认为政府信息公开的内容应该如何确定？

○政府自由选择　　○根据公众的需要

○政府与公众协商确定　　○依据法律规定公开

○其他____________

13. 您获取政府信息最常用的方式是？（最多可选择三项）

○政府综合门户网站　　○政府信息专刊

○报刊

○广播、电视

○口头传达

○政府信息公开厅、公开栏、电子屏幕、电子触摸屏等

○人际交流

○政府新闻发布会

○政府信息公开服务热线

○电话

○其他途径____________

14. 您所在地区政府是否开通了政府网站：

○是　　○否　　○不知道

15. 如果您所在地区政府开通了政府网站，那它在信息公开方面的效果如何？

○信息丰富，更新及时　　○信息丰富，但更新滞后

○空头网站，没有实际内容

16. 您认为政府信息公开是政府的权利还是义务：

○权利　　○义务　　○既是权利也是义务

17. 您所在地区政府是否设有专门的部门负责政府信息的公开？

○是　　○否　　○不知道

18. 您所在地区政府是否有广泛征求公众意见？

○经常　　○偶尔　　○没有　　○不知道

19. 您是否曾主动向有关政府机关申请了解可以公开的政府信息？

○是　　　　○否

20. 如果“19”中您选择的是“否”，请跳过此项：相关政府机关或公务人员对您的回应是：

○及时回复　　○回复但反应迟缓　　○隐瞒　　○推辞拒绝

21. 您认为政府的信息公开是否可以采取收费方式？

○可以接受　　○完全免费　　○选择性收费　　○其他________

22. 您获取政府信息的目的是什么？

○好奇　　○了解情况　　○辅助决策　　○便于参与政府事务

23. 政府信息公开对您的学习、工作和日常生活有影响吗？

○极小　　○较小　　○较大　　○极大

24. 您认为政府信息公开对您所在单位的效益有影响吗？

○极小　　○较小　　○较大　　○极大

25. 您认为政府信息公开对整个国家经济的发展有影响吗？

○极小　　○较小　　○较大　　○极大

26. 您认为政府信息公开对社会文化的进步有影响吗？

○极小　　○较小　　○较大　　○极大

27. 您对目前政府信息公开的满意程度如何？

○很满意　　○较满意　　○满意　　○不满意　　○其他________

28. 您认为当前我国信息公开存在的主要问题是？（最多可选择两项）

○政府服务意识淡薄　　○公开的信息内容贫乏　　○公开方式单调

○缺乏制度及法律保障　　○其他____________

29. 您是否认为应该制定专门的信息公开法，保障公民获取政府信息、实现知情权？

○是　　　　○否

30. 您认为“阳光政府”应该是一个什么样的政府？

____

参 考 文 献

中文参考著作

1. 北京信息化办公室 . 电子政务导论［M］. 北京：清华大学出版社，2003.

2. 蔡立辉 . 电子政务：信息时代的政府再造［M］. 北京：中国社会科学出版社，2004.

3. 陈振明 . 公共管理学——一种不同于传统行政学的研究途径［M］. 第 2 版 . 北京：中国人民大学出版社，2003.

4. 程万高 . 政府信息资源开发利用［M］. 北京：科学出版社，2009.

5. 迟方旭 .《马克思恩格斯文集》私法思想考论［M］. 北京：中国社会科学出版社，2011.

6. 迟福林 . 警钟——中国：SARS 危机与制度变革［M］. 北京：民主与建设出版社，2003.

7. 辞海编辑委员会 . 辞海［M］. 上海：上海辞书出版社，2010.

8. 邓崧 . 电子政务价值评估：基于政务流程和信息整合的研究视角［M］. 北京：人民出版社，2008.

9. 丁淦林 . 中国新闻业史［M］. 北京：高等教育出版社，2007.

10. 冯惠玲 . 公共危机启示录——对 SARS 的多维审视［M］. 北京：中国人民大学出版社，2003.

11. 冯惠玲 . 政府信息资源管理［M］. 北京：中国人民大学出版社，2006.

12. 贺文发，李烨辉 . 突发事件与信息公开——危机传播中的政府、媒体与公众［M］. 北京：中国传媒大学出版社，2010.

13. 胡昌平．信息服务与用户［M］．武汉：武汉大学出版社，2001.
14. 江必新．最高人民法院关于审理政府信息公开行政案件若干问题的规定理解与适用［M］．北京：中国法制出版社，2011.
15. 金江军．电子政务导论［M］．北京：北京大学出版社，2003.
16. 李步云．信息公开制度研究［M］．长沙：湖南大学出版社，2002.
17. 李广宇．政府信息公开诉讼：理念、方法与案例［M］．北京：法律出版社，2009.
18. 李和中．中国地方政府规模与结构研究［M］．北京：科学出版社，2012.
19. 李霖，郭仁忠，桂胜．电子政务信息资源目录体系建设及案例［M］．北京：科学出版社，2009.
20. 刘恒．政府信息公开制度［M］．北京：中国社会科学出版社，2004.
21. 刘杰．日本信息公开法研究［M］．北京：中国检察出版社，2008.
22. 刘杰．知情权与信息公开法［M］．北京：清华大学出版社，2005.
23. 娄策群．信息管理学基础［M］．第 2 版．北京：科学出版社，2009.
24. 吕艳滨．中欧政府信息公开制度比较研究［M］．北京：法律出版社，2008.
25. 彭伟步．信息时代政府形象传播［M］．北京：社会科学文献出版社，2005.
26. 漆国生，王琳．行政管理学［M］．北京：北京理工大学出版社，2009.
27. 乔立娜，李鹏．政府信息公开工作制度与实施［M］．北京：中国劳动出版社，2011.
28. 曲直．知情权［M］．北京：中华工商联合出版社，2004.
29. 申嘉．美国侵权法［M］．北京：中国民主法制出版社，2007.
30. 沈亚平，王骚．社会转型与行政发展［M］．天津：南开大学出版社，2005.
31. 石国亮．国外政府信息公开探索与借鉴［M］．北京：中国言实出版社，2011.
32. 孙关宏，胡雨春．政治学［M］．上海：复旦大学出版社，2010.
33. 孙中山．孙中山选集［M］．北京：人民出版社，2011.
34. 谭功荣．西方公共行政学思想与流派［M］．北京：北京大学出版社，2008.
35. 王长胜，许晓平．中国电子政务发展报告 2010 融合与创新：电子政务发展新阶段［M］．北京：社会科学文献出版社，2010.
36. 王芳．阳光下的政府：政府信息行为的路径与激励［M］．天津：南开大学出版社，2006.
37. 王佳．信息场的开拓 未来后信息社会交互设计［M］．北京：清华大学出版社，2011.
38. 王名扬．法国行政法［M］．北京：北京大学出版社，2007.
39. 王名扬．美国行政法［M］．北京：中国法制出版社，2005.

40. 王少辉．迈向阳光政府——我国政府信息公开制度研究［M］．武汉：武汉大学出版社，2010.
41. 吴丕．中国反腐败——现状与理论研究［M］．哈尔滨：黑龙江人民出版社，2003.
42. 许莲丽．保障公民知情权——政府信息公开诉讼的理论与实践［M］．北京：中国法制出版社，2011.
43. 徐显明．人权研究：第 9 卷［M］．济南：山东人民出版社，2010.
44. 颜海．政府信息公开理论与实践［M］．武汉：武汉大学出版社，2008.
45. 杨立新．人格权法［M］．北京：中国法制出版社，2006.
46. 姚国章．电子政务基础与应用［M］．北京：北京大学出版社，2002.
47. 赵雅丹．信息分享结构与透明政府建设［M］．上海：上海社会科学院出版社，2012.
48. 赵正群，胡锦光，王锡锌，等．政府信息公开法制比较研究［M］．天津：南开大学出版社，2013.
49. 张杰．政府信息公开制度论［M］．吉林：吉林大学出版社，2008.
50. 张敏．基于公民视角的政府电子化服务绩效评估［M］．北京：当代中国出版社，2012.
51. 张明杰．开放的政府——政府信息公开法律制度研究［M］．北京：中国政法大学出版社，2003.
52. 张维迎．中国地级市电子政务研究报告［M］．北京：经济科学出版社，2003.
53. 张新宝．隐私权的法律保护［M］．第 2 版．北京：群众出版社，2004.
54. 张兴祥．外国行政程序法研究［M］．北京：中国法制出版社，2010.
55. 中共中央马克思恩格斯列宁斯大林著作编译局．马克思恩格斯全集（第 1–4 卷）［M］．第 3 版．北京：人民出版社，2012.
56. 中共中央马克思恩格斯列宁斯大林著作编译局．列宁选集（第 1–3 卷）［M］．第 3 版．北京：人民出版社，2012.
57. 中共中央马克思恩格斯列宁斯大林著作编译局．列宁专题文集（第 4 卷）［M］．北京：人民出版社，2009.
58. 中国社会科学院语言研究所词典编辑室．现代汉语词典［M］．第 6 版．北京：商务印书馆，2012.
59. 周汉华．外国政府信息公开制度比较［M］．北京：中国法制出版社，2003.
60. 周汉华．政府信息公开条例专家建议稿［M］．北京：中国法制出版社，2003.
61. 周宏仁，唐铁汉．电子政务的理论与实践——电子政务知识读本［M］．北京：国家行政学院出版社，2002.
62. 周晓英 . 政务信息管理［M］. 北京：中国人民大学出版社，2004.
63. 邹志仁 . 信息学概论［M］. 第 2 版 . 南京：南京大学出版社，2007.
64. 欧文·E. 休斯 . 张成福，王学栋，等译 . 公共管理导论［M］. 北京：中国人民大学出版社，2007.
65. 马克斯・韦伯 . 阎克文，译 . 马克斯・韦伯社会学文集［M］. 北京：人民出版社，2010.
66. 邦雅曼・贡斯当 . 阎克文，刘满贵，译 . 古代人的自由与现代人的自由［M］. 上海：上海人民出版社，2005.
67. 里韦罗 . 鲁仁，译 . 法国行政法［M］. 北京：商务印书馆，2008.
68. 孟德斯鸠 . 严复，译 . 论法的精神［M］. 上海：上海三联书店，2009.
69. 托克维尔 . 张杨，译 . 论美国的民主［M］. 长沙：湖南文艺出版社，2011.
70. 亚里士多德 . 吴寿朋，译 . 政治学［M］. 北京：商务印书馆，1996.
71. 里克・斯塔彭赫斯特，萨尔・J. 庞德，主编，杨志刚，译 . 反腐败——国家廉政建设的模式［M］. 北京：经济科学出版社，2000.
72. 阿尔文・托夫勒 . 吴迎春，等译 . 权力的转移［M］. 北京：中信出版社，2006.
73. B・盖伊・彼得斯 . 吴爱明，夏宏图，译 . 政府未来的治理模式［M］. 中文修订版 . 北京：中国人民大学出版社，2013.
74. 保罗・S. 芮恩施 . 罗家伦，译 . 平民政治的基本原理［M］. 北京：吉林出版集团有限责任公司，2010.
75. 查理德・A. 波斯纳 . 蒋兆康，译 . 法律的经济分析［M］. 北京：法律书版社，2012.
76. 戴维・奥斯本，彼得・普拉斯特里克 . 谭功荣，刘霞，译 . 摒弃官僚制：政府再造的五项战略［M］. 北京：中国人民大学出版社，2002.
77. 丹尼斯・C. 缪勒 . 杨春学，等译 . 公共选择理论［M］. 北京：中国社会科学出版社，2010.
78. 戈登・塔洛克 . 柏克，郑景胜，译 . 公共选择：戈登・塔洛克论文集［M］. 北京：商务印书馆，2011.
79. 亨廷顿 . 刘军宁，译 . 第三波——20 世纪后期民主化浪潮［M］. 上海：上海三联书店，1998.
80. 卡尔・科恩 . 聂崇信，朱秀贤，译 . 论民主［M］. 北京：商务印书馆，2007.
81. 拉塞尔・M. 林登 . 汪大海，等译 . 无缝隙政府：公共部门再造指南［M］. 北京：中国人民大学出版社，2002.
82. 罗伯特•达尔．谭君久，刘惠荣，译．多头政体——参与和反对［M］．北京：商务印书馆，2003.
83. 罗伯特·希斯．王成，等译．危机管理［M］．北京：中信出版社，2004.
84. 塞缪尔•P. 亨廷顿．王冠华，等译．变化社会中的政治秩序［M］．上海：上海人民出版社，2008.
85. 西摩·马丁·李普塞特．张绍宗，译．政治人：政治的社会基础［M］．上海：上海人民出版社，2011.
86. 约翰·罗尔斯．谢廷光，译．正义论［M］．修订版．北京：中国社会科学出版社，2009.
87. 詹姆斯·M. 布坎南．吴良健，译．自由、市场和国家［M］．北京：北京经济学院出版社，1988.
88. 阿克顿．侯健，范亚峰，译．自由与权力［M］．北京：商务印书馆，2001.

中文参考论文

1. 毕强，董海欣．政府信息资源共享模式研究［J］．情报科学，2008（11）.
2. 查先进．电子政务信息共享的障碍及对策研究［J］．江西社会科学，2006（7）.
3. 陈晨．我国政府行政管理中存在的问题及对策分析［J］．西北民族大学学报，2011（3）.
4. 陈富智．关于《政府信息公开条例》的几个问题（上）［J］．中国行政管理，2007（11）.
5. 陈富智．关于《政府信息公开条例》的几个问题（下）［J］．中国行政管理，2008（1）.
6. 陈景云．政府诚信建设问题浅探［J］．理论探讨，2008（6）.
7. 陈忠海，韩双．中韩政府信息公开立法的比较及其启示［J］．档案学研究，2011（2）.
8. 程义峰．国外政府信息公开镜鉴［J］．瞭望，2009（29）.
9. 成志刚，唐俊辉．保持行政监督制度与权力格局的动态平衡——控制行政权的一条规律［J］．中国行政管理，2008（5）.
10. 邓思思．我国政务信息公开的公共关系学思考［D］．武汉：华中科技大学硕士学位论文，2008.
11. 丁波涛．欧美政府信息商业化模式比较研究［J］．图书情报工作，2009（21）.
12. 丁先存．近代西方正义理论对我国政府治理的启示［J］．行政论坛，2008（2）.
13. 丁先存，苏立宁．我国行政管理体制改革的正义价值及其实现［J］．中国行政管理，

2009（4）.

14. 杜玉芳．加拿大政府信息公开与公民隐私权的保护[J]. 中央社会主义学院学报，2011(6).

15. 段尧清．政府信息公开满意度研究（Ⅰ）：基于结构方程的公众满意度影响因素分析［J］．情报科学，2010（12）.

16. 段尧清，费奎明．个性化电子政务信息服务模式［J］．情报杂志，2007（6）.

17. 段尧清，费奎明，徐希，等．我国政府信息公开公众响应情况调查报告［J］．图书情报工作，2008（4）.

18. 段尧清，冯骞．政府信息公开满意度研究（Ⅱ）：基于结构方程的满意度模型构建［J］．图书情报工作，2009（5）.

19. 段尧清，宋硕，骆小兰，等．政府信息公开满意度研究（Ⅲ）：基于结构方程的满意度模型校验［J］．图书情报工作，2010（9）.

20. 段尧清，宋霞．政府信息公开的多层性价值取向模型研究［J］．情报科学，2008（2）.

21. 段尧清，汪银霞．我国政府信息公开纵向透视［J］．情报科学，2006（6）.

22. 段尧清，汪银霞．政府信息公开的障碍机制［J］．情报资料工作，2006（1）.

23. 段尧清，汪银霞．政府信息公开的动力机制［J］．情报科学，2005（10）.

24. 段尧清，汪银霞，丁丁．政府信息公开中知识歧视研究［J］．情报科学，2012（9）.

25. 段尧清，汪银霞，谭爽．信息生态与和谐政治的关系［J］．情报科学，2007（4）.

26. 段尧清，汪银霞，王洪波，等．政府信息公开满意度研究（Ⅳ）：基于结构方程的公众满意度应用研究［J］．图书情报工作，2010（15）.

27. 范并思．信息获取权利：政府信息公开的法理基础［J］．图书情报工作，2008（6）.

28. 范登义．政府信息公开的成本收益分析［D］．武汉：华中师范大学硕士学位论文，2007.

29. 范吉胜，景丽萍．政府信息公开过程中的个人信息保护［J］．图书馆学研究，2010（21）.

30. 郭道晖．执政者的新权力观与还权于民［J］．行政论坛，2011（6）.

31. 韩双．中韩政府信息公开制度比较［J］．北京档案，2011（5）.

32. 胡昌平，汪会玲．信息资源整合的多视角分析［J］．情报科学，2006（9）.

33. 胡业飞．从二次重大公共危机看中国政府的信息公开［J］．山东社会科学，2009（12）.

34. 黄璜．从信息产品特性论政府信息公开［J］．情报杂志，2007（9）.

35. 纪新青．论政府信息公开与大众传媒的角色定位［J］．中国行政管理，2004（11）.

36. 蒋永福．国际社会关于公共信息开放获取的认识与行动［J］．国外社会科学，2007（2）.

37. 金太军，姚虎．政府信息公开制度创新困境的内在机理探究——以新制度经济学为视角［J］. 江汉论坛，2011（8）.
38. 金太军，袁建国. 西方电子民主研究及启示［J］. 马克思主义与现实，2011（3）.
39. 赖茂生. 信息公开制度建设与电子政务深化应用［J］. 电子政务，2009（9）.
40. 赖茂生，闫慧. 关于中国公益信息制度的战略思考［J］. 图书情报工作，2011（8）.
41. 李超. 西方社会秩序理论发展理路探析［J］. 理论探索，2011（2）.
42. 李京文. 经济全球化与信息化对中国经济与管理学科发展的影响［J］. 河北科技大学学报，2012（5）.
43. 李晶. 对我国政府信息公开制度的思考［J］. 图书情报工作，2011（21）.
44. 李蒙. 政府信息公开的民间助推力［J］. 民主与法制，2009（1）.
45. 李青瑛. 政府信息公开的难点何在？——访国家信息中心副主任胡小明［J］. 信息化建设，2003（12）.
46. 李幸祥. 美国行政过程中的信息公开制度研究和借鉴［J］. 人大研究，2013（2）.
47. 李玉海，熊旭超. 提高公民素养的信息公开策略浅析［J］. 情报科学，2009（5）.
48. 李云驰. 美国、英国政府信息公开立法的比较与借鉴［J］. 国际行政学院学报，2012（3）.
49. 刘春年. 电子政务发展机制研究［D］. 武汉：武汉大学博士学位论文，2005.
50. 刘国华. 网络时代执政党舆论监督的利弊［J］. 前沿，2011（10）.
51. 刘剑. 公共领域与规范民主——读《公共领域的结构转型》［J］. 中国图书评论，2010（8）.
52. 刘杰. 日本宪法上的知情权与信息公开法［J］. 法学家，2007（3）.
53. 刘柳珍. 论社会管理中的公众参与［J］. 求实，2011（8）.
54. 刘强，吴江. 中国信息化趋势报告（二十四）——政府信息资源分类共享的机制研究［J］. 中国信息界，2004（21）.
55. 刘勇祥. 政府信息公开制度比较研究［D］. 上海：华东师范大学硕士学位论文，2006.
56. 刘莘，吕艳滨. 政府信息公开研究［J］. 政法论坛（中国政法大学学报），2003（4）.
57. 龙健. 电子政府研究进展的比较研究［J］. 情报科学，2011（2）.
58. 卢琳. 走出我国政府信息公开的困境［J］. 行政论坛，2003（7）.
59. 卢小宾. 应重视我国政府信息资源规划问题［J］. 图书情报工作，2005（1）.
60. 吕维霞，王永贵. 基于公众感知的政府公信力影响因素分析［J］. 华中师范大学学报，2010（4）.
61. 马费成，裴雷. 我国信息资源共享实践及理论研究进展［J］. 情报学刊，2005（3）.
62. 马亮. 政府信息公开的影响因素：中国地级市的实证研究［J］. 情报杂志，2012（9）.

63. 马亮．政府创新扩散视角下的电子政务发展：基于中国省级政府的实证研究［J］．图书情报工作，2012（7）．

64. 毛建儒，安先武．论信息的共享性及其实现的障碍［J］．理论视野，2002（4）．

65. 皮纯协，刘杰．知情权与情报公开制度［J］．山西大学学报（哲学社会科学版），2000（3）．

66. 覃晖．论行政公开制度下的公民知情权［J］．法制与社会，2011（2）．

67. 全国政务公开领导小组办公室．推行政务公开、建设法治政府［C］// 全国政务公开经验交流会议文件汇编．北京：中国方正出版社，2005．

68. 邵耀星．我国各地区政府信息公开制度比较研究［J］．湖北档案，2007（5）．

69. 宋斌．论政府信息公开中的公民知情权［J］．法制与经济，2010（7）．

70. 宋小卫．美国《情报自由法》的立法历程［J］．新闻与传播研究，1994（2）．

71. 苏立宁，李放，丁先存．论公共政策系统中的信息监督：博弈与治理［J］．南京农业大学学报（社会科学版），2012（2）．

72. 孙庆祥．试论政府信息公开［D］．北京：中国政法大学硕士学位论文，2004．

73. 孙宇，杨瑛．浅析政府信息公开领域的控权平衡问题［J］．情报理论与实践，2006（2）．

74. 谭和平．利益视角中的政府信息公开［J］．云南行政学院学报，2006（1）．

75. 涂四溢．《政府信息公开条例》的价值缺陷［J］．行政法学研究，2010（1）．

76. 王芳．政府信息共享障碍及一个微观解释［J］．情报科学，2006（2）．

77. 王帅章．大连市政府信息公开工作实施策略研究［D］．大连：大连理工大学硕士学位论文，2007．

78. 王亚范．论行政公开的原则及其实施［J］．长春师范学院学报（人文社会科学版），2006（9）．

79. 汪银霞．政府信息公开的力场分析［D］．武汉：华中师范大学硕士学位论文，2006．

80. 王勇．政府信息公开论［D］．北京：中国政法大学博士论文，2005．

81. 汪玉凯，黎映桃．当代中国社会的利益失衡与均衡——公共治理中的利益调控［J］．国家行政学院学报，2006（6）．

82. 韦付萍．完善我国政府信息公开救济制度的几点思考［J］．理论导刊，2012（2）．

83. 魏哲铭．中美政府信息公开制度比较及借鉴［J］．情报资料工作，2008（6）．

84. 夏义堃．电子政务与社会信息公平的构筑［J］．图书情报工作，2008（2）．

85. 夏义堃．公共信息资源公益性开发利用的内涵、依据及优势［J］．中国图书馆学报，2008（4）．

86. 夏义堃．民间组织促进政府信息公开与共享的国际经验借鉴［J］．图书情报工作，2013（1）．

87. 夏义堃．政府网站无障碍性原则的国际解读［J］．图书与情报，2009（1）．

88. 夏义堃．政府信息资源管理与公共信息资源管理比较分析［J］．情报科学，2006（4）．
89. 夏镇平，高抒宇．英国中央政府政务公开的主要做法和经验［J］．中国行政管理，2006（1）．
90. 肖卫兵．论政府信息公开例外保护机制［J］．情报理论与实践，2011（9）．
91. 肖卫兵．论信息公开法中的个人信息例外［J］．情报理论与实践，2007（4）．
92. 肖卫兵．论衡量政府信息公开的标准［J］．情报理论与实践，2006（4）．
93. 徐军玲．公共服务提供：基于电子政府的分析框架［J］．科研管理，2010（5）．
94. 许莲丽．政府信息公开诉讼中的秘密审查制度：美国的实践［J］．环球法律评论，2011（3）．
95. 徐铭勋．侵犯国家秘密犯罪与侵犯商业秘密犯罪的区分：以国家经济安全为视角［J］．比较法研究，2012（1）．
96. 徐淑霞．政府信息公开研究［D］．济南：山东大学硕士学位论文，2006.
97. 徐志强．论公共权力在腐败主体中的作用［J］．商业文化，2011（5）．
98. 闫霏．基于政府网站的政府信息公开效果评价［J］．情报杂志，2012（1）．
99. 闫霏．国外政府信息公开法律体系的比较和借鉴［J］．新华月报，2012（20）．
100. 闫霏．国内外政府信息公开法律体系比较研究［J］．情报科学，2012（3）．
101. 杨建成．美国信息公开制度及其对中国的启示［J］．国际关系学院学报，2011（4）．
102. 尹晓燕．加入WTO与我国政府信息公开［J］．行政与法，2002（11）．
103. 应松年．转变职能 创新机制 推进政府信息公开［J］．中国行政管理，2012（8）．
104. 应松年．行政复议应当成为解决行政争议的主渠道［J］．行政管理改革，2010（12）．
105. 应松年．预防腐败，制度建设是关键［J］．行政法学研究，2008（1）．
106. 应松年，陈天本．政府信息公开法律制度研究［J］．国家行政学院学报，2002（4）．
107. 于兆波，李店标．我国政府信息公开的三项立法原则［J］．政法论丛，2007（1）．
108. 张红胜．对我国政府信息公开的几点探讨［J］．成都行政学院学报，2006（2）．
109. 张菁．印度信息权利法与信息监督机制［J］．情报杂志，2009（S1）．
110. 张乐．政府信息公开方式的研究［J］．商业文化，2009（2）．
111. 张淑芬，周艳，李庆芳．各国政府信息公开现状比较［J］．农业图书情报学刊，2004（11）．
112. 张文仲．企业管理中的力场分析法［J］．外国经济与管理，1989（6）．
113. 张勇进，汪玉凯．电子政务外包服务模式研究［J］．电子政务，2008（7）．
114. 赵红．行政信息公开的制度化建设研究［D］．上海：上海交通大学硕士学位论文，2009.

115. 赵建宏 . 服务型电子政府的实践与思考［J］. 中国行政管理，2009（4）.
116. 赵培云 . 政府信息公开条例与数字时代 Web 政府信息公开立法［J］. 图书情报工作，2010（1）.
117. 赵培云，郑春辉 . 电子政府信息公开隐私权保护制度［J］. 情报科学，2012（2）.
118. 赵亚兰，李萍 . 现代技术条件下文献信息共享障碍探析［J］. 现代情报，2004（2）.
119. 郑保卫 . 关于信息公开的理论思考与实践意义［J］. 国际新闻界，2003（5）.
120. 周斌 . 英国政府信息公开制度的立法特色与实践经验［J］. 北京档案，2011（6）.
121. 周汉华 .《政府信息公开条例》实施的问题与对策探讨［J］. 中国行政管理,2009（7）.
122. 周汉华 . 政府信息公开条例将带来 6 大变化［J］. 中国信息界，2007（2）.
123. 周汉华 . 中国政府信息公开问题的深度分析［J］. 中国信息界，2005（2）.
124. 周毅 . 电子政府的公共信息服务：一个研究框架［J］. 情报理论与实践，2007（1）.
125. 周毅 . 政府信息开放与开发的社会化和商业化：趋势、领域与问题［J］. 中国图书馆学报，2005（6）.
126. 周毅 . 论我国信息资源管理的层次——兼评西方主流信息资源管理理论［J］. 图书情报工作，2002（1）.
127. 朱红灿，邹凯 . 国内外政府信息公开研究综述［J］. 图书情报工作，2011（3）.
128. 朱芒 . 开放型政府的法律理念和实践（上）——日本信息公开制度［J］. 环球法律评论，2002（秋）.

英文参考著作

1. Aikins，Stephen Kwamena. Managing e-government projects：concepts，issues and best practices［M］. New York：Information Science Reference，2012.
2. Arthur C. Electronic Government：perspectives from E-commerce［M］. New York：DESA，2008.
3. Arthur Csetenyi. Information technology for re-designing government/AP，KM，agents and avatars［M］. New York：DESA，2007.
4. A.S. Horby.Oxford Advenced Learner's Dictionary of Current English［M］. Hongkong：Oxford University Press，2005.
5. Betty R. Ricks. The Information Economy［M］. Washington DC：Government Printing

Office Co.，2008.

6. Carl Shapiro，Hal R.Varian. Information Rules：a strategic guide to the network economy [M]. Boston：Harvard Business School Press，2009.

7. Charles H. Koch，Jr. Administrative Law and Practice [M]. Vol I，2nd ed. St Paul MN：West Publishing Co.，2007.

8. Charles N. Davis，Signac L. Splichal.Access denied：freedom of information in the information age [M]. Iowa：State University Press，2006.

9. Flynn Norman. Public Sector Management [M] .5th ed. New Jersey：Prentice Hall，2009.

10. Greg R. Notess. Government Information on the Internet [M]. Lanham，Maryland：Bernan Press，2000.

11. Guengerish S.，Graham D.，Miller M.，Building the Corporate Intranet [M]. New York：John Wiley & Sons，2007.

12. Henry Campbell Black，M. A. Black's Law Dictionary [M]. Fifth ed. Washington DC：West Publishing Co. 1979.

13. Jane E. Fountain. Building the Virtual State：information technology and institutional change [M] .Washington DC：Brookings Institution，2011.

14. Jay M.Shafritz，E.W.Russell. Introducing Public Adminitration [M]. New York：Longman，2006.

15. Maria W，Roland T. Trends in Electronic Government：managing distributed knowledge [M]. New York：DESA，2000.

16. Patrick Birkinshaw. Freedom of Information：the law，the practice，and the ideal [M]. London：Butterworth's & Charlottesville，1996.

17. Richard Heeks. Reinuenting Government in the Information Age：international practice in IT-enabled public sector reform London [M]. New York：Routledge，1999.

18. S.J.Stoljor. An Analysis of Rights [M]. London：Macmillan Publishers Ltd，2007.

19. Terry L.Cooper. The Responsible Administrator：an approach to ethics for administrative role [M] .San Francisco：Oxford，2000.

20. Thomas，J. C. Public Participation in Public Decisions [M] .San Francisco：jossey-Bass Publishers，2005.

21. Webster's Third New International Dictionary [M] . Massachusetts: Merriam Company, 2006.

英文参考论文

1. Ackerman J. M., Sandoval-Ballesteros IE. The global explosion of freedom of information laws [J] . Administrative Law Review, 2006, 85 (58) .
2. Aroon Manoharan, Marc Holzer. Active citizen participation in e-government: a global perspective [J] . Reference and Research Book News, 2012, 27 (2) .
3. Arrow K. J., R. Lind. Uncertainty and the evaluation of public investment decisions [J] . American Economics Review, 1990, 80 (1) .
4. Ben Worthy. More Open but Not More Trusted? The Effect of the Freedom of Information Act 2000 on the United Kingdom Central Government [J] . Governance, 2010, 23 (4) .
5. Benjamin Worthy. The Future of Freedom of Information in the United Kingdom [J] . Political Quarterly, 2008, 79 (1) .
6. Change Promised for Handling of Freedom of Information Act Request [J] .Dennis Barry's Reimbursement Advisor, 2009, 24 (8) .
7. Claes Fornell, Michael D. Johnson, Eugene W. Anderson, Jaesung Cha, & Barbara Everitt Bryant.The American Customer Satisfaction Index: Nature, Purpose and Findings [J]. Journal of Marketing, 1996, 60 (4) .
8. Debra L. Silverman. Freedom of Information: Will Blair be able to break the walls of secrecy in Britain? [J] . American University International law review, 2010, 13 (2) .
9. Dieter Zinnbauer. E-government as driver for more institutional transparency [J] . Studies Institute London School of Economics, 2004, 29 (8) .
10. Farid Shirazi, Roya Gholami, Dolores Añón Higón. The impact of information and communication technology (ICT), education and regulation on economic freedom in Islamic Middle Eastern countries [J] . Information and Management, 2009, 46 (8) .
11. Gallicchio, EGE. The right to privacy and the right to freedom of information in the doctrine and the jurisprudence of Uruguay [J] . Estudios Constitucionales, 2008, 6 (1) .
12. Gray, Joanna. High Court considers whether FSA disclosures are exempt from

freedom of information requests [J] . Journal of Financial Regulation and Compliance, 2010, 18 (1) .

13. Jac Moon. The evolution of E-government among municipalities: Rhetoric or reality? [J]. Public Administration Review, 2002, 62 (4) .
14. James Buchanan.The Economics of Politics [M] //Arthur Selden.From private preferences to public philosophy: notes on the development of public choice.London: Institute of Economic Affairs, 2008.
15. Kang, Kyung-keun. Freedom of Information——the Experience in Korea [C] . Korea: Conference on Freedom of Information Laws, 2007.
16. Lamble,Stephen.Freedom of Information,a Finnish clergyman's gift to democracy [J]. Freedom of Information Review, 2002, 97 (1) .
17. Lotfollah Forozandeh Dehkordi, Reza Rasouli, Zahra Zebardast. Development of E-Government Services in Iran: A Comparison of Adoption Constructs [J] . Interdisciplinary Journal of Research in Business, 2011, 1 (2) .
18. Melody, William • H. Electronic networks, social relations and the changing structure of knowledge [M] //Crowley, David and David Mitchell.Communication Theory Today. Cambridge: Polity Press, 1994.
19. Nri pendra P. Rana, Michael D. Williams, Yogesh K. Dwivedi, Janet Williams. Theories and Theoretical Models for Examining the Adoption of E-Government Services [J] . E-Service Journal, 2012, 8 (2) .
20. Patrick Donleavy, Stuart Weir. How to fresh erupt democracy [J] . New Statesman, 1998, 127 (18) .
21. Rabina, DL. E-Government: Information, Technology and Transformation [J] . Government Information Quarterly, 2012, 29 (1) .
22. R. B. Denhardt,J V. Denhartd. The New Public Service Serving Rather Than Steering [J]. Washington Administration Review, 2008, 12 (11) .
23. Shepherd Elizabeth, StevensonAlice, FlinnAndrew.The Impact of Freedom of Information on Records Management and Record Use in Local Government: A Literature Review [J] . Journal of the society of archivists, 2009, 30 (2) .
24. Stuart Ferguson. Public Information Technology: Policy and Management Issues [J] .

Library Review，2007，56（5）.

25. Susan Maret. The Channel of Public Papers：Control of government information and its relation to an informed citizenry［D］. Ph D dissertations of Union Institute And University，2002.

26. Taylor，John，Burt，Eleanor. How do public bodies respond to freedom of information legislation? Administration，modernisation and democratisation［J］. Policy and Politics，2010，38（1）.

27. Thomas M Susman. The good，the bad，and the ugly：E-government and the people's right to know［J］.Vital Speeches of the Day，2001，68（2）.

28. United Nations. United Nations Conference on Trade and Development［C］. E-Commerce and Development Report 2011，2011.

其他参考文献

1. The United States Code 505，U.S. Government Printing Office，1990.

2. 保加利亚公共信息获取法［Z］.

3. 俄罗斯联邦信息、信息化和信息保护法［Z］.

4. 芬兰政府活动公开法［Z］.

5. 韩国公共机关信息公开法［Z］.

6. 加拿大信息获取法［Z］.

7. 克罗地亚信息获取权利法［Z］.

8. 李继红 . 政府信息公开，实现公民知情权［N］. 河南法制报，2011-09-01（09）.

9. 李振艳 . 政府信息公开中个人隐私权保护的完善［N］. 江苏经济报，2012-03-21（B03）.

10. 里约环境与发展宣言 .［DB/OL］. http：//news.xinhuanet.com/ziliao/2002-08/21/content_533123.htm.

11. 罗马尼亚自由获取公共利益信息法［Z］.

12. 美国《情报自由法》（1986 年修正版）［DB/OL］.http：//www.archives.gov/foia.

13. 南非信息公开促进法［Z］.

14. 日本行政机关拥有信息公开法［Z］.

15. 施芳 . 我国首个政府信息整合服务平台开通［N］. 人民日报，2009-05-01（4）.

16. 施娟 . 新闻发言人面面观［N］. 人民日报，2005-04-13（14）.
17. 泰国官方信息法［Z］.
18. 香港公开资料守则［DB/OL］.http：//www.access.gov.hk.
19. 英国信息自由法（The UK Freedom of Information Act 2000）［Z］.http：//www.legislation.gov.uk/ukpga/2000/36/contents.
20. 中国共产党第十三次全国代表大会报告［DB/OL］.http：//dangshi.people.com.cn/GB/165617/166496/168121/index.html.
21. 中国共产党第十五次全国代表大会报告［DB/OL］.http：//dangshi.people.com.cn/GB/165617/166496/168121/10011827.html.
22. 中国互联网络信息中心 . 第 32 次中国互联网络发展状况统计报告（2013 年 6 月）［DB/OL］. www. cnnic. cn.
23. 中华人民共和国保守国家秘密法（1988 年 9 月 5 日第七届全国人民代表大会常务委员会第三次会议通过 2010 年 4 月 29 日中华人民共和国主席令第二十八号公布 2010 年 10 月 1 日起施行）［DB/OL］.
24. 中华人民共和国国民经济和社会发展第十二个五年规划纲要［DB/OL］.
25. 中华人民共和国行政处罚法（1996 年 3 月 1 日第八届全国人民代表大会常务委员会第四次会议通过 1996 年 3 月 1 日中华人民共和国主席令第六十三号公布 1996 年 10 月 1 日起施行）［DB/OL］.
26. 中华人民共和国宪法（2004 年修正版）［DB/OL］.
27. 中华人民共和国政府信息公开条例［DB/OL］.

索引

后　记

在经济全球化巨大浪潮的推动下，世界越来越开放，世界经济越来越融为一个整体，各国的经济、各地区的经济相互交织、相互影响、相互作用。按照开放系统理论和系统优化理论，任何国家试图在封闭环境下进行信息社会建设，都将是十分愚蠢的。任何国家都无法反对或回避信息社会的到来和经济的全球化。信息发挥作用，需要政府的努力；政府得以稳定，需要信息作用的发挥。政府信息公开就是在此背景下的最佳选择。正是在信息社会前进步伐的推动下，政府信息公开制度在各国逐步得以确立，并不断被赋予了新内容，正阔步向前发展。

我国的政府信息公开制度建设不仅起步晚，而且进展缓慢，与欧美先进水平国家存在较大差距。2002 年 5 月，国务院委托中国社会科学院起草政府信息公开的相关立法；2003 年 4 月，中国社会科学院将《政府信息公开条例（草案）》提交到国务院法制办。在这期间，本书一直从事政府信息资源管理研究生课程的教学工作，对有关政府信息公开方面的学术研究也非常关注，敏锐地意识到：政府信息公开不仅仅是一个信息公开的问题，还涉及政府行政体制改革和职能转变等问题，需要从观念上、制度上和操作上解除信息公开的障碍。于是，本书从 2004 年起正式开始对政府信息公开进行系统和深入的研究，先后发表了《政府信息公开的动力机制》、《政府信息公开的障碍机制》、《我国政府信息公开纵向透视》、《政府信息公开的力场分析》、《我国政府信息公开公众响应情况调查报告》等学术论文，产生了一定的社会影响。2006 年 6 月，本书对前期研究成果进行了认真梳理，务求深入相关问题的研究，以形成更加系统的理论成果，并尝试提出一些解决思路。

机制，原指机器的构造和运动原理，后用来说明事物各有关部分在一定结构与功能的基础上所形成的内在活动方式，以及事物各有关组成部分之间的相互联系和制约关系。当某事物机制化就意味着：机制构成要素之间的相互联系和相互作用具有一定的规律性，并将产生相应的功能作用，这种功能作用大于或优于各要素功能作用的简单相加。这种逻辑过程在机制运行过程中循环往复出现，因而机制是一种稳定的运作模式。

将机制这一概念引入到政府信息公开的研究领域，厘清政府创新管理体制下的行政权力、信息资源以及两者所隐含的经济利益这三种要素之间的相互联系和相互作用，并通过制度性安排形成相对固定的运行模式就构成了政府信息公开运行机制。

本书的研究主要有如下特点：

首先，就研究方法而言，设计调查问卷对我国政府信息公开现状和产生的社会影响进行社会调查，在现实基础上分析我国政府信息公开的现状和存在的问题。

其次，就理论分析与理论架构而言，在前人的研究基础上进行创新，一是提出政府信息公开运行机制的五大组成要素：影响机制、实现机制、作用机制、效益机制、保障机制；二是利用力场分析方法对政府信息公开的动力和阻力进行全面分析，构建了分析模型；三是借用场论中对场的描述来确立政府信息公开的效益。对政府信息公开效率机制的分析也是本书的难点，耗时最久，还有很多理论和实践问题没有得到很好的解决，也因此耽误了全书的出版进度。

它山之石，可以攻玉。本书还认真地研究和分析了先进国家政府信息公开立法及其实践的经验，借助最新研究成果作为可能的参考或参照系，同时关注我国政府信息公开现实运作中的难题，以如何构建既具有进步意义又能保障有效落实的政府信息公开制度为思考基点，推进我国政府信息公开制度的发展和完善，积极建立适合我国国情、具有中国特色的政府信息公开法，以期用尽可能多的制度设计来保障公众知情权的落实，加快与国际接轨的步伐，营造一个有利于政治、经济、文化和社会发展的开放性氛围。

应当说，“知难而进”是研究人员应该具有的一种品质。在此，引用美国商务部在《数字经济 2002》的开篇中的一句话：“尽管我们一直都在试图搞清 IT 产业对经济和生产的贡献，但却从来就没有真正成功过。然而我们却坚信，这一次我们比过去任何一次距离成功都更近。”本书正是怀着这样的研究理念闯入了政府信息公开机制这一探索性研究领域。因为相信，每一次探索性研究总能提供一种参考，而且，在每一次勇敢地探索之后，我们距离成功和真理都将随之更近了一分。

对于本研究成果的出版，在此我要感谢教育部社会科学司设立的“哲学社会科学研究后期资助项目”对本成果的资助，感谢武汉大学信息管理学院马费成教授、华中师范大学信息管理学院娄策群教授、华中师范大学人文社科高等研究院石挺教授、华中师范大学社科处李华忠副处长对该项目的长期关注、支持和指导。感谢高等教育出版社的丁艳红老师和杨莉老师，正因为她们认真负责的工作精神和对本研究成果的关注，才使该成果能够顺利出版！

段尧清

于华中师范大学